Sólo LA PERSONA
VIRTUOSA *feliz*
ES

Sólo LA PERSONA VIRTUOSA ES feliz

Primer Tomo:

Los Seductores Vicios de la Postmodernidad

Juan Bosco Abascal Carranza

Número de Control de la Biblioteca del Congreso de EE. UU.:   2012917077
ISBN: Tapa Dura   978-1-4633-3950-0
   .   Tapa Blanda   978-1-4633-3949-4
                       Libro Electrónico   978-1-4633-3948-7

Correo Electrónico del Autor: juanboscoabascal@me.com
Página web: www.revalores.com

Este libro fue impreso en los Estados Unidos de América.

Para pedidos de copias adicionales de este libro, por favor contacte con:
Palibrio
1663 Liberty Drive
Suite 200
Bloomington, IN 47403
Llamadas desde los EE.UU. 877.407.5847
Llamadas internacionales +1.812.671.9757
Fax: +1.812.355.1576
ventas@palibrio.com
426780

ÍNDICE DE CAPÍTULOS

INTRODUCCIÓN

"Miré caer desde el Cielo a Satanás como un Relámpago".
Palabras de Cristo, en Lucas 10, 18.

Las Mejores Razones para Escribir.

Desde muy niño, a los seis o siete años, sentí claramente un intenso deseo de ser "Apóstol" del Señor. Confieso que sentía envidia por los primeros discípulos al leer aquel pasaje que decía que *"...Después de esto, el Señor designó todavía otros setenta y dos, y los envió de dos en dos delante de Él a toda ciudad o lugar, adonde Él mismo quería ir"*. Mi padre no se cansaba de repetirnos, tal vez con una frecuencia semanal, y durante muchos años, particularmente a la hora de comer todos en familia, tanto sábados como domingos: *"La mies es grande, y los obreros son pocos. Rogad, pues, al Dueño de la mies que envíe obreros a su mies"*.

Yo quiero ser ese obrero, porque estoy consciente de mis enormes deudas morales con mis prójimos, a lo largo de mis casi siete décadas de existencia. Nunca me ha sorprendido ni angustiado sentirme muy frecuentemente como *"cordero entre lobos"*. Desde luego: nunca me he puesto como círculo de tiro al blanco, por lo que casi siempre he logrado eludir las fieras persecuciones a mi Fe militante. Confieso, sin embargo, que siempre me ha faltado suficiente confianza en la Providencia, por lo que no he sido capaz de seguir aquel consejo: *"No llevéis ni bolsa, ni alforja, ni calzado, ni saludéis a nadie por el camino"*. Ahora, al concentrarme de lleno en terminar mis obras académicas, procuraré ser más fiel a esa consigna, porque además me doy cabal cuenta de que siempre he tenido recursos muy superiores a los que en estricta justicia yo hubiera merecido.

Eso sí: en todas las casas y hogares a los que he tenido la fortuna de entrar, siempre he saludado así: *"La Paz del Señor sea con todos ustedes."* Movido, además, porque durante décadas enteras vi pelear a mis familiares por ambas partes —materna y paterna— por cuestiones de dinero y otras cosas aún más baladíes. Nunca he olvidado que el obrero es acreedor a su salario, y por eso creo legítimo intentar tener un razonable éxito comercial con esta serie de libros sobre las Virtudes y sus efectos. Y no fuese así, quedará de por vida en el altar del Señor.

Anhelo que mis contemporáneos —¿o acaso serán personas que ni siquiera viven en estos tiempos, sino mucho más adelante?— se den cuenta de que están enfermos porque no saben, o han rechazado, un hecho histórico contundente: que el reino de Dios está llegando a nosotros desde hace milenios, y muy pocos nos hemos percatado a cabalidad. Quiero sacudirme el polvo de las ciudades, edificios y casas en las que entrare y no quisieran recibir este mensaje. Saldré por las calles, sacudiéndome el polvo de sus viviendas y oficinas anegadas de tristeza, pero recordándoles que el Reino de Dios ha llegado, y que mi misión es que lo reciban en sus corazones antes de aquel día que será más tolerable para los de Sodoma y Gomorra que para las Naciones y personas que se hayan entregado a las momentáneamente dulces seducciones de Luzbel.

Yo no puedo realizar exorcismos en el estricto sentido de la palabra, pero sí puedo ayudar a las personas de buena voluntad a que se den cuenta de que, viviendo con heroísmo las virtudes cristianas, podrán exclamar, cuando menos en lo privado: *"Señor, hasta los demonios se nos sujetan en tu nombre".* Cómo me impactaban las palabras de Cristo cuando dijo a sus Discípulos:

> *"Yo veía a Satanás caer como un relámpago del Cielo. Mirad que os he dado potestad de caminar sobre serpientes y escorpiones y triunfar sobre todo el poder del Enemigo, y nada os dañará. Sin embargo no habéis de gozaros en esto de que los demonios se os sujetan, sino gozaos de que vuestros nombres están escritos en el Cielo".*

Quiero, además, insistir en una idea central que me guía, me mantiene y me entusiasma: que el rechazo y la rebeldía de quienes deberían ser predicadores del Evangelio, es para Jesús el peor de los agravios, y por lo tanto tendrá la más terrible de las consecuencias. Por eso, precisamente, sujeto mi pluma al espíritu y al contenido divino de la Revelación, y agacho mi cabeza ante Magisterio Infalible del Sucesor de San Pedro. Observemos las Señales Precursoras del Día del Señor. Antes de que el Anticristo gobierne sobre la Tierra, y todos los hombres de mala voluntad se le rindan, tendrá que generalizarse la apostasía las Naciones, y sólo entonces se manifestará el *"Hombre Impío",* un ser humano condenado por sí mismo a la perdición. Su Jefe Máximo, *"El Adversario",* ese ser privilegiado que desde el principio se alzó con absoluta soberbia contra Dios y contra toda forma de rendirle culto, logrará que tan despiadado y malévolo personaje se instale en el Templo de Dios, presentándose como si él mismo fuese el Verdadero Dios. Y hará prodigios que parecerán milagros.

Ahora, en esta época postmoderna, corrupta y decadente, nadie recuerda que nuestros abuelos y nuestros padres, desde que éramos unos niños, nos platicaban todas estas cosas. Por ahora, lo que todavía lo retiene en las sombras, antes de poder manifestarse a su debido tiempo, es que aún existen grandes núcleos de población que se le resisten y se niegan a entregarse al culto del Poder, la Fama, los Placeres, los Honores y las Riquezas. Pero *"el Misterio de la Iniquidad"* ya está actuando *"Desde el Nido de la Serpiente",* y ha logrado colocar sucursales de su negocio –la conquista de las almas humanas– dentro de la cabeza y el corazón de la mayor parte de la Humanidad.

Sabemos, sin embargo, que después de su corto pero insoportable reinado, el Impío será destruido con el aliento de la boca de Jesucristo, con cuya Segunda Venida, esplendorosa, todo lo diabólico será aniquilado. Lo terrible, ominoso y angustiante para cada cual –los que por gozar de mayor grado de conciencia vivimos con más responsabilidad– es que no tenemos la garantía individual de nuestro triunfo final ni de nuestra eterna salvación. Porque aunque Cristo despeñe a Satanás, para siempre, en el *"Lago de Fuego"*, no significa que esa misma victoria sea alcanzada con toda seguridad por cada uno de nosotros.

Lo más dramático es que cada uno de nosotros tendrá que pelear su batalla final contra las fuerzas del Maligno, y vencerlo, ciertamente con la ayuda de Cristo, pero ante todo como resultado de las propias decisiones personales. Nadie está confirmado en Gracia, así que nadie puede exclamar, al delirante y fantasioso estilo protestante –concedamos que sólo por ingenuidad y no soberbia– el famoso grito de *"¡soy salvo"!* con el cual muchas sectas engañan a sus seguidores. Tampoco es éticamente correcto vivir de la manera más soberbia que yo haya escuchado en canción alguna:

El final, se acerca ya: lo esperaré, serenamente, ya ves, que yo he sido así;
te lo diré, sinceramente, viví, la inmensidad sin conocer, jamás fronteras y bien,
sin descansar, y a mi manera.
Jamás, tuve un amor que para mí fuera importante.
Tomé sólo la flor y lo mejor de cada instante,
Viví y disfruté no sé si más que otro cualquiera;
y sí, todo esto fue a mi manera.
Porque sabrás, que un hombre al fin conocerás por su vivir.
No hay por qué hablar, ni qué decir, ni qué llorar, ni qué fingir.
Puedo seguir, hasta el final, a mi manera.
Tal vez lloré, o tal vez reí; tal vea gané, o tal vez perdí,
ahora sé que fui feliz; que si lloré, también amé:
puedo vivir, hasta el final, a mi manera.

Esa es justamente la *"Pasión de Luzbel"*: que cada persona decida **"vivir, hasta el final, a mi manera"**. De espalda a su Creador, declarándose a sí mismo "Dios". La mayor iniquidad en la historia de la Humanidad consiste justamente en eso: *"vivir la inmensidad sin conocer jamás fronteras"*. Es decir, los propios apetitos, pasiones, sentimientos y deseos como único referente ético, para despeñarse hasta el final de la existencia en el Infierno, porque, además: *"...jamás tuve un amor que para mí fuera importante"*. Pero no sólo: en vez de amar a las personas por su esencia digna de hijos de Dios, Luzbel propone, cantando en preciosa melodía seductora *"tomar sólo la flor y lo mejor de cada instante, vivir y disfrutar... y sí, todo esto... a mi manera"*.

De esta y mil y un formas parecidas, se prepara la inminente llegada del Impío, advenimiento fastuoso en términos mundanos que será provocado y dirigido por la decidida y libre acción de Satanás, y que estará acompañada de toda clase de demostraciones de poder, de signos extraordinarios y falsos milagros. Los gobernantes del Mundo, adictos a Luzbel, lograrán realizar toda clase de engaños perversos, destinados a seducir a quienes deseen extraviarse por no haber amado, hasta la muerte, la Verdad única que los podría haber salvado. Dios les concederá a los malvados un poder engañoso que arrastrará a casi todos a creer en sus mentiras, a fin de que por su propia voluntad se condenen todos los que se negaron a creer en la Verdad y se complacieron en adorar al Maligno. Quiero que mis lectores sepan, con mucho tiempo de anticipación –¿o caso será ya muy poco?– que a lo largo de los últimos tiempos sobrevendrán momentos espantosamente difíciles. Porque los hombres *"serán egoístas, adictos del dinero, jactanciosos, soberbios, difamadores, rebeldes con sus padres, desagradecidos, impíos, incapaces de amar, implacables, calumniadores, desenfrenados, crueles, enemigos del bien, traidores, aventureros, obcecados, más amantes de los placeres que de Dios; y aunque harán ostentación de piedad, carecerán realmente de ella".* ¡Apartémonos de esas personas!

Así son los que se introducen en los hogares, por medio de la *"Imagen de la Fiera"* seduciendo a personas frívolas, decadentes y pecadoras, que se dejan arrastrar por toda clase de pasiones desgobernadas, apoyándose en falsas ideas y pseudociencias que siempre están aprendiendo, pero sin llegar jamás a conocer la Verdad, porque ésta es demasiado molesta para las mentes corruptas y las inteligencias cegadas. Así como millones de hombres se opusieron a Moisés, las Naciones también se opondrán a la Verdad, gracias a su mentalidad corrompida y a la constante descalificación que hacen contra la Revelación Divina. Pero éstos no irán muy lejos, porque su insensatez se pondrá de manifiesto como la de aquéllos.

Nosotros los católicos, en cambio, queremos seguir muy de cerca las enseñanzas de Cristo, su modo de vida y sus proyectos, animados por una Fe Ilustrada, llena de paciencia, amor y constancia. Aquí, por ello, debo advertir a todos mis lectores que sobrevendrán crueles, largas y tenaces persecuciones y sufrimientos contra quienes decidan permanecer fieles a Cristo. Pero de todas ellas nos librará el Señor.

Los pecadores y los impostores, en cambio, irán de mal en peor, y engañando a los demás, se engañarán a sí mismos; y aunque durante décadas enteras pudieran gozar de privilegios, placeres, riquezas, honores y cuantos bienes deleitables y útiles existan sobre la Tierra, al final de su vida terrestre caerán en desgracia, porque jamás buscaron el Bien Honesto, ese que tiene como consecuencia ver a Dios cara a cara, conocerlo, amarlo, y poseer como herencia la creación entera.

Satanás es uno de los personajes centrales de este libro. Viene del latín *"satâna",* y éste a su vez del arameo *"Satán": "adversario, enemigo, acusador".* La raíz *"shtn"* significa *"impedir", "hostigar", "oponerse",* y el sentido primario de *"Satán"* es simplemente *"enemigo", "adversario"*.[1] También entra en la vida jurídica israelita, y alcanza el sentido de *"acusador delante del tribunal"*, y el término *"shitna"*, derivado de la misma raíz, es la *"acusación"*. Su equivalente en griego es *"diábolos"*, procedente del verbo *"dia-ballö"*, y posee un significado de *"oposición"* o *"enfrentamiento"*. No siempre se ha identificado a Satanás con Lucifer. En el Antiguo Testamento, Satán es llamado frecuentemente *"Belial"* como *"el Oponente"* de Yahvé. También se llama Beelzebú, Semyazza y Azazel.

En el Nuevo Testamento Satanás y Lucifer aparecen fundidos en el Diablo o Demonio. El Maligno es la famosa *"Bestia"* del Apocalipsis de San Juan. Sin embargo, en nuestro análisis las entidades *"Lucifer"*, *"Satanás"* y *"Belcebú"* conforman el triunvirato que gobierna al Infierno y sus legiones. Pero en lo personal frecuentemente lo llamaré *"Luzbel"*, como el ángel que estaba muy por encima de todas las categorías de los ángeles, ya que era el más hermoso e inteligente de todos. Por su propia decisión, *"Lucifer"*, el antiguo y original *"Portador de la Luz"* –el director de la alabanza a Dios– se convirtió en el *"Señor de lo Oscuro"*.[2]

Al contemplar en sí mismo su casi infinito poder, su casi divina belleza, y descomunal intelecto, deseó ser superior a Dios, porque todas aquellas cualidades le parecieron poca cosa tratándose de un ser tan *"especial"* como él. Así que formó un ejército de ángeles rebeldes que se enfrentaron a otros ángeles y a Dios. Hubo una *"batalla"* en la que San Miguel –**"¿Quién como Dios"?**– salió victorioso y así Satanás cayó en las sombras del Infierno para hacer allí su reino, el cual compartiría con sus ángeles seguidores, los cuales también se privaron a sí mismos de la posibilidad de la sempiterna Visión Beatífica que era su destino planeado por el propio Creador.

Una vez caído en perfecta desgracia –**"Yo veía a Satanás caer del Cielo como un rayo"**–, Lucero, el hijo de la Aurora, fue abatido a la Tierra, como el **"Dominador de las Naciones"**, las cuales, a su vez son descendientes de la única pareja humana originalmente pecadora –a instancias de ese mismo Luzbel– que se constituyen como padre y madre de todos los humanos: la *"Eva Mitocondrial"* y el *"Adán Cromosomático"*

---

[1]   1 Samuel 29:4, 1 Reyes 11,14-25. La entidad Satán, como un ser que incita al pecado y buscando el mal del hombre aparece en el Antiguo Testamento pocas veces (1 Crónicas 21:1) Sapiencia 2, 24, en el segundo caso de manera más clara. También se menciona en (Job 1:6-9) (Job 1:12) y en varios otros versículos. Ya en los Evangelios se le otorga al término un carácter personal como enemigo de Cristo, especialmente en los relatos de las tentaciones (Marcos 1:12-13) (Mateo 4:1-11) (Lucas 4:1-13) y los exorcismos llevados a cabo por Jesús de Nazaret (Marcos 3:22-27) (Mateo 12:22-30) (Lucas 11:14-23). Queda así fijada la figura del Maligno para la doctrina cristiana. En lengua árabe se le llama "shaytán", que también significa serpiente.

[2]   Luzbel dijo en su corazón: *"Al cielo subiré, por encima de las estrellas de Dios alzaré mi trono, y me sentaré en el Monte de la Reunión en el extremo Norte. Subiré a las alturas del nublado, y seré como el Altísimo".* Isaías 14, 12-14.

recién descubiertos por científicos no alineados con el Sistema Global. Aquí analizo cómo, por qué y para qué Luzbel intenta gobernar a todas las Naciones, y de cómo, a pesar de su victoria global, cada ser humano, en lo particular, puede oponérsele victoriosamente, no sin heroicos esfuerzos y titánicos estertores. Y también se podrá ver cómo, en algunos casos, las personas malévolas y viciosas sólo conocen la derrota y el vacío espirituales. Sin embargo, Dios se hará presente en su infinita Misericordia... si ellos quieren aceptarla y recuperar la Gracia.

RECONOCIMIENTOS

Comienzo esta obra agradeciendo a Dios por el privilegio de estar en la Tierra en esta época llena de aterradores signos apocalípticos. Tiempo convulso, que parece presagiar irreversibles desastres. Agradezco la oportunidad de hablar, escribir, enseñar, debatir... y seguir aprendiendo, estando ya cerca de las siete décadas de vida. Proclamo que reconozco el primado de la Persona Humana y de sus derechos, que comienzan con la libertad de conciencia y el deber primordial de buscar siempre la Verdad, procurando romper los paradigmas ambientales, culturales y personales que nos encarcelan. De aquí se deriva mi intención fundamental: lector, no te quedes encerrado en la mazmorra de tu sola opinión. ¡Busca la Verdad, porque sólo ella te hará libre!

Manifiesto que me reconozco limitado –aunque entusiasta– servidor de esa doctrina divina que nos señala a todos nuestra misión temporal como cristianos, sin perder de vista la trascendencia del Reino de Dios que está en el Mundo, pero que no es de este Mundo. ***Vivo en el Mundo, mas no pertenezco al Mundo.***

Prefiero un lenguaje provocador antes que moderado o aburrido, porque de manera natural –"silvestre", dirían algunos– me inclino por una forma menos encorsetada, más discursiva e intuitiva que sistemática o academicista. Admito que quizás más de alguno se sentirá molesto por mi cáustico tono polémico. Otros se enojarán ante mi espíritu irónico o sarcástico, particularmente enderezado contra los "Mercaderes del Templo". Prefiero penetrar en las más arduas cuestiones filosóficas con un lenguaje que pueda resultar desagradable para los rígidos eruditos, pero cautivante para los espíritus desprevenidos que son más libres, más sencillos. Trabajo por mi cuenta como psicólogo ***"detonador de conciencias"***. Mi formación familiar y luego la académica me hicieron ver lo insuficiente del "**psicologismo**". Así que ante los golpes de la vida tuve que aprender a filosofar, más de manera autodidacta que en la universidad.

Por esa y otra serie de causas complejas, trabajo con ciertos conceptos filosóficos y con el razonamiento objetivo, procurando alcanzar la Verdad en sí misma, pero nunca inventándola, como sí pretendieron hacerlo casi todos mis antecesores y maestros en el campo de la Psicología. Sé que muchos no me querrán comprender –ni desearán hacerlo–, porque, desde hace siglos, la Filosofía y la Psicología, traicionadas y aun prostituidas por muchos "intelectuales" de renombre, han sido convertidas en una especie de "ideosofía", que se contenta con dar vueltas en el vacío de sí misma, revolviéndose estérilmente en la debilidad y la ambivalencia del pensamiento humano, atenido éste a sus propias limitaciones culpables y rechazando toda Revelación y mensaje que provengan del Absoluto.

Lamento con dolor e indignación, que existan hoy innumerables personas, incluso dentro de mi propia Iglesia –Católica, Apostólica y Romana– que se han puesto al humillante y rentable servicio de un Postmodernismo que pretende seguir siendo cristiano –al estilo de ese precursor del Anticristo que es Barak Obama, por ejemplo–, mientras desnaturalizan los fundamentos mismos del cristianismo; porque indebidamente aplican el método fenomenológico al estudio de la Verdad y de la Fe.

También pretenden, como Teilhard de Chardin y sus corifeos, mezclar y revolver la Teología con la Ciencia, **reduciendo el Cristo del Evangelio** al triste e intrascendente **"Cristo Cósmico"**.

Señalo, indignado, que existen ministros de mi Iglesia que manifiestan su simpatía por el marxismo, pues intencionalmente reducen el problema de la salvación a una miopísima esperanza terrenal. **Quiero denunciar a esos ministros de Lucifer, que amparados en la aparente impunidad de sus sotanas cardenalicias, intentan secularizar el cristianismo mismo, pasando del desprecio por el Mundo a un** "arrodillarse ante el Mundo", **haciendo del éxito mundano el fin de la vida.**

Siento y vivo con un intenso goce afectivo y racional el gusto por la Razón, corregida, complementada y superada por la Revelación Divina. Me rebelo, indignado, contra esa sensual subcultura postmoderna que lleva a la gente a rechazar el carácter prefilosófico del sentido común, para reducir todo el conocimiento el reino fenoménico de lo temporal, de lo precario, por el cual **se renuncia a la Verdad por la sola verificación experimental y a la Realidad por el simple signo exterior.** No acepto que el inestable e incierto acontecer de los asuntos de este mundo desvíe y anule el criterio de valor intrínseco que representa la vida social, nacida de la familia estable y monógama. La imagen de su propio inexorable y doloroso "transcurrir en la Tierra" ha distraído a la Humanidad de mirar realmente, con intencional perspicacia y rotunda valentía hacia el Fin Último de la vida humana. Deseo, antes de comenzar el desarrollo de la obra, dejar constancia de la enorme admiración y del no menor reconocimiento que debo hacerles a varios personajes. Ellos, con su ejemplo y sus atinadas decisiones, dejaron en mis entrañas, en mi corazón y en mi cerebro, hermosísimas y en extremo valiosas huellas imborrables. Sin las cuales esta obra no hubiera sido concebida, y mucho menos visto la luz.

Comienzo por reconocer a mis padres: **Guadalupe Carranza Pulido** y **Salvador Abascal Infante.** De ellos introyecté no sólo una virtuosa y ejemplar forma de vida, sino contundentes elogios, apoyos, guía y amor incondicional. Desde luego: pienso ahora –a más de seis décadas de distancia– que aquellas efusivas aprobaciones nacieron de un ciego amor, pero al espetármelas con emoción sincera, mis progenitores me expelieron y me troquelaron hacia mi destino elegido. Un destino que he abrazado con voluntario fervor, impulsado por aquellos poderosos y oportunos enviones. Hace más de medio siglo que me estoy preparando para encarar este momento y sus consecuencias. Porque desde niño intuí y diseñé yo mismo lo que sería el resto de mi vida, a partir de la formidable base de lanzamiento que fue mi dichoso e integérrimo hogar –dentro del cual, lo reconozco ahora, más que un factor de paz e integración, muchas veces fui un generador de ansiedad y desconcierto en mis padres y hermanos.

Reconozco explícitamente y con enorme admiración, no menor que amor filial, la magnífica personalidad de mi padre. Enorme figura sociopolítica de su época.[3] Dueño de un liderazgo tan controversial como ninguno otro que yo haya conocido. Sin embargo, tirios y troyanos coincidieron en algo: **"Don Salvador es de una pieza, pues él es la congruencia personificada"**. Tener un padre congruente en grado superlativo es un privilegio divino. Una responsabilidad inconmensurable. Su estoica integridad fue siempre la inconmovible *"piedra de escándalo"* contra la que se golpearon, hasta caer, los *"políticos banqueteros"* que lo conocieron. Esos que en lo oscurito han entregado a la patria, maniatada, para quedarse con las migajas de un Poder Global que los maneja como títeres, y que los hace correr toda la vida tras la ficticia zanahoria de creer que gobiernan, cuando en realidad sólo obedecen a sus Amos semi ocultos.

Amado padre: no importan ya nuestros choques, desencuentros, silencios, rupturas y discusiones. Porque todo ello culminó con nuestro delicioso reencuentro definitivo. En esta obra continúo tu combate. Desde mi propia trinchera, en la que tú me forjaste con la firmeza de tu amor, la

---

[3]   **Salvador Abascal Infante.** Nace en Morelia, Michoacán, 1910, muere en el Distrito Federal en el 2000. Fue el cuarto hijo de doce hermanos de una familia originaria del estado de Guanajuato que emigró a Michoacán, como consecuencia de la revolución, en donde radicaron tanto en la ciudad de Morelia como en el poblado de Santa María. Fue a la vez heredero y cabeza de una familia con una importante trayectoria política opuesta al Sistema masónico liberal priista. El Lic. Adalberto Abascal y del Río, padre de Salvador, fue el brazo derecho del canónigo Don Luis María Martínez, quien crea la "U". Así se denominaba a la Unión integrada por los católicos que veían serias amenazas a su fe en la corrosiva acción masónica que descarada o insidiosamente ejercía la Masonería, desde la cúpula del Poder Oficial. Esta organización llegó a incluir a los católicos más importantes del país, quienes estaban decididos a frenar el principal propósito masónico: la destrucción de la Iglesia Católica. Sin embargo, Don Adalberto se decepcionó hondamente con los arreglos que alcanzaron los cristeros en 1929, ya que la "U" era el brazo civil de un ejército que había fungido como enlace estratégico, prestando sus invaluables servicios al brazo armado de los cristeros. Para leer una biografía completa y autorizada, consultar en: www.revaloresuniversales.com el relato biográfico que realiza quien esto escribe, primogénito de Salvador Abascal.

congruencia de tu ejemplo y la profundidad de tu sabiduría. Espero que desde la Patria Celestial de la que ahora gozas, me ayudes y me guíes cuando desfallezca o dude en esta mortífera guerra contra los enemigos de México y de la Humanidad. Esos enemigos hipócritas, **"raza de víboras, sepulcros blanqueados",** que enquistados y camuflados sutilmente en el Poder, y guiados por el astutísimo "Padre de la Mentira" –Príncipe de este Mundo–, esperan y anhelan ganar nuestra alma, instalando en ella su hedonista y nihilista **"Contra Cultura de la Muerte".**

Comencé hace muchos años –a los seis– una travesía por el universo de las letras, absorbiendo en forma casi siempre autodidacta, por rebelde y curioso, todo tipo de conocimientos a mi alcance. Dejo testimonio escrito de que la amplísima cultura y la potente guía de mi padre fueron esas sólidas e inagotables fuentes que me sostuvieron lejos de la herejía. Sólo Dios conoce la magnitud del impacto que recibe un niño cuando durante varios años, desde la tarde hasta la madrugada del día siguiente, escucha entre sueños el tecleo indómito de una antigua *"Smith Corona":*

"¿Qué tanto escribes hasta el amanecer, papá?" –pregunto, azorado, apenas despertando a la conciencia de existir. Me contesta, fresco, sonriente, entusiasmado:

*–"Traduzco del francés esta obra maravillosa: '**Jesucristo, su Vida y su Obra'**, de Ferdinand Pratt. Para dejar constancia de su Divinidad y de su Humanidad; y, por si fuera poco, para que todos podamos comer y estudiar".*

Seríamos doce hermanos, yo el mayor, de los que hoy sólo quedamos nueve. A las ocho de la mañana, tras dormir sólo cuatro horas, mi padre ya estaba firme y contento en su puesto, dirigiendo la ahora descastada "Editorial Jus". Escribiendo y editando valiosos e incontables libros de historia, filosofía, teología, literatura universal, ética, Historia de México. Preparando ya, en su mente, la que años después sería su monumental y profunda aportación a la **"Historia no Oficial"** de nuestro México desconocido y traicionado. Una obra que nuestros políticos deberían estudiar antes de ponerse a pregonar un par de bicentenarios acerca de los cuales nada existe que podamos celebrar los que sí amamos y conocemos *"la otra Historia".* Esa que parece escrita en tinta invisible, para ocultar traiciones, complicidades y vergüenzas, además de borrar a los héroes satanizados, como Don Agustín de Iturbide y Don Miguel Miramón. Por eso para mí este "Bicentenario" es una aciaga época de luto.

He comenzado a concluir mi viaje por la vida con un nuevo amanecer. Estoy cercano al crepúsculo, mas cumpliré este cometido que me impongo, prolongando mi docilidad intelectual –esa que le aprendí a mi padre– bajo la obediencia incondicional al guía infalible que él me señaló: el Papa, cuando de diversas maneras encabeza el Magisterio de mi Iglesia Católica, Apostólica y Romana. Ante Él agacho mi cabeza, asumiendo todos los escándalos y los riesgos persecutorios que ello supone. Sobre todo cuando –lo digo como ejemplo– el Parlamento Europeo pretende imponerle a nuestro legítimo líder espiritual, de la manera más autoritaria posible, los criterios únicos y mundiales sobre sexualidad, homosexualidad, aborto, condón, Sida y asuntos similares. Porque el Adversario es adicto a su propia lógica destructiva del odio a la vida, particularmente al alma humana a la que tanto teme y odia, y a la que anhela secuestrar para siempre.

También quiero labrar aquí, como con láser en diamante, una dedicatoria muy especial a mi heroica madre. Sabia y virtuosa, porque supo salirse de los férreos paradigmas de su época para terminar brindándome, a pesar de todos mis desvíos e ingratitudes, su amor incondicional. Ese amor que ahora potencia mis talentos de ella aprendidos y heredados, que magnifica mis ideales –en su seno absorbidos– y que disipa mis dudas y mis temores al calor de su ejemplo. De ella, también, por si lo anterior fuese poco, recibí la capacidad para gozar del arte verdadero, entre una mundanidad degradada que casi sólo se deleita y se denigra en el **"harte"** de las graznadoras semidesnudas y de los platicones de cursilona vocecilla y dudosa identidad sexual.

Nunca palabra alguna, ni escrita ni hablada, será suficiente para reconocer y pintar con justicia el heroísmo de aquella hermosa jovencita –que abandona la comodidad de la casona paterna– para irse a la incierta aventura de colonizar el Desierto de Baja California. Ahí funda su hogar y amorosamente me arroja al mundo entre cactus, arenas y alimañas. Logra, como reina de trescientas familias, no sólo colonizar aquellos páramos inhóspitos, sino contribuir a que la soberbia armada yanqui desista del inminente desembarco en costas mexicanas durante la Segunda Guerra.

Madre amada: ¿cómo olvidar aquellas deliciosas tardes, ya en la capital, cuando formabas al batallón de hijos contra la pared de la cocina? Mientras que con la mano izquierda batías y vigilabas la enorme olla con sopa, arroz, frijoles, avena o chocolate, con la derecha sostenías, para leernos, sin distracciones, los mágicos libros de William Shakespeare, León Tolstoi o Fiodor Dostoievski. Desde la sala, embriagadoramente, se desgranaban las notas de alguna sinfonía de Beethoven, de algún concierto de Mozart, o la voz formidable de Giuseppe Di' Stefano. Luego, como postre, te sentabas al piano y nos regalabas el obligado vibrante concierto vespertino, donde nos familiarizamos lo mismo con el "Claro de Luna" que con Chopin o Rachmaninov.

Así nos infundiste pasión por aprender y por vivir la Belleza en sus auténticas expresiones estéticas clásicas. Porque no sólo nos leías o narrabas, cantabas o tocabas. Sino que –con tu vena de artista– nos representabas los heroicos o terribles personajes que había que imitar o repeler, en la conquista de una Felicidad que –nos convenciste a todos tus hijos con tu voz y con tu ejemplo– *"sólo obtienen los Hombres virtuosos"*.

Continúo con mi abuelo paterno, Don Adalberto Abascal del Río. Porque aunados a los ejemplos rotundos de mis padres, disfruté de los maravillosos, dramáticos y estimulantes relatos de mi abuelo –muchos de ellos narrados, tanto textual como analógicamente, en mi obra novelística. Los triunfos y los fracasos de cualquier infante son como la ley de la gravedad: basta con un empujón para que ésta surta su efecto instantáneo. Por fortuna, fueron muchos, certeros y oportunos, los "empujones" que recibí durante mi azarosa niñez. Posiblemente el más violento y definitivo fue el que me proporcionó mi abuelo paterno, como exjefe secreto de la "U", que era el brazo civil del Ejército Cristero en la nunca bien analizada ni comprendida guerra aquella. Este extraordinario y perseguido personaje de leyenda vivió los últimos años de su vida refugiado en mi propia recámara. Ahí fue donde mis padres, mis hermanos y yo –hasta su edificante muerte– lo cuidamos con singular y esmerado amor. No obstante su aparente senilidad, forzada en gran medida por los muy graves errores de la cerril psiquiatría de su época, y por los avatares de una existencia vivida al filo del peligro, nunca dejó de narrarme, en sus largos ratos de elocuente y divertida lucidez –con lujo de detalles– la epopeya de la cual había sido discreto y eficaz líder. Al menos como él la había vivido y arrostrado: como una espartana guerra vivida hasta morir por Dios, la Familia y la Patria. ¡Los mismos tres grandes ideales de mi héroe favorito, Héctor de Troya, el prócer de la Ilíada!

De su elocuente y lúcida voz –como impotente testigo, astuto espía, jefe máximo, genial estratega y actor principalísimo– comprendí con toda certeza que aquella fue una guerra asimétrica. Por un lado, la casi omnipotente y global Masonería –apoderada de México desde siglos atrás, dueña de inmensos territorios, riquezas, poder y de docenas de Naciones– y por el otro lado el pueblo mexicano, católico ferviente en aquella lejana época. Infortunado pueblo que hoy está en su mayoría bautizado, pero que vive como ex cristiano y neopagano debido a las deletéreas costumbres instaladas en él desde la Cúpula Global, cobardemente aceptadas por todos los partidos que se reparten las migajas del botín. La Cúpula, ni secreta ni invisible, que ejerce una supremacía que nos mantiene en desfalleciente cautiverio intelectual y moral, en nuestra propia patria, no me hará callar. Porque además de la esclavizante postración física en la que nos tiene, con la inducida e impuesta pobreza extrema, nos impone la tiranía de la ignorancia, la superstición y el fanatismo. No de manera casual, sino intencionalmente, como eficaces armas para lograr una cómoda gobernabilidad, rampante y depredadora. Después de escuchar las arengas y las historias de mi abuelo con singular atención, admiración y cariño, tal vez durante años enteros, a lo largo de los cientos de tardes y muchas noches de mi preadolescencia, concluí que aquel conflicto armado nunca debía repetirse, porque ni era lo que salvaría a México de las ventosas de la Masonería, ni era posible ganar alguna guerra convencional contra el Adversario de la Humanidad. También imaginé y diseñé, desde entonces, mis trincheras: la cátedra, a partir de la investigación histórica, filosófica, sociológica, y la literatura, además de la veta novelística.

Especial reconocimiento único merece Patricia mi esposa, esa hermosa hija de noble que ha decidido sostenerme continua e incondicionalmente en este denodado esfuerzo, contra toda clase de obstáculos. Tenía yo 64 años recién cumplidos al comenzar a dar forma a mis escritos y narraciones –las que por largos años imaginé y emborroné–, en abril 19 del año 2006. Aún recuerdo, con gratitud, aquella tibia tarde lluviosa. Medio sumergidos en las tibias olas aguamarinas de la Riviera Maya, mi esposa y yo volvimos a hacer el pacto de ayuda mutua, de cara a realizar esta obra que tanto esfuerzo nos ha demandado, a cada cual en su campo propio. Ambos lo hemos cumplido, años después, y lo seguiremos haciendo, durante el largo tiempo que haga falta para coronar esta obra, poco a poco. ¿Cuántos años más me permitirá El Señor vivir escribiendo bajo el amparo del amor? No lo sé, aunque deseo que sean décadas, aún. Mi padre murió a los 90, en perfecto estado de lucidez, mientras revisaba y mejoraba la redacción y el contenido de sus docenas de libros de historia, filosofía y teología. Así quiero que me encuentre la muerte: trabajando, pensando, escribiendo, fiel a mi vocación y al destino elegido, hasta regresar a la Casa del Padre.

Patricia, mi Amor: te rindo un amoroso tributo, pleno de admiración y ternura. Correspondo a ese amor con el cual has querido y podido perdonar mis incontables fallas e inconsecuencias. Te doy las más profundas gracias, embelesado ante tu generosidad, comprensión y belleza exterior e interior. Porque ahí donde otras se hubieran dado por vencidas, tú has perseverado, contra todos los obstáculos. Por ello te agradezco y te reconozco esos millares de largas horas durante las que me has dejado absorto y aislado. Para poder leer, aprender, investigar y escribir, supliendo mi necesaria ausencia física con tu graciosa y energetizante presencia.

Por extraño que parezca al lector común, quiero reconocer a varios ilustres personajes. Ellos influyeron ayer y hoy, y lo seguirán haciendo, de manera tan definitiva y contundente en mi vida y en mi forma de pensar y escribir, que puedo reconocerlos como "modelos".

Comenzaré con un reverente reconocimiento al *"ateo por antonomasia del siglo XX",* el genial filósofo francés Jean Paul Sartre, el cual se orientó hacia un ateísmo militante prácticamente hasta el final de su vida. No obstante, tuvo la valerosa osadía de rectificar. Sí: se convirtió al catolicismo. A pesar de que el ateísmo fue en su vida una premisa dogmática, en cuya rigurosa consecuencia decía: *"el Hombre es una pasión inútil";* y *"la libertad, una condena".* Es importante que los parásitos trepadores del Movimiento del 68, prendidos hoy casi todos de las ubres del Sistema Narcopolítico Mexicano, sepan que el filósofo francés se comprometió abiertamente con la revolución estudiantil de mayo de 1968 en París; pero este hecho le produjo un amargo desengaño: constatar que las jóvenes generaciones de entonces ya no le tenían en cuenta. Porque mientras él pensaba en los grandes misterios de la existencia, las hordas estudiantiles sólo sentían odio; y querían, anárquicas, destruirlo todo. También la vida de este genial filósofo ha influido de manera determinante en mi propia existencia y en la obra que ahora presento a tu curiosa atención. Porque cuando Sartre estaba en un campo de concentración durante la II Guerra mundial, a petición de un sacerdote, compañero de presidio con él, escribió una obra de teatro sobre el nacimiento de Cristo, con motivo de la Navidad. Aunque Sartre no era creyente, debido a una extraña mezcla de nobleza, curiosidad y honestidad, aceptó la petición.

Se puso entonces a escribir con enorme empeño una obra llena de unción y misticismo religiosos. Años después, –como a ti, lector, y como a mí nos ocurrirá–, le llegó a Sartre la hora de la verdad: la muerte inminente. Dios lo llamó a la rendición final de cuentas. Y sin violar su libre albedrío, le concedió la Gracia de la conversión final. Gracia Divina a la que Jean Paul decidió ser fiel. Ese es su mérito, ante el cual caigo de rodillas, asombrado. Porque actuó en contra de la honda decepción de sus luciferinos y decepcionados seguidores. Incluyendo a su desequilibrada, intermitente y rabiosa amante, Simone de Beauvoir.[4] Unos días antes de su muerte, el diario parisino *"Le Nouvel Observateur"* recogió uno de sus últimos diálogos con un marxista. Decía Sartre: «*No me percibo a mí mismo como producto del azar, como una mota de polvo en el Universo, sino como alguien que ha sido esperado, preparado, prefigurado. En resumen, como un ser que sólo un Creador pudo colocar aquí; y esta idea de una mano creadora... necesariamente hace referencia a Dios*».[5]

La antigua amante quedó deprimida, escandalizada y desconcertada, sintiéndose traicionada.

«*Todos mis amigos* –declaró la desdichada concubina–, *todos los sartrianos, todo el equipo editorial... me apoyan en mi consternación*».

Después, el filósofo pediría que le visitara un sacerdote y le administrara los sacramentos, para morir en la fe católica. Verdaderamente, si Sartre rechazó el absurdo de concebir la vida en el contexto del improbable azar, a cambio de la creencia en los designios de un Creador, puede comprenderse la desolación de sus contumaces colegas ateos.

Contrasta con Sartre el difunto José Saramago, ese pseudo intelectual de ningún vuelo metafísico serio, anclado hasta su final biológico en una proterva confianza en el materialismo histórico, alias marxismo. Inmerecidamente premio Nobel de literatura, se declaraba insomne por el solo pensamiento de las Cruzadas o de la Inquisición, olvidando sesgadamente las brutales realidades del gulag ruso, el encierro de los palestinos en Gaza, de las purgas étnicas, los incontables genocidios a manos de comunistas, de los interminables odios culturales y religiosos, de suyo sanguinarios.

Volviendo a Sartre: sus últimas palabras fueron una bomba para muchos de sus admiradores. Simone de Beauvoir quedó alucinada. Con verdadera saña ocultó esa *"claudicación"*. Norman Geisler –en **"The Intellectuals Speak out About God**", Chicago 1984– recoge la consternación que esa confesión

---

[4]   La intermitente amante de Sartre, quien además le proporcionaba personas jóvenes para el solaz de las carnales pasiones del filósofo.

[5]   **"Le Nouvelle Observateur"** publica esta nota, causando la rabia y la decepción de todos los sujetos cercanos al gran converso de las últimas horas.

de Sartre produjo en todos sus colegas. El hecho era una noticia-bomba. ¿Por qué no estalló en las mejores páginas de los grandes diarios del mundo? A mí no me extraña ese silencio. Es lo habitualmente convenido por los poderes fácticos encargados de difundir la imagen de Satán.

Tampoco se dio publicidad a la muerte de Voltaire, como católico. Ni figura en la Internet la conversión al catolicismo del Premio Nobel Alexis Carrell; ni otros muchos ateos ilustres que alcanzaron la Fe; ni de cómo Albert Camus, poco antes de su muerte en accidente, quería creer; ni de un montón de anticlericales que mueren contritos y confesos.

Porque cuando los ateos ven cercana la muerte... tiemblan ante el insondable misterio y la paradójica ausencia de explicación, por estar peleados con la formidable esperanza del realismo cristiano. Para los que dominan esos centros de Poder llamados "Mass Media" siempre hay grandes titulares y generosidad de espacios para cualquier escándalo anti eclesiástico o para todos los "saramagos" del mundo, que hacen alarde de estar contra Dios o contra su ley moral universal.

La Verdad tiene su hora, su Juicio Universal, y también algo mucho más modesto: algunos rayitos de luz en la Internet.

Así pues, lo más difícil de entender es la cortina de humo que la "cultura del absurdo", el nihilismo que hoy nos ahoga, arroja siempre sobre cualquier rayo de luz que pueda despertar la esperanza del Hombre en su propia Trascendencia. De este modo, a lo largo de la Historia se repite, con sus inesperadas excepciones, lo que dice San Juan: *"Vino a su propio mundo, pero los suyos no le recibieron"* (Juan 1, 11). Conocemos también la gran fortuna que aguarda a quienes sí le reciben, aunque sea a última hora: *"Pero a quienes le recibieron y creyeron en Él les concedió el privilegio de llegar a ser hijos de Dios"* (Juan 1,12). Sin embargo, al revés de lo que decide Jean Paul, deberás tener presente, caro lector, a ese ser humano –que puedes ser tú mismo– que con vistas a su propia muerte repasa en un instante toda su vida, y quisiera arrepentirse... mas no puede, porque perdió o nunca alcanzó el hábito de hacerlo.

¿Y cómo olvidar a quien toda su vida ha sido recto, honesto y amoroso; y que como frágil y concupiscente humano es débil, y por ello, incluso en el crepúsculo de su vida terrenal cede a las tentaciones de la carne, de la fama, del poder o de las riquezas? Por ello, en brutal contraste con Jean Paul, con honda tristeza y gran desencanto, quiero hacer mención de nuestro premio Nobel mexicano, Octavio Paz, quien rechaza el don supremo de la gracia final, cuando minutos antes de morir, a pesar de la insistencia de un jesuita porfiado en salvarlo, afirma: *"escojo que dentro de unos minutos, cuando haya muerto, entre ese vaso de agua y yo no habrá ninguna diferencia"*. ¿Por qué? Porque así lo decidió, sobre todo cuando escribe:

"La soledad de la conciencia y la conciencia de la soledad, el día pan y agua, la noche sin agua. ¡Sequía, campo arrasado por un sol sin párpados, ojo

atroz; oh, conciencia! Presente puro donde pasado y porvenir arden sin fulgor ni esperanza. Todo desemboca en esta eternidad que no desemboca".

Quiere mostrarnos que la vida es un absoluto vacío de sentido y ausencia de Dios:

"Es un desierto circular el mundo, el cielo está cerrado y el infierno vacío. Por ser tiempo y estar hecho de tiempo, el amor es, simultáneamente, conciencia de la muerte y tentativa por hacer del instante una eternidad. Todos los amores son desdichados porque todos están hechos de tiempo, todos son el nudo frágil de dos criaturas temporales y que saben que van a morir; en todos los amores, aun en los más trágicos, hay un instante de dicha que no es exagerado llamar sobrehumana: es una victoria contra el tiempo, un vislumbrar el otro lado, ese allá que es un aquí, en donde nada cambia y todo lo que es, realmente es. El amor no vence a la muerte: es una apuesta contra el tiempo y sus accidentes. Por el amor vislumbramos, en esta vida, a la otra vida. No a la vida eterna sino a la vivacidad pura". [6]

Esas líneas que trasudan una desesperanza inconcebible en una mente brillante, es también una loa a la tesis que Sartre sostenía antes de su valerosa conversión a Dios: ***Somos seres para la Nada en un Universo sin significado".*** Es Octavio precisamente, el gran poeta adicto a su propio yo –que vive hasta el final dentro de la más reconcentrada forma de narcisismo, según testimonio de su propia esposa, Elena Garro– es quien más afecta brutalmente a todos los demás, al negarnos lo que esperamos de él: ejemplo heroico y congruencia ética a prueba de "plomo o plata". A prueba también de lo que a él lo hizo sucumbir: la Gloria, la Fama, los honores, y la complicitaria cercanía con el Poder. Y continuando con la nada corta galería de los grandes personajes que influyeron en mí, poderosísimamente, a lo largo de mi ya prolongada vida, no puedo menos que brindar un sincero homenaje a ese gran prohombre, Don José Vasconcelos, quien aparte de ser –al final de su existencia– mi genial maestro de historia, me dio en mi adolescencia un formidable ejemplo de congruencia moral, al negarse a ser enterrado en la "Rotonda de los Hombres Ilustres", amén de otros potentes ejemplos. La explicación que nos dio a mi padre y a mí –durante una de tantas deliciosas conversaciones sostenidas con él– fue muy simple, contundente: ***"No quiero que mi cuerpo yazca donde están enterrados los grandes traidores a la Nación Mexicana".***

---

[6] **Fuentes:** Travesías: Tres Lecturas. Mi casa, mi gente, mi tierra. Decir: hacer. Eros. Periódico Reforma (México) Abril y Mayo 1998. Abril 1999. Periódico El Universal (México) Abril 1998. Radio Red (Radiodifusora mexicana) Programa Monitor de la Mañana, 19 y 20 abril 1998. Paz, Octavio: Obra Poética I. Círculo de Lectores, Fondo de Cultura Económica. Paz, Octavio: Travesías: tres lecturas. Mi casa, mi gente, mi tierra. Decir: hacer. Eros. Biblioteca Sonora de la Literatura.

Fue Vasconcelos uno de los pocos próceres mexicanos –famosos en el ámbito de la política– cuya riquísima influencia contribuyó a forjar mi pensamiento y mi personalidad. Recuerdo un discurso suyo al que asistí, pronunciado ante la "Confederación Nacional de Estudiantes". Rescato aquí la nota que tomé acerca de su concepción sobre Dios y la Religión, contenida en el lema universitario, y que hoy puede leerse completa. **"Por mi Raza Hablará el Espíritu"** es el lema de la UNAM, lema que Vasconcelos creó en 1921, como símbolo de la Universidad. Años después dirá, precisando, que se había referido con toda intención al Espíritu Santo, como una restitución al mundo cristiano en el que la universidad nació, como expresión de la sabiduría trascendente y sobrenatural. Espíritu que anima a la Raza, a la cultura y a la educación, pues es su Principio y su Fin. Vasconcelos, en el año que pasó como rector y en los tres que estuvo como secretario de la Secretaría de Educación Pública, no sólo dejó una verdadera universidad en el México de entonces, sino que unificó la educación en torno a un fundamento humanista de honda raigambre cristiana. Además, le devolvió a la UNAM su espíritu independiente y contrario a las ideologías anti-humanistas en boga: materialismo, comunismo, estatismo, así como una firme oposición al sistema revolucionario que tanto detestaba, por corrupto. La charla que le escuché, conmovido hasta las lágrimas, fue esta, que encuentro ahora completa, providencialmente, reproducida en un libro.[7]

"*Decidí comenzar dando a la escuela el aliento superior que le había mutilado el laicismo, así fuese necesario para ello burlar la ley misma. Ésta nos vedaba toda referencia a lo que, sin embargo, es la cuna y la meta de toda cultura: la reflexión acerca del hombre y su destino frente a Dios. Era necesario introducir en el alma de la enseñanza el concepto de la religión, que es conocimiento obligado de todo pensamiento cabal y grande. Lo que entonces hice fue una estratagema: usé la vaga palabra 'espíritu', que en el lema significa la presencia de Dios, cuyo nombre se nos prohíbe mencionar, dentro del mundo oficial, gracias a la reforma protestante que todavía no ha sido posible desraizar de las constituciones de 1857 y 1917. Yo sé que no hay otro 'espíritu' válido que el Espíritu Santo, pero la palabra 'santo' es otro de los términos vedados por el léxico oficial mexicano. En suma: por 'espíritu' quise indicar lo que hay en el hombre de sobrenatural, y que es lo único valioso por encima de todo estrecho humanismo, y también, por supuesto, más allá de los problemas económicos que son irrecusables, y que nunca alcanzarán a normar un criterio de vida noble y cabal. Se ha pretendido que yo era entonces distinto al de ahora. Nada más falso. Para mí la Revolución no era una maestra rígida ni podía serlo, puesto*

---

[7]   Consultar: http://books.google.com/books?id=z0qkEvpOLyIC&printsec=frontc
over&hl=es&source=gbs_summary_r&cad=0.
En esta página se puede leer el extraordinario libro **"Vasconcelos y el Espíritu de la Universidad"**. Autores: José Vasconcelos hijo, y Javier Sicilia. Edición: ilustrada. Publicado por UNAM, 2001. ISBN 968369604X, 9789683696045.

que yo era de los encargados de crearle la doctrina. Tal iba a ser la función de la universidad: poner claridades en un movimiento social sin forma. Desde entonces sabía que un movimiento social ajeno al sentido religioso de la historia no podía ser más que miseria y tiranía. Siempre de espaldas al partidarismo político, procuré definir la Revolución como un sistema de creación y de franqueza. Por eso hablé sin recato de inspirar un movimiento social en una doctrina cristiana que ahora parece mediocre, y que entonces se hallaba en boga: el tolstoyano."

Después de la gran reforma de Vasconcelos, las fuerzas oscuras se apoderaron de la UNAM, por lo que lentamente ha ido cayendo en una pendiente semejante a la que el propio Vasconcelos remontó en su momento, una pendiente que hoy, como entonces, pide una reforma y una conversión profunda que le devuelva su espíritu y la regrese al Espíritu. Aún recuerdo –yo tenía 16 años entonces– a Don Andrés Serra Rojas, en representación de la Universidad, decir: **"...Temblará la tierra, pasarán las generaciones, ocurrirán muchas cosas antes de que exista en México otro hombre como José Vasconcelos, alma sincera y diáfana que aferrado a los problemas del mundo, su éxtasis lo transportaba de continuo a la pureza de una vida diferente...".**

Y al licenciado Salvador Azuela, quien en alguna parte de su discurso expresó: "...Venimos a despedir a uno de los hombres más grandes de nuestra estirpe. Profundamente mexicano, José Vasconcelos rebasa lo nacional. Por su personalidad gigantesca, la América Española con pleno derecho lo reclamará suyo..." Así que me dirijo a ti, mi querido Maestro Don José: como orgulloso universitario que soy, pero que vivo como extranjero cautivo en esta herida tierra mexicana, te agradezco a ti, que seguramente estás en la Gloria, haberme enseñado a vivir congruentemente con el lema que nos regalaste a los latinos, y en especial a los mexicanos: **"Por mi Raza Hablará el Espíritu Santo".** También encomiendo y dedico esta obra al Espíritu Santo, a Ése a quien algún día finalmente reconociste como Dios y Salvador. Así escribiré y hablaré, animado y fortalecido por Él, como tú lo hiciste durante varios años antes de morir, en franca ruptura con el Sistema. Quiero dejar constancia aquí de un hecho histórico: fui yo ese adolescente a quien, bajo la guía de mi padre, concediste gran parte del privilegio de expurgar tu obra de tus graves errores filosóficos y de sucias e inconsecuentes páginas casi pornográficas. Obra corregida que se publicó en "Editorial Jus", durante los años 50, siendo yo corrector de estilo. No importa, Don José, que tu lema sublime aparezca, ese sí, mutilado por los déspotas seudoilustrados –que no rectores– de la Universidad Nacional Autónoma de México: **"Por mi Raza Hablará el Espíritu..."** y que hayan suprimido el **"Santo...".** Repito: a Él encomiendo mis esfuerzos, así como la defensa física, social y espiritual de esta pequeñísima trinchera mía. En la cósmica batalla metafísica entre las personas de Bien y su antiquísimo Adversario, el Padre de la Mentira, Satán, la derrota será siempre inminente cuando sobrevaloramos nuestras solas fuerzas humanas, tan frágiles, tan ambivalentes e insuficientes.

Entre las heroicas y santas mujeres que influyen en mi forma de ser y pensar, sentir y decidir, destacan tres: Isabel la Cruzada, Santa Juana de Arco, y Santa Catalina de Siena. Como lo dice esta última mujer –decisiva lideresa y política medieval–: *"el solo conocimiento de nosotros mismos fácilmente conduce a la desesperación".* [8] Porque al destapar los sótanos del alma, como aquí lo hago, –lo he vivido en la práctica profesional de la psicoterapia– brotan toda suerte de miasmas, traumas insuperables y espectros horripilantes. El hecho de descubrir que en el fondo de nuestra existencia hemos sido siempre egoístas, y que todo mundo es en el fondo un soberbio Narciso, no es por sí mismo liberador. Más bien, lo probable es que nos conduzca a la amargura y a la náusea, como le pasaba a Jean Paul Sartre, antes de creer en Cristo como su Salvador personal. En el fondo tenía razón: sin Cristo esta vida produce náusea. Sin Cristo, *"el infierno son los otros"* –decía Jean Paul antes de su conversión. De Isabel de Castilla, a quien me gusta llamarla *"Isabel la Cruzada",*[9] tomé su apertura a lo nuevo,

---

8   Bautizada como Catalina Benincasa, pertenecía a una familia de la clase media-baja y no tuvo una educación formal; desde temprana edad mostró su gusto por la soledad y la oración, y siendo niña todavía, a la edad de siete años, se consagró a la mortificación e hizo voto de castidad. A los dieciocho años tomó el hábito de La Orden Tercera de Santo Domingo, y fue probada su vocación para la Iglesia. Se sometía al cilicio, a prolongados períodos de ayuno, y sólo se alimentaba de la Eucaristía. Durante la peste de 1374, Catalina acudió al socorro de los desgraciados, sin mostrarse jamás cansada, y aún, si hubiera de creer a los historiadores de su época, podría decirse que operó algunos milagros. Después recibió los denominados "estigmas invisibles", de modo que sentía el dolor, pero no eran visibles las llagas externamente. En junio de 1376 fue enviada a Aviñón como embajadora de la República Florentina, con el fin de lograr la paz de dicha república con los Estados Pontificios y el Papa mismo. La impresión que causó Catalina en el Papa significó el retorno de la administración de éste a Roma el 17 de enero de 1377. Pío II la declaró santa en 1461, En 1999, bajo el pontificado de Juan Pablo II, se convirtió en una de las Santas Patronas de Europa.

9   Sobre esta extraordinaria mujer cito algunas opiniones de sus principales biógrafos: Pedro Mártir de Anglería: «su modestia personal y mansedumbre admirables»; «del rey no sorprende que sea admirable... pues leemos en las historias incontables ejemplos de hombres justos, fuertes, dotados de virtud, incluso sabios. Pero ella... ¿quién me encontrarías tú entre las antiguas, de las que empuñaron el cetro, que haya reunido juntas en las empresas de altura estas tres cosas: un grande ánimo para emprenderlas, constancia para terminarlas y juntamente el decoro de la pureza? Esta mujer es fuerte, más que el hombre más fuerte, constante como ninguna otra alma humana, maravilloso ejemplar de pureza y honestidad. Nunca produjo la naturaleza una mujer semejante a esta. ¿No es digno de admiración que lo que siempre fue extraño y ajeno a la mujer, más que lo contrario a su contrario, eso mismo se encuentre en ésta ampliamente y como si fuera connatural a ella?» Hernando del Pulgar: «muy buena mujer; ejemplar, de buenas y loables costumbres... Nunca se vio en su

su fiera salida hacia lo diferente y lo desconocido, pues ella fue capaz de actuar de manera determinada, perseverante y tenaz contra el sentir de los sabios y los poderosos de su época. Las dificultades le estimulaban, en vez de desanimarle. Para ella, lo imposible le exigía más tiempo, pero no mucho más. De no haber sido ella así, América no se hubiera descubierto sino hasta docenas de años más tarde, y seguramente por los piratas ingleses. Es mi "Reina Madre".

En la bellísima figura de la guerrera Santa Juana de Arco,[10] Libertadora de Francia, me identifico como soldado. La investigación académica actual que se centra en el juicio posterior a cruenta e injusta muerte, juicio que finalmente la lleva a los altares, asevera que sus compañeros oficiales señalaron que ella era una guerrera táctica de mucho talento y una notable estratega, además de una mujer pura, virtuosa, humilde, servicial y heroica.

---

persona cosa incompuesta... en sus obras cosa mal hecha, ni en sus palabras palabra mal dicha»; «dueña de gran continencia en sus movimientos y en la expresión de emociones... su autodominio se extendía a disimular el dolor en los partos, a no decir ni mostrar la pena que en aquella hora sienten y muestran las mujeres»; «castísima, llena de toda honestidad, enemicísima de palabras, ni muestras deshonestas». Bibliografía: Fernández Álvarez, Manuel. Isabel la Católica. Madrid, 2003. Hernando Polo, Cristina. Isabel la Católica. Madrid, 2007. Suárez Fernández, Luis. Isabel I, Reina. Barcelona, 2000.

[10] Santa Juana de Arco (c. 1412 – 30 de mayo de 1431), también conocida como la "Doncella de Orleans" (o, en francés, la Pucelle), fue una heroína y santa francesa. Su festividad es el día de su muerte, como es tradición en la Iglesia Católica, el 30 de mayo. Nacida en Domrémy pequeño poblado situado en el departamento de los Vosgos en la región de la Lorena, Francia, entre 1407 y 1412, ya con 17 años encabezó el ejército real francés. Convenció al rey Carlos VII de que expulsaría a los ingleses de Francia y éste le dio autoridad sobre su ejército en el sitio de Orleans, la batalla de Patay y otros enfrentamientos en 1429 y 1430. Estas campañas revitalizaron la facción de Carlos VII durante la Guerra de los Cien Años y permitieron la coronación del monarca. Como recompensa, el rey eximió al pueblo natal de Juana de Domrémy del impuesto anual a la corona. Esta ley se mantuvo en vigor hasta hace aproximadamente cien años. Posteriormente fue capturada por los borgoñones y entregada a los ingleses. Los clérigos la condenaron por herejía y el duque Juan de Bedford la quemó viva en Ruán. Finalmente, ya en el siglo XX, en 1909 fue beatificada y posteriormente declarada santa en 1920 por el Papa Benedicto XV. Ese mismo año fue declarada como la Santa Patrona de Francia. Su fama se extendió inmediatamente después de su muerte: fue venerada por la Liga Católica en el siglo XVI y adoptada como símbolo cultural por los círculos patrióticos franceses desde el siglo XIX. Fue igualmente una inspiración para las fuerzas aliadas durante la Primera y la Segunda guerra mundial. Popularmente, Juana de Arco es contemplada por muchas personas como una mujer notable: valiente, vigorosa y con una gran fe. Hoy en día es objeto de especial interés en la República de Irlanda, Canadá, Reino Unido y los Estados Unidos. En el método del Escultismo es la Santa Patrona de las guías.

JUAN BOSCO ABASCAL CARRANZA

El historiador Stephen W. Richey opina lo siguiente: *"**Ella procedió a liderar un ejército en una serie de victorias impresionantes que cambiaron el curso de la Historia de Europa.**"* Todos los historiadores están de acuerdo en que el ejército francés tuvo un gran éxito durante la corta carrera de Juana. Ella es una fuente de inagotable inspiración para verme a mí mismo como un guerrero, dispuesto a afrontar las mil batallas que me esperan por el enorme atrevimiento –inconcebible en un psicólogo moderno– de haber optado por sacudirme el yugo de todos los "ismos" para quedarme con sólo uno: Realismo Cristiano, en el que toda verdad de Fe es a la vez una verdad en Ciencia.

Una vez que mi padre me enseñó a traducir del francés, a los 16 años, cayeron en mis manos varias biografías sobre Santa Juana de Arco. He pasado horas y horas absorto en el estudio de la apasionante vida de la Doncella de Orleans. Desde entonces me he dado cuenta de que Dios se ha involucrado tan profundamente en la historia del Hombre, que no ha mostrado remilgos para meterse en guerras, procesos y conquistas. Juana es una paradoja, porque demuestra que también en las peores ocupaciones, es decir, en la guerra, podemos seguir a Cristo. Esta joven guerrera reafirma su santidad al demostrar que no existe ninguna circunstancia, por extraña o fatal que sea, en que la Gracia de Cristo no pueda obrar y transformar la vida de personas, familias y naciones para llevarlas a la Gloria. Por supuesto: esta paradoja no cabe en las cortas entendederas del postmoderno *"**hombrecillo Light**",* que será uno de los personajes más analizados en esta obra.

Me preguntan por qué mi novena hija se llama *"Andrea Isabel"*. Quise honrar a la Reina Isabel de Castilla, *"La Cruzada"*, cuya grandeza es prototipo de la grandeza hispana. He aquí el *"codicilo"* que ella añadió a su testamento tres días antes de morir, en noviembre de 1504:

> «Concedidas que nos fueron por la Santa Sede Apostólica las islas y la tierra firme del mar Océano, descubiertas y por descubrir, nuestra principal intención fue la de inducir a sus pueblos que abrazaran nuestra santa fe católica y enviar a aquellas tierras religiosos y otras personas doctas y temerosas de Dios para instruir a los habitantes en la fe y dotarlos de buenas costumbres poniendo en ello el celo debido; por ello suplico al Rey, mi señor, muy afectuosamente, y recomiendo y ordeno a mi hija la princesa y a su marido, el príncipe, que así lo hagan y cumplan y que éste sea su fin principal y que en él empleen mucha diligencia y que no consientan que los nativos y los habitantes de dichas tierras conquistadas y por conquistar sufran daño alguno en sus personas o bienes, sino que hagan lo necesario para que sean tratados con justicia y humanidad y que si sufrieren algún daño, lo repararen».[11]

---

[11]   http://www.conocereisdeverdad.org/website/index.php?id=4779. Consultar: El libro: "FE, VERDAD Y TOLERANCIA" [el cristianismo y las religiones del mundo] por Joseph RATZINGER, hoy: S. S. Benedicto XVI; ed. SÍGUEME.

Es un documento que no tiene igual en la historia colonial de ningún país. Sin embargo, no existe ninguna historia tan difamatoria como la que se ensaña con Isabel. Por otra parte, el nombre de mi hija, antecedido por el de "Andrea" hace referencia a una de las cualidades de esa misma Reina: su legendaria capacidad para defenderse y atacar a los moros *"como hombre"* –*"Andreas"*–, aunada a su valentía, nobleza y virtudes que la ayudaron a reconquistar para la Cristiandad el reino de España, culminando una gesta de siete siglos contra el Islam, para quienes los seres humanos no somos *"hijos de Dios"*, sino *"esclavos de Alá"*. Termino con un extracto de las líneas que le escribí a mi padre el día 19 de octubre de 1999, en su periódico denominado la ***"Hoja de Combate"***:

*"**Reconocimiento.** Conmovido por las dificultades de todos tipos que mi padre tiene que enfrentar mes a mes para dar a luz esta "Hoja de Combate", he decidido comenzar a apoyarlo de manera incondicional...*

Esta decisión es una forma mínima de agradecer y reconocer públicamente lo que ya saben mis familiares, amigos, clientes y conocidos: que el acervo cultural que me ha dado éxitos profesionales, económicos y sociales, se lo debo a la formación que recibí de mi padre, durante los años de mi adolescencia y juventud, cuando tuve la dicha y el privilegio de ser corrector de planas y galeras de medio tiempo.

Ante mis azorados ojos pasaron centenares de variados libros, y su contenido forma hoy parte intrínseca de mi personalidad, porque los grabé a fuego en mi 'disco duro'.

Además, el contacto con tantas personalidades extraordinarias ensanchó mi visión cosmológica hasta espacios sin fronteras.

Aún recuerdo con grata emoción aquellos diez u once años durante los cuales la rutina era salir de la escuela secundaria, preparatoria, o de la universidad; tomar un camión de segunda o montar mi propia bici o moto, y cargar con la "comida para llevar" hecha por mi madre, comerla rápida y frugalmente, y sentarme a leer en voz alta, en busca de erratas y todo tipo de errores.

De lunes a viernes llegaba yo a la Editorial a eso de las tres o cuatro de la tarde, para salir a las ocho o nueve, y los sábados trabajaba desde las ocho hasta las dos o tres de la tarde.

Salí siempre enriquecido con la lectura y la asimilación inconsciente –ahora plenamente consciente– de la grandeza intelectual y espiritual de muchos de los mejores escritores, historiadores y filósofos mexicanos y extranjeros que eran los clientes de JUS.

Admiración y gratitud a quien como nadie las merece: a cincuenta años de distancia, mil gracias, papá.

Tu orgulloso y feliz primogénito, Juan Bosco Abascal Carranza".

Este libro viene precedido de una interminable serie de polémicas. Porque expongo libre y espontáneamente ciertas ideas y razonamientos tan impopulares, que enfurecen a algunos y entusiasman a otros. Abordo temas desde un enfoque tan extraño para muchos que les ha parecido lo mismo inocuamente disparatado que insufriblemente absurdo; pero también insensatamente peligroso o ridículamente inútil Eso me han dicho. Afronto recias oposiciones y persecuciones de las que hasta ahora he podido escapar. Por ello me asombra el paternal cuidado que la Providencia ha tenido para con este "pecador estándar". Inmerecidamente, hoy tengo familia, trabajo y salud. No sé cómo expresarle a Dios mi inmensa gratitud.

Así que, con todo y los riesgos que ello implica, seguiré peleando desde esta trinchera por mi Dios, por mi Patria y por mi Familia.

Huixquilucan, México, a 27 de Septiembre del 2012.

CAPÍTULO I.

La Humanidad Depredada y Depredadora.

"Sí, el Señor, tu Dios, te va a introducir en una tierra fértil, un país de torrentes, de manantiales y de aguas profundas que brotan del valle y de la montaña; una tierra de trigo y cebada, de viñedos, de higueras y granados, de olivares, de aceite y miel; un país donde comerás pan en abundancia y donde nada te faltará, donde las piedras son de hierro y de cuyas montañas extraerás cobre.

"Allí comerás hasta saciarte y bendecirás al Señor, tu Dios, por la tierra fértil que él te dio. Pero ten cuidado: no olvides al Señor, tu Dios, ni dejes de observar sus mandamientos, sus leyes y sus preceptos, que yo te prescribo hoy. Y cuando comas hasta saciarte, cuando construyas casas confortables y vivas en ellas, cuando se multipliquen tus vacas y tus ovejas, cuando tengas plata y oro en abundancia y se acrecienten todas tus riquezas, no te vuelvas arrogante, ni olvides al Señor, tu Dios, que te hizo salir de Egipto, de un lugar de esclavitud, y te condujo por ese inmenso y temible desierto, entre serpientes abrasadoras y escorpiones.

*"Acuérdate del Señor, tu Dios, porque él te da la fuerza necesaria para que alcances esa prosperidad, a fin de confirmar la alianza que juró a tus padres, como de hecho hoy sucede. **Pero si llegas a olvidarte del Señor, tu Dios, y vas detrás de otros dioses, si los sirves y te postras delante de ellos, yo les aseguro solemnemente que ustedes perecerán.** Perecerán como esas naciones que el Señor va destruyendo delante de ustedes, por no haber escuchado la voz del Señor, su Dios". **La Biblia, libro "Deuteronomio", 8, 7-20.**

Dentro del escandaloso, adictivo y ciego mundo postmoderno, el Evangelio suele sonar con insoportable estridencia. Sin embargo, al escribir e investigar, volver a investigar y reescribir, he sentido que esta obra es una especie de misión al extremo de lo imposible, puesto que, sin presunciones de ninguna clase, puedo decir que me he visto resistiendo y acometiendo en los umbrales de lo quimérico, muchas veces ante mi propio pesar. Desafiar las corrientes en boga –la oficial y la mediática, que se revisten o se disfrazan de cátedra universitaria– es verse arrastrado por lodos putrefactos que desvirtúan y contaminan la hermosa Realidad. Tener una famosa cátedra universitaria, un retumbante micrófono en la mano, una dorada tiara en la cabeza, una banda presidencial en el pecho, e incluso un premio Nobel de lo que sea, no significa necesariamente ser portadores de la Verdad. A todos ellos denuncio en este libro.

Como buscador impertérrito de la Verdad –de esa Verdad Objetiva que es superior e independiente de mí, pero también anterior a mí–, evito amoldarme a la versión oficial. Rechazo el eco demoledor de una infinita salmodia de reiteraciones vacías que gravitan en la seductora cultura postmoderna. Historia, mitos, ideas, religión, filosofía, psicología, las ciencias en general, y aun la teología, hoy y siempre –pero hoy como nunca– se han manipulado y pervertido, ocultado y exagerado. Los hechos se manipulan, se malinterpretan y son sesgados, escondidos o confirmados; las teorías se falsean para que se acomoden a los delirios de la propia mente loca. Las narraciones son leídas y vueltas a leer sin comprenderse a fondo; las conclusiones pueden ser más o menos objetivas, divergentes o subjetivas. Pero por encima de todo ello existe la Verdad Objetiva, la Ontológica, la que "es"; nos guste o no, se conozca o no. Cuando aún no era sino un tímido niño, seguramente para darme valor, me decía mi padre, tomándose la licencia de recitar en segunda persona un par de estrofas de la formidable pieza poética de Amado Nervo, **"A Gloria"**:

> "*¡Deja que te persigan los abyectos! ¿Quieres atraer la envidia, aunque te abrume? La flor en que se posan los insectos es rica de matiz y de perfume. El Mal es el teatro en cuyo foro la Virtud, esa 'Trágica', descuella; es la Sibila de la palabra de oro; la sombra que hace resaltar la estrella*".

Cuantas veces recuerdo esos versos que él recitaba con singular fervor, se anima mi fuente de endorfinas –esa droga autoproducida en mi cerebro y que retrasa mi proceso de envejecer– y me dispongo a la acción, ya sea con la pluma en ristre, o con la palabra suelta ante variados públicos. He concluido que una investigación crítica, rigurosa y documentada, puede poner en entredicho textos laudatorios o denigratorios, según sea el interés de los amanuenses al servicio del relato dogmático de sus mentores, pero nadie se escapa al imperativo ético ineludible –so pena de causarse un posible daño irreversible– de ejecutar una operación mental que supone un verdadero heroísmo en la toma de la humildad y la renuncia a la Soberbia: alcanzar la Certeza; para lo cual cada uno de nosotros, los humanos, como falibles y limitados, no tenemos más remedio que agachar la cabeza, sacudirla de pajarracos de mal agüero, y conformar la mente humildemente, a todo aquello que la Realidad "es" por sí y en sí misma, la aceptemos o no.

Evitemos por norma y por hábito la mexicana, tropical y *"pejeliana/ lagartesca"* expresión de... **"peor para la Realidad"**. La vida sería muy triste sin matices ni colores; la música se convertiría en zumbido sin una pluralidad de notas y tonalidades; la historia sería un relato de fechas y acontecimientos si no existieran versiones y opiniones. Por ello en este libro ejerzo mi derecho al amargo encanto de la discrepancia. Aunque yo les parezca abominable a quienes tienen la obtusa mente estrecha por creer ellos que la Realidad es la que cada cual trae en su cabeza. La Verdad no se alcanza por arte de magia ni estando sujeto a delirios mesiánicos. Como cuando Bush expresó que Dios le ordenó bombardear a Irak, o cuando el infausto **"Peje"** se autodeclaró ***"presidente legítimo",*** en el colmo de la esquizoparanoia.

De la discusión empática, del debate serio, incluyendo la Metafísica –no, por supuesto, la delirante pseudo metafísica de Conny Méndez–; de la duda metódica, de la revisión y reconstrucción de los hechos, brota el discernimiento que nos libera y nos entrega a la verdadera libertad: la que proporciona por sí misma la Verdad.

Si alguien quiere aplicarme la técnica de la mordaza, la censura o el anatema, terminará por privarse de argumentos. Los intransigentes e intolerantes que hoy gobiernan en mi patria y en el Planeta entero, los adictos al Poder y los necios enemigos de la Verdad se sentirán incómodos, porque con este libro rompo ataduras y moldes que asfixian a las conciencias. Ellos opinarán sobre mis fundamentos y asertos, en cualquier sentido y sin exclusión de posibilidades. ¡Está muy bien!

Lo que rechazo es ser estigmatizado porque alguien quiera seguir torturando a la Humanidad con las monumentales mentiras a las que hemos estado sometidos por milenios –mentiras elevadas hoy a la categoría de seductores dogmas postmodernos–, como si se tratara del mito platónico de la caverna, donde se confundían las sombras imaginarias con los *"entes de luz".*

Reconozco ser apasionado mas no iracundo, porque no es el odio el que anida en mi corazón, sino el amor, incluso a mis enemigos. Dejaré que la rabia crezca en el corazón de mis innumerables detractores. Mantendré la serenidad frente a su nerviosismo, mi voz calmada frente a los gritos desaforados, los argumentos racionales contra los insultos, la objetividad confrontada contra la parcialidad impuesta por el Sistema.

Con esta palabra: **"Sistema"** me refiero a este infierno terrestre, donde viven quienes se dedican a mentirnos, para intentar salir indemnes de su propia incongruencia, como si no supieran cómo y cuándo les cobrará la verdadera factura el *Padre de la Mentira.* Los hechos son como son, con independencia de que se nos quieran presentar distorsionados. Por eso este libro es un desafío que clama a la Verdad para entender la Historia. Sin mistificaciones, complejos, ni tabúes: a la luz del Fin Último de la Raza Humana.

Cientos de alumnos me preguntan: *"¿por qué hasta ahora escribes lo que podrías haber hecho hace veinte años?"* Contesto: presento al severo escrutinio de la opinión pública el resultado de mi desbordada pasión por leer y escribir, aprender, comunicar y discutir hasta ahora, por simple cautela. Porque mi intención central consiste en analizar y reflexionar acerca de cuantos temas se relacionen con nuestros asuntos esenciales: el Origen, la Identidad y el Destino humanos.

Porque al amparo de esta pasión que comienza hace muchos años, cuando yo era un niño de apenas seis o siete, he leído, estudiado, aprendido, reflexionado, vivido y pensado demasiado, en comparación a lo poco y mal que he actuado.

Ya es hora de volcar el resultado de todo ese lento proceso de asimilación de los grandes ideales –**Dios, Amor, Patria, Familia**; Los mismos ideales de Héctor de Troya– asimilados mediante el ejemplo de las extraordinarias personas que me han formado. Quiero verterlos en millones de letras vibrantes que puedan hacer historia en la voluntad y en la inteligencia de los pocos lectores cuya atención llegue a conquistar. Lo hago porque *"yo sé"* de qué hablo cuando escribo. Sé a qué me refiero cuando pronuncio extrañas y complejas tesis impopulares ante mis numerosos públicos profesionales.

Me invade una profunda sensación de soledad, desencanto y frustración, sobre todo cuando alguien comienza a hablar de ciertos temas con una asombrosa naturalidad, con una credulidad patética y una falta de sentido crítico tan rotundas, que resultan suicidas, o cuando menos muy peligrosas. Para quien se traga toda clase de paparruchas, y para quienes conviven con él. Frases, enunciados, creencias y afirmaciones que presentaré en este libro, por inverosímiles que pudieran parecer: conoceremos a fondo la mentalidad de una serie de sujetos que afirman cosas tan peregrinas y absurdas como:

"Ya está cerca el fin del mundo.

"Lo anunciaron los Mayas Intergalácticos.

"La Tierra sufre dolores de parto.

"El Nuevo Mundo nacerá en México.

"La Influenza es un invento de las transnacionales de los laboratorios. Ellos soltaron el virus mutante para usarnos de conejillos de Indias.

"Lo que pasa es que yo fui abducido. ¡Me secuestraron unos extraterrestres!

"En la Iglesia de la Cienciología, de la que yo soy miembro auditado, he aprendido que mi finalidad es lograr un mundo sin guerra, crímenes ni locura; donde la gente buena y tenga la libertad de alcanzar sus metas, al mando de Xenu, el Gran Jefe Alienígena.

"Tú y yo merecemos vivir felices...

"¡Yo no creo en Dios! Yo creo que las ciencias físico-naturales resolverán todos los problemas de los que se ocupa ese cuento que llaman Metafísica...

"Sólo existe un saber auténtico: el de las ciencias positivas que se ocupan de los fenómenos sensibles.

"Nosotros no celebramos la Navidad –me explicó muy sonriente. Lo que pasa es que soy Testigo de Jehová... nosotros no celebramos la Navidad.

"Hemos vendido treinta millones de ejemplares. Ahora vendemos mucho más, mucho más, porque debemos salvar al mundo".

Insisto: escribo porque cuando uno sabe que todo eso es radicalmente falso, sin asomos de veracidad, el mero hecho de no compartirlo o discutirlo con los demás equivale a un silencio cómplice. Tanto miente el que lo hace en forma directa como el que se guarda una verdad que, dicha oportuna y audazmente, podría liberar a muchas personas de las cadenas de su inicua esclavitud. El Maligno no avanza tanto por sí mismo, sino por culpa de quienes nada hacemos para detenerlo, derrotarlo, o cuando menos controlarlo. Poseo diversas tesis que exponer a la luz pública, ya que durante muchos años, y aun décadas, se me han quedado no sólo adheridas a las neuronas, sino también hundidas en el fondo de la garganta, oprimidas en mis puños, palpitantes en las arterias de mi corazón. Por ello quiero sacudirlas de la epidermis, sacarlas del fondo de la laringe, soltarlas de los puños por medio de estas teclas, y expulsar sus toxinas del fondo de mi sistema nervioso. Antes de que yo mismo acabe intoxicado por todo ello, y oprimido y deprimido por haber cedido ante el miedo de hablar. ¡La palabra: una de las facultades que nos asemeja al Creador! *Para muchos lectores, de frágil estructura, mis tesis representarán un fuerte desasosiego perenne.* Me sentiré muy contento por ello. Como también cuando provoque todo lo contrario: la formidable alegría de descubrir la Verdad.

Al igual que toda persona, estoy llamado a proclamar la Verdad de la existencia, pero no sólo desde un punto de vista subjetivo –porque si me quedara en éste daría por hecho que la objetividad no existe– sino desde una visión cósmica realista, alcanzable por la razón, y que además nos ha sido Revelada: la visión Cristocéntrica de la Historia. Dios no es un relojero que se desentendió de su obra maestra una vez terminada. Él es Providente, aunque les pese a ciertos grupos masónicos que desde el comienzo de la historia han querido deshacerse de Él, para darse cuerda, definir su destino y su ética ellos solos, por sí mismos –claro, bajo la atenta vigilancia de aquel que fue y es nuestro adversario homicida, desde el principio.

Por cerril, imperfecta, incompleta o cruel que sea mi propia percepción, quiero explicar el contradictorio sentimiento que alberga el corazón del hombre, en el que coexisten –en una misma persona– la magnanimidad con la bajeza, la vanidad y la maldad con la humildad. Porque somos, a la vez, *"Gollum"* y *"Smeagol"*; el *"Caballero Jedi"* y *"Lord Sith"*; *"Doctor Jekyll"* y *"Míster Hyde";* la santidad y el heroísmo, el genio y la estupidez. Quiero iluminar, aunque sea con la pálida luz que se desprenda de mi mente y llegue a otros a través de mi pluma, estas implacables contradicciones en vez de maldecir la densa oscuridad que provocan. Para hacerlo, estoy obligado a realizar una *"Ascensión al Infierno"* y un *"Descenso a la Gloria"*.

Porque mis criterios éticos contradicen casi por entero los del mundo. Particularmente el de los poderosos de hoy y siempre, generadores intencionales –en gran medida– de todos los azotes que analizaré en el cuerpo de esta obra. Algunos lectores pensarán que soy un "conspiranoico" cuando vean por ahí alguna referencia a cuestiones que parecen reforzar las teorías conspiracionistas. **Nada más falso. En su momento lo explicaré.**

Por ahora, tomemos una bocanada de aire fresco. Numerosos científicos, desde diversas disciplinas –astronomía y genética, por ejemplo– han descubierto en las últimas décadas una serie de "constantes universales" que ayudan a probar racionalmente la existencia de Dios. Por ello en este libro trabajo intensamente por la convergencia de la Ciencia y la Religión, buscando avanzar en la obtención de un conocimiento integral acerca del mundo y de la persona humana.

La Ciencia ha encontrado en las últimas décadas muchas "constantes universales" que nos demuestran la inexistencia del azar en la formación del mundo. Este hecho es una razón suficiente para conocer el orden implicado en la formación y continuación de la Realidad.

Esas constantes universales –como las cargas electrónicas idénticas en todo el universo, la teoría de los cuantos de Planck, y la constante de Boltzmann, la simple existencia de la Luna tal como es y exactamente donde está, entre otras–, son las pruebas racionales de la existencia de la Causa de las Causas. Por ello pido que la Teología comprenda la importancia de la Ciencia para conocer la Creación, pero también reclamo a la Ciencia, que a su vez, comprenda que hay cuestiones fundamentales que ella misma no puede responder, y que forman parte de otras disciplinas, tales como la Teología o la Filosofía. En la colaboración entre ambas está la clave del entendimiento integral de la realidad.

Quiero enfocarme a razonar dentro de una Teología al alcance del hombre postmoderno, que no esté desconectada de la realidad pedestre y cotidiana. Para ello tomo muy en serio las ciencias de la naturaleza, fundamentadas en la tecnología y la industria propias de nuestra época. De lo contrario, la Teología, como tantas veces y durante tantos siglos, aparecerá ante el hombre de la calle, de la fábrica y de la oficina; frente al ama de casa y el estudiante pragmático, como algo inhumano y completamente ajeno a su brutal y asfixiante realidad. En la misteriosa cuestión de los orígenes, la Ciencia no puede sustituir a la filosofía y a la teología en la contestación a las grandes cuestiones, porque ellas superan los límites de la experiencia científica, esa que por sí misma es incapaz de explicar el *"por qué"* y el *"para qué"*, aunque conozcan en parte el *"cómo."*

En este sentido, la Biblia *–interpretada inteligentemente y en su contexto–, pero no leída al pie de la letra y mucho menos de forma fundamentalista–* proporciona desde la primera página enunciados para comprender los hechos esenciales que explican y afectan al mundo y al hombre. Se podría añadir lo de que el lenguaje bíblico no tiene ni intención histórica, ni científica ni otra como las que pueden atribuírsele para declarar su supuesta falsedad o equivoco... Sino la única intención de Revelar la vía de la Salvación... además de que el Revelador, Dios, lo hace respetando las categorías humanas que son más o menos limitadas según varias circunstancias.

Me preguntará el científico si es verdad que, como muchos fundamentalistas, y no sólo en los Estados Unidos, si pienso que la

Biblia nos da respuesta a la pregunta por excelencia de la cosmología, a saber: el origen de todas las cosas. ¿Acaso defiendo una fe bíblica así de ingenua, no ilustrada, en un Dios antropomorfo que ha creado el mundo en "seis días"?

Claro que no: porque deseo tomar la Biblia en serio, no puedo leerla al pie de la letra. Ni la Biblia puede leerse literalmente, ni la Ciencia puede dar respuesta a los asuntos más importantes de la vida ni a las preguntas más agudas y esenciales de la inteligencia humana. La cuestión fundamental de la Filosofía consiste en saber por qué existe una cosa y no cualquiera otra, por qué hay algo en lugar de nada, y sobre estas cuestiones no hallaremos respuesta alguna en las ciencias de la naturaleza.

Pero el absurdo postulado del cientificismo es de por sí contradictorio: ya que no se deriva de la matemática, ni de la observación o de la experimentación... También aquí, la retorsión está en acto: el científico afirma, como fundamento de su doctrina, que el único conocimiento verdadero es sólo el de la ciencia; de este modo sostiene una *"verdad"* que no es de ninguna manera del orden científico.

Según los relativistas es imposible demostrar científicamente el *"postulado de objetividad"* ya que la experiencia está siempre limitada y el principio quiere ser universal. Pero en este caso no sería un conocimiento verdadero, pues no tiene ningún fundamento científico; y así este postulado se autodestruye. Si luego queremos verlo, no como un conocimiento en sí, sino como un principio de todo conocimiento verdadero, la situación empeora ulteriormente: ya que todo el edificio de la ciencia reposa sobre este postulado, de por sí no científico. Si la ciencia misma se funda sobre él, no tendría ningún valor...

Consecuencia absurda que muestra solamente la falsedad del punto de partida: las ciencias positivas son perfectamente válidas, en su propio orden, pero no pueden ser la única fuente de conocimiento verdadero, so pena de autodestruirse. Tienen la necesidad en su misma raíz de otra justificación que ellas no pueden darse, una justificación crítica propiamente filosófica.

Así que Dios no es sólo una hipótesis, puesto que proyecta su realidad a la de dichas constantes universales descritas y probadas por los científicos, constantes que, por tanto, aportan un fundamento racional, y no de fe, para afirmar su existencia.

Es justamente este conocimiento el que ignoran la mayoría de los católicos, cristianos y creyentes de mi patria, y posiblemente del mundo entero. La gente sólo "cree", no piensa, no sabe, no conoce; no cultiva su Fe ni la ilustra profunda y consistentemente. Un dato duro: de los poco más de cien mil alumnos que he tenido a lo largo de más de cuatro décadas en mis cursos y talleres de formación, el noventa por ciento se ha declarado católico. Y de todos ellos sólo uno de cada cien reconoce haber leído alguna encíclica papal. Esa gente tampoco fortalece su Fe con las obras de la verdadera caridad o de las virtudes siquiera naturales. Sólo conserva un **sincretismo cultural** –que ya es cultural– rayando en paganismo, en el que caben cuantos errores intelectuales sean posibles y todos los errores morales propios de nuestra aciaga época.

Así nos pasamos la vida, hasta que olvidamos casi todo lo que aprendimos de niños. Lo entiendo: cuando se es un adolescente –no digamos un adulto– es imposible vestirse con el trajecito de la primera comunión. Muy probablemente ni siquiera cabría una pierna dentro de él. Necesitamos un traje adulto, en el cual quepamos con todo nuestro sobrado volumen visceral. Estoy consciente de que es una empresa demasiado difícil lograr que el lector común adquiera una visión integral y de conjunto sobre nuestro origen, nuestra identidad y nuestro destino. Más difícil aún es el obtener una convergencia voluntaria y racional entre Ciencia y Religión.

Y llega al heroísmo poder dirigir los actos libres de la vida entera en función del Fin Último. La investigación en cosmología, biología y antropología científicas ha avanzado de forma tan vertiginosa y se ha dilatado tanto, que resulta difícil, sobre todo para el "lego", lograr una visión de conjunto, –**convergente y sinérgica**– que contribuya a explicarle quién es, de dónde viene y a dónde va, para que en el intento no se pierda y se ahogue entre las venenosas miasmas de la "Nueva Era". Pero, con todo y sus hercúleas dimensiones, lograr esta convergencia me parece una cuestión extremadamente grave, porque implica vida o muerte eternas. Así que haré el esfuerzo por detonar conciencias y conmover voluntades, aunque lo que me resta de vida se me vaya en ello.

Contemplo tres grandes frentes de batalla:

Uno, contrarrestar en parte el mortífero fundamentalismo religioso que brota por todos lados, incontenible e insaciable en sus odios vesánicos;

Dos, evitar algunos de los excesos delirantes de los científicos de mentalidad mágica, que son precisamente los que niegan la existencia del "Diseño Inteligente" e insisten en el caos y el sinsentido, o cuando menos en la generación espontánea.

Y **tres**: decir en términos comprensibles para el hombre común los orígenes, identidad y efectos deletéreos de la plaga con más capacidad de exterminio que nos haya caído jamás en la Historia Universal: el Postmodernismo con sus mortíferas "Plagas" y los "Azotes" que siguen agravándose "ad náuseam". Si sostengo que la Humanidad en su conjunto es "depredadora", pero también "depredada", es porque la lista de acciones destructivas y autodestructivas es impresionante:

Vivimos en un planeta donde la comunicación es instantánea y en tiempo real, pero en el cual nos sentimos más aislados y afectivamente indiferentes e incomunicados que nunca antes. Comerciamos en un mundo en el que prácticamente ya no hay fronteras económicas, donde se da de hecho una sola economía mundial, con todo y sus bloques ficticios, pero la pobreza crece y nos desborda; sufrimos en una Tierra en la que abundan las "empresas de servicio", pero la principal enfermedad del Hombre es la depresión endógena.

Trabajamos en campos y tecnologías "nano", y así, después de haber sido esclavos de lo "grandote" ahora somos adictos a lo muy pequeño. Hoy hemos llegado a una nueva era de tiempo libre y de mujeres políticas y empresarias, pero el tiempo libre produce narcoadictos y las mujeres empresarias claman por volver al hogar; hemos pasado de la "mano de obra" al "cerebro de obra", pero nunca habíamos sido tan analfabetas en filosofía y teología; vociferamos exaltando los nacionalismos culturales, pero al mismo tiempo volteamos a ver al vecino con profunda envidia.

Las clases bajas irrumpen en la toma de decisiones, pero desinformadas y manipuladas, por lo que sus intervenciones resultan patéticas y dramáticas. La población global goza de estándares de salud nunca antes logrados, pero nuestros padres y abuelos envejecen en la más aterradora soledad, a la vez que vamos quedándonos sin niños. Arrojados en un *"valle de lágrimas"*, asistimos impotentes al triunfo del feroz individualismo y del *"hágalo usted mismo"*. Las organizaciones a favor de **los derechos humanos reivindican a los criminales y se olvidan de las víctimas.**

Las bellas artes –literatura, música, pintura, danza y escultura– son ahogadas por las artesanías comerciales o por **"hartistas"** cuyos criterios rectores son la fama y la ganancia astronómica, rápida y sin compromisos con la verdad ni la belleza, mucho menos con lo simplemente bueno. El libre mercado global hace abortar los proyectos de nación, los sistemas de bienestar se privatizan y los del "bienser" desaparecen.

La manipulación genética, además de que nos intoxica y nos asesina rápidamente, nos permite el diseño biotecnológico de "productos del embarazo" sin que éstos tengan madres voluntarias. Para colmo, se reactiva explosivamente una falsa religiosidad mediante la que cada quien adora a un Dios imaginario *"según cada cual lo conciba"*, como si Dios no fuese **"el que Es"**, sino el que traemos caricaturizado en la propia mente.

Pienso, como decía el poeta Rudyard Kliping, que *"no hay vientos favorables para aquel que no sabe a dónde va"*. Por eso, porque yo sí sé a dónde voy y a dónde quiero que vayan todos los hombres de buena voluntad, resulta indispensable analizar detenidamente cada plaga, cada azote, desde el punto de vista de sus orígenes y efectos, pero también de los contravenenos aún factibles.

Enumero una serie de fenómenos destructivos, sin ofrecer por ahora datos detallados, por la sencilla razón de que la cantidad, la intensidad, el ritmo y la frecuencia con la que ocurren cada uno de estos *"Azotes del Tercer Milenio"*, se van incrementando de una manera tan atroz, tan aceleratriz, que en cuestión de segundos cualquier cifra, por exagerada que parezca, puede ser rebasada de manera imprevisible. No es este entonces un catálogo de datos catastróficos, sino una lista sólo enunciativa, no exhaustiva, de algunas de las tragedias que sufre la Humanidad del Siglo XXI.

¿Por qué hoy podemos leer junto al sitio donde estaban las Torres de Nueva York: "**2,863 muertes**", junto a un pordiosero que porta un letrero que dice: "**Somos 830 millones de indigentes en el mundo**"?

¿Por qué si "**el mundo está unido contra el terrorismo**", no hace lo mismo contra la pobreza? ¿Por qué en USA se invierten en educación 6,000 millones de dólares, pero al mismo tiempo se gastan en cosméticos 8,000 millones? Y las cifras escandalosas son mucho peores: léanse en millones de dólares: diez mil en helados, sólo en Europa; en comida para perros 16,000; pero en cigarros, sólo en USA, 50,000. Sin embargo, todo eso es poco contra los 105,000 en bebidas alcohólicas, y los 500,000 en narcóticos, sólo superados por los 780,000 del armamento militar.

Pero con todo y ello, pocos países como México ofrecen tan dramáticos fenómenos decadentes: La búsqueda demagógica de un "**sistema democrático**", cuando en realidad ya México es, desde el *"primer Gran Capo"* –Miguel Alemán Valdés– un auténtico "**Narcosistema**". Una cacareada "**reforma del sistema laboral**", cuando el trabajador mexicano, tan creativo sigue siendo mercenario, **flojo e indisciplinado**. Un **sistema fiscal inicuo**, que perdona impuestos a las grandes firmas y ahoga al pequeño contribuyente cautivo desde las nóminas de las boyantes empresas trasnacionales y nacionales. El patético **"IMSS"**, insolvente, al borde de la quiebra –sarcásticamente denominado por la chispa popular como el *"Importa Madre Su Salud"*– pesadilla burocrática en donde lo que importa son las cifras maquilladas, pero no la salud del ciudadano. Sostiene un serio avance con su Cultura de Muerte en forma de abortos, anticonceptivos y similares. Una "calidad" educativa de la corrupta Secretaría de Educación Pública que nos coloca en el **último lugar de excelencia académica** continental. El **agro mexicano abandonado,** improductivo y erosionado por consigna masónica internacional, que no proporciona a la masa de hambrientos mexicanos los productos agropecuarios que garanticen una subsistencia ya no digamos digna: ni siquiera mínima. Un explosivo e incontenible proceso acelerado de **empobrecimiento extremo** de las masas de población, y la extinción de la clase media. Una rapaz y oligofrénica política energética que ha hecho de **Pémex la caja de dinero en efectivo** del Sistema, para mantenerse en el Poder. La asfixiante **contaminación urbana y campestre** que asfixia y deteriora toda forma de vida, sobre todo la humana. La **globalización** que llegó para quedarse contigo, sin ti y a pesar de ti, y que representa más desventajas y azotes que remedios.

"**Empresarios**" **voraces**, enfocados casi todos a obtener ganancias rápidas, sin riesgos, y que producen altísimos niveles de usura. "Mass Media" **–Medios de Comunicación–** que se dedican a manipular a las Masas, en vez de informarlas, formarlas y educarlas, además de sanamente divertirlas. El poder mediático dispone de recursos del Estado para "causas filantrópicas" que palian y maquillan profundas lacras sociales, mientras encubre y justifica las políticas que las generan. **Capitales Especulativos** cuyos agudos criterios de "éxito" chupan la hemoglobina de la Humanidad: cero riesgos, altísimas ganancias y corto plazo. A ningún poderoso le importar la **Destrucción de los**

Ecosistemas. El baño de petróleo en el Golfo de México, gracias a la criminal displicencia de la "British Petroleum", es equiparable a la negativa de los USA para frenar el obvio calentamiento global. Prefieren la riqueza a corto plazo, a costillas del planeta. Así, la "Cumbre Ecológica" de Cancún en Noviembre del 2010 ha sido un rotundo fracaso.

Crecen la **aglomeración y la contaminación en las grandes ciudades.** Se venden más autos, se realizan más pasos a desnivel y "vías rápidas", y la atmósfera es cada día irrespirable. La **Amenaza Nuclear**, aquí cerca, en Laguna Verde, Veracruz, no parece quitarle a nadie el sueño, mientras toda la región se encamina hacia otra catástrofe del tipo Chernóbil. Los submarinos de la flota ex soviética se pudren en el Mar Caspio. El tráfico de armas de destrucción masiva entre grupos mafiososss y terroristas es un hecho innegable.

La **Corrupción Gubernamental**, particularmente en México, ha pasado a formar parte del paisaje cotidiano. Todo mundo hace trampa, y ya nadie se escandaliza. Nadie propone o desarrolla medidas efectivas para detener a la masa de sinvergüenzas que nos gobiernan con todo y su "Iniciativa México", que es uno de los fraudes mediáticos más inteligentes y pérfidos de nuestra historia. El "**Terrorismo Internacional**" hace de las suyas en docenas de países, mientras el hambre y la miseria de las grandes masas siguen arrollándonos.

La impunidad criminal, al amparo de los impolutos *"criminales de cuello blanco",* se vuelve meta ensoñada por millones de niños, adolescentes, jóvenes, adultos y ancianos de todo el Planeta corrompido.

La **violencia cotidiana** es ya sólo un tema de fría e impersonal estadística, pero de todas formas avanzan los miedos paralizantes en el ánimo y las decisiones de casi toda la gente. Los bancos cancelan créditos ante la inseguridad y los narcos exigen el cierre de escuelas, como en Ciudad Juárez. Las **conductas contra natura** son hoy llamadas conquistas humanistas, avances feministas. Ya no se grita *"¡Viva Cristo Rey!""*, sino: "**¡Viva Cristo Gay!**" La **prostitución asalta nuestros hogares** desde las pantallas de nuestras televisiones, por medio de la insolente exhibición de atractivos cuerpos que no pueden mostrar otra cosa que aquello que será pasto de gusanos y fertilizante agrícola.

El **tráfico de drogas mortíferas** está capitaneado por personas más o menos ocultas en el seductor depredador "Narcosistema Político". Entre algunos sectores políticos se piensa que en México ya se vive como en un "Narco-Estado", similar al que padeció Colombia. Tan preocupados están estos ingenuos que ya han hablado sobre el tema con autoridades yanquis, tanto para saber cómo detectarlo como para tratar de entenderlo y eventualmente hacerle frente. Esto es cosa de burla y risa. Porque justamente son los gobernantes yanquis –los que son visibles– quienes "hacen como que lo combaten". Sin querer ni poder combatir a los verdaderos titiriteros, ocultos en los edificios inteligentes de la Banca Mundial y en otros centros de Poder, quienes surten a reventar sus arcas con un "cash" inagotable. ¿A quién le interesa frenar a los narcos, si una vez cerradas las fronteras a las drogas, nadie podría detener a cuarenta o más millones de adictos? Norteamérica dejaría de ser una nación viable si sus narcoadictos se viesen súbitamente privados de sus efímeros paraísos inhalados, fumados, tragados o inyectados.

El **aborto de millones de personas** ha convertido el vientre de las madres en el sitio más inseguro para los bebés, particularmente en la capital mexicana, al amparo del lema satánico **"El Feto no es Persona",** según nos lo "demuestra" el diputado perredista Víctor Hugo Círigo, al frente de una jauría de sacrificadores aztecas. Cierto es que en algunos estados de la República Mexicana se ha logrado legalmente "blindar la vida", pero no gracias a las convicciones de los mandamases políticos, sino porque ellos calculan que aún no es del todo popular legalizar la serie de crímenes contra natura. La "Libertad" para decidir el asesinato del nonato inocente se nos vende, a través de los Mass Media, como "un derecho inalienable", y como una conquista de vanguardia y del verdadero humanismo.

El 13 de septiembre del 2011 se inauguró el 66 período de sesiones de la Asamblea General de Naciones Unidas. La imposición del aborto como derecho humano y entre los Objetivos del Milenio para el Desarrollo es política de toda la organización. En el marco del logro de los Objetivos del Milenio para el Desarrollo y del respeto y la profundización de los derechos humanos, la Asamblea General de Naciones Unidas tratará el informe anual del Alto Comisionado para los Derechos Humanos, que es la Señora Navi Pillay.

El informe se titula ***"Practices in adopting a human rights-based approach to eliminate preventable maternal mortality and human rights".*** En él se insta a los Estados a eliminar las leyes contra el aborto. En el documento se afirma que las leyes que impiden o limitan el aborto son un obstáculo para la reducción de la mortalidad materna (Objetivo del Milenio n° 5) y son contrarias a los derechos humanos. En concreto, la prohibición o la limitación del *"acceso al aborto",* se califica como *"violatoria de las leyes internacionales",* como *"discriminatoria contra la mujer"* y como *"una violación del derecho a vivir libre de tortura".*

Ni derechos de los padres, ni objeción de conciencia. Entre las llamadas ***"limitaciones para el acceso al aborto" se incluyen la "necesidad del consentimiento paterno",*** en el caso de menores solteras, y la *"necesidad del consentimiento del esposo",* en el caso de mujeres casadas. Se entiende como limitación que debe eliminarse la objeción de conciencia de los médicos. Se instruye a los Estados para ***"organizar los servicios de salud a fin de que el ejercicio de la objeción de conciencia por los profesionales de la salud no impida que las mujeres obtengan acceso a los servicios de salud",*** entre los que se considera el aborto.[12]

---

[12] MÉXICO: La Corte podría legalizar el aborto (NG 1123) -NICARAGUA: Presiones abortistas de Amnistía Internacional (NG 1119) -ONU: Reinterpretan la Declaración Universal de Derechos Humanos (NG 1114) -OEA: Perversión de los derechos humanos (NG 1103) -ONU-OMS: Aborto como política de salud (NG 1099) -USA: Salud y reingeniería social anticristiana (NG 1073) -ONU: Insiste en el plan de perversión sexual de niños y jóvenes (NG 1070) -ONU:

Las **"Muertas de Juárez"** siguen abonando los áridos campos de aquella infernal región, tras servir como instrumentos al servicio de las pasiones patológicas de los ricos. Lo mismo como "estrellas" del **"cine snuff"** –en el cual son secuestradas y filmadas en vivo mientras son violadas y descuartizadas– que como proveedoras de órganos para trasplantes de órganos a viciosos. La **"Cultura de la Muerte"** se impone en el ánimo de casi todos los habitantes de varias ciudades mártires. Tres cuartas partes de las parejas terminan divorciadas como resultado de la pérdida traumática de algún pariente cercano a manos de los sicarios. Por cada muerte violenta hay 300 personas afectadas, porque se alteran también las vidas de las personas de los ambientes donde el difunto se movía. Si ya son 30 mil los muertos en sólo poco más de cuatro años, y cada uno afectó a trescientos, nuestra Nación, completa, está hoy en día dramáticamente enferma. Atizadas desde diversos medios y provocadas de manera multicausal, **las adicciones avanzan**. Los niños que vieron al hermano o al papá caer rafagueado por los sicarios, son candidatos para la drogadicción, y sus mamás vivirán empastilladas para soportar la carga de estar vivas. En docenas de ciudades mexicanas hay muchas mujeres a las que les han matado al compañero, al hijo. Hay muchos muertos, por doquier. Las madres duran meses sobresaltadas, sin comer, sin dormir, sin realizar sus labores domésticas. Dicen: *"tengo miedo de que así como a él me lo mataron, me maten a mí o a mi hijo... tengo pánico, porque la imagen de mi difunto se me aparece y me dice que me quiere llevar consigo"*. Además, queda toda la familia desprotegida porque casi siempre matan al sostén, al papá o al hijo que traía la despensa.

Otras adicciones más graves. No sólo somos víctimas de las adicciones farmacológicas, sino que la lista resulta larga: a las compras –*"Soy Totalmente Palacio"*–, a los alimentos chatarra, las bebidas alcohólicas, el cigarro, las relaciones peligrosas, los deportes extremos, el sexo sin amor o antinatural, a la televisión –particularmente a las telenovelas– a la Internet –adicción declarada recientemente *"problema de salud pública"* en varios países. Buscamos cualquier cosa que nos produzca placer instantáneo a través de la generación de endorfinas, a cualquier costo.

La chilena Bachelet al frente del lesbo-feminismo (NG 1058) -ONU-UNESCO: Plan de perversión sexual desde los 5 años (NG 995) -ONU: Metas del Milenio. Reingeniería anticristiana (NG 932) -ONU: Perversión de los derechos humanos (NG 874) -REINO UNIDO: Londres, capital de la muerte (NG 865) -ONU: Violencia contra la mujer (I y II) (NG 803 y 804) -ONU-OMS: Aborto a toda costa (NG 726) -ONU: Aborto, derecho humano (NG 636) -ONU: La Corte Penal Internacional nace sectariamente abortista y pro-homosexual (NG 568) -Feminismo: La perversión de los derechos humanos (NG 557)-PREPARATORIA DE BEIJING+5: El derecho al aborto como derecho humano (NG 157)

¿Por qué ocurre todo esto, sin que se vean barruntos de solución?

Por otra parte, el Sida y otras enfermedades de transmisión sexual también ganan terreno, gracias, sobre todo, a la pérfida política del Narcosistema, que por medio de millones de invasivos e intrusivos "spots" televisivos, proclaman, al son de pegajosos ritmos tropicales, las glorias del condón, que canta con voz aguardentosa "del Sida te defiendo yo". Mientras que Uganda demuestra al mundo que con su programa "ABC", basado principalmente en la continencia y la fidelidad sexuales, se pudo frenar significativamente el avance del Sida, y aun revertir claramente las cifras de mortandad, en México vamos el revés: haciendo, intencionalmente, que cada día se contagie más gente gracias a *"Tu Futuro en Libertad"*,[13] lema del perredismo depredador que quiere conquistar ahora la presidencia del país, gestando en la gente el anhelo irrestricto del *"derecho al placer"*. La pornografía reina en los hogares, gracias a la telebasura desparramada por medio de los rostros más encantadores, de los cuerpos semidesnudos más deseables; gracias a los cómicos más exitosos y a las hetairas más descaradas que la hacen de actrices, bailarinas y *"cantantes"*.

Cientos de miles de niños y adolescentes descubren las delicias del "derecho al placer" mientras se masturban frente a su tele, al contemplar, por ejemplo, los lúbricos movimientos de las parejas que ejecutan frenéticas danzas dentro de los *"concursos internacionales de danza"*. No debe asombrarnos la infinita cantidad de los abusos sexuales contra la niñez. Las relaciones de los adultos con la niñez están basadas en un modelo autocrático, vertical, casi militar, en el cual los adultos demuestran que tienen más poder. En este absurdo modelo –contrario intrínsecamente al papel natural de los mayores– los abusadores ejercen su poder basados en estrategias coercitivas, que implican el uso irrestricto de fuerza, agresión, amenaza, imposición, intimidación, etc...

No cabe duda que estas formas de abuso contra la niñez están avalados e institucionalizados socialmente. Son poco cuestionados y se repiten como forma "aceptable" tanto en la escuela como la familia. Este "contramodelo" de relaciones depredatorias de poder siembra la letal semilla que facilita que germine el abuso sexual, con todas sus formas aberrantes. Predispone a que la niñez tolere y estructure conductas y actitudes de indefensión frente al abuso sexual y de los adultos en general. Desde la escuela y la familia, la niñez aprende que otros tienen más poder. Y adquieren patrones de indefensión frente al abuso. Aprenden a obedecer sumisamente incluso ante el maltrato. Viven en ciega obediencia que no cuestiona a la autoridad.

---

[13] http://www.educacion.df.gob.mx/images/libros/tufuturoenlibertad.pdf. Es una obra cuya meta se centra en la apología del vicio, en cuanto que éste es placentero, y por ende un legítimo fin último.

Y en cuanto puedan, las víctimas de ayer son los verdugos de hoy. Brota, incontenible, una pregunta: ¿por qué los Mass Media no hacen nada contra esta plaga? Porque nadie va a decir que sus tímidos e ineficaces anuncios contra la pederastia han tenido algún éxito. Bien: la respuesta será digna de un largo, amplio y profundo análisis, porque no es cosa fácil descubrir las causas últimas, no en este ni en todos los demás numerosísimos azotes. ¿Y los *"dioses postmodernos"*? Ellos gozan de cabal salud mediática y comercial.

"Lo malo no es ya no creer en Dios, sino creer en cualquier cosa", dijo el genial escritor ruso Fiodor Dostoievski. El México de hoy tiene una población abrumadora de bautizados, ex cristianos, neopaganos, dedicados a adorar frenéticamente una colección de ídolos que pronto serán pasto de gusanos. Nos hemos desplomado en la época del desencanto, a la vez que renunciado al progreso interminable, para caer en los abismos preconizados por los "Saramagos": los abismos de la Nada, *"del hecho de tener que vivir –sin haber sido consultados– durante un nanosegundo entre dos eternidades, para caer luego, irremediablemente, en la propia aniquilación"*. La economía de producción ha sido sustituida con una voraz –pero famélica– economía del consumo. Han desaparecido las grandes figuras carismáticas, y surgen por doquier infinidad de pequeños idolillos que duran hasta que se entroniza a otro, algo más novedoso y atractivo.

Van aquí ejemplos de personajes adorados a través de los Mass Media, pero también presencialmente. **No me atrevo a juzgarlos en su fuero interno.** Sólo censuro con acritud dos hechos: uno, el que de manera más o menos consciente se rindan al "dios rating" para sostener su fama, sus ilícitos placeres, los honores inmerecidos y las mal habidas riquezas.

Y dos: que la gente común les atribuya poderes mágicos y encantadores, cuando ninguno de ellos merece realmente el título de artista. ¿Cuál es su verdadera profesión? Posiblemente algo muy cercano a la prostitución.

Dicho sea de paso, todos reciben "ayuda" de programas digitales para esconder sus defectos físicos en los millones de fotos y videos que enrarecen la atmósfera virtual. Para encontrar cientos de miles de sitios en Internet que refieren obsesivamente las "hazañas" viciosas de estos idolillos, basta con escribir sus nombres en un buen buscador, para enterarnos de que todas las publicaciones referidas al submundo de la farándula, afirman que tanto Hollywood como el espectáculo latino y el Planeta entero está –en el año 2012– lleno de sexo, mentiras, violencia, drogas y alcohol. Proporciono algunos ejemplos a seguir por las delirantes multitudes, que en vez de asumir una postura crítica, los convierten en modelos a introyectar y adorar.

Amy Lee: intérprete yanqui con voz de soprano y pianista clásica. Renuncia a pelear por un sitio de honor en el arte, para dedicarse al prostituido ámbito comercial. Co-fundadora de la banda *"Evanescence"*. Asociada a grandes escándalos de tipo sexual.

Angelina Jolie: celotípica, agresiva y explosiva; se publicita adoptando niños que después no puede educar como personas de bien. Se hace notar como benefactora de la Humanidad, cuando en realidad sólo persigue publicidad. Bisexual, infiel y promiscua, sostiene una relación con el no menos vicioso sujeto con el que por ahora vive: Brad Pitt.

Beyoncé: famosa por su adicción a todo tipo de escándalos, el alcohol y las drogas, y por ello en precoz decadencia. Gana más de 60 millones de euros al año. Por ello tiene el primer lugar en ganancias, gracias a la venta de discos compactos, publicidad y conciertos.

Brad Pitt: adicto a la mariguana para *"realizar mejor sus papeles como actor"*, promiscuo, infiel y exhibicionista. Prototipo del postmodernismo.

Britney Spears: *"incontrolable"* por su voraz hambre de satisfactores de corta duración y sin compromiso. Está en rehabilitación, perdió la custodia compartida de sus hijos y debe someterse a pruebas de drogas y alcohol, y a pesar de todo reincide. Es "La Princesa del Pop". A pesar de varios tropezones, su fortuna se acerca ya a los cien millones de euros.

Christian Chávez: del grupo diabólico "**RBD**", de 24 años, reveló cínicamente que es gay, luego de su unión civil con William Murphy. Fue multado por consumir mariguana.

Christina Aguilera: revela cínicamente los detalles de su vida privada para lograr un público cautivo. Además, le encantan las narraciones pornográficas de alto impacto. Quiere hacer en México un trío sexual.

Fergie: quien ha confesado sus problemas con el alcohol: *"Me encanta el vino, pero al día siguiente llamo a mi terapeuta y a mi entrenador personal".* También es adicta al *"crystal methamphetamine"*, uno de los estimulantes más adictivos y peligrosos.

Justin Timberlake: famoso por escándalos y aventuras sentimentales. Sufre un trastorno obsesivo-compulsivo en el orden, la limpieza y los objetos alineados, según sus propios parámetros subjetivos.

Lady Gaga: "Forbes" la señala *"como una de las mujeres más poderosas del planeta".* Tiene el mayor número de visitas en las páginas "web", gracias a sus escándalos. En el 2010 se convierte en la primera "hartista" en superar las mil millones de vistas de sus videos en Internet. Su éxitos mundanos, carnales y luciferinos son notorios en diversos ámbitos: la venta de sus discos, la concurrencia a sus conciertos, la cantidad de fans que la siguen y ahora hasta en los récords que sus videos consiguen en Internet. Ella ha declarado: **"Sí, tengo un pene porque tengo los**

genitales tanto de hombre como de mujer".

Lindsay Lohan: es una de las "estrellas" más exhibicionistas. Aceptó ser adicta a las drogas y al alcohol y se recluyó en un centro de rehabilitación por dos meses, para luego seguir reincidiendo. Acaba de declarar que se siente "desolada" tan sólo por el hecho de pensar que tenga que seguir rehabilitándose en alguna clínica especializada. Sin embargo, su "calvario" terminará cuando por fin sea trasladada de la correccional "Century Regional Detention Facility" en Lynwood, a un centro de rehabilitación ubicado en Newport Beach, California, que de acuerdo con el sitio "TMZ" ha sido remodelado especialmente para recibir a la protagonista de Mean Girls. Lohan usó "Twitter" para arremeter contra su amante gay y asegurar que ésta usa drogas, y que, además, la engañó. De esa forma cosechó cientos de miles de adhesiones, facilitando a sus manejadores que la sigan presentando como un modelo a seguir. Lo menos que le dicen sus miríadas de adoradores es: *"¡Te amamos como eres, Lohan!"*

Madonna: irreverente e iconoclasta, a quien "le gusta lo mejor", la novedad, y se describe de tal forma en su página web oficial que de plano resulta impublicable. Aspira a que el culto a su persona y sus producciones "musicales" sustituya al culto de latría que le debemos a la Virgen María.

Kristen Stewart. Considerada una de las más atractivas de Hollywood, no sólo es admirada por hombres, pues también atrae a mujeres. Existe un grupo de fans llamadas "Krisbians", chicas que se volverían lesbianas por ella. A Stewart esto le parece divertido. Ha recibido propuestas para dejar la actuación y convertirse en stripper, gracias al papel en el que interpreta a una bailarina exótica.

Mariah Carey: que entre otros vicios presenta un alcoholismo avanzado, a la vez que una muy dudosa calidad estética.

Michael Jackson: renegado de su propia raza y aficionado genitalmente a los niños. Por todos son sabidas las manías y rarezas de Mick. Todo parecía tierno e inocente hasta que unos años más tarde llegaron acusaciones de pederastia con cuatro menores, secuestro de otro, nuevo intento de pederastia y embriaguez con uno más. *Sin contar con la escena en la que sacó a su hijo por el balcón colgándolo por los pies.* Sufrió mucho dolor. Su padre lo maltrató excesivamente en su infancia para "lograr la perfección como intérprete".

Miley Cyrus: tiene la cuarta posición de mujeres ricas y famosas en "Forbes". Ha pasado de ser niña pura a mujer decadente en apenas unos meses. Tras dejar su infantiloide programa "Hannah Montana", a los 17 años aprovecha cualquier ocasión para enseñar su lado más salvaje, rockero y provocativo. Dice que no será viciosa, pero su nueva imagen está más cercana a la de una mujer ligera –que para cualquiera resultará una carga pesada.

Nelly Furtado: salta a la fama exaltando los "malos vicios", a la vez que ella los vive con singular frenesí en tanto llega el final cercano.

Noelia: cantante puertorriqueña, apareció en Internet en un video porno, sosteniendo relaciones sexuales con su ex novio, el reggaetonero Yamil. Acusó a su padrastro, Topy Mamery, de distribuir videos pornográficos y de largo acoso sexual.

Pablo Montero, Cristian Castro, Christian Chávez y Noelia: "hartistas" latinos que compiten por el halagador "Escándalo del Año" de la revista "People" en Español. Hacen de sus "preferencias sexuales" una forma de ganar dinero a manos llenas.

Ricky Martin: sale del armario y admite que es gay con el fin de incrementar la venta de sus "productos". En 2008 se volvió el "papá pirata" de un par de gemelos que nacieron por el método de "vientre de alquiler", dada su impotencia para fecundar a una mujer en el marco de una relación natural. Dijo, con maníaca expresión desaforada: ***"Hoy acepto mi homosexualidad como un regalo que me da la vida. ¡Me siento bendecido!"*** Es padre soltero de mellizos. El ***"hartista"*** hizo la confesión en su página web. Como buen ***"graznador"*** anunció que se ha dedicado a escribir sus memorias, cuyo proceso describió como *"muy intenso, angustiante y doloroso pero también liberador".* Jura que lo que escribe nace del verdadero amor y la purificación; Dice: ***"¡Soy bendito por ser quien soy!".*** Se queja del cinismo de los hombres del Poder y del secuestro de la fe, expresión con la cual ataca al Papa. Bien: tenemos una nueva secta, cuyo "papa", Ricky Martin, nos mostrará el camino de la verdad y la vida.

Rihanna: sólo hay tres cosas: videojuegos y chocolates, y sus brutales peleas domésticas por andar engañando a su pareja en turno.

Los dioses de hoy son olvidados al rato. Asistimos, impotentes, al espectáculo en el cual los Mass Media y la industria del consumo masivo se convierten en centros de Poder Real. No importa el contenido del mensaje, sino sólo el grado de convicción inducida que pueda producir. Los *"Transmisores de la Verdad"* hoy son los apóstoles de Lucifer. Si no existes en los medios tampoco existes para la sociedad. *"Santo que no es visto, Santo que no es adorado".* El receptor también tiene su propia culpa: se aleja de la información verdadera, le quita realismo y pertinencia, y la convierte en mero entretenimiento.

Analizo la causa última de los múltiples fenómenos corrosivos que hoy tienen a la Humanidad al borde del colapso final. Todos merecen y reclaman un *"¿por qué?",* el cual será estudiado de manera lo más formal posible, en los capítulos *"ad hoc".* Ha desaparecido la ideología como forma de elección de los líderes, y está siendo reemplazada por la imagen de falsos profetas. Las absurdas alianzas, en México, son una excelente muestra de esta forma avanzada de descomposición social y política. El Poder es, como nunca, el *"fin último"* de la mayoría. Se desacraliza la política en cuanto bien común y cosa pública. Se pierde la intimidad: la vida de *"los otros"* es un delicioso y apetecible "show" de valor económico. Sólo se vive el presente: el futuro y el pasado no importan. Hay una obsesiva búsqueda de lo inmediato. Se pierde la persona individual. Se rinde culto al cuerpo y a la "liberación" personal, para volverse esclavos de pasiones denigrantes y narcisistas.

Paradójicamente, vuelve lo místico como justificación y explicación de toda clase de sucesos. Se observa una obsesión por los grandes desastres. Se anhela y se teme el "fin del mundo", pronosticado por los mayas para el 2012. Se ha perdido la confianza en la Razón y en la Ciencia. En paradójica contrapartida se rinde culto a la tecnología emanada de esas dos potencias despreciadas. El hombre masa fundamenta su existencia en el relativismo ético y en la "pluralidad de opciones". El subjetivismo rabioso impregna la mirada sobre una Realidad deformada, ignorada, caricaturizada.

La despreocupación ante las monstruosas injusticias es el sello de hoy. Los ideales de justicia, paz, libertad y amor han casi desaparecido. Se desprecia el afán personal de superación. Se detesta la cultura del esfuerzo. Casi sólo existe diversión vía Internet y TV. Surgen por doquier frenéticas y alarmistas **"teorías de la conspiración"** que pretenden explicar los problemas de todo tipo. Las **Pseudociencias** triunfan arrolladoramente: "**Astrología**", "**Cuarto Camino**", "**Control Mental**", "**Piramidología**", "**Tarot**", "**Hare-Krishna**", "**Karma**", "**Ocultismo**", "**Insight**", "**Satanismo**", "**Metafísica de Conny Méndez**", "**Tadehu**", "**Poder Mental**", "**Mente Positiva**", "**Yoga**" y cientos más.

Se cuece aparte el fundamentalismo religioso, particularmente el "**sionista/israelita**" de tipo mesiánico quiere dirigir la historia de la Humanidad hacia inconfesables y aviesos fines que sólo ese milenario movimiento pretende alcanzar, a costillas del resto de los habitantes de la Tierra. Pero también el islámico/musulmán, que masacra adversarios e inocentes en docenas de países. No menos peligroso es el fundamentalismo protestante autodenominado "cristiano", que cierra las fronteras y persigue migrantes no sajones como si fueran ratas.

¿Y qué pensar acerca del origen de las guerras de exterminio o de "limpieza étnica", como las realizadas en Croacia, Serbia, Ruanda y otros muchos países y regiones, mientras crece hasta niveles astronómicos el tráfico ilegal de armamentos, y se preparan las guerras del futuro?

¿Cómo cerrar los ojos ante la desintegración familiar, a la pérdida del concepto y de la Virtud del Amor, al triunfo de los paradigmas del machismo y el hedonismo?

¿Cómo ignorar que millones de matrimonios son inválidos por la grave inmadurez psicológica o la temprana edad de los contrayentes?

Parece que nos dirigimos hacia un abismo sin regreso, con una niñez obesa en el 80%, alcohólica en cantidades industriales, drogadicta y perezosa. Los migrantes siguen dejando la patria, mientras nuestros políticos siguen repartiéndose lo que queda de la exigua torta, y las enfermedades mentales, los suicidios, los innumerables homicidios y la pérdida del significado de lo humano se integran al paisaje popular.

¿Por qué? Justamente de eso se trata: de encontrar las verdaderas y últimas causas del desastre y del caos, ya que la gente común e incluso nuestros líderes políticos, militares, científicos y aun religiosos se contentan con una estéril descripción de inútiles datos estadísticos. En todo caso, se inflan los carrillos con esta absurda explicación: **"Hoy sufrimos una crisis de valores".**

Sin darse cuenta de que la crisis es por ausencia de Virtudes.

Como si los valores –que son todos los seres– pudiesen sufrir una especie de crisis, es decir: valores o seres que *"medio son"* o *"medio existen"* porque *"están en crisis".* No: no existe tal crisis de valores. Lo que está en crisis es la Virtud, hoy desterrada y burlada, porque ella sí está amenazada en su existencia misma, como *"hábito operativo que perfecciona al ser humano en cuanto tal".*

Así pues: esta Humanidad depredada y depredadora se desplomará en su propia aniquilación en la medida en la cual siga ignorando su Origen, su Identidad y su Destino, y continúe maníaca e irresponsablemente desvinculándose intencionalmente del Referente Absoluto:

Dios, a quien adoro de corazón en medio de este delirante frenesí postmoderno.

* * *   * * *   * * *

CAPÍTULO II.

El "Big Bang" o
La Creación del Universo.

*"Dios es por esencia el Ser Subsistente... el cual no puede ser más que Uno... Todas las cosas, menos Dios, no son su propia causa de ser, sino que participan del ser...reciben su ser de Otro que ya era desde siempre... de otra forma nada existiría... Es necesario entender que todos los seres contingentes tienen por causa eficiente un **Primer Ser** que es del todo Perfecto... Lo que es Ser en **grado sumo y verdadero** también en grado **sumo es causa de todo ser y de todo lo que es bueno, bello, uno y verdadero...".***
Salvador Abascal Infante.

Introducción. Numerosos pseudocientíficos, que pretenden ser grandes maestros y científicos infalibles, sostienen pontificalmente que la Revelación de la Biblia se opone directamente a lo que en realidad sucedió. Enseñan –y hasta persiguen a quienes no lo creen así– que **"este Universo salió de la nada"**, de un gran vacío. Pretenden demostrar que nadie lo hizo, que no tiene propósito, ni diseño inteligente. Que solamente se hizo a sí mismo, es decir, **se dio a sí mismo el ser antes de "ser"**. Su aserto, insostenible, se reduce a esta expresión más clara: **"...de la Nada 'algo' salió solito"**. Mientras que para los católicos no existe motivo alguno para crear conflictos entre la "Fe Ilustrada" y la "Ciencia Pura", existen muchos científicos que neciamente empeñan en señalar la imposibilidad de entablar un diálogo realista y sano entre ambas. Como dice el Quijote: **"los necios llaman locura a todas las molestas verdades que se les atraviesan en el camino".**

El choque no está provocado por causas atribuibles a la fe o a la ciencia, sino por algunos científicos que rechazan la Filosofía –aunque se sirvan de ella sin saberlo ni reconocerlo– y que rechazan los dogmas sin caer en cuenta de que ellos asumen una verdadera actitud dogmática sin tener ninguna autoridad legítima. Sin más reflexión, cuando menos la mitad de los científicos –sobre todo biólogos, físicos y astrónomos– quieren adoptar el ateísmo como una postura natural del quehacer científico, y se declaran ateos o agnósticos a partir de sus inconsecuentes prejuicios y profundos vicios metodológicos, para conservar la paga o el hueso. Sin embargo, todos los temas que trataré en este capítulo son asuntos de tal envergadura, profundidad y gravedad que la Ciencia pura no tiene competencia. La radicalidad del punto de partida ateo revela la adhesión culpable a tan hondos prejuicios que muy frecuentemente distorsionan el propio trabajo científico.

Mi aserto es opuesto: porque el Universo tuvo un comienzo, concluimos que tuvo un Creador, pero si el Cosmos, como dicen los soberbios, se explicara como causa de sí mismo, nunca podríamos saber con certeza cuál es o dónde está la causa eficiente que lo originó: tendríamos que concluir que nacimos para ignorar lo esencial. Lo cual es inadmisible. En todo caso, si los científicos no desean, por la razón o causa que sea, incluir en sus herramientas intelectuales una honesta visión metafísica de la vida que les permita ampliar sus miopes y limitadísimos enfoques cientificistas; si quieren ver más allá de lo que se los permiten sus telescopios, matraces y microscopios, tendrían que seguir humildemente la tesis de Juan Pablo II expuesta en su *"Audiencia General"* del 10 de Julio de 1985: **"La ciencia debe reconocer sus límites y su impotencia para alcanzar la existencia de Dios: no puede afirmar ni negar esta existencia".** Pero los cientificistas insisten: que salió de la nada, y entonces así también la vida se generó por sí sola. Nadie la hizo. Solamente se autogeneró accidental y espontáneamente. Y añaden: *"a partir de una molécula que ni siquiera era protoplasma, evolucionaron –a través de las edades– todas las formas de vida que vemos a nuestro alrededor hoy".* Evolucionaron por sí mismas, dicen ellos, aquellas formas de vida... hasta que apareció espontáneamente el Hombre. Esta teoría, dicen, es un hecho. Exhiben en los museos a nuestros supuestos antecesores, esos que parecen fieros gorilas. Posteriormente veremos las consecuencias de estas teorías aplicadas a la Raza Humana.

1) En el Principio era el Verbo. "Desordenado y vacío se encontraba todo. Las tinieblas estaban sobre la faz del abismo y el espíritu de Dios se movía sobre la faz de las aguas. Antes que cualquier otra cosa, antes incluso que el Sol, la Luna y las estrellas, Dios dijo: ¡hágase la Luz! Y la luz fue creada". La fe de Israel en el Dios Creador encontró su máxima expresión literaria en el gran poema de la creación, que ahora figura al comienzo de la Biblia, relatado en el Génesis. Aclaro, de entrada, que **resulta tan absurdo e ingenuo tomar literalmente el relato bíblico, como desconocer la Verdad que se perfila a lo largo de toda esta historia:** el Universo, con todas las maravillas y los misterios que encierra, ha sido creado por el único Dios y es la manifestación de su sabiduría, de su amor y su poder. Por eso, cada una de las cosas creadas es "buena", y el conjunto de ellas es "muy bueno". En ese universo, al Hombre le corresponde un lugar de privilegio, ya que Dios lo creó "a su imagen y semejanza" y lo llamó a completar la obra de la Creación.

Pero el relato del origen del universo sirve de prólogo a lo que constituye el principal centro de interés de los once primeros capítulos del Génesis: el drama de la condición humana en el mundo. Los personajes que se van sucediendo –Adán y Eva, Caín y sus descendientes, los pueblos que intentan edificar la torre de Babel– representan arquetípicamente a la Humanidad que pretende ocupar el puesto de Dios, constituyéndose así en norma última de su propia conducta. Esta pretensión, en lugar de convertir al hombre en dueño de su destino, hizo entrar en el mundo el sufrimiento y la muerte, rompió los lazos fraternales entre los hombres y provocó la dispersión de los pueblos. En el marco de esta historia, Dios va a realizar su designio de Salvación. Para describir este drama, los autores inspirados no recurrieron a formulaciones abstractas.

Lo hicieron por medio de una serie de relatos convenientemente ordenados, de hondo **contenido simbólico**, que llevan el sello y los paradigmas propios del tiempo y de la cultura en que fueron escritos. Por eso, al leer estos textos, es imprescindible distinguir entre la Verdad Revelada por Dios, que mantiene su valor y actualidad permanentes, y su expresión literaria concreta, que refleja fielmente el trasfondo cultural común a todos los pueblos del Antiguo Oriente.

2) No existen dos "dioses" enemigos. *"En el principio era el Verbo".* Hay que aclararle al lector actual, de perfil postmoderno –influido por absurdos paradigmas sensoriales, y cegado por inconcebibles fantasías desbocadas–, que es imposible admitir racionalmente que existen dos deidades absolutas y opuestas entre sí, como afirma el Zoroastrismo. Es una fantasía delirante creer que ambas puedan ser eternas: una buena y otra mala, en permanente lucha entre sí. Aun cuando sea absurdo creer en esas dos divinidades absolutas, opuestas, dejémosles esas creencias mágicas a personas del ínfimo nivel intelectual de un charlatán medio psicótico como Jaime Mausán,[14] merolico productor de divisas para la corrupta Televisa, que

---

[14]   Jaime Mausán es un periodista mercenario que intencionalmente engaña a los analfabetas. Tiene un programa de "fenómenos sobrenaturales", intenta que los eventos parezcan reales, por más que no lo sean. Sus adversarios, en cambio, buscamos la Verdad y no el rating. Para tener una idea de las chifladuras de estos señores, digamos que Guillermo Anaya, un "experto analista" de fotos de Jaime Mausán, indica que la pixelación de las fotos no es un motivo válido para negar su autenticidad, que las fotos son reales, y que la fecha y hora de los "testimonios irrefutables" pudieron ser cambiadas por los seres superiores que controlan los celulares. La lista de los fraudes de este engañabobos es larga, pero aquí sólo menciono seis: 1) La nave que dijeron Garrido y Mausán acompañaba al cometa Hale Bopp. 2) Avistamiento de un OVNI (Venus) durante el eclipse de julio 11 de 1991. 3) Las fotografías falsificadas de Carlos Díaz Martínez y su tripié extraterrestre. 4) OVNI o GALAXIA? Pues se trataba de la GALAXIA del Sombrero o M104. 5) El fraude de las fotografías y películas de Billy (Eduard) Meier. 6) Las fotografías y videos falsificados de Arturo Robles Gil. Jaime fabrica muchas fotos y videos de luces brillantes moviéndose en el cielo, que dicen ser tomas de OVNIS, que no son más que globos de helio con llamas especiales de alta duración amarradas por debajo con cuerdas de caña de pescar. Este experimento lo hicieron en Abril de este año (2009) y varios expertos en UFOs,

se sostiene gracias a la teleadicción de millones de sujetos que padecen una ignorancia invencible, y gracias, también, a la inacabable manipulación de los Mass Media, pretendida *"religión"* dominante –en realidad secta productora en serie de miríadas de analfabetas adictos hasta el delirio a toda clase de impactos sensoriales.

3) Los Límites de la Ciencia. Esta disciplina humana no tiene las respuestas trascendentes. Imagine el lector amable que un día de estos un padre cualquiera entra a la habitación de uno de sus hijos, y lo encuentra detrás de un microscopio. Le hace entonces la clásica pregunta del "¿qué haces?" A lo que el chamaco contesta muy seriamente que "está viendo las estrellas". El papá se asombra, y cree que se trata de una broma, pero ante la insistencia del hijo de que en verdad está observando las estrellas con microscopio, realmente piensa en llevarlo a ver un psiquiatra.

Sin embargo, pasan los días, y luego lo encuentra detrás de un pequeño telescopio casero. Repite la pregunta, esperando ahora sí recibir alguna respuesta correcta, pero escucha, petrificado, que el chamaco dice estar "contemplando los microbios". Esa tarde consigue la cita con el psiquiatra. Esto no es un cuento gracioso: es lo que hacen los "grandes científicos" que pretenden darnos respuestas absurdas o cuando menos incompletas sobre asuntos que no son de su incumbencia ni caen dentro del ámbito de su especialidad científica. Ejemplos sobran:

El chico del cuento es el mismo *"hombre sabio"* que detrás de un microscopio dice haber encontrado el origen de la vida, o asomado a un telescopio nos *"demuestra"* el origen del universo. Es el psicoanalista que desde la comodidad de su diván nos explica el origen de la conciencia psíquica a la vez que niega la existencia del alma.

No menos patético es el biólogo que niega el diseño inteligente de la Creación, mientras falsifica sus fotografías para hacerlas más creíbles, al estilo de Jaime Mausán. Porque el origen de la vida, del cosmos, de la conciencia y del ser humano, tanto como su identidad y su destino, no pertenecen al dominio de las ciencias exactas ni experimentales, porque no es su campo ni su objeto formal.

Lo suyo es saber cómo están hechas y cómo funcionan los seres una vez que existen, pero nada pueden decirnos acerca de su origen último.

4) La inevitable Metafísica. Las cuestiones esenciales –origen, identidad y destino de los seres– pertenecen al dominio de la Metafísica, que esa parte de la Filosofía que se ocupa del estudio del ser por sus últimas causas. El hombre tiende a la metafísica como la piedra tiende al centro de la Tierra.

---

periódicos y noticieros pasaron la noticia como otra aparición de OVNIS. Esto ha sido titulado el "Morristown UFO Hoax", que no pasa de ser un divertido e ingenuo fraude... en el que creen multitudes.

Todo hombre, por su propia naturaleza y constitución, desea saber, y saber no cualquier cosa, sino saber sin límites y, por tanto, saber lo último que se puede saber: ¿de dónde vengo? ¿Quién soy? ¿A dónde voy? Metafísica, hablando en general, es aquella parte de la filosofía que trata de las cosas supra-sensibles e inmateriales, o sea de las cosas que se elevan sobre el orden sensible y material. Del ente en cuanto ente y proyecta a sus causas *"que se elevan sobre el orden sensible y material"*. De aquí procede que la Metafísica no sólo es una ciencia distinta de las demás ciencias humanas, sino que "ex natura sua" –por su propia naturaleza–, es superior y más noble que todas las demás ciencias, entendiendo aquí por "ciencias" las que el hombre puede adquirir con las solas fuerzas de su naturaleza, sin la intervención de algún auxilio superior o sobrenatural.

5) Justificación de la Metafísica. La razón de esto es que una ciencia es tanto más noble y perfecta "ex genere suo", cuanto más universal y elevado es su objeto; y esto por dos razones principales: primera, porque en la universalidad de su objeto incluye todos los objetos de las ciencias inferiores, las cuales tienden a buscar su unidad en la ciencia superior o más universal.

Y segundo, porque los primeros principios y las investigaciones científicas que se refieren a ese objeto más universal contienen en su seno los principios de las ciencias inferiores, y constituyen en cierto modo la razón a priori y el fundamento racional de las deducciones más o menos científicas de la ciencia inferior. La ausencia funcional o accidental de uno o varios de los "Principios Metafísicos" en una persona concreta, en un grupo humano, suele ser la causa eficiente de cuando menos cuatro de los azotes más distresantes de las contra culturas del Tercer Milenio –y desde mucho antes: para comenzar, las supersticiones. En efecto: se requiere sufrir de una especie de maligno analfabetismo metafísico para aceptar como ciertos el tarot, la astrología, la magia, las artes adivinatorias, etc...

Uno de los efectos más contundentes es la *"Ignorancia Culpable"*, desde la cual el hombre postmoderno, agotado por la tarea de pensar aun antes de iniciarla, es capaz de exclamar, pontificalmente: **"la Verdad no existe"**, o **"la Verdad es lo que yo creo"**, o **"la Verdad es mi verdad"**. Más grave aún es la *"Ignorancia Invencible",* ya que aun sin que exista alguna responsabilidad moral imputable al sujeto que padece esta carencia, de todas maneras no puede eludir las consecuencias de su estupidez involuntaria. De todas formas el sujeto carece accidental o momentáneamente de los medios para conocer la Verdad Ontológica u Objetiva.

Y esto, por desgracia para él y los suyos, equivale a tener que estrellarse contra la hermosa realidad, una y otra vez, o cuando menos no poder disfrutar de las ventajas de tener los pies bien puestos en el suelo de lo objetivo. La ausencia de los hábitos intelectuales de naturaleza metafísica lleva también, de manera inherente, al *"Fanatismo"*: religioso, político, deportivo, partidarista, mediático, nacionalista, racial, grupal. Para explicarnos este azote daremos un abanico multicausal, pero por ahora resaltaré que para ser fanático de cualquier cosa se requiere realizar una operación contraria a la salud metafísica: esto es, absolutizar lo relativo –colores, creencias, ritos, costumbres, adicciones, gustos, preferencias– y relativizar el Absoluto.

Dicho de otra forma, "**Dios es Maradona**", y tiene su "iglesia"; "**el mejor árabe es el árabe muerto**", "**Israel debe ser aniquilado por su absoluta maldad**", "**los negros son excelentes... cada quien debería tener el suyo**..."

Los buenos hábitos intelectuales que proporciona la Metafísica como disciplina, nos evitarían sufrir las consecuencias accidentales –dolorosas, casi siempre– del error moral y del yerro de la inteligencia. Ejemplos de ausencia de buenos hábitos metafísicos sobran, pero por ahora daré esta lista enunciativa, mas no exhaustiva.

La razón humana puede ser y de hecho es a menudo inducida gravemente al error por alguna de estas causas: ligereza al juzgar, distintas formas de incapacidad mental o intelectual, impedimentos psicológicos del sujeto, prejuicios y paradigmas pasiones, sentimientos y emociones que producen "sesgos" epistemológicos.

A esta pesada serie de causas hay que añadir las circunstancias, experiencias o desviaciones individuales convertidas en normas éticas universales. Un buen ejemplo de esto es el caso de Sigmund Freud, cuya "rica y amplia experiencia psicoanalítica" para declarar que "toda religión es un neurosis" se redujo a sólo dos casos.

6) Los Primeros Principios. En cuanto que ellos mismos son la estructura de la realidad, y que el intelecto capta y a partir de ellos piensa o razona, siempre tendremos que remitirnos a ellos para corroborar la veracidad de nuestras conclusiones. Forman parte intrínseca del pensamiento lógico y son el sustento de toda ciencia, incluso experimental; en Ontología se muestra su valor objetivo, y en Teodicea su valor trascendental. Contra los escépticos y los empiristas y para poner en evidencia el valor del intelecto, nos basta ahora con demostrarlos indirectamente. No se les puede poner en duda sin llegar a contradicciones absurdas. Ellos son, entre otros: 1) No Contradicción –que es el principio fundante–, 2) Causa Eficiente, 3) Identidad, 4) Razón Suficiente, 5) Finalidad.

6.1) Principio de Causa Eficiente. La verdad objetiva es: todo ser contingente tiene su origen o "razón suficiente" en otro ser, dado que dichos seres no se han dado el ser a sí mismos ni por sí mismos. Sin embargo, los analfabetos metafísicos creen que "cualquier ser" puede comenzar a ser sin razón o causa eficiente alguna. En México esto es un fenómeno demasiado común: cuando alguien pregunta por la causa de algún fenómeno o problema, el interpelado contesta, con aires de sabiduría: *"pues... na más... ¡porque sí!"* Esto significa que cualquier ser tiene que ser inteligible por sí y en sí mismo, sin causa eficiente alguna.

De lo cual se debería concluir que un ser cualquier "existe y no existe al mismo tiempo". Lo cual sería una contradicción insostenible que la gente común –incluyendo a profesores y doctores universitarios– no alcanzan a captar, porque ya cayeron como víctimas del pensamiento mágico. Si no fuese verdad que todo "ser" para llegar a existir requiere por fuerza o necesidad de una Causa Eficiente, serían verdaderas algunas afirmaciones tan absurdas como estas:

La "no vida" puede por sí misma causar la vida. De un mineral brotan gérmenes orgánicos... cuestión de tiempo, calor, paciencia y magia.

Un ser inconsciente por sí mismo crea la conciencia, o un ser consciente e inteligente. Los monos alguna vez decidieron, por sí mismos, convertirse en humanos. ¡El genio de Darwin!

De lo simple se puede obtener lo complejo sin más... O sea, que de una manzana podemos sacar dos manzanas, sin sembrarlas. O que del hidrógeno podemos extraer moléculas de uranio, sin más complicaciones. Cuestión de ingenio, conjuros esotéricos y mucha paciencia.

La parte es mayor que el todo. O sea, que es más grande e importante cualquiera de los dedos que la mano entera. Es más grande una sola neurona que el cerebro completo. O sea, que es más importante y grande el capricho de cualquier personaje al estilo del *"Peje"* que la nación entera.

Lo no inteligente causa la Inteligencia. O sea, que las bestias pueden ser los paternales y sabios educadores de los genios, y además producirlos.

Los seres inteligentes carecen de toda intencionalidad en sus acciones, o sea que no son inteligentes ya que obran sin fines ni propósitos coherentes. Volvemos al inefable y patético *"pues na más... porque sí..."*

6.2) Principio de Identidad. La verdad es que *"lo que es... es",* y lo que *"no es... no es".* Pero en las mentes de los telévoros se ha instalado un maleficio irracional, puesto que les resulta muy fácil aceptar que *"lo que es, en realidad no es",* o en otros términos: *"el ser es idéntico a la nada",* y *"la nada puede ser un ser";* más aún: *"la Realidad en realidad no es realidad, sino fantasía... puesto que puede ser que yo no exista, ya que a veces siento que alguien me está soñando... y yo soy su pesadilla, y él la mía".* A pesar de que ambas afirmaciones son absurdas.

Todo se acepta en nombre de algunos poderosos extraterrestres que se han apoderado de las mentes de los gobernantes, quienes dirigen nuestros tristes destinos a su capricho y efímera voluntad, pero desde la trinchera de su invisibilidad. Este es uno de los principios de la **Magia y el Esoterismo, las Pseudociencias y el Satanismo.** ¿Por qué? Por la sencilla razón de que en esas creencias irracionales se sostienen enunciados como estos: *"lo que es, puede no ser, al mismo tiempo". "Puede que sí puede que no". "Como es arriba, es abajo". "Lo malo es bueno, y lo bueno es malo, todo depende del punto de vista de cada cual". "Puede ser verdad, pero a la vez mentira...". "Puede ser, pero podría no ser..."*

6.3) Principio de "No Contradicción". Si no es verdad que una misma cosa no puede a la vez ser y no ser, la contradictoria será verdadera: una cosa puede ser y no ser al mismo tiempo, todo junto, o sea: el ser es idéntico a la nada, principio igualmente absurdo. Casi todas las Pseudociencias caen en esta clase contradicción. Pseudociencia –neologismo formado a partir de la raíz griega pseudo: «falso», y la palabra «ciencia», lo que daría lugar a "falsa ciencia"– es un término que da cuenta de un conjunto de supuestos conocimientos, metodologías, ***prácticas o creencias no científicas pero que reclaman indebidamente dicho carácter.***

El término se usa para indicar que las materias así etiquetadas son errónea o engañosamente presentadas como científicas. Por este motivo, aquellos que cultivan determinada Pseudociencia, normalmente rechazan esta clasificación. El apelativo se ha aplicado a disciplinas como ciertas hipótesis de la física cuántica, las ciencias sociales, el psicoanálisis, la parapsicología y la Criptozoología por la naturaleza de sus objetos de estudio, a los cuales resulta imposible aplicarles el mismo rigor científico que en otras disciplinas. No obstante, algunas de estas "disciplinas" pseudocientíficas son aceptadas como científicas por universidades, asociaciones científicas, centros médicos, gobiernos, etc., por ejemplo, el psicoanálisis –el colmo de la charlatanería. Así, un físico o un biólogo podrían comportarse de un modo dogmático, mientras que un historiador o un sociólogo pueden presentar sus tesis de una manera que inviten a la refutación –«falsación», en el lenguaje de Karl Popper. La metodología científica exige que las teorías puedan someterse a pruebas empíricas rigurosas, mientras que a las pseudociencias, o bien no será posible aplicarles sistemas de refutación –por tratarse de formulaciones ambiguas– o bien sus partidarios protegerán la teoría –por ejemplo, con hipótesis auxiliares o ad hoc, formuladas a posteriori–, en lugar de someterla a ensayos que puedan refutarla. A falta de un criterio delimitador objetivo y universal, la clasificación definitiva requiere de un argumento o falacia de autoridad, que es un caso particular de la falacia "argumentum ad verecundiam", en la que se pretende apoyar una creencia por su origen y no por sus argumentos en contra y a favor, lo cual convierte a cualquier pretensión de ciencia sobre la clasificación de las pseudociencias en una ***Pseudociencia*** en sí misma.

6.4) Principio de Razón Suficiente. *"Todo ser tiene en sí mismo o en otro la razón suficiente de su ser, es decir, la causa que le da el ser".* Los seres contingentes, como los seres humanos, tenemos nuestra "Razón Suficiente" obligadamente en un Ser Necesario, a quien los filósofos griegos llamaron "Theos", de donde se deriva "Deus" y el castellano "Dios". Si esto no fuese así, entonces sería verdad que nada existe, porque la cadena de seres posteriores al Ser Necesario aún no sería movida por ningún Ser Necesario. O sea: *"La materia es eterna, y puede arder infinitamente sin consumirse."* El *"Big Bang"* comenzó por sí mismo, sin necesidad de un Principio ni diseñador inteligente, ni razón suficiente. Comenzó por una casualidad caótica. Hoy se cree, en irrefrenable fantasía, que existen otros cientos de millones de cosmos diferentes y aun opuestos al nuestro, y que no es necesaria ninguna demostración, ni científica ni metafísica, para creer que existen. Rechazan los dogmas católicos, pero aceptan otros dogmas a pesar de su imponente irracionalidad.

6.5) Principio de Finalidad. *"Todo agente obra por un fin querido por una Inteligencia Absoluta o por una criatura limitada".* Si esto no fuese así, habría intención sin voluntad y efecto sin causa: cosa absurda. Si fuese falso que todo agente obra por un fin, la vida humana sería un absurdo dentro de un universo sin significado ni propósito, es decir, un ser para la nada, para la aniquilación. Esta es la postura central del Postmodernismo, del Materialismo Positivista y del Existencialismo Ateo.

7) Nueve "accidentes" utilizados como "esencias" por las Pseudociencias:

La Cualidad:	"El rojo es el amor".
La Cantidad:	"666 es Satanás". El universo es tan grande… que es Dios.
La Relación:	"Si un gato negro se atraviesa es de mala suerte…", "si me pones la sal en la mano me matas".
La Acción:	"querer es poder", "confía siempre en el poder de la atracción de tus pensamientos".
La Pasión:	"el amor es pasión".
El Tiempo:	"la materia es eterna, no requiere origen, puede arder sin consumirse por toda la eternidad".
El Lugar:	"puedo estar en varias partes".
La Posición:	"si no te acuestas no te relajas".
El Tener:	"somos lo que tenemos…"

7) Idolatría por la Ciencia. Además, en el decadente mundo académico actual forman mayoría las personas que llevan su fanática adoración por la Ciencia hasta el punto de creer que sólo allí se encierran toda la sabiduría y las certezas posibles. Algunos exaltan su admiración hasta la idolatría, pensando que el avance de la Ciencia supone siempre un descrédito y una derrota de la verdadera religión, la que tiene como origen un acto "religador" de Dios con su criatura favorita –el Hombre–, y no al revés. También son legiones los ignorantes que de manera invencible, generalmente inocente, sin descartar del todo a los culpables, creen que la secta a la que pertenecen es una "religión". Los cientificistas –tan adictos a las ciencias concretas como alérgicos a la Filosofía– no quieren darse cuenta de que la Ciencia se formula preguntas que ella misma no puede responder. Aunque los nuevos hallazgos astrofísicos dejan sin lugar al ateísmo –según afirma el científico jesuita, filósofo y físico Robert Spitzer, ex rector de la Universidad Gonzaga–, la astrofísica contemporánea es despreciada por los gobernantes más poderosos y muchos de los sabios más prestigiados. En vez de reconocer en tales descubrimientos *"la llave científica para probar la existencia de Dios"*, desafortunadamente muy pocos conocen y quieren conocer los nuevos hechos científicos.

No quieren doblar la dura cerviz que exclama: *"¡Y Dios no existe!"* **A lo cual se oponen, por su profunda fe, muchísimos científicos de histórico renombre.** Hoy sabemos que al conocimiento de la existencia de Dios se puede llegar a través de la ciencia actual y de la filosofía perenne. Es tan impactante y revelador lo que está sucediendo en el campo de la astrofísica, que es difícil comprender por qué el agnosticismo y el ateísmo siguen siendo todavía tan populares.

8) El Universo tuvo principio: no es infinito. Pruebas científicas recientes demuestran que el Universo no es infinito. Es finito y limitado, pues comenzó en un determinado punto del tiempo –estimado aproximadamente en trece mil millones de años–, y está en constante expansión. La complejidad del Universo se basa en un equilibrio increíblemente delicado de 17 constantes cosmológicas. Si cualquiera de ellas se modificara una décima a la tetragésima potencia, moriríamos al instante y el Universo dejaría de ser el que es y como es. Cada nuevo modelo del "Big Bang" demuestra lo que los científicos llaman una *singularidad,* y la existencia de cada singularidad **exige que exista un elemento externo e independiente respecto del Universo.**

Las tesis sobre el Big Bang, incluso la llamada "teoría cuántica", confirman la existencia de singularidades que reclaman, como explicación a su existencia palpable, que existió y existe una **Fuerza que es previa e independiente al Universo.** Puede sonar a argumento teológico, pero realmente es una conclusión científica que avala las afirmaciones de Aristóteles y Santo Tomás: *"Es imposible que algo mueva y sea movido al mismo tiempo, o que se mueva a sí mismo. Todo lo que se mueve necesita ser movido por otro. Pero si lo que es movido por otro se mueve, necesita ser movido por otro, y éste por otro. Este proceder no se puede llevar indefinidamente, porque no se llegaría al primero que mueve, y así no habría motor alguno pues los motores intermedios no mueven más que por ser movidos por el primer motor".* **Santo Tomás, Suma Teológica.**

Ya no estamos en condiciones de rechazar o cuestionar la existencia de estas 17 singularidades. Son tan sólidas, que el 50 por ciento de los astrofísicos están saliendo del armario para comenzar a aceptar una conclusión metafísica: **la Necesidad de un Creador**, fuera del espacio y del tiempo, Causa de las Causas, Primer Motor Incausado. Porque por sí misma se impone racionalmente la pregunta: ¿quién o qué ha regulado las constantes cosmológicas? Porque son inamovibles y no hay posibilidad ninguna de modificarlas mediante experimentos. Si se pudieran modificar no serían constantes sino variables.

El por qué tienen ese valor constante de perfecta precisión, se puede resolver, por ejemplo con el "principio entrópico": puede haber infinidad de universos distintos, con valores distintos de las constantes que conocemos, pero sólo con determinados valores de ellas el universo es tal que alberga la vida y la inteligencia humanas. Por lo tanto, sólo en un universo así podemos estar preguntándonos el por qué el valor de las constantes cosmológicas es ese y no otro. Quizás algún día, cuando los físicos teóricos avancen en humildad y formación metafísica, conseguirán darse cuenta de que los valores de las constantes se deducen de un Absoluto capaz de crearlas inteligentemente, y podrán aceptar que no podía haber sido de otra manera.[15]

9) Humildad de un premio Nobel. Si el científico no ha caído en los abismos de la soberbia, hace lo que el Doctor Francis Collins, Director del Proyecto "**Genoma Humano**". Declaró: *"Soy Científico y creyente. No encuentro conflicto entre estas dos visiones del mundo".* En su libro: "**El Lenguaje de Dios**"[16] presenta racionalmente la evidencia no sólo para creer en Dios, sino para estar absolutamente seguro de su existencia.[17] Pregunta y explica Collins, con sólida insistencia:

---

[15]   http://www.astronomia.net/cosmologia/lambda.htm. Referencias: Carroll, Press & Turner 1992. The cosmological constant. Sean Caroll 2001. "The Cosmological Constant", Living Rev. Relativity, 4, (2001). THE COSMOLOGICAL CONSTANT por Sean M. Carroll. The Cosmological Constant por Eli Michael What is thais "anti-gravita"? [The cosmological constant] perteneciente al Ned Wright's Cosmology Tutorial.

[16]   Sir Francis Collins es un distinguido genetista norteamericano que fue director durante los últimos años del *"Proyecto Internacional del Genoma Humano"*. Coordinó con mucho éxito el trabajo de cientos de genetistas en seis países diferentes, lo que culminó con la descripción completa de la secuencia de las bases de nuestro genoma, en 2003. Previamente trabajó como genetista médico en la prestigiosa Universidad de Michigan. Ahí realizó valiosas contribuciones en diferentes áreas, incluyendo su trabajo en el gen denominado BCRA-1, cuya presencia es un factor de riesgo importante para desarrollar cáncer de mama y ovario. Collins creció en una granja en el seno de una familia agnóstica y se convirtió poco a poco en creyente, después de ingresar a la Escuela de Medicina y atestiguar la importancia de las creencias religiosas entre sus pacientes. El libro tiene tres partes: 1) El abismo entre la ciencia y la fe; 2) Las grandes preguntas sobre la existencia humana; y 3) Fe y ciencia, fe en Dios.

[17]   El pasado mes de julio la Casa Blanca anunció el nombramiento de Francis Collins como nuevo director del Instituto Nacional de Salud (NIH), el organismo estadounidense de investigación biomédica que cuenta con un presupuesto anual de 30,600 millones de dólares (21,785 millones de euros o medio billón de pesos). Un nombramiento muy significativo. Son conocidas las incoherencias éticas del programa Obama por lo que respecta al tema de la protección de la

"Tuve que admitir que la ciencia que yo tanto amaba era incapaz de contestar preguntas tales como: ¿Cuál es el sentido de la vida? ¿Por qué estoy aquí? En fin: ¿por qué funcionan las matemáticas? Si el universo tuvo un comienzo: ¿quién lo creó? ¿Por qué las constantes físicas en el universo están tan finamente ajustadas para permitir la posibilidad de formas de vida tan complejas? ¿Por qué los humanos tenemos un profundo e inevitable sentido ético? ¿Qué ocurre cuando morimos?" Como científico presento evidencias racionales para saber que Dios existe y creer en Él.

"Como director del Proyecto Genoma Humano –'**Human Genome Project'**–, he dirigido un consorcio de científicos en la lectura de 3.1 billones de cartas del genoma humano, nuestro libro de instrucciones del ADN. Como creyente, yo veo el ADN, la molécula de información de todas las cosas vivas, como el lenguaje de Dios y la elegancia y complejidad de nuestros propios cuerpos y del resto de la naturaleza, como una reflexión sobre el plan de Dios. No siempre acogí estas verdades. Como estudiante graduado de química física en la década de los 70, **yo era un ateo.** No veía razón para postular la existencia de ninguna verdad fuera de las matemáticas, la física y la química. Pero entonces fui a la escuela de medicina y junto al lecho de mis pacientes encontraba casos de vida o muerte. En una ocasión, retado por uno de esos pacientes que me preguntó: "¿Qué cree usted doctor?", comencé a buscar respuestas. Tuve que admitir que la ciencia que yo tanto amaba era incapaz de contestar mis preguntas esenciales.

"Pensaba que la fe se basa en argumentos puramente emocionales e irracionales, y quedé asombrado al descubrir, al principio en los escritos del profesor de Oxford C. S. Lewis y después en otras fuentes, que uno podía edificar un caso muy sólido a favor de la posibilidad de la existencia de Dios en fundamentos puramente racionales. Mi anterior afirmación atea: '**Yo sé que no existe Dios'** surgió como la menos defendible. Como dice el escritor inglés G. K. Chesterton en su famosa frase: '**El ateísmo es el más atrevido de los dogmas, porque es la afirmación de un negativo universal'.**

"Pero aunque la sola razón puede probar la existencia de Dios, **nuestras limitaciones nos impiden conocerlo como Él Es.** Necesitamos de la Fe racional y la Revelación. Ésta requiere que se piense con el espíritu. Escuchemos música, no sólo leamos notas en un papel. Al final hace falta un salto de fe. Para mí ese salto ocurrió cuando tenía 27 años. Después de que una búsqueda para aprender más sobre el carácter de Dios me llevó a la persona de Jesucristo. He aquí una persona sobre cuya vida existe evidencia histórica extraordinaria, que hizo declaraciones asombrosas sobre el amor al prójimo y cuyas afirmaciones de ser Hijo de Dios parecían exigir una decisión sobre si estaba loco o era la

---

vida humana (liberalización del aborto, etc.). Sin embargo es buena noticia el reconocimiento de lo que significa Collins en el mundo biomédico. Pionero en la investigación científica, líder del proyecto público del Genoma Humano y autor del conocido libro «El Lenguaje de Dios», en el que reconoce la armonía entre su actividad científica y su fe cristiana.

verdad. Después de resistir por casi dos años, encontré que me era imposible vivir en tal estado de incertidumbre y me hice seguidor de Jesús.

"A los que me han preguntado: ¿Puedes buscar entendimiento sobre cómo funciona la vida utilizando las herramientas de genética y biología molecular y también dar culto a Dios Creador? ¿No son la evolución y la fe en Dios Creador incompatibles? ¿Un científico cree en milagros como la Resurrección? No encuentro conflicto en esto y no lo encuentran el 40% de los científicos que se declaran creyentes.

"Sí, la descendencia de un ancestro común es claramente cierta. Si quedaba alguna duda sobre la evidencia de los fósiles, el estudio del ADN provee la prueba más fuerte posible de nuestra relación a todos los otros seres vivientes. Pero, ¿por qué no puede este ser el plan de Dios para la creación? Cierto, esto es incompatible con la interpretación ultra-literal del Génesis, pero mucho antes de Darwin habían muchos intérpretes pensadores, como San Agustín, que encontraban imposible estar exactamente seguros sobre el significado de esa asombrosa historia de la Creación. De modo que atarse a una interpretación literal frente a la convincente evidencia científica que indica la vejez de la Tierra y la relación entre los seres vivos por medio de la evolución no perece ser sabio ni necesario para el creyente.

"Existe una maravillosa armonía en las verdades complementarias de la Ciencia y la Fe. El Dios de la Biblia es también el Dios del genoma. A Él se le halla en la catedral o en el laboratorio. Investigando la majestuosa y asombrosa creación de Dios, la Ciencia puede en efecto ser un medio para adorar a Dios".

10) Otro extraordinario científico: Jerome Le Jeune. Veamos lo que sostiene este sabio en la XIII *"Asamblea General de la Pontificia Academia para la Vida"*. El 25 de Febrero de 2007 se anunció la apertura de la causa de beatificación de este Profesor, Jerome Le Jeune, quien es reconocido tanto por su fidelidad a la Iglesia como por su excelencia como científico. Explica que la Ciencia, por sí misma, no puede determinar válida y objetivamente el origen del mal, y mucho menos evitarlo con métodos científicos. Más bien ocurre al revés, porque junto con el muy notable avance de la Ciencia, se ha introducido una mortífera corriente ideológica que pretende explicar todos los comportamientos humanos en términos puramente cientificistas. Se trata de un materialismo a ultranza que ya tiene efectos devastadores sobre el Hombre. Vale la pena conocer algunas de las tesis centrales de este hombre, *"Padre de la Genética Moderna"*, fiel católico, defensor de la vida humana, y cuya causa de beatificación está abierta. Extraigo algunos datos de su biografía: **"Life is a Blessing"** de Clara Le Jeune, de ***"Ignatius Press"***. Dice:

"Cada uno de nosotros tiene un momento preciso en que comenzamos. Es el momento en que toda la necesaria y suficiente información genética es recogida dentro de una célula, el huevo fertilizado y este momento es el momento de la fertilización. Sabemos que esta información está escrita en un tipo de cinta a la que llamamos

DNA". Continúa, más adelante: ***"La vida está escrita en un lenguaje fantásticamente miniaturizado".***

¿Cuándo comienza la Vida Humana? A los 33 años de edad, en 1959, publicó su descubrimiento sobre la causa del síndrome de Down, la trisomía 21. En 1962 fue designado como experto en genética humana en la Organización Mundial de la Salud y en 1964 fue nombrado Director del Centro Nacional de Investigaciones Científicas de Francia. En el mismo año se crea para él en la Facultad de Medicina de la Sorbona la primera cátedra de Genética fundamental.

El profesor Le Jeune era reconocido por todos. Se esperaba que recibiera el Premio Nobel. ***Pero en 1970 se opone firmemente al proyecto de ley de aborto eugenésico de Francia.*** Esto causa que caiga en desgracia ante los ojos del mundo. Prefirió mantenerse en gracia ante la verdad y ante Dios: matar a un niño por estar enfermo es un asesinato. Siempre utilizó argumentos racionales fundamentados en la ciencia. Llevó la causa provida a las Naciones Unidas.

No querían a un científico que se opusiera a la agenda abortista. Le Jeune también rechazó los conceptos ideológicos que se utilizan para justificar el aborto, como el de "pre-embrión". Fue acusado de querer imponer su fe católica en el ámbito de la ciencia. No faltaron miembros de la Iglesia que lo rechazaran. Le cortaron los fondos para sus investigaciones.

De repente se convirtió en un paria. Juan Pablo II reconoció la excelencia del Dr. Le Jeune nombrándolo "Presidente de la Pontificia Academia para la Vida", el 26 de febrero de 1994. Muere el 3 de abril del mismo año, un Domingo de Pascua. Con motivo de su muerte, Juan Pablo II escribió al Cardenal Lustinger de Paris diciendo: ***"En su condición de científico y biólogo era una apasionado de la vida. Llegó a ser el más grande defensor de la vida, especialmente de la vida de los por nacer, tan amenazada en la sociedad contemporánea, de modo que se puede pensar en que es una amenaza programada. Lejeune asumió plenamente la particular responsabilidad del científico, dispuesto a ser signo de contradicción, sin hacer caso a las presiones de la sociedad permisiva y al ostracismo del que era víctima".***

11) Otros científicos "creacionistas". Al revisar la historia detenidamente podremos comprobar que muchos de los grandes avances científicos fueron hechos por genios que no solamente no tuvieron ningún conflicto entre la ciencia que cultivaban y la religión en la que creían, sino que eran devotos practicantes. La lista de ellos es larga. Por ahora solo citaré unos cuantos: Louis Pasteur, Albert Einstein, Arthur Compton, Ernst Boris Chain, Max Born, Arno Penzias, Derek Barton, Christian B. Anfinsen, Arthur L. Schawlow, Jerome Lejeune, Francis Collins y otros muchos. [18]

---

[18]   *La lista de científicos católicos, o cuando menos profundamente creyentes, es larga. Abundan los científicos que creen en Dios, y ellos son testigos de que, mediante*

la verdadera Ciencia, desprovista de prejuicios políticos o ideológicos, el corazón humilde descubre la grandeza de Dios. La propaganda anticatólica –protestante primero, laicista y marxista después y ahora postmoderna y decadente– ha creado el mito de que la Religión Católica reprime el afán de conocimientos, de modo que lo hace incapaz para la investigación científica. Si eso fuese cierto, ningún católico devoto habría alcanzado una altura científica digna de mención. Valgan estos pocos ejemplos para demostrar lo contrario. La verdadera enemiga de la Fe es la Soberbia, y no la Ciencia, porque demostraremos que ésta, dentro de una estricta cultura cristiana y católica ha producido numerosos sabios y genios. Sólo citamos unos pocos:

1. Galileo Galilei (1564-1642) fue el primero en usar el telescopio para estudiar los cielos. Descubrió las lunas de Júpiter, anunció las manchas solares, demostró que la Vía Láctea está formada de millones de estrellas y supo que la luna es montañosa. También demostró que Tolomeo estaba equivocado y que Copérnico estaba en lo cierto: la Tierra gira alrededor del Sol, y no lo contrario. El caso de Galileo es tal vez el más conocido pertinente a la tensión entre la ciencia y la religión.

2. Nicolás Copérnico. Astrónomo. Postulador de la certeza de que la Tierra gira alrededor del Sol. Canónigo católico en Polonia. Nace en 1543. Fue el astrónomo que formuló la primera teoría heliocéntrica del Sistema Solar. Su libro, "De revolutionibus orbium coelestium" –de las revoluciones de las esferas celestes–, es usualmente concebido como el punto inicial o fundador de la astronomía moderna. El modelo heliocéntrico es considerado como una de las teorías más importantes en la historia de la ciencia occidental.

3. P. Gregorio Mendel, O.S.A. Monje agustino. Biólogo. Padre de la Genética. Descubridor de la herencia genética y autor de las "Leyes de Mendel". Fue un monje agustino católico y naturalista. Describió las "Leyes de Mendel" que rigen la herencia genética, por medio de los trabajos que llevó a cabo con diferentes variedades de la planta del guisante. Se le hizo justicia y se le dio reconocimiento público cuando Hugo de Vries, botánico holandés, junto a Carl Correns y Erich von Tschermak, redescubrieron las "Leyes de Mendel", cada uno por separado en el año 1900.

4. Isaac Newton –1642-1727– es un ejemplo de un científico prominente que también fue un creyente devoto. Desarrolló las teorías de la luz y de la gravitación universal y participó en la creación del cálculo. De acuerdo con John Locke, había pocos que podían igualarse a Newton en conocimientos bíblicos. Había organizado esos conocimientos metódicamente y afirmó sus creencias estableciendo reglas de interpretación bíblica bien definidas. En el "General Scholium", en la edición de 1713, afirma que su propósito era establecer la existencia de Dios, combatir el ateísmo y desafiar la explicación mecánica del funcionamiento del Universo.

5. Michael Faraday –1791-1867– refuta en forma efectiva el punto de vista de que los científicos se oponen a una teología revelada. Faraday fue un verdadero líder científico de su generación. Diseñó un motor eléctrico, inventó el transformador eléctrico, descubrió la inducción electromagnética, introdujo el campo de "líneas de fuerza" y propuso las ondas electromagnéticas. En la actualidad, la unidad de capacidad de un condensador lleva su nombre: el faradio. También fue un cristiano completamente dedicado. A través de su historia ponía énfasis en la sobriedad y la moderación en los goces terrenales. Su cristianismo compenetró todos los aspectos de su vida: espiritual, social, política y profesional.

6. Johannes Kepler –1571-1630– el gran astrónomo y matemático alemán, declaró que la doctrina de la Trinidad le sugería el sistema heliocéntrico tripartito del sol, las estrellas fijas, y el espacio entre ellas. En 1596 Kepler escribió un libro en el que exponía sus ideas: "Misterium Cosmographicum". –El Misterio Cósmico. Hombre de gran vocación religiosa, Kepler veía en su modelo cosmológico una celebración de la existencia, sabiduría y elegancia de Dios. Escribió: «yo deseaba ser teólogo; pero ahora me doy cuenta a través de mi esfuerzo de que Dios puede ser celebrado también por la astronomía». Marcando un hito en la historia de la ciencia, Kepler fue el último astrólogo y se convirtió en el primer astrónomo.

7. Blaise Pascal –1623-1662–, físico y matemático francés, a quien nuestro mundo computarizado le es deudor, llegó a ser en 1654 un devoto cristiano, un fiel portador de la experiencia de su conversión. Autor de libros de espiritualidad. Pionero de la mecánica de fluidos. Escribió numerosos pensamientos devocionales en sus Pensées, tales como: "Dios prefiere impresionar más la voluntad que la mente. Una perfecta claridad ayudaría a la mente y perjudicaría a la voluntad".

8. Robert Boyle –1627-1691–, el padre de la química moderna, conocido por su piedad y celo en materia religiosa, lo cual le impidió tomar los votos requeridos para ser presidente de la Sociedad Real Británica. En su testamento dejó una dote para una cátedra anual con el propósito de combatir el ateísmo. Fue el primero en demostrar la aseveración de Galileo de que, en el vacío, una pluma y un trozo de plomo caen a la misma velocidad, y también estableció que el sonido no se trasmite en el vacío. Su descubrimiento más importante debido a la Bomba de vacío fue el principio (llamado, más tarde, Ley de Boyle) de que el volumen ocupado por un gas es inversamente proporcional a la presión con la que el gas se comprime y también que, si se elimina la presión, el aire "recupera" (su propia palabra) su volumen original.

9. Nicolaus Steno –1638-1686–, un geólogo y anatomista danés, desarrolló principios para la descripción de las rocas sedimentarias que todavía se usan hoy en la geología. En su vida posterior fue ordenado sacerdote católico, donó todas sus posesiones a los pobres y finalmente murió bajo el rigor de la prueba de la pobreza y del ayuno.

10. Carolus Linneaeus –1707-1778–, naturalista sueco, fundador de la biología sistemática y del sistema taxonómico binomial, invocó el lenguaje del primer capítulo del Génesis para su definición de las especies: los animales y los vegetales habían sido creados por Dios según contaba el Génesis y desde entonces no habían variado.

11. Lord Kelvin. 1824-1907. Fue un extraordinario físico y matemático británico. Destacó por sus importantes trabajos en el campo de la termodinámica y la electrónica gracias a sus profundos conocimientos de análisis matemático. Es uno de los científicos que más hizo por llevar a la física a su forma moderna. Es especialmente famoso por haber desarrollado la escala de temperatura Kelvin. Se apoyó en este concepto teológico para desarrollar la segunda ley de la termodinámica. Kelvin creía que la vida solamente procede de la vida, que esto es un misterio y un milagro, y que fue diseñado y guiado por un Creador durante largos períodos, hasta la fecha.

12. James Clerk Maxwell. *1831-1879. Físico escocés conocido principalmente por haber desarrollado la teoría electromagnética clásica, sintetizando todas las anteriores observaciones, experimentos y leyes sobre electricidad, magnetismo y aun sobre óptica, en una teoría consistente. Las ecuaciones de Maxwell demostraron que la electricidad, el magnetismo y hasta la luz, son manifestaciones del mismo fenómeno: el campo electromagnético. Desde ese momento, todas las otras leyes y ecuaciones clásicas de estas disciplinas se convirtieron en casos simplificados de las ecuaciones de Maxwell. Su trabajo sobre electromagnetismo ha sido llamado la "segunda gran unificación en física", después de la primera llevada a cabo por Newton. Además se le conoce por la estadística de Maxwell-Boltzmann en la teoría cinética de gases. También sus creencias religiosas fueron concebidas en términos abstractos semejantes, después de una dedicada y profunda fe personal que en 1853 le causó su separación de las iglesias protestantes.*

13. Luis Pasteur *–1822-1895– genio francés, descubrió el fundamento para la teoría de los gérmenes patológicos y las vacunas preventivas. Creador de las vacunas de la rabia y la brucelosis. Demostró la imposibilidad de la generación espontánea de la vida a partir de la materia inanimada. Uno de los tres fundadores de la microbiología. Inventó el proceso llamado "pasteurización". Católico practicante. Explica: «Cuanto más conozco, más se asemeja mi fe a la de un campesino bretón». "El Positivismo –decía– no toma en cuenta la más importante de las nociones positivas, a saber, la del Infinito".*

14. Alessandro Giuseppe Antonio Anastasio Volta. *Físico italiano, famoso principalmente por haber desarrollado la pila eléctrica en 1800. La unidad de fuerza electromotriz del Sistema Internacional de Unidades lleva el nombre de voltio en su honor desde el año 1881. Aunque cuando expuso por vez primera sus descubrimientos sobre la pila voltaica fue acusado de brujería, finalmente puedo viajar a París, aceptando una invitación del emperador Napoleón Bonaparte, para exponer las características de su invento en el Instituto de Francia. El propio Bonaparte lo nombró conde y senador del reino de Lombardía, y le otorgó la más alta distinción de la institución, la medalla de oro al mérito científico. El emperador de Austria, por su parte, impactado tanto por el genio científico como por la profunda fe de este hombre, lo designó director de la facultad de filosofía de la Universidad de Padua en 1815.*

15. Gugliemo Marconi. *Premio Nobel de Física en 1909. Pionero de la radiodifusión sonora. Creador de Radio Vaticano. Segundo hijo de Giuseppe Marconi, terrateniente italiano, y su esposa de origen irlandés Annie Jameson, estudió en la Universidad de Bolonia, fue entonces donde llevó a cabo los primeros experimentos acerca del empleo de ondas electromagnéticas para la comunicación telegráfica. En 1896 los resultados de estos experimentos fueron aplicados en Gran Bretaña, entre Penarth y Weston, y en 1898 en el arsenal naval italiano de La Spezia. A petición del gobierno de Francia, en 1899 hizo una demostración práctica de sus descubrimientos, estableciendo comunicaciones inalámbricas a través del canal de la Mancha, entre Dover y Wimereux.*

16. Evangelista Torricelli. *Físico y matemático italiano. En 1643 realizó el descubrimiento que lo haría pasar a la posteridad: el principio del barómetro que demostraba la existencia de la presión atmosférica, principio posteriormente confirmado por Pascal realizando mediciones a distinta altura. La unidad de presión "Torr" se nombró en su memoria. Enunció, además, el teorema de*

Torricelli, de importancia fundamental en hidráulica. Descubre los principios del barómetro. En 1644 publicó su trabajo sobre el movimiento bajo el título "Opera Geométrica".

17. André-Marie Ampère. *1775-1836 Matemático y físico francés, considerado como uno de los descubridores del electromagnetismo. Desde niño demostró ser un genio. Siendo muy joven empezó a leer y a los doce años iba a consultar los libros de matemáticas de la biblioteca de Lyon. Como la mayoría de los textos estaban en latín, aprendió esa lengua en unas pocas semanas. Es conocido por sus importantes aportaciones al estudio de la corriente eléctrica y el magnetismo, que constituyeron, junto con los trabajos del danés Hans Chistian Oesterd, al desarrollo del electromagnetismo. La unidad de intensidad de corriente eléctrica, el amperio, recibe este nombre en su honor.*

18. Charles Augustin de Coulomb. *1736-1806. Físico e ingeniero militar francés. Se recuerda por haber descrito de manera matemática la ley de atracción entre cargas eléctricas. En su honor la unidad de carga eléctrica lleva el nombre de coulomb (C). Entre otras teorías y estudios se le debe la teoría de la torsión recta y un análisis del fallo del terreno dentro de la Mecánica de suelos. Físico e ingeniero. Descubridor de la carga eléctrica. La historia lo reconoce con excelencia por su trabajo matemático sobre la electricidad conocido como "Leyes de Coulomb".*

19. Monseñor Georges Henri Joseph Édourd Lemaître. *Primer astrónomo que pasa a la historia como el gran postulador de la Teoría del Big-Bang, ya comprobada. Presidente de la Academia Pontificia de las Ciencias. Sacerdote católico famoso por su profunda ciencia y sus grandes virtudes. En 1931, propuso la idea que el universo se originó en la explosión de un «átomo primigenio» o «huevo cósmico» o hylem. Dicha explosión ahora se llama el "Big Bang". En los años siguientes desarrolló la teoría y participó en la controversia científica y religiosa sobre el origen del universo. Según su estimación, el universo tiene entre 10 y 20 mil millones de años, lo cual corresponde con las estimaciones actuales. Al final de su vida se dedicó cada vez más a los cálculos numéricos. Su interés en los computadores y en la informática terminó por fascinarlo completamente. Murió en Lovaina poco después de oír la noticia del descubrimiento de la radiación de fondo de microondas cósmicas, la prueba de su teoría.*

20. Erwin Schrödinger. *Premio Nobel de Física en 1932. Uno de los padres de la Mecánica Cuántica. Exiliado en Irlanda cuando el régimen pagano nacional-socialista de Hitler invadió Austria. El único de los grandes físicos de su generación que intencionalmente no trabajó en ningún proyecto de construcción de bombas atómicas. En 1944 publicó en inglés un pequeño volumen titulado ¿Qué es la vida? (What is Life?), resultado de unas conferencias divulgativas.*

21. Wernher Von Braun. *El ingeniero espacial americano-alemán que fue director del "Marshall Space Flight Center" en la década del 60 y administrador de planeamiento del cuartel general de la NASA hasta 1972, en el prólogo de uno de sus libros dice: "Me sería tan imposible entender a un científico que no reconozca la presencia de una superioridad racional detrás de la existencia del universo, como a un teólogo que negara los avances de la ciencia. Y ciertamente no hay razón científica del por qué Dios no pueda retener la misma relevancia en nuestro mundo moderno que tenía, antes de que empezáramos a incursionar en su creación con el telescopio, el ciclotrón y los vehículos espaciales".*

22. James Irwin. Formó la "High Flight Foundation" de inspiración evangélica, un año después de haber caminado sobre la luna. Dirigió una expedición de la fundación para investigar sobre el arca de Noé en el monte Ararat. Refiere que si le hubiera sido posible dialogar con Dios cuando estaba en la luna, le hubiera preguntado: "¿Señor, está bien si venimos a visitar este lugar?" Y pensó que Dios le habría contestado: "Está bien, mientras ustedes me den la gloria a mí".

23. Walter Bradley. Es un investigador en ingeniería mecánica en la Universidad A&M en Texas, que ha recibido varios millones de dólares en subvenciones para la investigación. Durante los últimos ocho años ha dictado cátedras en la mayoría de las más importantes universidades de los Estados Unidos sobre la evidencia científica de la existencia de Dios.

24. Henry Schaefer. Químico cuántico de la Universidad de Georgia, Nominado cinco veces para el premio Nóbel y nombrado como el tercer químico más citado en el mundo. Las revistas U. S. News & World Report (Diciembre 23, 1991) lo citan diciendo: "El significado y gozo en mi ciencia viene de aquellos momentos ocasionales al descubrir algo nuevo y decirme a mí mismo: 'Así fue como Dios lo hizo'. Mi meta es llegar a entender un pequeño ángulo del plan de Dios".

25. Arthur Schawlow. En un libro reciente: "60 científicos de vanguardia", con 24 premios Nóbel, respondieron a preguntas acerca de la ciencia y Dios. Uno de ellos es Arthur Schawlow, un profesor de física de la Universidad de Stanford, que fue distinguido con el premio Nóbel en física en 1981. Dice: "Me parece que cuando me confronto con las maravillas de la vida y del universo, me debo preguntar por qué y no precisamente cómo. Las únicas respuestas posibles son religiosas... Dentro del contexto de este llamado y de esta invitación, no necesitamos encontrar conflictos entre el cristianismo bíblico y la ciencia, entre la fe y la razón. En efecto, un científico puede también ser cristiano".

26. Benjamín L. Clausen –Ph. D., University of Colorado, Boulder– connotado científico católico practicante, trabaja con el "Geoscience Research Institute", en California. Ha realizado investigaciones de física nuclear en el Laboratorio Nacional de los Alamos y en el Instituto de Tecnología-Bates de Massachusetts, así como en los aceleradores en Amsterdam y en Dubna, Rusia. Su dirección: Geoscience Research Institute; Loma Linda University; Loma Linda, CA. 92350; EE. UU. de N. A. E-mail: ben@orion.lasierra.edu.

27. Albert Einstein. Premio Nóbel de física 1921. Sus citas más famosas sobre Dios: «La ciencia sin religión es renga, y la religión sin ciencia es ciega». «Apenas si calco las líneas que fluyen de Dios». "Es posible que todo pueda ser descrito científicamente, pero no tendría sentido, es como si describieran a una sinfonía de Beethoven como una variación en las presiones de onda. ¿Cómo describirían la sensación de un beso o el te quiero de un niño?." "Ante Dios somos todos igualmente sabios, igualmente tontos." "Lo más hermoso que podemos experimentar es lo misterioso. Es la fuente de todo arte verdadero y la ciencia." "Es más fácil destruir un átomo que un prejuicio". "Hay dos maneras de vivir una vida: La primera es pensar que nada es un milagro. La segunda es pensar que todo es un milagro. De lo que estoy seguro es que Dios existe."

28. Arthur Compton –1892-1962– Premio Nóbel de física 1927 por su descubrimiento del denominado "Efecto Compton" y su investigación de los rayos cósmicos y de la reflexión, polarización y espectros de los rayos X. Dice: «Para mí, la fe comienza con la comprensión de que una inteligencia suprema dio el *ser al universo y creó al hombre. No me cuesta tener esa fe, porque el orden e inteligencia del cosmos dan testimonio de la más sublime declaración jamás hecha: "En el principio creó Dios"...»*

29. Ernest Boris Chain *–1906-1979–, premio Nóbel de medicina 1945 por su trabajo con la penicilina. «La idea fundamental del designio o propósito divino... mira fijamente al biólogo no importa en dónde ponga este los ojos... La probabilidad de que un acontecimiento como el origen de las moléculas de ADN haya tenido lugar por pura casualidad es sencillamente demasiado minúscula para considerarla con seriedad...»*

30. Max Born. *Premio Nóbel de física 1954 por sus investigaciones en mecánica cuántica. «Sólo la gente boba dice que el estudio de la ciencia lleva al ateísmo». Nacido el 11 de diciembre de 1882 en Breslau, fallecido el 5 de enero de 1970 en Göttingen, fue un matemático y científico alemán. Ganó el Premio Nobel de Física en 1954, compartido con el físico alemán Walter Bothe. Born fue el único hijo de Gustav Born y Margarete Kauffmann y el padre de G. V. R. Born. Huyó de Alemania en 1933, escapando del nazismo estableciéndose en Gran Bretaña hasta 1953. Born fue también uno de los once firmantes del Manifiesto Russell-Einstein, contra las armas atómicas. Max Born contribuyó de forma importante al desarrollo de la mecánica cuántica llegando a ser quien por primera vez acuñó este término.*

31. Arno Allan Penzias. *Premio Nóbel de física 1978 por su descubrimiento de la radiación de fondo cósmica, patrones que otros físicos interpretaron como prueba de que el Universo fue creado a partir de la nada, es decir, del ahora denominado "Big Bang". Nació en Múnich, Alemania. Penzias ganó en 1978 el Premio Nobel de Física, junto con Robert Woodrow Wilson, por su descubrimiento accidental en 1964 de la radiación cósmica de fondo de microondas o CMB. El premio de ese año fue compartido con Pyotr Leonidovich Kapitsa por un trabajo diferente. Mientras trabajaban en un nuevo tipo de antena en los Laboratorios Bell en Holmdel, Nueva Jersey, encontraron una fuente de ruido en la atmósfera que no podían explicar. Luego de afinar la recepción de la antena, el ruido fue finalmente identificado cono CMB, lo cual confirmaba supuestos planteados por la Teoría del Big Bang. Dice: «Si no tuviera otros datos que los primeros capítulos del Génesis, algunos de los Salmos y otros pasajes de las Escrituras, habría llegado esencialmente a la misma conclusión en cuanto al origen del Universo que la que nos aportan los datos científicos».*

32. Derek Barton. *Compartió el premio Nóbel de química en 1969 por sus aportaciones en el campo de la química orgánica en el desarrollo del análisis conformacional. Usando una nueva técnica de "análisis conformacional" mediante la difracción de rayos X, ayudó a determinar la geometría de muchas otras moléculas complejas de productos naturales. «No hay incompatibilidad alguna entre la ciencia y la religión... La ciencia demuestra la existencia de Dios».*

33. Christian B. Anfinsen. *Premio Nóbel de química 1972 por su trabajo sobre la estructura de los aminoácidos y la actividad biológica de la enzima ribonucleica. En 1961 demostró que la ribonucleasa, tras perder su actividad al ser desnaturalizada mediante condiciones químicas extremas, era capaz de ser posteriormente renaturalizada, recuperando su estructura y por tanto su actividad al restablecerse las condiciones adecuadas. Dijo:* **«Creo que solo un idiota es capaz de ser ateo».**

12) Sin embargo... Es verdad que muchos científicos ilustres son agnósticos –no saben decir si Dios existe o no–, o son ateos que pretenden convencerse y convencernos de que su ciencia demuestra la inexistencia de Dios.

Destacan por su franco ateísmo Steven Weinberg, Peter Atkins, Watson y Crick. Asegura Atkins que no es necesaria la existencia de un Creador y que, mirado a fondo, **"todo es caos"** y que *"esta es la frialdad que hemos de aceptar cuando escrutamos profunda y desapasionadamente el corazón del universo"*. En cuanto a Weinberg, Premio Nobel de Física, para él todo el universo que conocemos, incluyendo la vida humana, sólo es el resultado accidental, por casualidad, de un cúmulo de coincidencias que pudieron no haberse dado. Alabemos, entonces, a la "diosa Casualidad".

---

34. Arthur L. Schawlow. *Físico y profesor universitario estadounidense galardonado con el Premio Nobel de Física en 1981. A partir de 1961, desarrolló en la Universidad de Stanford sus estudios sobre espectroscopia, y amplió su búsqueda en la superconductividad y la Resonancia magnética nuclear. En 1955 Schawlow, junto con Charles Townes, consiguió desarrollar el espectroscopio de microondas, y en 1958 se disputó, infructuosamente, la patente del láser con Gordon Gould. En 1981 fue galardonado con el Premio Nobel de Física por su contribución al desarrollo del láser espectroscópico. «Al encontrarse uno frente a frente con las maravillas de la vida y del Universo, inevitablemente se pregunta por qué las únicas respuestas posibles son de orden religioso... Tanto en el Universo como en mi propia vida tengo necesidad de Dios».*

35. William D. Phillips. *Físico estadounidense. Su tesis doctoral trataba sobre el momento magnético del protón en el agua. Después trabajó con el condensado Bose-Einstein. En 1997 ganó el Premio Nobel de Física –junto con Claude Cohen-Tannoudji y Steven Chu– por sus contribuciones al campo de la refrigeración mediante láser, una técnica para mover átomos en estado gaseoso para estudiarlos mejor desarrollada en el NIST. Explica: «Hay tantos colegas míos que son cristianos que no podría cruzar el salón parroquial de mi iglesia sin toparme con una docena de físicos».*

36. Dr. Ricardo Castañón Gómez. *Médico nacido en La Paz, Bolivia, en 1957. Explica: "Yo le recomiendo a quien se declara ateo o agnóstico, que no se cierre. El cerebro es como un paracaídas... 'sólo sirve cuando se abre'." Es un médico neuropsicólogo con enfoque cognitivo y psicólogo clínico con conocimiento especializado en la relación entre el cerebro y el comportamiento humano. Era ateo hasta que investigó con rigor científico fenómenos religiosos. Renombrado investigador científico ateo, hasta que en los inicios de la década del 90 se encontró con evidencias científicas incontrastables que lo llevaron a la fe. Por medios sorprendentes recibe de Jesús la Palabra que resume cuál es la misión de su vida: demostrar científicamente quiénes son los místicos verdaderos y quiénes los falsos, cuales manifestaciones son verdaderas, y cuales son falsas. Conviene analizar sus conferencias en:*
http://www.youtube.com/watch?v=HBtJmGgm9Fw; www.savior.org; http://sacristanserrano.blogspot.com/2007/04/el-milagro-de-cochabamba-testimonio-del.html; *y otros ahí referidos.*

E insiste en que: *"Cuanto más comprensible parece el Universo, tanto más sin sentido parece también"*. Pero no toma en cuenta que otros físicos de talla genial, entre ellos Albert Einstein, quien sin practicar nunca ninguna religión aseguraba que: ***"Cuanto más estudio la ciencia más creo en Dios"***. El error de esos agnósticos o ateos está en lo limitado de su ciencia y en lo desorbitado de su soberbia intelectual. Cuando hablan de caos habría que decirles que siempre parece sin sentido lo que conocemos mal –o sólo en parte– y preguntarles si acaso creen que ya lo saben todo sobre el Universo. Cuando al descifrar las etapas y estructuras del cosmos y de la vida observan –sin que se reconozca un agente externo que las produzcan– cómo unas cosas son causas de otras y cómo se coordinan entre sí, llegan a la absurda conclusión de que no hace falta un Dios, dizque porque **"todo aquello se ha hecho solo"**. Es decir, como por arte de magia. Resulta realmente difícil creer que personas con formación científica de alto nivel puedan aceptar la magia o la posibilidad de la generación espontánea como parte de su bagaje intelectual. Su razonamiento está a la altura de aquellos falsos científicos primitivos que sostenían que de un pedazo de carne podrida podían brotar moscas sin necesidad de los huevecillos de una mosca madre.

Y por supuesto que esos mismos falsos sabios nunca se preguntaron por la primera mosca ni por la causa eficiente capaz de causar moscas, vida, universo, cosmos, persona, inteligencia, mente. Todo brotó de la nada por sí mismo, porque sí, **"pues namás"**, como diría el patético e inefable "Borras" mexicano. Tenemos que concluir que esa postura irracional consiste en una especie de intencional cerrazón de la mente y del corazón, al estilo de aquella frase:

"Y dijo el necio: Dios no existe". El necio no quiere pensar que supone más sabiduría y más poder humanos un reloj actual que no necesita cuerda que uno antiguo al que había que dársela. Que escuchar un concierto transmitido en este mismo momento por internet supone más inteligencia y poder humanos que estar presentes en ese mismo concierto.

No sacan conclusiones del hecho de que la ciencia y el poder humanos han vencido al espacio y al tiempo. Porque escuchar años más tarde ese mismo concierto en un aparato "blue ray", supone mayor inteligencia y poder humanos que los de aquel concierto original, pues ahora se ha vencido no sólo el espacio, sino también el tiempo. Si ésa es nuestra experiencia sobre el poder creador del Hombre, ¿por qué en cambio se lo niegan a Dios? Precisamente: cuanto más autónomo aparece algo en su existencia y funcionamiento, más inteligente y poderosa tiene que ser la Causa que pudo producirla. Y también: cuantas mayores complejidades y finuras de estructuras y funcionamiento existen, mayor inteligencia y poder creador se necesitan.

Por eso, muchos físicos comprueban que los parámetros que rigen la fuerza de la gravedad, la carga de los protones y la masa de los neutrones, la distancia de la tierra al sol, –entre otra miríada de fenómenos de absoluta precisión– fueron ajustados tan inteligentemente que permitiesen surgir organismos conscientes. De hecho, modificar en lo más mínimo esos valores habría causado en los átomos la pérdida de su integridad, las estrellas no brillarían, ninguna galaxia hubiera podido *albergar vida, y el colapso del universo hubiera sucedido segundos después del* "Big Bang".

John Polkinghorne, físico de la Universidad de Cambridge, observa que: **"cuando uno se da cuenta de que las leyes de la naturaleza tienen que estar coordinadas con máxima precisión para que den como resultado el universo visible, es difícil resistirse a la idea de que el universo no es casual, sino que tiene que haber un propósito en él".**

Y Jerzy A. Janik, físico nuclear y miembro de la Academia de Ciencias de Polonia y Noruega, concluye: "Tengo respeto al agnosticismo en los físicos. Pero cuando dicen que son agnósticos porque son científicos, hacen una extrapolación. Pueden serlo, pero no partiendo de la Física".

13) Hay que ser ateos honestos. La física no da prueba negativa de Dios o de la realidad trascendente: no es su objeto propio, en cuanto ciencia. El ateísmo no es, pues, el resultado final de la ciencia, puesto que en realidad los psicólogos y los historiadores sabemos que depende de otros factores personales: el sufrimiento personal y colectivo, la pobreza y el martirio absurdos de pueblos y naciones enteras... Sí, y precisamente el sufrimiento es una piedra de escándalo que a algunos científicos puede apartarles de Dios –tal parece ser el caso de Weinberg– y a otros –como a Max Planck– la ocasión para encontrarle.

14) ¿Por qué hay algo en vez de nada? Resulta, pues, obligatorio cuestionarnos y contestarnos por el origen mismo del Universo. Para lo cual recurriré a dos grandes argumentos: el científico y el filosófico. En el ámbito puramente científico tenemos los hallazgos o descubrimientos –pues ya no son simples teorías ni sólo hipótesis– acerca del Big Bang desde el cual arranca el tiempo y el espacio, la energía y la materia, tal y como hoy conocemos esos cuatro factores. Sostiene el Profesor Michael Heller, sacerdote y cosmólogo, ganador del premio Templeton en 2008: *"Al inquirir por la causa del Universo nos debemos preguntar sobre la causa de las leyes de la Matemática. Al hacerlo volvemos al plano del pensamiento de Dios sobre el Universo y la última Causa: ¿**Por qué hay algo en vez de nada?** Cuando hacemos esta pregunta, no estamos preguntando sobre una causa como cualquier otra causa. Estamos preguntando sobre la raíz de todas las causas posibles. La Ciencia no es sino un esfuerzo colectivo de la mente humana por leer la mente de Dios".*

Al revisar las investigaciones de Heller, que le han valido valiosos premios, se plantean de nuevo algunos de los grandes temas de la moderna física teórica, de la cosmología y de los modelos matemáticos aplicados a la interpretación de la realidad en la ciencia. El modelo racional –tanto científico como filosófico– propuesto por Heller, responde a la idea tradicional de un Dios trascendente que, por otra parte, es el origen creador, el fundamento del Ser, del que surge el espacio-tiempo del mundo creado, tal como ahora lo conocemos y lo estudiamos.

El Premio fue anunciado el 17 de marzo en el curso de una conferencia de prensa en el *"Church Center"* de las Naciones Unidas en Nueva York. Fue otorgado a Michael Heller por su trabajo de más de cuarenta años y la aportación de conceptos sorprendentes y agudos sobre el origen y la causa del universo. Heller ha sido profesor de filosofía, pero su formación proviene de la matemática, la física, la cosmología, así como también de la filosofía y la teología.

Sus aportaciones son en muchos sentidos estrictamente físicas, aunque no experimentales, sino teóricas: en realidad son propuestas de modelos matemático-formales especulativos. De hecho han sido publicadas en prestigiosas revistas internacionales de física. Pero el fondo de las preocupaciones de Heller apunta siempre hacia la filosofía o metafísica del universo, donde el fundamento de lo real pone en relación las raíces ontológicas del universo con la ontología de la Divinidad y el acto creador.

Se estará de acuerdo o no con las especulaciones de Heller, se valorarán como más o menos verosímiles y mejor o peor construidas formalmente, pero quien lo lee no deja de tener la impresión de seguir a un físico-filósofo extraordinariamente bien informado, preciso y profundo en todas sus afirmaciones. Una circunstancia significativa en la vida de Heller fue su relación con el Papa Juan Pablo II que se inició ya antes de que el cardenal Karol Wojtyla accediera al Pontificado. En reuniones privadas con Heller y otros científicos polacos, Juan Pablo II tuvo ocasión de reflexionar sobre la proyección de las grandes cuestiones científicas sobre la teología. Heller es el autor de la carta de Juan Pablo II a George Coyne en 1996, director entonces del Observatorio Vaticano.

Esta carta, reproducida en la web de la Cátedra, es uno de los documentos teológicos más matizados y abiertos de Juan Pablo II. En ella, el Papa hace eco de la necesidad de que así como en la Edad Media se hizo una teología inspirada en Aristóteles, así igualmente en la actualidad debería hacerse una teología inspirada en la imagen del mundo en la ciencia.

En el pensamiento físico-filosófico de Heller su análisis y su entendimiento de las teorías físicas sobre la materia y el universo son siempre una reflexión sobre los modelos matemáticos aplicados para ofrecer una visión ontológica de la realidad.

Hoy estamos obligados a realizar profundas especulaciones metafísico-teológicas desde la cosmología. Es erróneo exigir que Dios sea algo "espacio-temporal" para poder ser un Dios dinámico y vivo, conectado con los sucesos del mundo. El modelo de geometría no conmutativa permite concebir un tipo de Realidad fuera del espacio-tiempo, y sin embargo, dinámica. **Así, el modelo de Heller responde más a la idea tradicional de un Dios Trascendente que, por otra parte, es el origen creador, el fundamento del ser, del que surge el espacio-tiempo del mundo creado.**

Insisto: hay otros aspectos científicos acerca de los orígenes y fundamentos últimos de la realidad física. Hablamos de otra "singularidad" –en el marco del modelo matemático de la relatividad– que se traduciría en un "Big Bang" real sucedido como evento físico. Pero cualquier persona con un poco de neuronas en funcionamiento eficiente tendría que preguntarse: ¿qué hubo o qué había antes del *"Big Bang"* dueño de un poder suficiente como para poder *"echarlo a andar"* o *"hacerlo estallar"*? Heller nos propone la solución más verosímil y acorde con la Teología: se trata de un universo que, al ir hacia sus fundamentos primordiales, se transforma en una dimensión no espacio-temporal que conecta, más allá de las posibles singularidades geométricas y del "Big Bang", **con la realidad trascendente de un Dios atemporal.** Sólo el observador macroscópico, situado en el espacio-tiempo, puede decir que su universo comenzó en una singularidad en un finito pasado, y posiblemente se resolverá en una singularidad final en su finito futuro.

Para explicar el *"Horizon Problem"* –el hecho astrofísico de que partes muy distantes del universo sin contacto físico presentan los mismos valores de ciertos parámetros– tomamos otra perspectiva y vamos al principio. Aquellos momentos fueron totalmente globales; no es extraño, por lo tanto, que cuando el universo estaba atravesando el umbral del "no-ser" al "ser", haya preservado sus características globales en aquellos lugares que nunca habían interactuado causalmente entre ellos, cosa ya demostrada experimentalmente. Así llegamos a la reflexión especulativa de *"segundo orden"* –la de *"primer orden"* sería la sólo científica– que es una reflexión integral: filosófico-metafísica-teológica. Es decir: que nos vemos obligados, racionalmente, a admitir nuestra absoluta obligación de integrar esos tres enfoques en uno solo; y es ésta la gran propuesta de Heller.

Es aquí donde la lógica de sus explicaciones lo lleva a reconsiderar los temas clásicos de la filosofía-teología, como son: la idea del tiempo –o mejor del no espacio-tiempo– en Dios; la aplicación de esto a la idea tradicional de "creación" –creación continua y "desde la eternidad", posibilidad prevista por Santo Tomás–; el concepto de causalidad y también de *"Causa Primera";* la forma de entender cómo el azar, la probabilidad y la estadística pueden entenderse como elementos del diseño creativo de una divinidad más allá del espacio-tiempo; los temas clásicos de la Omnipotencia y la Omnisciencia divina en discusión con la filosofía-teología del proceso, así como la temática clásica sobre el sentido de la *"acción de Dios en el mundo"*... En su profundo y conmovedor discurso, al recibir el "Premio Templeton", nos dice Heller: ***"Finalmente, para contestar la gran pregunta: ¿necesita una Causa el Universo? Es claro que las explicaciones causales son una parte vital del método científico. "Variados procesos en el Universo pueden ser expuestos como una sucesión de estados, de tal manera que el estado precedente es causa del que le sucede. Si observamos con más profundidad estos procesos vemos que hay siempre una ley dinámica que prescribe cómo un estado debe producir el otro.***

"Pero las leyes dinámicas se expresan en forma de ecuaciones matemáticas y si preguntamos acerca de la Causa del Universo deberíamos preguntar acerca de la causa de las leyes matemáticas. Al hacerlo así nos retrotraemos a la gran huella del Dios que piensa el Universo. La pregunta sobre la última causalidad se traslada a otra de las preguntas de Leibniz: ¿por qué hay algo y no más bien nada? –en sus "Principles of Nature and Grace". *Al plantear esta pregunta no estamos preguntando sobre una 'Causa' similar a las otras causas. Preguntamos por la raíz de todas las posibles causas".*

Al leer este texto sabemos que Heller admite el enfoque de la metafísica tomista clásica: la explicación del universo exige una causa primera no mundana y necesaria, sólo atribuible a Dios, **ya que al mundo no puede atribuírsele la necesidad.** Sólo Dios –y no el universo creado– puede ser entendido como "causa raíz", como fundamento del ser, es decir, como ser necesario: sólo Dios puede ser necesario. Aprovecho para recordar que es necesario decir también que no hay ciencia, en realidad, sin una metafísica subyacente... cuando es rechazada, lo es sólo aparentemente... inconscientemente siempre cualquier forma de hacer ciencia, por ser un acción humana contiene toda una teoría del destino humano, aunque sea falsa como la de la nada.

Razón y Ciencia unidas deben tratar de conocer dónde se funda la suficiencia del universo que de hecho existe y nos contiene y, por lo mismo, atribuirle la necesidad. No es posible racionalmente, en realidad, aceptar que la ciencia sin metafísica, por mucho que pueda progresar, pudiera llevarnos a entender y contestar preguntas de esta naturaleza: **¿Por qué hay algo en lugar de nada?** ¿Quizás debiera quedar un lugar para el misticismo o la magia? No. Porque el misticismo no es metafísica y esto es sólo lo que yo pretendo eliminar, para evitar algunos de los graves azotes y plagas que hoy nos consumen sin remedio aparente ni cercano. Pensemos que, si sólo a Dios pudiera la razón atribuirle la necesidad, entonces la existencia de Dios sería racionalmente segura –o sea, de "certeza metafísica" como decía la escolástica tomista.

Es necesario decir también que no hay ciencia, en realidad, sin una metafísica subyacente... Cuando ésta es rechazada, lo es sólo aparentemente... Inconscientemente, siempre, cualquier forma de hacer ciencia, por ser una acción humana, contiene toda una teoría del destino humano, aunque sea falsa, como la de la nada.

Así, el ateísmo no es viable para la razón. Pero también nos dice que la gran aportación de la ciencia a la teología es habernos hecho entender que el universo es de todas formas un inmenso Misterio que algunos intentan clarificar, fallidamente, con sus tesis ateístas... ¿libremente asumidas? Lo dudo, porque generalmente los ateos son "ideósofos" –no filósofos ni propiamente científicos– que tienen muchas facturas por cobrar en el Sistema, junto con demasiadas "ganancias secundarias" de orden afectivo, generalmente ligadas a su luciferina soberbia. No aceptan la única salida racional: que el universo está gobernado por unas leyes que le han hecho nacer, evolucionar y tal vez lo harán morir, dentro de billones de años.

Si no fuese así, no sería consistente y reinaría el caos; lo cual no parece ser lo cierto, ya que lo evidente es que está sometido a ciertos principios físicos y matemáticos inmutables. Estas leyes que han hecho nacer, evolucionar y tal vez morir al universo, ¿qué explicación tienen? ¿Son ellas mismas autosuficientes y necesarias, es decir: ellas mismas y por sí misma son "Dios"? ¿O Dios se deduce de ellas? Y entonces no sería lo mismo introducir a Dios –cosa igual a *"sacárselo de la manga"*– que deducirlo a partir de la Realidad... A partir de las tesis de Santo Tomás –expuestas en su *"Suma Teológica"*–, se obtienen varias explicaciones que expongo en términos más contemporáneos y sencillos, obligado por el analfabetismo imperante en muchas personalidades –incluyendo la de muchos rectores universitarios de polendas–: es evidente que en el mundo sensible hay un orden de causas eficientes. No encontramos, porque no es posible, que algo sea la causa eficiente de sí mismo. No es posible que un niño que no existe tenga de pronto la ocurrencia de pensar y decidir: **"me encantaría nacer en México, y de esa hermosa señora morena..."** Esto lo haría ser **anterior a sí mismo**, cosa imposible... excepto en el mundo de Walt Disney, de Televisa y de los "Jaime Mausán" que han secuestrado las mentes de los analfabetas.

Al contemplar detenidamente la cadena de las causas eficientes deducimos que no es posible proceder infinitamente hacia atrás. Porque si la "Primera Causa" no es la "primera" realmente, sino una segunda o tercera, éstas estarían esperando ser "echadas a caminar" por una causa anterior. Y si esto fuese siempre así, nunca habría causas segundas ni movimiento alguno, ni cosa alguna. Puesto que, si se quita la causa, desaparece el efecto. Si no existe la primera no se darían tampoco ni las actuales ni las intermedias. *"Si en las causas eficientes llevásemos hasta el infinito este proceder, no existiría la primera causa eficiente; en consecuencia no habría efecto último ni causa intermedia; y esto es absolutamente falso. Por lo tanto, es necesario admitir una causa eficiente primera. Todos la llaman Dios"* –nos explica Santo Tomás.

Es evidente que hay demasiadas cosas que pueden ser o no ser, que pueden ser producidas o destruidas: no son necesarias en sí mismas. Es imposible que tales seres, sometidos a tan contingente posibilidad, existan desde y para siempre. Si algo puede morir ten por seguro que morirá. Si algo puede fallar ten por cierto que fallará. Es obvio: las cosas que llevan en sí mismas la posibilidad de no existir, en un tiempo no existieron, y cuando existen, pueden dejar de ser. Así, también es lógico deducir que hubo un tiempo en que nada existió. Pero si esto fuese verdad absoluta, tampoco ahora existiría nada, puesto que lo que no existe no empieza a existir sino por una Causa que ya existe.

No todos los seres son mera *"posibilidad"*; sino que es preciso que exista **"Un"** Ser Necesario cuya **"Necesidad"** no esté en otro, sino en Él. Por eso es la *"Causa de la Necesidad"* de todos los demás. Los filósofos griegos y los actuales le llamamos Dios. ¿Quién puede dudar racionalmente del ordenamiento de todo ser hacia un fin inteligente? Sólo un loco. Vemos que hay seres inconscientes que no tienen conocimiento ni de sí mismos ni de otros. Carecen de la conciencia refleja y de capacidad de abstracción. Existen, pero no lo saben. A pesar de eso todos ellos obran por un fin. Esto se puede comprobar viendo cómo obran de la misma forma para conseguir sus metas de la mejor manera posible. Esto significa que para alcanzar sus metas –alimento, supervivencia, procreación, relación– no obran al azar, sino intencionadamente. Pero los seres que no tienen "conciencia de ser" no pueden tender al fin sin ser dirigidas por Alguien que tiene conocimiento e inteligencia, como el pincel del artista o las teclas de esta computadora. Así, es obligado aceptar que hay *"Alguien Inteligente"* por el cual todos los seres, incluyendo los meramente materiales, además de las plantas y los animales, son dirigidos a la consecución de sus fines naturales. ¡Le llamamos Dios!

15) Él fue quien decidió hacer estallar el "Big Bang". Uno de los paradigmas más cerrados dentro del pensamiento mágico que caracteriza en la actualidad postmoderna a una mayoría de personas, incluso de niveles académicos que parecen altos –cuando menos sobre el papel– consiste en creer que el Universo comenzó por sí solo, sin necesidad de ninguna causa eficiente, y sin propósito inteligente alguno. **Se imaginan algo así:** que dentro de un espacio absolutamente cerrado o vacío, sin seres ni vida de ninguna clase, después de un tiempo cuasi infinito, pudo aparecer de pronto una energía que después –ella sola– se organizó con las más complejas estructuras, para terminar decidiendo convertirse en un ser vivo –y no sólo: pensante– por su propia capacidad. Esto significa que ese ser, antes de ser, antes de tener la facultad de pensar o decidir, mágicamente decidió existir. ¡Faltaba más! ¿Por qué no? ***En el México actual cualquier absurdo es posible, sobre todo cuando se lo exhibe en televisión.***

Pero no sólo se da esta fantástica idea en las mágicas mentes postmodernas, idea digna de los hombres medievales que creían que las moscas eran causadas tan solo por un pedazo de carne descompuesta. Claro: para ellos no había necesidad de alguna mosca madre, ni de huevos de mosca, ni de nada así. Les bastaba la imaginación convertida en certeza. Tampoco podían pensar en la sacrílega idea de que la Tierra no era el centro del Universo. ¡Era tan obvio ver subir y bajar al sol, y darle la vuelta a nuestro minúsculo planeta!

Y eso era todo: nada había ya que investigar ante una verdad tan brillante como el pobrecito Sol sujeto a la potencia de la Tierra. De alguna forma ya lo he dicho, pero quiero insistir en que ahora sucede, en la primitiva imaginación de la gente común, algo más grave aún: creer que el Universo ha existido desde siempre; es decir: que no se consume ni se expande, sino que simplemente ha estado ahí, y siempre ha sido como es ahora, porque la materia es eterna, y por lo tanto puede arder por siempre sin consumirse ni degradarse. ¡Exactamente como si un tanque de combustible suficientemente grande pudiera transportar un vehículo espacial por toda la eternidad!

Creen –¿de buena fe?– que el tiempo, por sí mismo, sin ninguna otra intervención inteligente, puede generar no sólo el combustible inagotable, sino incluso fabricar la misma máquina capaz de desplazarse a la velocidad de la luz, pero sin la intención de llegar a ninguna parte. Simplemente viajar sin metas ni rumbo determinado, por toda la eternidad. Nada más porque sí, porque eso de buscarle **"un Diseñador o Fabricante Inteligente"** al combustible y a la máquina resulta un ejercicio mental muy fatigoso. Dicen los analfabetos que es mejor *"no buscarle la cuadratura al círculo"*, ni *"glándulas mamarias a las serpientes"*.

Aunque es cierto que las relaciones entre la Fe y la Ciencia se caracterizan por grandes tensiones, a menudo se las exageran, porque la realidad es que –como lo demuestran algunos historiadores–, la ciencia moderna sólo podía desarrollarse con todo su esplendor dentro una cultura dueña de una concepción cristiana del Cosmos. Los cristianos ilustrados creemos en un Dios Personal e independiente de su Creación, mientras que para el "Animismo" o el "Panteísmo" **"la Naturaleza es Dios"**. Para estos enfoques mágicos Dios no es persona, sino sólo materia inanimada gobernada por leyes abstractas. Escudriñar sus secretos sería una aventura temeraria y de naturaleza irracional, por no decir imposible. Espero haber puesto de manifiesto la existencia objetiva y nada abstracta de una **"Causa de las Causas"** –Dios Todopoderoso– que a partir de la nada material hizo brotar del vacío absoluto ese **"Big Bang"** que explica la existencia de la Naturaleza entera y cuyo dominio y control Él sigue ejerciendo inteligentemente. Porque no sólo es su Creador, sino su permanente sostén. La naturaleza está gobernada por leyes exactas, matemáticas, perfectas en sí mismas. Dios era libre de crear en cualquier forma que él escogiera. Sus caminos no son nuestros caminos. Nuestra lógica es insuficiente para entender la Naturaleza como Dios la entiende. Pero nosotros sí tenemos la capacidad para observar y experimentar cómo creó Dios todo lo que existe aparte de Él. El poder de Dios sobre la creación es compartido con la Humanidad, y por lo tanto Él espera que nosotros analicemos, estudiemos, comprendamos y completemos la Naturaleza. En contraste con los cristianos cultivados, otras mentalidades tienen extrañas ideas que conducen a un mundo impreciso e irracional: el Caos, la Náusea, la absoluta ausencia de significado.

Como lo veremos claramente más adelante, Dios no sólo es "Bueno", sino que en sí mismo es Bondad. Su Creación es buena y digna de estudiarse. La Humanidad es parte de la "buena creación" de Dios. Consecuentemente la Ciencia debe ser usada para beneficiar a la humanidad y suavizar la dura labor y el tedio, para aliviar la enfermedad por medio de diversos descubrimientos, y atenuar las consecuencias de nuestra Caída. El tiempo es lineal y la vida puede ser mejorada indefinidamente.

Hoy existen "sistemas filosóficos" –insisto: simples "ideosofías"– que ven al mundo como algo totalmente imperfecto e indigno de un estudio cuidadoso, científico y metafísico. La labor manual, incluyendo la necesaria para los descubrimientos científicos, no fue muy respetable, y ahora mismo no se ve así de manera clara ni universal. Por ello, los esclavos eran y son "consumibles", pues desempeñan sólo trabajos de servidumbre; el tiempo era visto como algo cíclico y la vida era una ronda rutinaria, sin trascendencia alguna.

Es posible conocer la existencia –que no la esencia misma– de un **Dios Racional,** cuya Creación es predecible, confiable y gobernada por medio de leyes absolutas. El Hombre es un ser racional y puede descubrir esas leyes estables y confiables. La naturaleza arbitraria y caprichosa de los dioses de otras "religiones" haría improductivo el estudio de las relaciones naturales de causa y efecto, como aquí lo haremos, haciendo a un lado el pensamiento mágico.

En este contexto, mi visión global cristiana que promueve un franco estudio de la creación de Dios, no tiene que entrar en conflicto con las genuinas investigaciones y los formidables hallazgos o inventos científicos. Excepto con los "descubrimientos" de los científicos fraudulentos –como Charles Darwin– y otros de su baja ralea.

Ahora mismo –y como siempre, desde la Antigüedad– un amplio y honesto grupo de científicos, dueños de un tipo de pensamiento independiente respecto de los poderes fácticos u oficiales, se ha puesto de acuerdo en la veracidad de un hecho comprobado y comprobable: que el Universo comenzó con una especie de monstruoso cataclismo explosivo que generó el espacio y el tiempo, así como la totalidad de la materia y la energía que en la actualidad forman la Creación entera.

El hecho es que dentro de una fracción infinitesimal prácticamente incomprensible para la mente humana: (10^{-6} *segundos*), es decir, en una fracción menor a cien mil millonésimas de segundo, el Universo entero se inició como una masa indefinidamente densa, convirtiéndose en una gigantesca e inconcebible "bola" incandescente y expansiva a la velocidad de la luz, llenando hasta la fecha un espacio vacío que ha funcionado como una cuasi infinita aspiradora.

Es lo que se llama el "**Big Bang**", o "**Gran Explosión**", que comenzó en un punto cero, dentro de un espacio vacío suficientemente grande como para que hoy, a más de trece mil millones de años después, el punto cero siga expandiéndose a la velocidad de la luz. Hoy, los astrónomos describen con cierta facilidad y extraordinaria precisión la casi milagrosa manera mediante la cual toda aquella energía se transformó en una interminable –hasta la fecha– fábrica de materia, espacio y tiempo. Se le ha dado a este fenómeno realmente extraordinario el nombre de "Inflación".

La expansión inflacionaria se detiene sólo cuando esa casi infinita fuerza expansiva se transforma en la materia y la energía como ahora las conocemos.

16) El "Big Bang". Decía Albert Einstein: *"Lo que a mí me interesa es saber qué hubo antes del Big Bang... lo demás son detalles"*. Sin embargo, es extremadamente difícil poner en palabras sencillas y al alcance de mentalidades profanas en astronomía y astrofísica un fenómeno tan complejo como el "Big Bang", pero lo intentaré. Una vez confirmada la existencia del "Big Bang", sabemos que el Universo se originó a partir de una singularidad espacio/temporal de densidad infinita, matemáticamente paradójica.

El espacio se ha expandido desde entonces de manera constante, por lo que los objetos astrofísicos se han alejado unos respecto de los otros.

¡Imaginemos, pues, –como si fuese posible– un viaje a velocidades espaciales que ya dura más de trece mil millones de años! En cosmología física, el *"Big Bang"* o *"Gran Explosión"* es un descubrimiento científico que explica el origen del Universo y su desarrollo posterior.

Se trata del concepto de expansión del Universo desde una singularidad primigenia, donde la expansión de éste se deduce de una colección de soluciones a las complejas ecuaciones de la relatividad general, llamados *"Modelos de Friedman/Lemaître/Robertson/Walker"*.

El término *"Big Bang"* se utiliza para referirse específicamente al momento en el que se inició la expansión observable del Universo –cuantificada en la **"Ley de Hubble"**–, y en un sentido más general para entender el paradigma cosmológico que explica el origen y la evolución del mismo.

Debido al *"Big Bang"* el Universo tenía en el pasado una temperatura muchísimo más alta y mucha mayor densidad que ahora. Por lo tanto, las condiciones del Universo actual son muy diferentes de las condiciones del Universo primitivo. A partir de esta idea, George Gamow, en 1948, pudo predecir que debería de haber evidencias de un fenómeno que más tarde sería bautizado como *"radiación de fondo de microondas"*.

Muchos brillantes científicos, con diversos grados de estudios, han ido construyendo lenta y penosamente el camino que lleva a la génesis de esta explicación. Como bien lo dice Rubén Marín, gran novelista mexicano, en su libro *"El Diablo y Algo Más"*:

"La Ciencia se arrastra sin comprender lo esencial, apoyándose en el bastón de la perplejidad ante los misterios esenciales".

Los trabajos de Alexander Friedman, en 1922, y de Georges Lemaître, en 1927, utilizaron la *"teoría de la relatividad"* de Einstein para demostrar que el Universo estaba en movimiento constante. Poco después, en 1929, el astrónomo estadounidense Edwin Hubble –1889-1953– descubrió galaxias más allá de la Vía Láctea que se alejaban de nosotros, demostrando así que el Universo se expandía constantemente. En 1948, el físico ruso nacionalizado estadounidense, George Gamow –1904-1968–fue el primero que planteó que el universo se creó a partir de una gran explosión: **"Big Bang"**. Recientemente ingenios espaciales puestos en órbita han conseguido oír, comprobar y aun medir los vestigios de esta gigantesca explosión primigenia.

Dependiendo de la cantidad de materia en el Universo, éste puede expandirse indefinidamente o frenar su expansión lentamente, hasta producirse una contracción universal. El fin de esa contracción se conoce con un término contrario al *"Big Bang"*: el *"Big Crunch"* o *"Gran Colapso"*. Pero también podría ser cierto que si el Universo se encontrara estable dentro un punto crítico, se mantendría estable *"ad aeternum"*.

La teoría del *"Big Bang"* **–hoy conocimiento, no sólo teoría–** se desarrolló a partir de observaciones y avances teóricos. Por medio de observaciones, en la década de 1910, el astrónomo estadounidense Vesto Slipher y, después de él, Carl Wilhelm Wirtz, de Estrasburgo, determinaron que la mayor parte de las nebulosas espirales se alejan de la Tierra; pero no llegaron a darse cuenta de las implicaciones cosmológicas de esta observación, ni tampoco del hecho de que las supuestas nebulosas eran en realidad galaxias exteriores a nuestra Vía Láctea.

Albert Einstein, acerca de la relatividad general –segunda década del siglo XX– no admite soluciones estáticas. Es decir, el Universo debe estar en expansión o en contracción, resultado que él mismo consideró equivocado, y trató de corregirlo agregando la constante cosmológica. El primero en aplicar formalmente la relatividad a la cosmología, sin considerar la constante cosmológica, fue Alexander Friedman, cuyas ecuaciones describen el Universo Friedman-Lemaître-Robertson-Walker, que puede expandirse o contraerse.

Existen porciones del Universo no observables, porque la expansión exponencial ha empujado grandes zonas más allá de nuestro horizonte observable. Será posible deducir qué ocurrió cuando entendamos mejor la física de las altas energías. El *"Big Bang"*, como conocimiento, no se encuentra asociado con religión alguna. Sin embargo: mientras que los fundamentalistas chocan con los postulados del *"Big Bang"*, éste es perfectamente compatible con los dogmas y enfoques racionales del Catolicismo, por su perfecta complementación y coherencia. La Iglesia Católica, acepta al *"Big Bang"* como una descripción inteligente y científica sobre el origen del Universo. Además, el conocimiento sobre este fenómeno inicial es perfectamente compatible con las *"Cinco Vías"* de Santo Tomás de Aquino para demostrar la existencia de la Causa Primera.[19]

---

[19] Referencias principales sobre el "Big Bang":
Michio Kaku, El Universo de Einstein, p. 109.
R. Penrose, 1996, p. 309
Barrow, John D. Las constantes de la naturaleza. Crítica. Barcelona (2006). ISBN 978-84-8432-684-7
Green, Reen Brian. El tejido del cosmos. Espacio, tiempo y la textura de la realidad. Crítica. Barcelona (2006). ISBN 978-84-8432-737-0.

JUAN BOSCO ABASCAL CARRANZA

17) Grandes Conversos.

No sólo en el mundo de la ciencia se ha dado el fenómeno de la Fe, ya sea por conversión o por formación desde la niñez. Existe otro campo, mucho más amplio que aquel donde se mueven los científicos. Me refiero al campo de la Filosofía, muy frecuentemente ligado a la Literatura y al Arte en general. En estos escabrosos terrenos, además de la ya referida conversión de Jean Paul Sartre, referiré algunas conversiones, particularmente relevantes por la gigantesca categoría intelectual de quienes han terminado por rendirse ante el único referente Absoluto de sus azarosas existencias.

17.1) Voltaire.[20] François Marie Arouet, más conocido como Voltaire —nacido en París, el 21 de noviembre de 1694, muerto también en París el 30 de mayo de 1778— fue un escritor y filósofo francés. Uno de los principales ideólogos de la Ilustración, período pagano que sobrevaloró el poder de la razón humana, del cientificismo y del ateísmo militante. En 1746 fue elegido miembro de la Academia Francesa. La investigación de documentos antiguos siempre depara sorpresas. La última les ha salido al paso a varios investigadores, al hojear el tomo XII de una vieja y bella revista francesa: *"Correspondance Littérairer, Philosophique et Critique"* de los años 1753 a 1793.

Literalmente dice: «*Yo, el que suscribe, declaro que tras padecer un vómito de sangre hace cuatro días, a la edad de ochenta y cuatro años y sin poder ir a la iglesia, el párroco de San Sulpicio ha querido añadir a sus buenas obras la de enviarme a M. Gautier, sacerdote. Yo me he confesado con él y, si Dios dispone de mí, muero en la santa religión católica en la que he nacido, esperando de la misericordia divina que*

Gribbin, John. En busca del Big Bang. Colección "Ciencia Hoy". Madrid: Ediciones Pirámide, 09/1989. ISBN 84-368-0421-X e ISBN 978-84-368-0421-8.

Hawking, S. W. Historia del tiempo: del Big Bang a los agujeros negros. Barcelona: Círculo de Lectores, 09/1991. ISBN 84-226-2715-9 e ISBN 978-84-226-2715-9.

Penrose, Roger, "La nueva Mente del Emperador", Fondo de Cultura Económica, México D.F. (1996). ISBN 978-968-13-4361-3

Weinberg, Steven. "Los Tres Primeros Minutos del Universo", Alianza, Madrid (1999). ISBN 978-84-206-6730-0.

La mayoría de los artículos científicos sobre cosmología son muy técnicos, pero algunas veces tienen una introducción muy clara en inglés. Los archivos más relevantes, que cubren experimentos y teorías, están en archivos sobre Astrofísica, donde se ponen a disposición artículos estrechamente basados en observaciones. Los temas sobre relatividad general y cosmología cuántica cubren terrenos más especulativos. Los artículos de interés para los cosmólogos también aparecen con frecuencia en el archivo sobre Fenómenos de alta energía y sobre teoría de alta energía.

[20] Tomado de: www.encuentra.com. Redacción corregida por Juan Bosco Abascal C., a partir de lo escrito por Carlos Valverde, Catedrático de Filosofía, publicado en el diario "YA", el día 02/06/1989. Tomado, a su vez, de www.arvo.net.

*se dignará perdonar todas mis faltas, y que si he escandalizado a la Iglesia, pido perdón a Dios y a ell*a.»

Firmado: «Voltaire, el 2 de marzo de 1778 en la casa del marqués de Villete, en presencia del señor abate Mignot, mi sobrino y del señor marqués de Villevielle. Mi amigo». Firman también: el abate Mignot, Villevielle. Se añade: «*declaramos la presente copia conforme al original, que ha quedado en las manos del señor abate Gauthier y que ambos hemos firmado, como firmamos el presente certificado. En París, a 27 de mayo de 1778. El abate Mignot, Villevielle*».

La carta del prior es muy interesante por los datos que aporta. La familia pide que se le entierre en la cripta de la abadía hasta que pueda ser trasladado al castillo de Ferney. El abate Mignot presenta al prior el consentimiento firmado por el párroco de San Suplicio y una copia –firmada también por el párroco– «de la profesión de fe católica, apostólica y romana que M. Voltaire ha hecho en las manos de su sacerdote, aprobado en presencia de dos testigos, de los cuales uno es M. Mignot, nuestro abate, sobrino del penitente, y el otro, el señor marqués de Villevielle.

Según estos documentos, que me parecieron y aún me parecen auténticos –continúa el prior–, hubiese creído faltar a mi deber de pastor si le hubiese rehusado los recursos espirituales. Ni se me pasó por el pensamiento que el párroco de San Suplicio hubiese podido negar la sepultura a un hombre cuya profesión de fe él había legalizado. No se puede rehusar la sepultura a un hombre que muera en el seno de la Iglesia.

Después de mediodía, el abate Mignot hizo la presentación solemne del cuerpo de su tío. Hemos cantado las vísperas de difuntos; el cuerpo permaneció toda la noche rodeado de cirios. Por la mañana, todos los eclesiásticos de los alrededores han dicho una misa en presencia del cuerpo y yo he celebrado una misa solemne a las once, antes de la inhumación.

La familia de Voltaire partió esta mañana contenta de los honores dados a su memoria y de las oraciones que hemos elevado a Dios por el descanso de su alma. He aquí los hechos, monseñor, en la más exacta verdad». Así pasó de este mundo terrenal al Reino de Dios aquel hombre que empleó su fecundo ingenio en combatir a la Iglesia Católica. La Revolución trajo en triunfo los restos de Voltaire al panteón de París –antigua iglesia de Santa Genoveva–, dedicada a los grandes hombres. En la oscura cripta, frente a la de su enemigo Rousseau, permanece hasta hoy la tumba de Voltaire con este epitafio: «A los Manes de Voltaire. La Asamblea Nacional ha decretado el 30 de mayo de 1791 que había merecido los honores debidos a los grandes hombres».

17.2) Manuel Azaña Díaz.

Nacido en Alcalá de Henares, el 10 de enero de 1880, muerto en Montauban, Francia, el 3 de noviembre de 1940. Fue un político y escritor español que desempeñó los cargos de Presidente del Gobierno Comunista de España –de 1931 a 1933 y 1936–, y Presidente de la Segunda República Española, Atea y Comunista, de 1936 a 1939.

Su conversión final toma majestuosa relevancia si la contrastamos con la magnitud de sus crímenes, abusos, maldades y traiciones, incluyendo a su patria. Su conversión final es muy poco conocida, debido al férreo control que sobre su verdadera historia ejercieron y ejercen la masonería, los sionistas y las sociedades secretas, pero también sus allegados cercanos, con exclusión de quienes dan amplios testimonios de que, en efecto, recibió los Sacramentos un poco antes de morir. Tenía una hermana monja que ofrecía todas sus oraciones por la conversión de su hermano.

Fue en sus últimas horas cuando quiso confesarse –moribundo, en su exilio en Francia–, y pidió público entierro católico, que se realizó por obra de su esposa, a pesar de la fuerte oposición de sus más feroces cómplices políticos. Sus fechorías más notables son las siguientes:

Como consecuencia de la llegada de la República –gracias a la indudable y muy larga conspiración de los masones y sionistas en España–, y con vistas a las inminentes elecciones de Cortes Constituyentes, Azaña reiteró el objetivo de romper radicalmente con el pasado y de reconstruir el país y el Estado, para lo cual se hacía necesario triturar al catolicismo.

En las elecciones del 28 de junio subrayó la necesidad de que la República Comunista penetrase en todos los órganos del Estado, y apuntó de forma explícita al ámbito educativo, en concreto a los colegios controlados por órdenes religiosas. Además del sometimiento de la Iglesia, Azaña pretendía la disolución de las órdenes religiosas y la nacionalización de todos sus bienes.

Exactamente lo que siete décadas antes había impuesto Benito Juárez en México, con el eficaz apoyo de las logias yanquis. Por razones estratégicas, sólo se disolvieron las órdenes con voto especial de obediencia a una autoridad que no fuese el Estado –los jesuitas, como en el México del siglo XVIII– y se prohibió el ejercicio de la industria y el comercio para el resto de los religiosos. Así pudo organizar su concepto de "Estado" de acuerdo con una falsa premisa que la proclamación de la República convierte en satánico axioma: **"España ha dejado de ser Católica"**.

Así, pues, Azaña expuso su fantástica idea paranoide de que el tronco central de la cultura española ya no era católico, y que no había vuelta atrás, por lo que había que sustituir esa religión nacional por otra de carácter laico. Así fue como Azaña, en unos cuantos meses, aniquiló por completo la política militar y religiosa de España. El impacto emocional de todas esas semanas lo resumió el mismo Azaña con una frase: *"parecía estar presenciando lo que le sucede a otro"*.

Entonces pudo ser iniciado en la masonería, en un acto de intencionalidad política, es decir, asalto al Poder, encaminado a facilitar sus relaciones con el Partido Radical –la "Logia Matritense", donde se desarrolló la ceremonia– que se empezaba a oponer con rotundidad a su gobierno. Así se ganó la buena voluntad de los Amos del Planeta.

Otro de sus crímenes fue sostener esta idea perversa: *"por encima de la Constitución, está la República, y por encima de la República, la Revolución (Mundial)"*. Una notabilísima traición, no consumada: propuso que Francia y Gran Bretaña se apoderasen de las bases navales de Cartagena y Mahón para equilibrar las que tenía el ejército de Franco en Ceuta, Málaga y Palma. Azaña estaba ya muy cerca de la derrota final, a manos del Generalísimo Francisco Franco. Entonces sus adversarios se decidieron a aplicarle la *"Ley de Responsabilidades Políticas"*, para lo cual el juez instructor recabó escandalosos informes, de variadas fuentes. Pudo entonces documentarse el verdadero perfil de Manuel Azaña: enemigo del ejército, de la religión y de la patria; pervertido sexual, masón y marxista. La consecuencia del auto fue el embargo de todos sus bienes —incautados por la "Falange Española", previamente— y una multa de cien millones de pesetas.

Esto le produjo enfermedades muy graves: en su destierro, en Francia, pasaba las horas sentado día y noche en un sillón de orejas, sufriendo espasmos y continuos ataques de tos, escupiendo sangre, sin poder hablar, sin fuerza para llevarse nada a la boca, sin sueño, sin dormir, lleno de alucinaciones, descansando gracias a buenas dosis de calmantes que no suprimían un permanente estado de nerviosismo e inquietud. Entonces fueron capturados por la Gestapo, con ayuda de miembros de Falange, él y toda su familia y allegados.

Sufrió entonces un amago de ataque cerebral. Luego se supo que Francia les negaba el visado de salida a los antiguos dirigentes republicanos españoles. En Montauban, donde pudieron refugiarse, las logias mexicanas entraron en acción, por lo que el embajador de México, Luis Ignacio Rodríguez Taboada, le alquiló unas habitaciones en el "Hotel du Midi". Luego sufrió un grave infarto cerebral que le afectó al habla y le provocó parálisis facial. Un mes después, un tanto recuperado, el nuevo obispo de Montauban, Pierre-Marie Théas, se le acercó hasta el hotel para conocerlo y tratarlo de convertir. Con todo, sufrió una nueva recaída de la que ya no se podría recuperar. Dolores de Rivas Cherif, su esposa, viéndole morir y angustiada por su soledad en aquel dolor, encargó a Antonio Lot que llamara a su amigo el general Juan Hernández Saravia y a una monja, sor Ignacia, que cumpliendo los deseos del propio Azaña regresó acompañada del obispo Pierre-Marie Théas.

En el momento de su muerte rodeaban a Manuel Azaña su mujer, Saravia, el pintor Francisco Galicia, el mayordomo Antonio Lot, el obispo Pierre-Marie Théas y la monja Ignace.

Según testigos, Azaña decidió recibir los últimos sacramentos. Tres testimonios existen: el del obispo, el de la carta del médico que le asistía por aquel entonces —el Doctor Acosta—, y el de quien fuera director de "El Imparcial" y diputado de Izquierda Republicana, Ricardo Gasset. El entierro tuvo lugar el día 5. Sus restos fueron depositados en el cementerio de Montauban.

El mariscal Pétain, católico, prohibió que se le enterrara con honores de Jefe de Estado: sólo accedió a que fuera cubierto su féretro con la bandera española, a condición de que ésta fuera la bicolor rojigualda tradicional, y de ninguna manera la bandera republicana tricolor y comunista.

El embajador de México decidió entonces que fuera enterrado cubierto con la bandera mexicana. Según lo explica en sus memorias, Rodríguez, masón grado 33, le dijo al prefecto francés: *"Lo cubrirá con orgullo la bandera de México. Para nosotros será un privilegio, para los republicanos una esperanza, y para ustedes, una dolorosa lección"*.

17.3) Enrique Tierno Galván. Nacido en Madrid, 8 de febrero de 1918, muerto en Madrid, 19 de enero de 1986. Fue un político, sociólogo, jurista y ensayista español. Doctor en Derecho, Doctor en Filosofía y Letras, Catedrático de Derecho Político desde 1948 hasta 1953 en la Universidad de Murcia, y desde 1953 hasta 1965 en la Universidad de Salamanca.

Fue el primero en traducir el "Tractatus" de Ludwig Wittgenstein y realizó importantes estudios sobre la novela picaresca, la novela histórica y la sociología de masas. Hombre muy culto, escribió unas interesantes *"Acotaciones a la historia de la cultura occidental en la Edad Moderna"* (1964) y tradujo la obra fundamental de Edmund Burke: las *"Reflexiones sobre la Revolución Francesa"*.

Fue procesado en 1957 por sus actividades políticas. En agosto de 1965 fue expulsado de la universidad por apoyar las protestas estudiantiles en contra de la dictadura franquista, junto con los profesores universitarios José Luis López Aranguren y Agustín García Calvo. En 1966 se traslada a Estados Unidos donde fue profesor en la universidad de Princeton (1966-1967). Afiliado al PSOE (Partido Socialista Obrero Español) en la clandestinidad, y expulsado después por divergencias doctrinales, al regresar a España, en 1968, funda el Partido Socialista del Interior (PSI), que posteriormente, en 1974, pasó a llamarse Partido Socialista Popular (PSP). Ese mismo año, junto al Partido Comunista de España (PCE), el Partido del Trabajo de España (PTE), el Partido Carlista (PC) y numerosas personalidades independientes, formaría la Junta Democrática de España (JDE).

En 1976, un año después de la muerte de Franco, fue repuesto en su cátedra. En las primeras elecciones democráticas, el 15 de junio de 1977, obtuvo el acta de diputado por Madrid, en las listas del PSP (el PSP obtuvo en dichas elecciones seis diputados), pero acabó por integrar su partido en el PSOE, del que fue elegido presidente honorario (abril de 1978). En las primeras elecciones municipales de la democracia (abril de 1979) se presenta a la alcaldía de Madrid. Aunque su partido no es el más votado (fue la UCD), una coalición con el PCE le da la alcaldía.

Es reelegido, también con el apoyo del PCE en las elecciones de mayo de 1983. Permaneció en el cargo hasta su muerte en enero de 1986. Durante sus casi siete años de mandato, llevó a cabo importantes reformas, alcanzando una gran popularidad. Escribió un interesante libro de memorias, "Cabos Sueltos" (1981), en una prosa culta e irónica excelente. Sin embargo, sus adversarios políticos le acusaron de desfigurar su propia trayectoria personal, porque ya se veía venir su conversión al Catolicismo. En cualquier caso, se ganó el afecto de los madrileños con sus humorísticos y bien escritos "Bandos Municipales" y con iniciativas que cuidaban los pequeños detalles, como devolver los patos al Manzanares y las flores a los "parterres" públicos, incluso entre los jóvenes, al apoyar la llamada "Movida Madrileña".

Su entierro, el día 21 de enero, se convirtió en una de las concentraciones más numerosas de las ocurridas en la capital de España. Lo que no se dijo jamás de manera pública y suficiente, que Enrique Tierno Galván, tras haber ido por el mundo sembrando ideas agnósticas y antirreligiosas, en los últimos tiempos se convirtió al catolicismo. Todo esto lo contó a familiares míos en España el anterior alcalde, José María Álvarez del Manzano, quien había estudiado en el colegio jesuita de Nuestra Señora del Recuerdo de Chamartín. Cuando Enrique Tierno Galván estaba hospitalizado hizo llamar al entonces concejal Álvarez del Manzano. Éste creyó que era por asuntos del Ayuntamiento, pero Enrique Tierno le pidió que lo instruyera en los Mandamientos, los Sacramentos, Misterios Dogmas de la Fe Católica. Álvarez contestó afirmativamente con alegría y dedicación. Este acontecimiento tan importante fue intencionalmente desestimado por el gobierno masónico y socialista, como el de Rodríguez Zapatero, por lo que no ha tenido difusión.

* * *   * * *   * * *

CAPÍTULO III.

La Creación de los Ángeles y su Caída.

"La palabra del Señor hizo el cielo; el aliento de su obra, sus ejércitos.
La Biblia, Libro de los Salmos 33, 6.
"Porque en medio de Él –Jesucristo– fueron creadas todas las cosas celestes y terrestres, visibles e invisibles: Tronos, Dominaciones, Principados, Potestades, Ángeles, Arcángeles, Querubines, Serafines..."
Epístola a los Colosenses I, 16.

1) Algunas preguntas esenciales.

Una vez planteado el origen del Universo, y al desear continuar dilucidando el origen o *"la Raíz del Mal"*, me veo obligado racionalmente a formular algunas preguntas:

¿Por qué decidió Dios crear a alguien distinto a Él, pero libre, inteligente y capaz de decidir amar u odiar, aceptarlo o rechazarlo? ¿Por qué creó Dios seres capaces de pecar? ¿Acaso Dios se encontraba en "terrífica soledad", necesitado de compartir su felicidad y su absoluta perfección? Si Dios es infinitamente bueno, ¿de dónde surgió el Mal, así, con mayúscula? ¿Por qué, si Dios sabía que Luzbel se rebelaría con su perversa y soberbia expresión: *"¡Non Serviam!"*...

De todas formas lo creó, sabiendo la inmensa cauda de dolor, sufrimiento y maldad que habría de provocar en sí mismo y en el Hombre, al que más tarde tentaría y haría caer en sus tétricos dominios? ¿Por qué fue tentado el Hombre? En todo caso, si el Mal tuvo su origen primero en la caída de Lucifer o Satanás, ¿qué produjo esta caída? ¿Qué es lo que originó la rebelión de los más hermosos y perfectos espíritus puros y su caída en desgracia? ¿Por qué Dios permitió la irrupción del Mal en su propia creación?

La clave de la respuesta es el Amor: un ser creado no puede amar, a no ser que su adhesión al objeto de su amor sea libremente tomada. No hay amor en los autómatas programados. Por eso Dios no hizo santos al "Hombre" ni a los "Ángeles", sino sólo inocentes. Y se trata de dos conceptos bien distintos. Acerca de Dios decimos: "**Él Es,** Él es el eterno **Yo Soy el Que Soy"**, pero de las criaturas, ángeles o humanos, decimos que han venido a ser, pues antes no eran, y que antes de ser no podían decidir comenzar a ser. Podríamos "no haber sido", porque somos contingentes. Somos dependientes de Él para el pleno goce de todo el potencial y destino para el que Dios nos creó. Esto nos lleva a considerar lo siguiente:

Dios, en su Tri-personalidad en un solo Ser, está totalmente autosatisfecho. No precisa de ningún ser fuera de Sí Mismo para gozar de un grado infinito de amor, comunicación y comunión, por cuanto las Personas que subsisten en el seno del único Dios gozan de una tripartita satisfacción de Amor y de comunión entre sí. Dios "no estaba solo", y más aún, su gozo y comunión eran plenamente satisfactorios en el seno de sí mismo.

La decisión divina de crear fue, así, totalmente libre, fruto de una Voluntad Divina no condicionada por ninguna clase de necesidad. Él, el **Infinito Personal Absoluto**, quiso crear muchos seres, necesariamente finitos, a Su Imagen y Semejanza, para que tuvieran relación y comunión voluntarias con Él. Cosa hecha posible también al dotarlos con el don del lenguaje, un reflejo de la naturaleza inteligente y comunicativa de Dios. Era totalmente necesario que las criaturas, angélicas o humanas poseyeran la capacidad de amar u odiar. Pero la genuina capacidad de amar exige, por su misma naturaleza que sea un acto libre: una libérrima adhesión.

No olvidemos que en el caso del amor del ser creado hacia el Creador no se trata de un amor de igual a igual, sino del amor de un ser contingente y dependiente hacia el Creador absoluto y existente desde siempre, contemplando el tiempo hacia atrás.

Aquí es necesario hacer mención del mandamiento de amar a Dios sobre todas las cosas, con la declaración de que Dios es un Dios "celoso" ante aquellos que no le aman. Se ha de tener en cuenta que este mandamiento, como toda la Ley, presupone que el Hombre es pecador, que ya ha caído en pecado. En su estado de inocencia, el hombre no recibió este mandamiento, porque no era necesario.

El Hombre no caído no sólo amaba a Dios, sino que gozaba de Él, se sentía arrobado con Él. Le cantaba alabanzas que salían de un corazón lleno de gozo y agradecimiento, no sólo por lo que había Él hecho, sino también por Él mismo. Como un enamorado con su enamorada, o viceversa.

Entonces: si el mundo ha sido creado por Dios, y Él solo puede querer el bien de sus criaturas, ¿cómo es que la Tierra se ha convertido en un "valle de lágrimas" cada día más anegado por plagas y azotes sin fin? Con mi relato quiero arrojar un rayo de luz sobre esta inquietante pregunta. Hay que entender que todas las penalidades y miserias que nos afligen a los hombres no corresponden al designio original de Dios.

La tétrica situación actual de la humanidad es consecuencia del pecado de Adán, nombre genérico que designa, a la vez, al primer hombre y a toda la Humanidad representada en él. Al transgredir el mandamiento divino, el hombre se privó voluntariamente de los dones que Dios le había ofrecido. Y como consecuencia de su pretensión de ser igual a Dios, lo único que experimentó fue su propia "desnudez", es decir, su indigencia absoluta.

Dios no abandona a su pecadora creatura preferida. Por eso, a la "maldición" que pesa sobre la tierra a causa del pecado, Él mismo opone la "bendición", que alcanzará finalmente a todos los hombres, por medio de Abraham y de su descendencia. Esta descendencia es Cristo, el nuevo

Adán, gracias a quien, allí... *"donde abundó el pecado, sobreabundó la gracia, porque así como el pecado reinó produciendo la muerte, también la gracia reinará por medio de la justicia para la Vida eterna, por Jesucristo, nuestro Señor."* (Romanos, 5. 20).

2) Creación y Rebelión de los Ángeles.

Antes del Hombre ya habían sido creados por Dios todos los ángeles, dueños de cuatro características intrínsecas: buenos y libres, inteligentes y bellísimos, pero no confirmados en la Gracia o amistad con su Creador: ellos debían decidir su adhesión o su rechazo de cara a su propio destino final. Eran cuatro dones gratuitos que potencialmente los hacían capaces de aceptar a Dios como a su Creador y Señor. Pero también había la posibilidad de que lo rechazaran.

Cada cual tenía que tomar una postura individual irreversible. Una vez creados se les ofreció una prueba: por su propia voluntad debían aceptar o no a Dios como su Señor. Era la prueba a su libre albedrío, previa a la visión de la Esencia Divina. Una vez pasada la prueba ya no habría elección contraria: quienes lo aceptaran como a su Creador lo conocerían cara a cara, en su misma esencia, para todo el resto de la eternidad, siendo ya imposible rechazarlo.

De la misma forma: una vez realizado el acto de la rebelión formal ya no sería posible el arrepentimiento, porque tal acto sería realizado con pleno conocimiento, advertencia completa y aceptación incondicional de las consecuencias, por terribles que éstas pudieran ser.

Antes de la prueba "veían" a Dios sin conocer plenamente su esencia. El mismo verbo "ver" es aproximativo, pues la visión de los ángeles es una visión intelectual. Para entender mejor cómo podían ellos "ver" a Dios, pero no conocer plenamente su esencia, digamos que ellos "veían" a Dios como una luz, que le oían como una voz majestuosa y santa, cuyo rostro íntimo seguía oculto. De todas maneras, aunque no penetraran en la posesión de la Esencia Divina, sabían que era su Creador, y que era Santo, el Santo entre los Santos. Antes de penetrar en la visión beatífica, Dios les puso una prueba. Hubo unas fases en la psicología de los ángeles antes de transformarse en demonios. Estas fases no se dieron en el tiempo material, puesto que no existía.

Aún no ocurría el "Big Bang" que daría comienzo al espacio/tiempo/materia/energía. Para los ángeles el tiempo transcurrido subjetivamente fue muy largo. Las fases de transformación de ángel a demonio. Primero les entró la duda: *"¿quizá la desobediencia a la Ley Divina es lo mejor?"* Cometieron su primer pecado en el momento en que aceptaron la posibilidad de que la desobediencia a Dios fuera una opción a considerar. Era un pecado venial que poco a poco fue evolucionando hacia un pecado tan grave que mataría para siempre la amistad con Dios. Al principio, ninguno de ellos estaba dispuesto a alejarse irreversiblemente, ni siquiera los ángeles de mayor rango: Satanás, Luzbel, el Demonio. Pero fue creciendo en sus inteligencias lo que su voluntad había escogido: primero dudar, y luego alejarse. Y esto a pesar del poderoso dictamen de su inteligencia, la cual les recordaba de manera lúcida que tal desobediencia era contra la razón. Sus voluntades se fueron alejando de Dios, y como consecuencia de ello sus inteligencias fueron aceptando como verdadero el Mal que su voluntad había escogido. Fueron consolidándose en el error.

La libérrima voluntad, inclinada por sí misma a desobedecer, se fue afianzando, en una fiera y pertinaz determinación cada vez más profunda, con menores dudas. Su preclara inteligencia iba buscando y encontrando más y más razones para justificar la elección. Y finalmente, tras un largo proceso, muchos de los ángeles llegaron al pecado mortal definitivo, pecado que se dio en un momento concreto, a través de un acto irreversible de la voluntad, que supone la decisión contumaz de no arrepentirse y de no querer ser perdonados, por terribles que pudieran ser los tormentos de la condenación eterna: *"¡No serviam! ¡No te serviré!"*

Llegó un momento en que no sólo no quisieron obedecer, sino que incluso optaron por tener una existencia radicalmente opuesta a la Ley Divina. No era un simple enfriamiento del amor a Dios, sino una decisión formal que consistió en forjarse un destino autónomo, que además implicaba un acto usurpatorio: querer para sí mismos el Trono de Dios.

Quienes perseveraron en esa decisión irreversible, comenzaron un proceso subjetivo para justificar su elección, tratando de auto convencerse de que Dios no era Dios. De que Dios era un espíritu más; que podía ser su Creador, pero que en Él había errores y fallas imperdonables. La existencia lejos de Dios y contra Él aparecía como una existencia mucho más plena y libre.

Porque las normas de Dios, la obediencia a Él y a su Voluntad, aparecían progresivamente como algo demasiado opresor, en extremo pesado e insoportable. Dios era visto ya como un detestable tirano. Liberarse de semejante esclavitud era entonces necesario, digno, justo y saludable. No se conformaban con alcanzar un destino propio lejos de Dios, sino que Dios mismo les parecía un obstáculo detestable en el camino a la libertad. La belleza, la sabiduría, la bondad y la felicidad de su mundo serían mucho más profundas sin un opresor de semejante poder. Reconstruyamos sus diálogos internos, que por otro lado son extraordinariamente parecidos a los de los Hombres que a lo largo de la Historia se han rebelado contra Dios. Bastaría con analizar los escritos de quienes cuestionan, por ejemplo, la autoridad del Papa y se autodefinen como *"Católicas por el Derecho a Disentir"*, o como *"Católico a mi Manera"*:

–*"¿Por qué tenemos que aceptar como Señor a un simple espíritu que pretende estar por encima de los demás?"*
–*"¿Por qué su Voluntad se tiene que imponer sobre la nuestra?"*
–*"¡No somos sus esclavos!"*
–*"¡Ya nos dimos cuenta de la verdad: Dios es el Mal!"*
–*"¡Y comenzamos a odiarlo!"*

JUAN BOSCO ABASCAL CARRANZA

–El Bien Supremo somos nosotros mismos, pues ya nos dimos cuenta de que somos capaces, por nuestro propio poder, por nuestra belleza insuperable y suma sabiduría, de destronar a Dios mismo.

Sin embargo, Dios, siempre amoroso e incondicional, y durante el lapso justo y necesario, no dejó de llamar a estos ángeles para que se volvieran humildemente hacia Él. Sus llamados eran vistos como una intrusión inaceptable. En esta fase, el odio en unos creció más que en otros. Puede sorprendernos que un ángel llegue a odiar a Dios. Pero hay que entender que para ellos Dios ya no era el Bien, sino el obstáculo, la opresión, las cadenas de los mandamientos, la insoportable supresión de la libertad.

Comparemos estas expresiones con las de Sigmund Freud:

"Nada antes del Hombre, nada por encima del Hombre, nada después del Hombre!"... "Sería muy simpático que existiera Dios, que hubiese creado el mundo y fuese una benevolente providencia; que existieran un orden moral en el universo y una vida futura. Es un hecho muy sorprendente el que todo esto sea exactamente lo que nosotros nos sentimos obligados a desear que exista".[21]

En aquella legión de ángeles el odio creció incontenible con la energía de sus voluntades que rechazaban una y otra vez las amorosas llamadas de Dios Padre. El odio es una reacción lógica de una voluntad que desea afianzarse en la decisión de abandonar la casa paterna. Los insistentes llamados del Padre sólo refuerzan en los espíritus soberbios la voluntad de rebeldía, rechazo y odio definitivos. Sin embargo, algunos de los ángeles que se habían alejado, volvieron arrepentidos y se sometieron voluntariamente al primado del Señor. Esta es *"la gran batalla en los cielos"* de la que se habla en Apocalipsis 12: *"Y se entabló un combate en el cielo: Miguel y sus ángeles, luchando contra el Dragón. Y el Dragón y sus ángeles pelearon, mas no tuvieron fuerza suficiente, y no volvieron a encontrar su sitio en el cielo. Fueron expulsados el Gran Dragón, la Serpiente Antigua que se llama Diablo, y el Adversario, que engaña al orbe entero. Fue expulsado a la Tierra, y sus ángeles fueron expulsados con él"*.

¿Cómo es que los ángeles lucharon entre sí? Si no tienen cuerpo: ¿qué armas fueron utilizadas? El ángel es espíritu puro; por lo que el único combate que pueden entablar entre ellos es de tipo estrictamente intelectual. Dios enviaba la Gracia suficiente a cada ángel para que volviera a la fidelidad o se mantuviera en ella. Libremente cada ángel la rechazaba o la aceptaba. Los ángeles fieles atacaban con poderosos argumentos intelectuales a los ángeles rebeldes, incitándolos a que volvieran a la obediencia. Los rebeldes

---

[21]   El Porvenir de una Ilusión. Sigmund Freud.
Se puede bajar el libro completo en: http://www.planetalibro.net/ebooks/eam/ebook_view.php?ebooks_books_id=141

esgrimían sus razones para justificar su postura y para introducir la rebelión entre los fieles. En esta conversación sostenida simultáneamente entre miles de millones de ángeles hubo numerosas bajas por ambos lados: ángeles rebeldes regresaron a la obediencia, y ángeles fieles fueron convencidos con serpeante seducción de los razonamientos malignos. Desarrollemos en términos antropomórficos la gran batalla celestial, sólo para comprenderla mejor. Digamos que: los trucos manipuladores de los ángeles perversos causaron un impacto directo sobre otros espíritus, al trasmitirles una amplia gama de actitudes y estilos de vida centrados en la autocomplacencia. Los ángeles fieles indicaban a sus adversarios cómo debían percibir al Creador y el Cosmos que los rodeaba, y cómo les convenía obrar para construir o modificar su destino e identidad definitivos. Intentaron todo lo imaginable para hacer creer a los otros –con mensajes directos e indirectos– que su decisión, fiel o rebelde, era la mejor posible. El bombardeo de ideas dirigido a estimular a fondo el desordenado "amor propio", en vez del amor a Dios, logró atrapar a muchos ángeles en conductas y actitudes de monumental soberbia satánica. Compraron algo que no necesitaban y que los despeñaría en el abismo de su propia solitaria abyección: la formidable sensación de darse gloria a ellos mismos, como autores de sus propias excelencias. La diabólica euforia generada por la ilusión de la total libertad para sus caprichos, crearon –en lo íntimo de cada ángel infiel– un intensísimo placer intelectual y volitivo.

El hecho de contemplar desde lejos la sola posibilidad de conquistar y disfrutar del Trono de Dios, hizo que muchos ángeles adoptaran las nuevas posturas que, según ellos, les darían como resultado una belleza autogenerada, una inteligencia absoluta, un poder omnímodo y una existencia sin Dios. La felicidad y la perfección no dependerían de la obediencia, sino de la propia rebeldía autosuficiente. Muchos percibieron con suficiente lucidez anticipada su trágico destino, pero la tentación consentida y generada por su soberbia era tan seductora, que sin incitaciones externas decidieron usurpar el lugar y la esencia de Dios, Padre y Creador. Se quedaron con lo único que tenían: un yo aislado, impotente y desdichado por toda la Eternidad.

3) Transformación de los ángeles caídos en demonios. Fue un proceso largo, lento y progresivo, pero irreversible y voluntario. Con el transcurrir del "evo" unos odiaron a Dios más que otros, en distintos grados de soberbia. Cada ángel rebelde fue deformándose más y más, cometiendo cada cual sus propios pecados específicos. A la vez, los ángeles fieles se fueron santificando progresivamente, por su propia decisión, y fueron confirmados por Dios en estado de *"Gracia Santificante"*. Se volvieron incapaces de pecar. Cada ángel se concentró en los distintos aspectos de la Divinidad, y cada cual la amó de modo único y personal. Entre los fieles comenzaron a darse entonces innumerables distinciones, según la intensidad de las virtudes que cada ángel hubiera practicado más, por su propia voluntad de permanecer fieles a la Gracia.

Cada cual se santificó en su propia medida, según la Gracia de Dios y la humilde correspondencia de la libre voluntad. Esto fue válido también para los demonios, pero al revés. Ellos habían recibido de Dios su propia naturaleza, y cada cual la deformó según sus también libérrimas decisiones, extraviadas ellas en la ruta de la Soberbia. La gran batalla celestial terminó cuando cada ángel –santificado o caído– quedó encuadrado dentro de la postura irreversible escogida tras largos conflictos, reflexiones y cambios de decisión. A partir de la decisión final ya sólo se darían cambios accidentales. Cada demonio se mantuvo firme en su pecado personal favorito: imprudencia, celos, odio, envidia, soberbia, egolatría... Podían seguir discutiendo, comunicándose, disputando, exhortándose, durante miles de años –por decirlo así, en términos humanos– pero ya sólo habría cambios accidentales. Fue entonces cuando los ángeles fueron admitidos para siempre ante la presencia divina, y conocerla, poseerla y gozarla para siempre.

A los demonios se les dejó alejarse, abandonados a la situación de aislamiento y postración moral en que cada cual se había voluntariamente colocado. No es que los demonios hayan sido arrojados o confinados en un lugar cerrado lleno de llamas y aparatos de tortura, sino que se les deja como están: se les abandona a su libertad, a su propia voluntad. No hay más tortura ni otra clase de fuego que les puedan atormentar sino el de su propia soledad. No hay cadenas que les amarren sus miembros, porque no los tienen. Tampoco los ángeles fieles entraron en sitio alguno.

Sólo recibieron la Gracia de la Visión Beatífica. Tanto el Cielo de los ángeles, como el Infierno de los demonios son estados existenciales. Cada ángel porta en su interior su propio cielo, esté donde esté. Cada demonio, esté donde esté, lleva dentro de sí la propia infernal eternidad. Los ángeles, una vez que conocen a Dios cara a cara ya no pueden dar marcha atrás, porque ya no existe la posibilidad de elegir. El acto de conocer y poseer a Dios es tan absoluto y definitivo, que es para siempre. El pecado es ya imposible. Antes de ser confirmado en Gracia a partir de su propia decisión, el ángel comprendía a Dios y sabía quién era: santo, omnipotente, sabio, amoroso. Una vez admitido a contemplar su esencia, no sólo lo comprende racionalmente, sino que posee a Dios y pertenece a Él. Así, el pecado llega a ser imposible.

Por el contrario: el Demonio y sus legiones quedan irremisiblemente atados a lo que han escogido desde el momento en que Dios deja de insistir. Deja de enviar gracias de arrepentimiento, porque cada gracia ha sido vencida, afirmándose cada demonio en el odio definitivo. Dios sabe que enviar más gracias sólo sirve para que los rebeldes se afiancen más en el odio. Deja que sus hijos indomables sigan su camino. Que los demonios vivan lejos de Él y contra Él. La irreductible y contumaz rebeldía de la criatura conduce a que finalmente Dios la abandone a los resultados de su propia elección. Abandonada en ese momento crucial, es cuando Dios decide no conceder ninguna gracia más. Los demonios han sido juzgados en cuanto ocurre esa terrible y temible decisión divina, que sólo se da cuando el ángel se ha transformado a sí mismo en demonio, aunque haya sido un proceso lento, gradual e involutivo. Esa fue la celestial batalla angélica ya referida.

El Creador respeta la libertad de cada cual, hasta la fecha. Los demonios son ahora espíritus angélicos deformes, y por ende –usando un término antropomórfico– realmente espantosos. Siguen siendo ángeles, pero el perverso uso de su inteligencia y de su voluntad los ha deformado. En todo lo demás siguen siendo tan ángeles como cuando fueron creados. La soledad interior en la que se encontrarán eternamente, los celos indescriptibles que sufrirán al comprender que los fieles gozan de la visión y la posesión de un Ser Infinito, les llevan a echarse a sí mismos en cara su pecado, una y otra vez. Se odian a sí mismos, odian a Dios, odian a los que les dieron razones para alejarse.

Pero no todos sufren los mismos suplicios ni con la misma intensidad. Algunos se deformaron más que otros. Pero es sólo es una deformidad de la inteligencia y de la voluntad. Así que por favor no los imaginemos con rostros humanos ni portando trinches o envueltos en llamas. Esto, incluso, demuestra que la gente ha sido engañada por figuras tan patéticas que ya no espantan a nadie. El demonio consigue así uno de sus propósitos estratégicos básicos: ***hacernos creer que no existe.*** Su inteligencia está oscurecida por las propias razones con las que cada cual justificó su fuga y su *"liberación respecto del yugo divino".* ***La voluntad impuso a la inteligencia su decisión, y la inteligencia se vio compelida a justificar esa decisión.***

4) Similitud con la deformación del Hombre. Les sucedió lo mismo que nos pasa a los seres humanos: *"**si no vivimos como pensamos, acabamos pensando como vivimos".*** Se puede comprender con relativa facilidad que la aberración satánica tiene una extraordinaria similitud con el proceso de envilecimiento humano. No nos olvidemos que los humanos somos espíritus encarnados.

Si prescindimos de los pecados del cuerpo, ***el proceso interno psicológico que lleva a una persona buena a acabar en la mafia, o de perro guardián en un campo de concentración, o de terrorista, es en sustancia el mismo proceso aceptado y cultivado intencionalmente por los ángeles rebeldes, si bien con algunos atenuantes.*** En esencia, los procesos de tentación y pecado, de involución hacia la propia iniquidad es igual en el espíritu angélico que en el espíritu humano.

Pues los pecados del Hombre son pecados del espíritu, aunque los cometa con el cuerpo. Nunca los elogios a la vanidad hicieron caer a tantos ángeles. Por sí mismos perdieron el contacto con la Realidad Perfecta de Dios. Cuando todo les parecía ser deliciosamente caótico, se dieron cuenta de que en realidad todo lo bueno estaba totalmente roto, deteriorado, destruido. La Soberbia es lo que mejor puede resumir este "modus operandi" de los ángeles caídos: quisieron ser Dios en la satisfacción y el envanecimiento por la contemplación de las propias prendas, con menosprecio de la Divinidad.

Esta fue, ha sido y seguirá siendo la raíz misma del pecado; por lo tanto, de ella misma viene la mayor debilidad, la más profunda e insondable caída. No se trató sólo del orgullo de lo que ellos eran, sino del menosprecio de lo que era "El Otro", nada menos que Dios mismo, su Creador. El ridículo es el elemento más terrible contra el orgullo del soberbio. Por esa razón los tiranos y los poderosos carecen del sentido del humor, sobre todo aplicado a sí mismos: por terror al ridículo. Usando un lenguaje humano podemos decir que el propio Satanás no quiso darse cuenta de su espantoso ridículo *"viéndose frente al espejo"* como Dios.

Tal desmesura es una especie de pasión violenta e insaciable, inspirada por las magníficas excelencias que se creen autogeneradas, y no vistas humildemente como dones recibidos. ¡Igual que en los humanos! La soberbia, en fin, imposibilita la armonía y la convivencia dentro de los ideales humanos; el hecho de que alguien se considere, por así decirlo, al margen de la Humanidad, por encima de ella, que desprecie la humanidad de los demás, *que niegue su vinculación solidaria con la humanidad de los otros, y con un Dios personal, seguramente ese es el pecado esencial.* Porque negar la humanidad de los demás es también negar la humanidad de cada uno de nosotros, y, en consecuencia, negar nuestra propia humanidad. No es cosa perversa –sin traspasar el límite entre la autoestima y la soberbia– que un individuo tenga un ordenado amor por sí mismo.

La soberbia es debilidad y la humildad es fuerza, porque al humilde le apoya todo el mundo, mientras que el soberbio está completamente solo, desfondado por su nada, como los ángeles caídos. Puede ser inteligente, pero no sabio; puede ser astuto, diabólicamente astuto, pero siempre dejará tras sus fechorías cabos sueltos por los que se le podrá identificar.

Es por ello que lo realmente negativo es quien no admite que nadie en ningún campo se le ponga por encima; entonces romperá el equilibrio social y construirá un muro alrededor suya que le aísle del resto del mundo y le deje completamente sólo, o, como bien dice un popular refrán, *"el oro hace soberbios, y la soberbia hace necios". He aquí la Raíz del Mal.*

El Hombre sufre tentaciones lanzadas por otras personas ya corrompidas, y también los ángeles las recibieron de sus semejantes ya rebeldes. Podemos nosotros pecar por la influencia de ciertas estructuras mentales, tales como la patria, el honor de la familia, el bienestar de los hijos, el progreso de sus empresas. El espíritu angélico también tenía detrás de sí grandes construcciones intelectuales que, aunque distintas a las humanas, supondrían un complejo correlato angélico de todo este mundo humano en el que vivimos, sufrimos y gozamos. Sólo tenemos que mirar en nuestro interior para comprender cuán fácilmente podemos caer en el pecado y envilecernos. Es entonces cuando el pecado de los ángeles ya no nos resulta tan incomprensible, porque empieza a parecernos más cercano. Aquí tendríamos que preguntarnos por qué Dios decidió poner a prueba a los espíritus angélicos. ¿Por qué no les concedió la visión beatífica a todos en cuanto los creó? ¿Por qué se arriesgó a que algunos se convirtieran en demonios? Dios podría haber creado espíritus angélicos, y directamente haberles concedido la Gracia de la visión beatífica. Esto era perfectamente posible a su omnipotencia, y no hubiera habido ninguna injusticia en hacerlo. Hubo tres poderosas razones para someterlos a una fase de prueba antes de la visión beatífica.

Primera: Dios tenía que dar a cada ser racional un cierto grado de felicidad. Todos en el cielo poseen a Dios y lo contemplan cara a cara. Sin embargo, nadie puede gozar de Él en un grado infinito, pues eso es imposible para un ser finito. Sólo Dios goza infinitamente. Cada ser finito goza al máximo, sin desear más, pero de un modo finito. Goza finitamente de un Bien Infinito. La comparación que se suele usar para comprender este concepto metafísico es que cada ser racional tiene un vaso, Dios llena ese vaso hasta sus bordes, plenamente. *Cada vaso tiene una medida limitada, determinada.*

Segunda: cada cual determinaría el grado de gloria que gozaría en la Eternidad. Dios ha dejado eso en nuestras manos. Ya que cada uno ha de tener un grado, cosa inevitable, pues que cada uno decida ese grado. ¿El modo? ¡La prueba! Según el amor, la constancia y las demás virtudes que manifestemos en esa prueba, así será el grado de la dicha. Esta es una magnífica disposición de las cosas, una disposición en la que se manifiesta la infinita sabiduría de Dios.

Tercera: el único momento en el que un espíritu puede desarrollar su fe y su amor para con Dios es mientras todavía no lo ve cara a cara. Después, al verlo y poseerlo plenamente, sólo será capaz de gratitud porque ya lo contempla y lo posee. Esa confianza hacia un Dios al cual se le capta sólo parcialmente –incluso desde la noche oscura del alma– es posible sólo antes de la Visión Beatífica. Después ya nunca será posible. Todo será posible, menos eso. Es una virtud que: o se desarrolla antes de la visión facial de la esencia de Dios, o después ya es absolutamente imposible. Por eso la prueba es un don de Dios. Un don para que en nosotros germine y se desarrolle la flor de la Fe con todos sus frutos. Esa flor en nosotros ya no podrá nacer durante toda la Eternidad. *Porque ya no podrá haber fe donde hay visión.* Y detrás de la Fe y como consecuencia de ella vienen las virtudes subsiguientes. Cada ángel desarrollaría unas más y otras menos. Al igual que los humanos. El tiempo de prueba dio la posibilidad de que nacieran y se desarrollaran las virtudes teologales.

Dios, al conceder la libertad, sabe que una vez dada puede encauzarse por sí misma hacia el bien o hacia el mal. Dios puede crear el cosmos como quiera, como desee, según su voluntad, sin ninguna cortapisa, sin ningún límite. Pero el santo no se crea, sino que se hace a sí mismo con la acción de la Gracia. Conceder el don de la libertad a los espíritus supone que puede aparecer una madre Teresa de Calcuta o un Hitler, una Juana de Arco o una Lucrecia Borgia. *Una vez que se concede el regalo de la libertad, se entrega con todas las consecuencias.*

Que aparezca el bien espiritual supone de antemano aceptar la posibilidad de que aparezca el mal espiritual. En el cosmos material no hay ni la más pequeña cantidad de bien espiritual. El bien del cosmos material es sólo un bien material. La glorificación del universo físico al Creador es una glorificación inconsciente. Sólo el bien espiritual es superior, y supone tener que admitir ese riesgo. Por eso la aparición del mal no fue un trastocamiento del plan divino. La posibilidad de la aparición del mal ya formaba parte de los planes divinos antes de la creación de criaturas libres y pensantes.

De todas maneras, la razón más poderosa para conceder tanto a los ángeles como a los humanos el don supremo de la libertad, era que ese era el único modo de obtener el amor de un modo libre. Sin esa prueba, Dios hubiera podido obtener el agradecimiento de los seres a los que hubiera dado un grado de gloria sin pasar por el riesgo de una prueba. Pero Dios es un ser que ama y que quiere ser amado. La libertad, con posibilidad de pecar, era el único modo de obtener ese amor desinteresado e incondicional y heroico, surgido libremente, por decisión propia, aun entre las tinieblas donde habita el que todavía no posee a Dios. Porque el mismo Dios, que puede crear miles de cosmos con sólo un acto de su voluntad, no puede crear ese amor que nace del que es probado en el sufrimiento de la fe. El amor a Dios no se crea, sino que es una donación por parte de la criatura.

Además, muchos me han preguntado: ¿por qué Dios no les retiró la libertad —ni a los demonios ni a los humanos— al ver que comenzaban a pecar? ¿Por qué Dios no retira la libertad en cuanto ve que alguien avanza por el camino del mal? Porque ese ente quedaría para siempre anclado al mal elegido. Dejarlo en libertad es darle la posibilidad de que se arrepienta. Retirarle de la prueba haría que hubiera menos pecados, pero el ángel al que se le niega la libertad en cuanto cae, quedaría petrificado en el mal para siempre. Permitir que siga pecando le da la posibilidad de retroceder, arrepentirse y restituir.

Que quede bien claro: *los demonios son seres espirituales de naturaleza angélica, condenados eternamente por su propia voluntad.* No tienen cuerpo y no existe en su ser ningún tipo de materia sutil, ni nada semejante a la materia. Poseen una existencia de carácter íntegramente espiritual. Dado que no tienen cuerpo, los demonios no sienten inclinación alguna por los pecados que se cometen con el cuerpo: la gula o la lujuria son imposibles para ellos. Pueden tentar a los hombres a pecar en esos modos. No obstante, sólo comprenden esos pecados de un modo intelectual, pues no tienen sentidos corporales. Los pecados de los demonios, por tanto, son exclusivamente espirituales.

Por otra parte, no todos los demonios son iguales, porque cada demonio pecó con una intensidad determinada y en uno o varios pecados en especial. La rebelión tuvo su raíz en la soberbia: de esa raíz común nacieron otros pecados. Esto se ve con gran claridad en los exorcismos: hay demonios que pecan de ira, otros de egolatría, otros más de desesperación o de envidia. Cada demonio tiene su propia psicología, su forma de ser particular.

Digámoslo así: son dueños de una personalidad única e irrepetible, al igual que los seres humanos. Los hay locuaces o despectivos, sarcásticos o soberbios, odiosos o celosos. Y si bien todos se apartaron de Dios, unos son peores que otros.

San Pablo explica que existen nueve jerarquías de ángeles. Las jerarquías superiores son más poderosas, bellas e inteligentes. Cada ángel es completamente distinto de otro ángel. No hay razas de ángeles, sino que cada cual agota su especie. Sin embargo, sí es posible agrupar a los ángeles en distintos grandes grupos o jerarquías. Jerarquías también llamadas coros que cantan las alabanzas a Dios. Su cántico no es con la voz como sonido físico, sino que es la alabanza espiritual al conocer y amar a la Trinidad. De cada una de las nueve jerarquías cayeron ángeles que se deformaron en demonios. Hay demonios que antes de caer eran *"virtudes", "potestades", "serafines"*, etc. Y aunque sean demonios siguen conservando intacto su poder e inteligencia. Según dice la Biblia existen nueve jerarquías angélicas: serafines, querubines, tronos, dominaciones, virtudes, potestades, principados, arcángeles y ángeles. Mucho mayores son las diferencias entre las naturalezas angélicas que entre los seres que existen en los demás reinos creados por Dios.

¿En qué piensan los demonios? Todo ángel caído conserva la inteligencia de su naturaleza angélica. Y con ella sigue conociendo. Conocen e indagan con su mente los mundos material y espiritual, real y conceptual. Saben muy bien que la Filosofía es la más elevada de las ciencias. Conocen que la Teología está por encima de la Filosofía. Odian a Dios. En el conocer encuentran placer, pero también sufrimiento. Sufren cada vez que ese conocimiento les lleva a considerar a Dios. Sin embargo, no están siempre y en cada instante sufriendo. Muchas veces simplemente piensan. Sólo sufren en ciertos momentos, cuando se acuerdan de Dios, cuando se vuelven a hacer conscientes de su miserable estado, cuando les remuerde la conciencia. Unas veces sufren más, otras menos, pues su sufrimiento no es uniforme. La separación respecto de Dios les produce sufrimiento por toda la eternidad. Es el sufrimiento del alejamiento, no es el sufrimiento de una máquina de tormento en acción constante.

¿Cuál es el lenguaje de los demonios? No usan lengua ni idioma para comunicarse entre ellos porque son especies inteligibles: los pensamientos se transmiten entre ellos directamente. Nosotros transmitimos palabras, pero ellos se transmiten directamente el pensamiento en estado puro, sin necesidad de signos. Son razonamientos, imágenes, sentimientos. La transmisión de todo esto es telepática y a voluntad, y se dan diálogos como los que tenemos los hombres.

¿Dónde están los demonios? Ni los condenados ni los demonios están en las coordenadas del espacio. Tampoco se puede decir que están en otra dimensión. ¿Qué significa estar o no estar en una dimensión para un espíritu? Simplemente no están en ningún lugar. Existen, pero no están ni aquí, ni allí. Son, pero no están. Se dice que un demonio está en un sitio cuando actúa en un sitio. Si un demonio está tentando a alguien aquí, se dice que está ahí. Si un demonio posee un cuerpo, se dice que está en ese cuerpo. Pero en realidad no está allí, sino simplemente está actuando allí.

El infierno, el cielo y el purgatorio son estados. Después de la resurrección los cuerpos de los condenados sí estarán en un sitio concreto, y por eso el infierno será un lugar. Los bienaventurados ocuparán lugar. Por eso en Apocalipsis se dice: *"y vi un cielo nuevo y una tierra nueva"*.

Los bienaventurados habitarán en la tierra restaurada tras la destrucción que se narra en el Apocalipsis. Puesto que los bienaventurados habitarán corporalmente en esta tierra ¿dónde estarán los hombres condenados? Nada se puede afirmar con seguridad. Sólo sabemos que sí ocuparán un lugar en el espacio, y sus sufrimientos también serán de orden físico.

¿A qué se dedican los demonios? Se dedican, aparte de odiar a Dios y a sus creaturas, al placer espiritual de hacerles daño a éstas, con la mayor intensidad posible. Una de sus mejores herramientas es el asedio, mediante el cual cercan al hombre, provocándole miedo y desesperanza con todos los mecanismos a su alcance. En algunas ocasiones los exorcistas han comprobado que de manera obsesiva se dedican a atacar a las personas buenas –incluso a los santos– con injurias, daños a su cuerpo o actuando sobre sus sentidos mediante ilusiones o alucinaciones. En no pocos casos se da la "posesión diabólica", que es la ocupación del cuerpo humano mediante la invasión o alteración demoníacas de las facultades físicas. Como veremos más adelante, contra la Posesión Satánica y la Obsesión, la Iglesia Católica usa los exorcismos, generalmente con notable eficacia, por medio de sacerdotes especializados en tan temible y rigurosa disciplina.

También hacen milagros aparentes. Mediante la intrusión mental de falsas creencias, como también a través de la magia negra y el ocultismo –del que haremos un amplio estudio en este libro– los demonios se hacen pasar por sabios muertos o por familiares fallecidos, y por medio del espiritismo dicen que no hay muerte ni juicio divino. Hacen tomar a los seres humanos decisiones irracionales, absurdas e incluso destructivas. En subsiguientes tomos dedicaremos un amplio espacio a la biografía de los personajes que han sido influidos poderosamente en estas luciferinas maneras, sobre todo en México. La más eficaz, frecuente e insidiosa forma de hacer el mal, es la tentación. Consiste en toda manipulación por la cual los demonios –con mala voluntad e inteligencia superior– instigan a los seres humanos al pecado, para que se condenen voluntariamente. Esta es la forma más común y cotidiana de dañarnos. El Demonio, con todo y sus legiones, no puede obligarnos a pecar, pues esto sería pecado de él. Así, lo que le conviene, para expresarnos su odio, es engañarnos sagaz y astutamente para que libremente elijamos el mal bajo sus ropajes de bien útil y deleitable.

Aunque la tentación tiene un inmenso poder sobre nosotros, Dios es fiel –infinitamente bueno y misericordioso– y no permite que seamos tentados más allá de nuestras fuerzas. Esto significa que, al menos potencialmente, todos somos capaces de vencer. Pero también significa que el mal que escogemos, finalmente, es responsabilidad nuestra, por lo que no podemos culpar a Satanás. Pero no conviene olvidar la eficacia maligna. Es necesario conocer sus fuerzas y manipulaciones. No nos conviene perder la confianza en Dios, pues Él se ocupa de darnos la mayor cantidad y calidad de oportunidades posibles para que nos salvemos... voluntariamente. Sus ángeles confirmados en Gracia pelearán contra los demonios, para evitar que nos hagan caer en tentación.

5) La verdadera dimensión de lo real. Ésta se manifiesta también en la existencia del Mal, de lo maligno, destructor, perverso, monstruoso, absurdo, y también de lo diabólico. Esta es una realidad de la experiencia humana, así como también la convicción de que esta maldad no es sólo expresión y consecuencia de la libertad humana, sino que posee una dimensión cósmica. La libertad humana reducida, oscurecida, falseada. Un querubín que blande flameante espada nos cierra el paso del Paraíso. El testimonio bíblico interpreta esta situación con un lenguaje simbólico y mítico, pero con él quiere designar una realidad que difícilmente se puede comprender con puros conceptos. Las afirmaciones metafóricas de la caída de los ángeles reproducen con toda exactitud la dramática situación del hombre. Señalan que tenemos que luchar no sólo contra las personas de carne y hueso, sino también contra los *"Principados y las Potestades"* que representan la rebelión y la resistencia del mundo contra Dios y su orden. Son los poderosos y eficaces enemigos del hombre en muchos campos de la realidad. Pervierten la creación de Dios y tratan de dañar al hombre incluso en lo corporal, hasta conseguir posesionarse de sus fuerzas físicas y psíquicas y enajenarle profundamente de sí mismo mediante la posesión demoníaca. Como *"Príncipe de este Mundo"* y como *"dios"* de este siglo, el Maligno frustra la esperanza y los deseos del hombre, o lo entusiasma con engaños que llegan hasta lo infinito, como lo hizo la Serpiente del Paraíso: "Seréis como Dios". En este sentido, Satanás es *"El Padre de la Mentira",* pues invierte la verdad sobre el hombre, oscurece la diferencia –clara en sí misma– entre el "sí" y el "no", la verdad y la falsedad; y trastorna intencionalmente el orden que Dios dio al mundo. De este modo es para el Hombre el Gran Tentador.

Las fuentes de las tentaciones y sus consecuentes caídas son tres: Demonio, Mundo y Carne. La más terrible, sin duda es la del Demonio, cuya máxima insidia maligna consiste en convencernos de su no existencia. Después está **"el Mundo"**, con sus pompas y circunstancias, seducciones y poderes: Fama, Honores, Placeres, Riquezas y Poder –así, con mayúsculas– sobre todo Poder, ese que ahora se ha dado en llamar "Real Politik" y al que tan afectos son nuestros corruptos "mandatarios", en realidad "Señores Feudales". Sin embargo: ¿quién estaría seguro absolutamente de no corromperse una vez que está trepado en la dorada cúpula del Poder? Otra de las grandes tentaciones surge del "miedo al Mundo", a la sociedad, al *"qué dirán los otros".* Y finalmente está la *"carne",* esto es, nosotros mismos.

San Juan de la Cruz dice que de estas tres tentaciones la más peligrosa es la última. *"Mi rival es mi propio corazón por traicionero".*

Sobre este asunto volveremos ampliamente al analizar una de las consecuencias actuales del Pecado Original: la Ambivalencia. Así que antes de atribuir todas nuestras tentaciones y caídas al Demonio y al Mundo, pensemos en nuestra propia fragilidad, para encontrar la humildad y el discernimiento, que son dones del Espíritu Santo y que pueden preservarnos de la soberbia de confiar demasiado en nosotros mismos.

6) Conclusiones. Entre tantas líneas tétricas se impone una bocanada de atmósfera celeste. Resaltemos la misión de los ángeles, incluso de los caídos. Todos juegan en las relaciones interpersonales de Dios con el Hombre. Los fieles viven la Gracia santificante. Con nosotros son ministros y enviados de Dios; mensajeros que anuncian la Buena Nueva, el Evangelio, la Redención. Personifican el afán perenne de protección y salvación que quiere Dios para nosotros, ***"Pues encomendará a sus ángeles que le guarden en todos tus caminos".*** (Salmos 91,11). Son espíritus enviados para ayudar a aquellos que queremos heredar la Salvación... si así lo decidimos, mediante la propia y voluntaria fidelidad a la Gracia.

San Pablo dice: ***"Todo es para bien de los que aman a Dios".*** Cuando estamos con Dios, incluso el mal contribuye a nuestro bien. San Agustín dice: ***"Dios no habría permitido el mal si no hubiera querido hacer de este mal un bien mayor".*** Hay bienes que la humanidad no habría conocido si no hubiera surgido el pecado, primero el de Luzbel y luego el de los primeros hombres.

A pesar del poder de Luzbel y sus huestes –que *"taparían la luz del sol si pudieran materializarse... y andan a la caza de los hombres como leones rugientes",* dice San Pablo, podemos gozar de la convicción de que Dios da a todo hombre, un **"Ángel de la Guarda"** personal.. Por eso nuestra mayor sabiduría ética consiste en estar alertas ante el embrujo hechicero y adictivo del **"Poder de las Tinieblas",** para evitarlo, eludirlo, correr o rechazarlo. No olvidemos que la pasión y la muerte de Cristo han triunfado para siempre sobre el Demonio. Esto es una certeza. La Fe racional, ilustrada, adulta, reflexiva, responsable, hecha forma de vida, es la victoria sobre el ***"Padre del Pecado y de la Mentira.***

El cristiano, gracias a la fidelidad en la Fe, vence el Maligno, pero nunca de manera colectiva, sino individual: he aquí nuestro espantoso riesgo. La victoria de Cristo no garantiza la nuestra de modo incondicional ni definitivo. La Fe sola no basta: se requieren las obras, particularmente las del amor a Dios por medio del prójimo. Son indispensables los actos de la Caridad: perdonar, pedir perdón, *"amar hasta que duela"*, hacer la paz, solidarizarse, complementarse, intimar, comprometerse, darse uno mismo al prójimo. Llegar a ser capaces de amar al enemigo, y dar la vida por quienes amamos. Tomemos al Demonio muy en serio, pero sin creer que es omnipotente.

Satanás obra por su odio a Dios y su Reino, pero todo ello le es permitido por Quien con potencia y bondad absolutas dirige la Historia sin violar nuestra libertad. Satanás nos causa demasiados daños de naturaleza espiritual, e indirectamente también de tipo físico. Pero él no puede anular la finalidad definitiva a la que tendemos todos los seres humanos y la creación entera: el Bien Honesto, Supremo y Absoluto. Él no puede obstaculizar definitivamente la edificación del Reino de Dios en el cual se realizará la total victoria de la Justicia y del Amor del Padre hacia nosotros, sus hijos.[22]

La violencia no existe por sí sola: está siempre sustentada en la mentira. El Demonio exige de nosotros sumisión a la mentira. Aquí yace precisamente la clave que despreciamos. La más sencilla, la más asequible para nuestra liberación: ¡la no participación personal en la mentira! Cuando los hombres de buena voluntad se apartan de la mentira, ésta sencillamente, deja de existir» [23]

* * *   * * *   * * *

---

[22] Timoteo 2, 10.
[23] Alexander Solzhenitsyn, Premio Nobel de Literatura, 1973.

JUAN BOSCO ABASCAL CARRANZA

CAPÍTULO IV.

La Creación del Género Humano.

"Una vez que el Señor Dios hizo el Cielo y la Tierra, dijo: 'hagamos al Hombre a imagen y semejanza nuestra'; y modeló al Hombre de arcilla de suelo, sopló en su nariz un aliento de vida, y el Hombre se convirtió en un ser vivo". **Génesis 2, 7.**

"...para que domine sobre los peces del mar, sobre las aves del cielo, sobre los ganados y sobre todas las bestias de la tierra y sobre cuantos animales se mueven sobre ella". **Génesis 1, 26.**

"Entonces el Señor Dios hizo caer sobre el hombre un profundo sueño, y cuando este se durmió, tomó una de sus costillas y cerró con carne el lugar vacío. Luego, con la costilla que había sacado del hombre, el Señor Dios formó una mujer y se la presentó al hombre. El hombre exclamó: '¡Esta sí que es hueso de mis huesos y carne de mi carne! Se llamará Mujer, porque ha sido sacada del hombre'. Por eso el hombre deja a su padre y a su madre y se une a su mujer, y los dos llegan a ser una sola carne. Los dos, el hombre y la mujer, estaban desnudos, pero no sentían vergüenza". **Génesis 2, 21-25.**

"...procread, multiplicaos, llenad la tierra, sometedla y dominadla... y les puso en el jardín del Edén para que lo trabajaran y guardaran". **Génesis 1, 28.**

Introducción: para redactar este capítulo he tomado en consideración **dos hechos**: uno, el lamentable estado que guarda hoy la educación en México: un verdadero azote social que parió dos criaturas monstruosas. Primera, la inepta, ignorante, supersticiosa y corrupta casta gobernante; y segunda, los millones de sujetos reclutados y mantenidos impunemente por el Narco Global. Otro azote más: el que ha causado en millones de niños –muchos ya adultos– la poderosa, profundísima y eficaz penetración ideológica de los grandes fraudes *cientificistas/materialistas,* modernos y postmodernos. Me refiero a los supuestos ancestros o antropoides que dizque se convirtieron, por sí solos –sin la intervención intencional de Causa Eficiente alguna–, en seres humanos, como por generación espontánea.

1) Primer hecho: no sólo tanto los maestros como los alumnos mexicanos de casi todos los niveles escolares ocupan los vergonzosos últimos lugares mundiales en calidad académica, sino que además casi toda la población de la hermosa República Mexicana está literalmente anegada en grandes mitos, mentiras históricas, lagunas éticas, supersticiones televisadas hasta la saciedad, fanatismos inconcebibles de todos tipos, y océanos de profunda ignorancia, tanto culpable como invenciblemente.

No me extenderé, por ahora, en el análisis de la corrupción institucionalizada que padecemos ya casi en estado de coma terminal, y que –entre otras fechorías mayúsculas– va desechando a sus grandes capos en la medida en la que dejan de ser útiles al Sistema. Entretanto, los verdaderos cerebros del Crimen Organizado ocupan senadurías, embajadas, secretarías y gubernaturas, además de miles de alcaldías. Muchos, sin duda, también parecen honestos empresarios.

Por otra parte, y a reserva de volver al tema del "darwinismo a la mexicana", analicemos un poco el estado actual de la educación en México, de rancio hedor materialista. Para lo cual vale la pena transcribir aquí algunos de los párrafos de la carta dirigida por el conocido publicista Carlos Alazraki al 70% de los aspirantes a maestros reprobados, el martes 19 de Agosto del 2008. (Fragmentos tomados de "El Universal")

"Maestros: comienzo a entender el porqué de las cosas que nos pasan en México. Ahora entendiendo el porqué de los atrasos de nuestros niños. Por qué países más fregados que nosotros están mucho mejor en materia educativa... Por qué de tanta delincuencia juvenil. Por qué tenemos a tantos salvajes manejando por las ciudades y tantos policías corruptos. Tanta drogadicción en nuestros jóvenes: mucho de lo que nos está pasando... ¡se los debemos a ustedes! ¿Cómo es posible que de 71,000 aspirantes a una plaza en el servicio docente, dos de cada tres candidatos reprobaran? ¿Cómo es posible que de 53,406 aspirantes que salieron graduados de las escuelas Normales, solamente 3 de cada 10 solicitantes aprobaron su examen para una plaza? Y para el colmo de los colmos: ¿cómo es posible que de los 17,648 maestros activos –sin plaza– solamente 7,150 aprobaron? Y que además –como premio– ninguno de los 17,648 maestros activos... ¡haya perdido su trabajo! O sea maestros, burros o no, seguirán dándole clases a nuestros hijos. Maestros reprobados, dándoles clases a nuestros hijos... ¡Qué horror! Es mejor tener una lideresa vitalicia que se la pase grillando todos los días, que abrir a la democracia a su sindicato. Es mejor que los dos sindicatos de maestros sigan peleándose entre sí que analizar de cómo mejorar el nivel de la educación. Maestros reprobados: tengo pavor por el futuro de México, si es que ustedes van a seguir dando clases. Un país tan maravilloso como el nuestro fue desplazado por países más disciplinados y conscientes que nosotros.

"Que México sume fracaso tras fracaso en las competencias mundiales. Todo porque no hay una buena educación. Ni física ni mental. Es aberrante que ustedes... pretendan enseñarles a nuestros hijos cómo triunfar. México no los merece. Sean conscientes de lo que ustedes significan para nuestros hijos y prepárense mejor. Con todos los recursos que tenemos, con toda la información disponible de que disponemos, no es normal que hayan reprobado. Pero en fin:

No es culpa suya nada más... Es culpa de un Sistema que ya se agotó hace 20 años y que el poder no sabe cómo cambiar.
   "Por eso Estamos como Estamos"*...*

Un problema mucho mayor a los que describe este publicista, y que él tampoco parece entender; vamos, ni siquiera sospechar, es la abismal y oculta profundidad de los errores y carencias que él mismo señala. Porque la intención obvia del diseño educativo mexicano es clara: mantener al pueblo en la ignorancia, meta que decretaron los Generales Revolucionarios desde el año 1928, cuando se bajaron del caballo para dejar de matarse entre sí y apoderarse de la Nación entera.

El historiador Don Daniel Cosío Villegas resume con claridad el drama que vivió nuestro movimiento armado: ***"Ha sido la deshonestidad de los gobernantes, más que ninguna otra causa, la que ha rajado el tronco mismo de la Revolución Mexicana".*** Alazraki señala la malignidad del sistema, pero no sospecha de dónde viene y a dónde quiere llegar.

"El Pacto de los Generales" fue el fundamento profundo y secreto de las intencionalmente fallidas "Instituciones Revolucionarias": el Congreso, la Constitución, las Gubernaturas, los Municipios, las Leyes Agrarias, el Sindicalismo, las Secretarías de Estado, todo eso y más se diseñó para: repartir privilegios y territorios, reprimir a disidentes y enemigos, perpetuarse en el poder, utilizar a los ciudadanos, descristianizar al pueblo, fragmentar a la Familia mexicana, asesinar impunemente a los nonatos, traficar con drogas desde la cúpula política, tomar a la Iglesia como rehén... pero sobre todo para mantener a la Nación en la ignorancia más profunda posible, y así resolver los graves problemas de gobernabilidad que ofrecería un pueblo bien educado, libre, consciente y conocedor de su propia historia y de su identidad y raíces cristianas.

Una nación culta e ilustrada no admite oligarquías ni un *"Narcosistema"* como el que hoy nos gobierna, nos manipula y nos mantiene sujetos a todas las formas posibles de subdesarrollo. La peor de todas: la ignorancia sobre nuestro Origen, nuestra Identidad y nuestro Destino. El Sistema, apoyado desde la SEP, ha logrado que la niñez, la juventud, y en general toda la población mexicana ignore –y ni siquiera se cuestione– sobre los "novísimos", ni sobre los "trascendentales del ser". Es esta una obra "domesticadora" ejecutada de manera casi perfecta desde los entretelones del Poder Real que se apoderó de México desde el parricidio cometido contra el Libertador Agustín de Iturbide. Así que, con el ánimo de arrojar un poco de luz en medio de la oscuridad que nos agobia, dedico este capítulo para los lectores de buena fe que quieran sacudirse un poco el marasmo narcotizante que nos ha sido impuesto desde la impunidad perfecta de las más altas esferas.

2) Segundo hecho: el estrago intelectual y social que ha causado el materialismo extremo, revestido de "ciencia", dentro del cual ha sido troquelada la niñez mexicana al menos durante los últimos ochenta años. Una gran mayoría de la población cree, sin posibilidad alguna de realizar juicios críticos o romper paradigmas, en los grandes fraudes "científicos" sobre el origen del Hombre. Todos hemos visto, en los libros de texto "gratuitos", los retratos de los seres que, según eminencias científicas, son monos evolucionados en personas, sin alma racional ni destino trascendente. Las autoridades educativas nos hacen creer que desde el antropoide "hombre-mono" llegan a su forma y esencia humana actuales gracias a su propia capacidad evolutiva adquirida espontáneamente *porque los genes son muy sabios*. Hemos visto retratos y exhibiciones darwinistas en los museos de todas las ciudades mexicanas.

Los pseudocientíficos –y también uno que otro ingenuo de buena fe– han reconstruido familias enteras de antropoides y hombres-monos, y pretenden demostrarnos que el Hombre, finalmente, evolucionó por sí solo, sin Causa Eficiente alguna, hasta ser y estar como hoy es y está.

Quienes no creemos en estos dogmas "religiosos", dicen ellos, o estamos "tapados de la cabeza", o sólo por capricho nos negamos a aceptar "las evidencias" que ellos nos proporcionan para que podamos creer en la evolución absoluta de la humanidad a partir de la nada. Hoy en día, casi toda la población cree de buena fe que el mono por sí mismo se convirtió en humano, que no somos sino materia sin espíritu, que no hay Dios ni propósito inteligente en la creación ni en el surgimiento de la vida, y que la educación *"será laica y gratuita"*.

Pero ni es laica ni es gratuita: es atea, en el más profundo de los sentidos de esta palabra; y no es gratuita, sino tan costosa que parece que ya no hay manera de pagarle a alguien que de verdad nos ayude a superar nuestras cuasi infinitas carencias en todas las áreas del conocimiento y la ciencia.

Dentro de mi posición –racional, filosófica y científicamente fundada–, observo cuando menos cuatro posturas que hay que distinguir –y que por lo pronto sólo enumero sin mayor análisis:

Primera, la llamada **"Creacionismo"**, que de manera por demás ingenua y simplista sostiene que, tal como lo narra el Génesis, Dios hizo el universo en seis días de 24 horas y al séptimo descansó.

Segunda: la **"Teoría de la Evolución"**, que sin recurrir a falsificaciones ni sesgos ideosóficos, pretende encontrar la verdad científica con relación a la increíble variedad de los seres vivos y su posible relación evolutiva entre sí, incluyendo el cuerpo humano.

Tercera: el **"Evolucionismo Materialista"**, propiamente darwinismo o neodarwinismo, que invade campos que no le corresponden y expulsa los más elementales criterios filosóficos –y por lo tanto científicos– para imponernos una idea obsesiva: que *"esto ha evolucionado, esto ha evolucionado..."* aunque no lo pueda demostrar.

Cuarta: la postura que se rinde a la evidencia del **"Propósito Inteligente"** de la Creación, sin excluir la posibilidad de que la Evolución pueda contener muchos sucesos que para nosotros son casuales o aleatorios, pero que para Dios caen dentro de su Plan.

El "dogma darwinista" –en extremo evolucionista/materialista–, no es la *"Teoría de la Evolución"*, pues ésta acepta las aportaciones de la Filosofía, la Teología y la Revelación Cristianas. Existen hoy innumerables científicos que de manera intencional no sólo no excluyen a Dios, sino que lo contemplan como autor mismo de la Evolución –en el caso de que ésta exista.[24] Porque no es propiamente la *"teoría de la evolución"* la que ha hecho presa de la mentalidad actual.

Lo que observamos más bien es un materialismo a ultranza –anticientífico, antiteológico y antifilosófico– que en México encandila y corrompe a nuestra niñez desde hace ocho décadas, cuando menos. Con su flamante oropel, desde el espejismo de una pretendida "Ciencia Pura" –que en realidad sólo es materialismo dialéctico–, el fervor postmoderno ha encontrado en el darwinismo extremo un sucedáneo para la fe y un paliativo para la pérdida de su perspectiva trascendente.

La ilusión adictiva por la hipotética evolución espontánea –sin Causa Eficiente– ha sido el narcótico utilizado con mayor frecuencia para suplantar a Dios, constituyéndose a priori en dogma de fe, a pesar de que los creyentes del método científico alegan huir de los dogmas como de los virus. El **"evolucionismo darwinista absoluto"**, al menos como se cree en México, –y que se troquela en la mente de millones de niños que perderán su inocencia al comenzar a militar en el Narcotráfico y la Narcopolítica, gracias a su ateísmo postmoderno– es una ocurrencia bastante ingenua, aunque presuma de tener postizos mostachos de aparente seriedad.

Digo *"ingenua"* por su ignorancia de la realidad metafísica y por su auto limitado sentido de percepción realista. Desde la época de Darwin, sobre todo, muchos científicos han escogido mutilar su porción más sublime: la capacidad natural para conocer y reconocer a Dios a la luz natural de la razón, sin entrar en un artificioso combate contra la Fe Revelada.

No peleo contra la verdad ni contra los hechos: así que cuando quede demostrada la teoría de la evolución como un hecho incontrovertible, no sólo "creeré" en ella, sino que estaré racionalmente convencido de su objetividad. Por ahora, como a casi todos los científicos serios, tal teoría sólo me causa dudas y preguntas. Y esto también es un hecho: que una

---

[24]   Se puede leer al final de este tomo un "Listado de Científicos disidentes respecto del darwinismo". **Declaración conjunta:** "Nosotros somos escépticos ante las posturas ideológicas que presentan como factible la capacidad de las mutaciones al azar y de la selección natural para explicar la complejidad de la vida. Un cuidadoso examen de las pretendidas evidencias de la Teoría Darwinista debe ser fuertemente recomendado. **La lista fue publicada en abril del 2008. Los científicos están listados por su grado doctoral o su posición académica actual.**

teoría es solamente teoría, una hipótesis es sólo una hipótesis, y un adivinar es un adivinar. También un fraude es un fraude.

Un pseudocientífico al crear su teoría puede ser tan ciego como el más supersticioso y fanático animista. En muchos casos, en nombre de la tal "ciencia," han echado sobre nosotros algunos de los más grandes e increíbles engaños en la historia de la humanidad. A reserva de realizar una crítica filosófica y científica sobre el darwinismo y el neodarwinismo, comenzaré por exhibir algunos de los más importantes fraudes científicos que pretenden sustentar el evolucionismo materialista.

Y por supuesto: atacaré de lleno otro error fundamental, si bien éste es más propio de la cultura protestante y yanqui que de la mexicana. Me refiero al ingenuo "Creacionismo", que pretende enseñar como un hecho científico e histórico la creación del Cosmos y del Hombre tal y como lo hace la Biblia: literalmente, sin considerar siquiera el lenguaje hiperbólico, parabólico y simbólico que caracteriza a las Sagradas Escrituras.

2.1) Supuestas "evidencias" evolucionistas. La lista que a continuación presento ha sido fabricada por la imaginación, el temor y la hipocresía. Con nada real en qué apoyarse, estos fraudes aún se presentan al mundo entero como si fueran "hechos científicamente indudables". Grandes reputaciones científicas se usan para promover engaños y trucos que le darían envidia al mismo gran mago e ilusionista David Coperfield.

No pretendo atacar los descubrimientos reales, que por supuesto existen, y que de alguna forma mantienen como plausible la "teoría de la evolución", sin que tal teoría haya podido pasar realmente al plano de axioma o cosa juzgada definitivamente. Muchos de los "hombres-mono" que hoy se presentan como "los ancestros de la humanidad", han sido nombrados por los lugares donde supuestamente fueron descubiertos. La lista que analizaré brevemente, por fraudulenta, contiene los siguientes "antepasados": los Hombres de Nebraska, Java, Pekín, Heidelberg y Piltdown.

A) El hombre más antiguo es el de Nebraska –"*Hesperopithecus Haroldcookii*". **"*Hesperos*"** es la palabra griega para "occidental," y **"*Pithecus*"** es la palabra griega para "mono." Sir Harold Cook declaró haber "descubierto" este fósil famoso. Se escribió mucha literatura sobre esta raza de fósil de Norteamérica. Se le estimaba una edad un millón de años.

¿Qué fue lo que en realidad descubrió el Harold Cook en el Estado de Nebraska? Un diente, el cual fue examinado por los grandes científicos de los Estados Unidos. Concluyeron que era una muestra positiva de una raza prehistórica en América, y que, sin duda, el "Hombre de Nebraska" había vivido ahí desde hacía un millón de años. Otra eminencia: Sir Grafton Elliott Smith, persuadió al editor del diario inglés "*Illustrated London News*" para que enviara a un ilustre periodista a aprender de aquella extinta raza ancestral de la humanidad, y para escribir una serie de artículos en el periódico. Se publicaron dibujos de sujetos masculinos y femeninos de esta raza fósil, mas no perdamos de vista que tales retratos, publicados en la portada del *"Illustrated London News"*, se pintaron basados tan sólo en un diente. Entonces el Doctor William K. Gregory, curador en jefe del *"American Museum of Natural History"*, y catedrático de paleontología en la Universidad de Columbia, lo llamó, **"el diente de un millón de dólares,"** y dijo que pertenecía a un ser humano de tal antigüedad, que un millón de años era una estimación conservadora.

Y llegó lo inesperado: el **"Juicio de Scopes"** contra la teoría de la evolución, celebrado en Dayton, Tennessee, donde el Doctor William Jennings Bryan, escéptico, fue atacado por un enorme grupo de grandes autoridades científicas, dirigidas por el Doctor Newman de la Universidad de Chicago. Entre las "evidencias" de la evolución que el Dr. Newman y sus colegas presentaron para demostrar su autenticidad, estaba el diente y los dibujos del *"Hombre de Nebraska"*. Bryan, honesta y asertivamente, sólo señaló que la evidencia era muy limitada como para basar sobre ella tan grandes conclusiones. Pidió más tiempo y más información.

Los expertos se burlaron, se rieron de él, y le hicieron bromas sarcásticas. Los más grandes científicos –¿*creían realmente*?– que el **"Hombre de Nebraska"** tenía un millón de años. El *"Juicio de Scopes"* acabó y después Bryan murió, mas la historia no terminaría así. Porque en 1927, dos años después del famoso juicio, varios investigadores descubrieron el esqueleto cuyo diente pasaba por pertenecer al famoso antropoide. Entonces se reveló que el diente pertenecía a un cerdo extinguido en los Estados Unidos, pero que antes se hallaba por todas partes del continente americano. Los que se reían de Bryan habían inventado una raza entera –con un millón de años de antigüedad– a partir del diente de un cerdo. El *"Hombre Nebraska"*: uno de los grandes engaños de los antropólogos materialistas al servicio del Sistema dominante.

Después hubo otro *"gran descubrimiento científico"* al que se llamó *"El Hombre del Sudoeste de Colorado"*. Se ha revelado ya que este nuevo *"descubrimiento"* fue construido a partir del diente de un caballo. ***"Danos un diente... –****dicen humorísticamente los expertos escépticos– **y crearemos una raza entera de la humanidad"**.

B) "Pithecanthropus Erectus" o "El Hombre Mono de Java". Es el más famoso de los antropoides que supuestamente es nuestro antecesor: el "Hombre Mono de Java", mejor conocido como "Pithecus" es la palabra griega para "hombre". "Erectus" significa "de pie". En 1981 el Doctor Eugene Dubois, gran evolucionista, halló en la parte central de esa isla un pequeño pedazo de calavera, un pedazo de fósil del hueso de pierna, y una muela. Tales piezas no se hallaron al mismo tiempo todas juntas, sino dispersas, en un río tropical lleno de basura y huesos fósiles de animales extinguidos. Los evolucionistas dijeron que la criatura había vivido hacía setecientos mil años.

El Doctor Sir Francis Stuart Chapin, en su libro **"Social Evolution"** –Century Company, 1913– escribió: "Tuve la suerte que las partes más distintas del marco humano se habían conservado, porque de estos especímenes pudimos reconstruir el ser entero. Este hombre estaba entre el antropoide y el hombre que existe hoy." En palabras comunes el Dr. Chapin llamó al **"Hombre Mono de Java"** un eslabón perdido entre el hombre y el mono, entre los seres humanos y los antropoides. Desde el principio diversos científicos tuvieron choques y diferencias respecto a tales huesos. Algunos dijeron que eran de hombre, otros que de un mono, y otros que eran restos de un gorila. Un experto escribió: *"Poco después de este descubrimiento, veinticuatro de los científicos principales de Europa se reunieron. Diez dijeron que los huesos eran de un mono; siete que de hombre; y siete que de un eslabón perdido."*

El profesor Virchow de Berlín dijo: *"No hay evidencia de que todos esos huesos son partes de la misma criatura."* Aun H. G. Wells, el famoso novelista, que creía en la evolución admitía que esos huesos eran de un mono, o de más de dos.

Y finalmente, el Dr. Dubois mismo, el que descubrió y los identificó como *"el eslabón perdido",* retiró honestamente su opinión, y explicó abiertamente su nueva y definitiva conclusión: que los huesos eran de algún mono gibón –un tipo común de simio de la actualidad.

Esa fue la base del *"Pithecanthropus Erectus"* hallado en los museos y los libros que dicen describir la evolución del hombre, y que aún están en los libros de texto de los niños y jóvenes mexicanos y de otras partes del mundo. Poco después comenzó la búsqueda por otro "Pithecanthropus" en Java. El artículo sobre este segundo antropoide decía:

> *"La Calavera Perfecta del Hombre Prehistórico, el Eslabón Perdido. El Profesor Heberlein, del Servicio Médico del Gobierno de Holanda ha descubierto en Trinal, en Java Central, una calavera completa de una criatura semejante a un simio que algunos llaman 'el eslabón perdido' y la ciencia lo llama 'Pithecanthropus Erectus'. El hallazgo del Profesor Heberlein que está completo y bien, y estará en la India Holandesa del Este, ya que el transporte de tales reliquias está prohibido."*

¿Qué cosa era en verdad este maravilloso descubrimiento? Resultó, finalmente, ser la rodilla de un elefante antediluviano. Otro de los engaños de los antropólogos cautivos por el Sistema.

C) El Hombre de Heidelberg. Un "hombre-mono" que se exhibe en museos y ha sido retratado en libros de biología se conoce como el *"Hombre Heidelberg"*. Este tal llamado *"hombre temprano"* fue reconstruido a partir de una mandíbula que el Her Profesor y Doctor Schoetensack dijo haber encontrado en Heidelberg, Alemania. Al principio se dijo que tenía setecientos mil años. Luego dijeron que no, que sólo tenía trescientos setenta y cinco mil años. Cualquier cifra bastaba para realizar el engaño, pues al efecto alguna era tan buena como cualquiera otra.

Esta mandíbula también causó hondas divisiones entre los antropólogos. Algunos dijeron que era un eslabón que conectaba al hombre con los monos. Otros que no servía de nada. Uno de los científicos dijo: **"Estos restos no muestran ningún trazo de estar entre el hombre y el mono antropoide."** Otro científico dijo que se parecía más a la calavera del esquimal moderno. Otro científico dijo que **"puedes ir a cualquier ciudad y hallar a alguien con la misma forma de mandíbula que el 'Hombre Heidelberg'."** Finalmente llegó la evidencia: todo aquello era una simple y fraudulenta creación artesanal hecha de yeso, que pretendía haber reconstruido, a partir de un pedazo de mandíbula, el cuerpo *"como de simio"*, pero que se había inventado por pura imaginación. Se le había colocado ya en muchos museos con esta leyenda: **"Este descubrimiento prueba la evolución del hombre."** Otro engaño: el "Hombre de Heidelberg" era sólo una mala obra de arte contemporáneo.

D) "El Hombre de Piltdown". La siguiente "muestra" más famosa de la teoría de la evolución es el *"Hombre Piltdown"*. En 1912 un experto en fósiles llamado Sir Charles Dawson llevó unos huesos e implementos primitivos al Doctor Sir Arthur Smith Woodward, un muy reconocido paleontólogo del "Museo Inglés". Dawson dijo que había descubierto los huesos en un lugar denominado Piltdown, al sur de Inglaterra.

Llevó un pedazo de mandíbula, dos muelas y un pedazo de calavera. Los expertos y prosopopéyicos antropólogos dijeron que aquellas piezas maravillosas posiblemente tenían ya una edad de un millón de años. Se derramaron ríos de tinta sobre el *"Hombre de Piltdown"*, de cuyos pedazos se hicieron figuras de yeso del cuerpo entero y bellos retratos para los libros de biología de todos los niños del Planeta. En la *"Enciclopedia Británica"* se llamó al *"Hombre Piltdown"* **"segundo en importancia"**, comparándolo con el fraudulento **"Pithecanthropus Erectus"**.

El Doctor Sir Henry Fairfield Osborn, famoso paleontólogo del *"Museo Americano de Historia Natural"*, dijo que *"El Hombre Piltdown"* era **"incuestionablemente de edad más alta y parece ser de mucho mayor edad geológica que el Pithecanthropus, el Hombre-Mono Trinal."**

Estuvo en exhibición durante 14 años en el museo británico, engañando a los ilustrados que creían sin examinar. El sacerdote jesuita y antropólogo Theilhard de Chardin, declarado hereje por la Iglesia e inventor de una "nueva religión", estuvo investigando acuciosa y reverencialmente a este *"Hombre de Piltdown"*, hasta el año de 1953.

Entonces, súbita y vergonzosamente, el engaño fue descubierto: en la edición de Octubre de 1956 de la revista *"Reader's Digest"* se resumió un artículo de **"Popular Science Monthly"** –*"La Ciencia Popular Moderna"*– titulado **"El Gran Engaño de Piltdown"**. La denuncia de hechos era fulminante: el sagrado fósil había sido "reconstruido" a partir de un cráneo, una quijada y algunos dientes. Los culpables fueron un par de honestos científicos aguafiestas: John Wimer y Samuel Oakley, quienes examinando el "fósil" minuciosamente, hallaron que el tal cráneo era de un hombre moderno, y la quijada –tratada con bicromato de potasio y sal de hierro para darle aspecto fosilizado– pertenecía a un gorila moderno. Los dientes habían sido limados para darles semejanza con los de un mono.

Así se había "creado" al "**Hombre Piltdown**" para ponerlo en el "Museo Británico" y tomarles el pelo a los incautos. También incluyeron su retrato en los libros que los niños de todo el mundo estudiaron por varias generaciones usaron para realizar arduas tareas escolares. Fue este uno de los engaños creados artificialmente que se usaron contra el Doctor Bryan en el "Juicio de Scopes". Un engaño más. La pregunta que viene a mi mente es muy simple: ¿por qué inventan estos "científicos" tamaños fraudes? Yo creo que la respuesta es más simple aún que mi pregunta: recurren a estos engaños porque no hay pruebas científicas verdaderas de que el hombre haya evolucionó por sí mismo a partir de seres inferiores. Así, sin pena pero con gloria, yo prefiero quedarme con las palabras del Libro del Génesis: *"Y creó Dios al Hombre"*. (Génesis, 1:27).[25]

E) Miscelánea de mitos: los evolucionistas suponen el origen del hombre a partir de la edad del hielo. Su "fe" se cimienta en el hallazgo de restos fósiles entre los cuales no se ha encontrado todavía un cráneo –con su esqueleto completo– del supuesto hombre mono o eslabón perdido. De manera que la base del argumento es de una fragilidad extremada. Los dibujos artísticos, llamados "reconstrucciones científicas" –como las ya expuestas–, no son más que imaginaciones desbocadas. De hecho, se han "reconstruido" muchas y muy variadas máscaras contradictorias con base en un mismo pedazo de supuesto fósil. La vergonzosa realidad permanece oculta al estudiante típico y cautivo del Sistema, porque él sólo puede ingerir ingenuamente las fábulas evolucionistas. Citamos aquí otros mitos:

"Propliopitecus". Varios evolucionistas lo clasifican como un simple mono gibón. Solo hay de él unos fragmentos en Egipto, y ya no es hora de pretender seguir asignándole treinta millones de años. Se presenta como más "reciente" que el mimo "Ramapitecus" hallado en Siwalik, nordeste italiano, semejante a un chimpancé pequeño, ágil e ingenioso como los actuales. Ya no es aceptado por varios evolucionistas como perteneciente a la línea del ser humano. Sin embargo, esta noticia no ha llegado a los museos, que siguen vendiendo basura, ni a las escuelas mexicanas, en las que los "maestros" engolan la voz cuando apenas pueden pronunciar nombres tan fantásticos como pomposos.

"Driopitecus". De los fragmentos fósiles hallados en África y Eurasia se dice que son también más recientes que el "Ramapitecus", invirtiéndose así

---

[25] "**I Know the Bible is True**", por B. B. McKinney, 1886-1952. Versión simplificada del sermón del Dr. W. A. Criswell *"The Hoaxes of Anthropology"*.
http://rlhymers.com/Online_Sermons_Spanish/2007/071507AM_HoaxesOfAnthropologyG3.html

la supuesta cadena evolutiva. Para poder explicar el paso de "Propliopitecus" a "Driopitecus" estos novelistas de la ciencia tienen necesidad de imaginar once millones de años. Después del "Driopitecus" admiten una "laguna en blanco" en el registro fósil de unos fantasiosos nueve millones de años. Y cuán inseguro es todo esto, teniendo en cuenta la gran variedad de accidentes geológicos ocasionados en los eventos catastróficos sucesivos ya comprobados.

"Australopitecus". Supuestamente fue "descubierto" por Ramón A. Dart. Su "registro fósil" está excesivamente distanciado del "Ramapitecus" del cual se pretende evolucionó. El evolucionista Le Gross Clark afirma que no hay ninguna evidencia de que el "Australopitecus" poseyera atributos especiales asociados al hombre, y por lo tanto usa con reservas la palabra "homo" para el Australopitecus. Las supuestas evidencias de uso del fuego presentadas por Ramón A. Dart no soportaron el análisis crítico. Oakley y Washburn concluyeron que los huesos de Australopitecus en las cavernas eran restos devorados por carnívoros y hienas. También los evolucionistas R. L. Lehrman y Ashley Montagh dicen del "Australopitecus" que no es "homo" sino igual a cualquier mono. J. T. Robinson halló en Sterfonten, Sudáfrica, muchos artefactos de piedra perfectamente atribuibles al hombre en las mismas acumulaciones donde se halló el supuesto "Australopitecus"; de manera que tampoco en este caso se presenta lógica y eslabonada la cadena. El "hombre en estratos" del "Australopitecus" descalifica a este mono como su remoto antecesor.

"Zinjantropus" o supuesto "homo habilis", imaginado como "el hombre primitivo del África", fue "hallado" por L. 0. Leakey.

El Dr. Robinson lo clasificó como simple "Australopitecus". Se trataba de un cráneo. En 1959 fue sometido a distintos métodos para calcular el tiempo, dando diferentes edades dentro de un abanico demasiado extendido. Huesos de mamíferos hallados en el mismo sitio donde Leakey halló su cráneo no tenían más de diez mil años, según el carbono 14.

Huesos del Valle del Omo, Etiopía, que se decían más antiguos al hallado por Leakey no pasaron por carbono 14 la barrera de los 15000 años. En 1972 Leakey admitió que el cráneo era el de un mono. El profesor de ingeniería nuclear, Dr. Whitelaw, aseguró que el "homo habilis cascanueces" tenía menos de siete mil años. ¿Cómo entonces atribuirlo a la supuesta ascendencia humana?

Los **"Fósiles de Hungría"**, y los hombres de **"Swascombe"** y de **"Kanjera"** en África, son también clasificados ya como seres humanos antiguos y contemporáneos en el tiempo cósmico. Los hombres de **"Pekín"**, **"Calais"** y **"Tanganika"** son otros inventos desechados por la enciclopedia americana al considerarlos como simples changos. Del **"Hombre de Pekín"**: misteriosamente han desaparecido las evidencias, sin que se sepa del todo bien por qué. **"Hombre de Rhodesia"**: fue examinado con un esfuerzo internacional y el examen por carbono 14 no le asigna más de 9000 años.

Menos años les fueron asignados a los huesos de **"Thamesville y Catham"**, de Ontario, Canadá.

"Hombre de Neanderthal". El Doctor Cave sostuvo en un congreso internacional de zoología en 1958 que el examen cuidadoso del esqueleto del Neanderthal hallado en Francia resultó ser el de un anciano artrítico. También la revista científica *"Harper's"* reconoce al Neanderthal como artrítico, y no como seres doblados, brutales o mal desarrollados, como se decía antes, por ignorancia o por mala fe. Se le aplicó carbono 14 y no pasó la barrera de los 40,000 años. Otros ejemplares otros no pasaron de los 32,000. El *"Times Magazin"* del 19 de marzo de 1961 publicó un artículo que reconocía en el *"Neanderthal"* una estatura mayor que la del hombre promedio normal. La *"Enciclopedia Mundial"* de 1966 lo describe como humano, erecto y muscular, de cerebro igual al hombre común, y según los antropólogos Lissmer y Stewart era de rasgos faciales semejantes a los nuestros. El *"Neanderthal"* es contemporáneo del *"Cromagnon"*, hombre europeo superior al hombre moderno en estatura y cráneo.

El colmo: a un molusco vivo se le aplicó la prueba carbono 14 y pudo datarse su "muerte" hacia 3000 años. También los boscopoides de Sudáfrica, según Eiseley, no pueden tener más de 10,000 años, y reflejan características, según J. Jauncey, superiores a las del hombre moderno. *¿Cómo puede entonces suponerse que el hombre evolucionó de ellos? ¿Cómo fiarse de tales medidas, métodos y exageraciones?* Los primeros evolucionistas ponían al hombre actual como descendiente directo de los hombres de **Java, Pekín, Neanderthal y Rhodesia**, pero no sé si por una razón ética, o por contar con mejores herramientas, los evolucionistas modernos afirman que no están en la línea ancestral de humanos actuales. Y es que se han hallado fósiles de hombres modernos en los mismos estratos y aun en estratos más tempranos que el de los fósiles *"prehistóricos"* de Java, Rhodesia y Neanderthal. ¡Y siguen buscando el eslabón perdido!

Conclusión. Ante tantos fraudes, sumados a las numerosas contradicciones e imprecisiones, nos quedamos con la certeza de que nadie, hasta la fecha, ha podido demostrar de manera fehaciente el fantástico dislate de que *"venimos del Mono"*. Vemos que *"el árbol genealógico"* de nuestros *"ancestros simiescos"* está hecho trizas. Le dan forma sólo el deseo fraudulento, las sectas anticatólicas, la falta de rigor científico, y la complicitaria imaginación desbocada de casi todos los evolucionistas típicos. No ha habido tiempo para nuestra "evolución".

Desde el Primer Hombre, sin importar su muy discutible e incierta antigüedad, fuimos humanos, enteramente personas pensantes y libres, provenientes de una sola pareja inicial. Los supuestos antepasados simiescos, homínidos o antropoides, no son más que conjeturas forzadas o fraudes ya descubiertos. Aparecemos como una creación especial, superior, única. Y si esto no es así, exigimos que quienes tienen recursos de sobra lo demuestren científicamente, de manera irrefutable, sin "ideosofías" delirantes como base. **Por mi parte pienso que la Iglesia seguirá sentada en las puertas del atrio, viendo pasar los cadáveres de sus enemigos... y orando por ellos.**

Sin embargo, se impone una restricción que a la vez es una posibilidad grandiosa: no repugna a la inteligencia ni se opone radicalmente a la Revelación, que *"en alguna etapa de la evolución, cuando los 'protohumanos' estaban suficientemente avanzados, Dios haya creado el alma humana"*. Esta tesis la sostienen muchos científicos, entre otros el doctor Garnham,[26] profesor de Protozoología Médica de la Universidad de Londres, quien afirma que entender correctamente significa admitir que las dimensiones espirituales de la persona humana exigen una intervención especial por parte de Dios, una creación inmediata del alma espiritual; pero se trata de unas dimensiones y de una acción que, por principio, caen fuera del objeto directo de la ciencia natural y no la contradicen en modo alguno.

3) ¿De dónde venimos los seres humanos? Todos los hombres descendemos de un solo varón y de una sola mujer, convicción a la que incluso ha llegado la ciencia actual, con la ayuda de los descubrimientos sobre el *genoma humano.* Según los conocimientos actuales sobre genética, la **"Eva Mitocondrial"** o **"Madre Común del Género Humano"** fue una mujer africana. Por supuesto: esta mujer es plenamente humana, y no es un simio irracional. Ella es el ancestro femenino común más reciente, pues poseía las mitocondrias de las cuales descienden todas las mitocondrias de la población humana actual. Por ello, al seguir la línea genealógica por vía materna de cada persona en el árbol genealógico de toda la humanidad, la *"Eva Mitocondrial"* corresponde a un único antepasado femenino del cual desciende toda la población actual de "Homo Sapiens".

A pesar de las técnicas basadas en el "reloj molecular" los investigadores no han logrado un acuerdo consistente y definitivo sobre la época en la cual esta mujer vivió. Una comparación del **"ADN mitocondrial"** de distintas etnias colocadas en diferentes regiones, demuestra que todas las secuencias de dicho ADN tienen su envoltura molecular en una secuencia ancestral común.

Es así que el genoma mitocondrial sólo se puede obtener de la madre, luego todos los humanos descendemos en última instancia de una sola mujer.

---

[26] El profesor P. C. C. Garnham es médico de la Universidad de Londres y Doctor en Ciencias de la misma universidad. Por su trabajo académico ha recibido el Premio y la Medalla Darling (1951), la Medalla Bernardt Noct (1957), la Condecoración y la Medalla Gaspar Vianna (1962) y la Medalla Manson (1964). Ha escrito alrededor de 400 artículos científicos y actualmente es profesor emérito de Protozoología Médica de la Universidad de Londres en Inglaterra. (Margenau, H. y A. Varghese. 1992. Cosmos, bios, theos. Open Court. Chicago and La Salle, Illinois).

Esto, muy lamentable y vergonzoso para Charles Darwin –uno de los "científicos" más fraudulentos de la historia– es un hecho: al heredar por vía materna las mitocondrias humanas, **no simiescas,** podemos deducir las "matrilíneas" del ser humano hasta sus orígenes reales. Lo demás es mitología "ideosofía" y sofista. Las migraciones humanas en todo el mundo, según los datos del ADN mitocondrial, tienen una sola madre común, sin importar raza, lengua, religión, cultura, formas corporales u otros factores accidentales y ambientales. Así pues: hoy conocemos muy bien a esta Eva gracias al genoma humano contenido en las mitocondrias –orgánulo presente en todas las células– que sólo se pasan de la madre a la prole.

Cada mitocondria contiene ADN mitocondrial, y la comparación de las secuencias de este ADN revela una filogenia molecular. La "Eva Mitocondrial" recibe su nombre de la Eva a la que se refiere el libro del Génesis en la Biblia. Sólo ella produjo una línea completa de hijas hasta nuestros tiempos, por lo cual es el ancestro femenino del cual proviene toda la población humana actual. Más aún: el fundamento científico que nos permite conocer el linaje de la **"Eva Mitocondrial"**, es que al revisar el árbol genealógico de todos los seres humanos que vivimos en la actualidad, a través de la genética, nos permite seguir una línea de cada individuo hasta su madre. Si estas líneas se continúan desde cada una de esas madres hasta sus respectivas madres, estaremos retrocediendo en el tiempo hasta llegar a un punto en el cual todas las hijas comparten la misma madre.

En este seguimiento se observa que las ramas más antiguas comprueban una ascendencia mitocondrial africana, y cuanto más se retroceda en el tiempo, menos linajes quedarán, hasta que quede sólo uno; el cual corresponde al de la **"Eva Mitocondrial".** Así como las mitocondrias se heredan por vía materna, los **"cromosomas Y"** se heredan por vía paterna. Por lo tanto es válido aplicar los mismos principios con éstos. El ancestro común más cercano por vía paterna ha sido llamado **"Adán Cromosómico-Y".** De acuerdo con los hallazgos de la genética, el *Adán cromosomal-Y* o *Adán cromosómico* fue un varón africano –homólogo de la Eva Mitocondrial– que en la evolución humana corresponde al ancestro común más reciente, humano masculino, **no simio**, que poseía el "cromosoma Y", del cual descienden todos los "cromosomas Y" de la población humana actual. Por ello, el *Adán cromosómico-Y* corresponde a un único antepasado masculino, en el cual converge toda la población actual de *"Homo Sapiens".*[27]

4) Adán y Eva, pues, fueron los primeros padres de toda la Humanidad. No hay en la Sagrada Escritura verdad más claramente enseñada que ésta. Sin incurrir en las mismas simplezas que los "creacionistas", vemos

---

[27]   Underhill, Peter A., Alice A. Poidong Shen, Li Jin Lin, Giuseppe Passarino, Yang Wei H., Erin Kauffmann, Batsheva Bonné-Tamir, y otros autores, «'Y' chromosome sequence variation and the history of human populations». Nature Genetics, 26: 358-361.

que el libro del Génesis establece de manera concluyente nuestra común descendencia de esa única pareja. Y dijo Dios "¡Hagamos al Hombre!". El término "hombre" –no me refiero al varón, sino al Género Humano– corresponde a la palabra hebrea "Adam", que tiene un significado genérico y designa a toda la especie humana. Y no me refiero a una pareja –"un" hombre y "una" mujer, sino a toda la especie humana: es la Humanidad como tal la que ha sido creada a imagen de Dios. El plural "hagamos" indica una deliberación de la Trinidad Divina, Dios, que pone de relieve la importancia de la obra que Él va a realizar.

El texto hebreo que refiere la creación del Hombre utiliza dos expresiones semejantes: *"Adam"* y *"adamá"* –que significan respectivamente *"hombre"* y *"suelo"*– para poner de relieve la estrecha relación que existe entre el Hombre y el medio en el que habita. El Hombre es mortal por naturaleza y debe retornar al suelo de donde fue sacado. Pero Dios, gratuitamente, lo introduce en "el Jardín del Edén", como símbolo de la amistad divina. Además, le concede el acceso al "**Árbol de la Vida**", o "**Árbol de la Ciencia del Bien y del Mal**", símbolo de la inmortalidad, la sabiduría, la impasibilidad y la agilidad que caracterizaron a los primeros hombres.

El mandamiento impuesto por Dios muestra que la amistad con Él y los dones preternaturales estaban condicionados por la respuesta libre del hombre. La realidad representada por este símbolo no puede ser simplemente el profundo y coherente discernimiento moral –prerrogativa que Dios concede al hombre– sino la facultad de decidir por sí mismo lo que es bueno y malo, independientemente de Dios. Al desobedecer el mandato divino, el hombre reivindica para sí una autonomía que no se conforma con su condición de criatura: usurpa un privilegio exclusivo de Dios.

Sin embargo, hay que analizar primero las en apariencia muy poderosas objeciones *"científicas"* a la narración bíblica –a la que por sentido común y por respeto a nuestra propia dignidad e inteligencia, nunca debemos tomar en sentido literal.

5) Algunos científicos explican la armonía entre ciencia y religión. Veamos la opinión de varios de ellos:

- **Charles Tornes, PhD en Física, Premio Nobel de Física 1964:** *"No entiendo cómo la aproximación científica, separada de la aproximación religiosa, explique un origen para todas las cosas. Ciencia y religión son dos aproximaciones diferentes al mismo problema: comprendernos a nosotros mismos y nuestro universo. Hay que añadir, en el caso de la religión, entender el propósito del universo. En mi opinión la religión y la ciencia están dirigidas al mismo problema y deben converger en algún punto".*
- **B. D. Josephson, PhD en Física, Premio Nobel de Física 1973:** *"Yo no veo ningún conflicto entre las visiones de muchos científicos y la religión, pero no hay necesidad de plantear ningún conflicto.*

La ciencia es capaz de crecer de manera que sea compatible con la religión."

- **Eugene P. Wigner, PhD en Física, Premio Nobel de Física 1963:** *"La ciencia presenta propósitos muy atractivos. La religión sirve principalmente de directiva (...) El concepto de Dios es un concepto maravilloso, éste también nos ayuda a tomar decisiones en la dirección correcta."*
- **D. H. R. Barton, PhD en Química Orgánica, Premio Nobel de Química 1969:** *"Dios es Verdad. No existe incompatibilidad entre ciencia y religión. Ambos buscan la misma verdad. La ciencia muestra que Dios existe."*

5.1) Por el contrario: Carl Sagan, famoso científico laureado con varios premios, fue uno de los más famosos defensores de la *"generación espontánea".* También fue asiduo consumidor de marihuana o cannabis, vicio que nunca admitió públicamente, sino sólo en su círculo íntimo de amigos y familiares. En 1971, bajo el pseudónimo de "Mr. X", escribió un ensayo sobre las bondades de consumir *"cannabis",* en el libro *"Marihuana Reconsidered",* cuyo editor era el profesor Lester Grinspoon. En este ensayo, Carl Sagan señalaba que el consumo de la yerba le ayudaba en algunos de sus más importantes proyectos o experiencias. Después de su muerte, Grinspoon se lo dio a conocer a su biógrafo, Keay Davidson. Cuando la biografía, titulada Carl Sagan: *"A Life"* se publicó en 1999, el asunto de la legalización de la marihuana llamó mucho la atención en los medios de comunicación.

Así que entonces no deben extrañarnos sus *"mariguanadas".* Lo malo de todo esto es que muy pocos científicos han impactado tanto como él en los jóvenes. Poco han contribuido tanto y al mismo tiempo a realizar: lo mismo grandes descubrimientos e inventos, que gigantescas tomaduras de pelo. Basta un par de muestras, aparte de que pasó toda su vida sufriendo y haciendo sufrir a sus *"seres queridos"* mediante una legendaria inestabilidad emocional que lo llevó a *"casarse"* tres veces.

Concibió y realizó la idea de enviar un *"mensaje inalterable"* al espacio, más allá del Sistema Solar, para que fuera entendido por una posible civilización extraterrestre que lo interceptara en un futuro. El primer mensaje así enviado fue una placa de oro en la sonda Pioneer.

Posteriormente colocó un disco de oro en las sondas *"Voyager"* y el *"Mensaje de Arecibo".* Una de sus varias señoras, la actriz Linda Salzman le ayudó a diseñar una placa de oro con el famoso y esquizofrénico mensaje para los extraterrestres. Todo un maestro de nuestro indescriptible e incalificable charlatán antimexicano: Jaime Mausán.

Dice Sagan que en la ciencia hay un principio que manda revisar todo lo que no cuadre con los hechos. Pero... ¿siguió este principio? ¿Dónde están los hechos que lo obligaron a enviar mensajes a hipotéticos extraterrestres cuya existencia ninguna persona cuerda puede afirmar ni negar?

Asistió a un gran laboratorio de la Universidad de Cornell en USA para observar algunos experimentos en los que se han reproducido las circunstancias que imperaban en la Tierra en épocas remotas, con gases, temperaturas, cargas eléctricas diversas, etcétera, en busca de la creación de vida. Pero... ni él ni nadie han creado nada a partir de algo preexistente, y mucho menos de la nada.

Sin embargo, Sagan afirma –como otros muchos compañeros suyos– que hace muchos años hubo *"un ejemplar único del cual descienden hombres, árboles, cangrejos, alacranes, etcétera... Una encina y yo estamos hechos de la misma sustancia. Si retrocedemos lo suficiente, nos encontramos con un antepasado común."*

Agrega que nuestra ciencia coja y manca no puede crear un ser vivo, pero que el ADN –ácido desoxirribonucleico del núcleo de la célula– sí sabe hacerlo porque tiene muchos siglos de "experiencia". Que empezamos a existir como reptiles, con un cerebro muy elemental, y que luego fuimos evolucionando. Explica:

"Tenemos cinco dedos porque descendemos de un pez devoniano que tenía cinco falanges o huesos en sus aletas. Si una libélula se hubiera ahogado en los pantanos del carbonífero, los organismos inteligentes de nuestro planeta tendrían hoy en día plumas y enseñarían a sus hijos en nidadas de granjas. La estructura de la causalidad evolutiva es un tejido de una complejidad asombrosa. Hace 75 millones de años nuestros antepasados eran los mamíferos menos atractivos de todos; seres con el tamaño y la inteligencia de topos o musarañas arbóreas. Se hubiese precisado un biólogo muy audaz para imaginar que estos animales llegarían eventualmente a producir un linaje que dominaría actualmente la Tierra." [28]

Carl Sagan, sagaz astrónomo y gran científico de carrera, multilaureado académicamente, reconocido en todo el mundo por sus valiosas aportaciones científicas, hace afirmaciones suspendidas en el aire. Añade así, sencillamente, que:

"La materia se metamorfoseó por sí sola en conciencia... Se organizaron moléculas, y se dio impulso a complejas reacciones químicas, sobre la superficie de arcillas. Y un día surgió una molécula que por puro accidente fue capaz de fabricar copias bastas de sí misma a partir de las demás moléculas autorreproductoras más complicadas y precisas... La vida había empezado de modo paulatino e imperceptible... La fotosíntesis transformó la atmósfera. Se inventó el sexo. Formas que antes vivían libres se agruparon para constituir una célula compleja con funciones especializadas. Evolucionaron los receptores químicos, y el Cosmos pudo catar y oler. Organismos unicelulares evolucionaron dando colonias multicelulares, que elaboraban sus diversas partes transformándolas

---

[28]   Comentario extraído de "**Cosmos**", página 283, por Carl Sagan.

en sistemas de órganos especializados. Evolucionaron ojos y oídos, y ahora el Cosmos podía ver y oír... Y luego, hace sólo un momento, unos determinados animales arbóreos se bajaron de los árboles y se dispersaron. Su postura se hizo erecta y se enseñaron a sí mismos el uso de herramientas, domesticaron a otros animales... La ceniza de la alquimia estelar estaba emergida ahora en forma de conciencia. Esto es simplemente una descripción de la evolución cósmica tal como la Ciencia de nuestro tiempo nos la revela".

¡Curiosa mentira en Carl Sagan, porque nada de eso es científico! Y no lo es porque se burla o ignora las causas: eficiente, formal y final de todos los seres *"evolucionados por sí mismos"*, sin causa externa que influya sobre ellos, sin nada que los diferencie, y sin propósito final alguno.

5.2) Otro caso notable –y lo menciono porque es un azote para nuestra inerme niñez y nuestra decadente juventud– es el de **Erich von Däniken**, erudito paleontólogo y físico, que ofrece una fantástica explicación acerca del origen del hombre. Desde hace tres décadas exalta los ánimos de la gente y provoca a los científicos a veces de forma cínica y hasta sarcástica, tanto en sus libros como en sus conferencias. No importa donde actúa, porque Däniken es un imán para el público.

Unos pocos gritan que es un fantasioso, y otros admiradores lo consideran como el creador de una nueva ciencia. El problema con este tipo de pseudocientíficos es el enorme impacto que ejerce sobre ingentes multitudes. Este sujeto, por ejemplo, ha llegado a ser el ciudadano suizo más famoso del presente. Es un prolífico escritor, estimándose unas ventas de más de 63 millones de ejemplares de sus 26 libros, que han sido traducidos a 32 idiomas. Populariza sus ficciones a través de sus múltiples libros, vídeos y programas para televisión. Su influencia se ha dejado sentir también en el campo de la ciencia ficción y en el movimiento "New Age".

Creó un parque temático sobre los misterios del mundo, que afortunadamente acabó cerrando por falta de visitantes. La gente prefirió seguir visitando Disneylandia. Hoy docenas de millones se han tragado los cuentos de este charlatán como si fueran conocimientos científicos. Dice que la "evolución" sólo llegó hasta el mono. Para que éste pasara a ser hombre inteligente fue necesario que *vinieran hombres de otros sistemas solares, quienes manipularon los "genes" de los changos, a fin de convertirlos en hombres, "a su imagen y semejanza".*[29]

Y esos extraterrestres, ¿cómo se hicieron hombres inteligentes? Däniken no contesta tan grave pregunta en forma directa, pero dice que ese fenómeno que la cosmografía y la astronomía denominan **"la gran explosión"** –**"el Big Bang"** al que ya me referí ampliamente líneas

---

[29] Recomiendo como muy divertidas novelas de ciencia ficción sus tres principales obras: **"El Oro de los Dioses", "El Mensaje de los Dioses", "La Respuesta de los Dioses",** por Erich Von Daniken, 1976-1977.

atrás–, fue en realidad el estallido de una supercomputadora natural. De ahí se dispersaron billones de partes incontables para formar nebulosas, galaxias, planetas, animales y hombres. El objeto de la explosión –agrega– fue adquirir más información en el cosmos, y como tal supercomputadora natural era sumamente sabia, magnetizó todas las partes y partículas que dispersó en el espacio, a fin de que en cierta fecha del futuro se reconcentren y vuelvan a integrar la computadora, llevándole más información de sus experiencias aisladas. Así, la supercomputadora tendrá billones más de potentes programas, y será mucho más sabia. Toda una alegórica creación, digna de los cuentos, películas y programas del nivel semianalfabeto de **"Enigmas del Tercer Milenio"** de Televisa.

Sagan y Von Däniken pretenden hablar como científicos –sin pasar de ser sólo autores de ciencia-ficción– *y nos presentan un supuesto marco de conocimientos científicos, con muchas aportaciones notables, no obstante que sus falsas conclusiones acerca del origen del hombre –concretamente– no tienen nada de científicas,* **sino una muy divertida colección de fantasías estimuladas por la marihuana.**

Tales conclusiones desbordan el campo de la ciencia, y como dice el profesor J. Willis Hurst,[30] *"la ciencia es la búsqueda de la verdad, pero no la Verdad misma".* **De aquí deducimos la enorme importancia de entender el verdadero origen del Hombre.**

5.3) En cambio, para la **"ciencia marxista-leninista"** es vital el principio –o dogma– de la generación espontánea, pues le quita a fondo su trascendencia a la vida. Suprime la responsabilidad moral y le da al grupo político en el poder plena libertad y justificación para tratar a los gobernados como accidentes "espontáneos" de la combinación por azar de elementos y substancias, no como prójimos con dignidad humana trascendente. Así las cosas, ¿no resulta lícito dominar, domesticar o matar a seres que descienden de sabandijas surgidas en los pantanos de hace millones de años?

Pero fuera de ese dogma político-ideológico, y aun sin recurrir a los veneros de la religión, **la ciencia verdadera considera actualmente que la vida es un misterio, el mayor del Universo, y que <u>nada se ha descubierto que pueda oponerse a la enseñanza de que la vida fue creada.</u>**

6) Darwin contra el Designio Inteligente. Por lo que respecta a la controversia entre Darwin y quienes conocemos racional y aun científicamente la obviedad del designio divino e inteligente de la vida, podemos observar los siguientes puntos:

6.1) Gracias a sus fraudes, hemos ya aprendido a poner en duda la veracidad de los informes redactados por Charles Darwin –y por los estudiosos de la naturaleza anteriores y posteriores a él– respecto a ciertos

---

[30]   "Medicina Interna. Tratado para la Práctica Médica"; 1984.

cambios limitados en los seres vivos. Es aún científicamente discutible si es verdad o no que en algunos de los seres vivos se presenta descendencia con modificaciones.

Y es discutible porque además de la dudosa *"supervivencia selectiva del más fuerte"*, se presenta una evidencia abrumadora: la existencia de relaciones simbióticas y codependientes, en toda la naturaleza vegetal y animal. La gran cuestión atañe al alcance de estos cambios, a su significado y a la interpretación que puedan recibir. Darwin mismo concede este punto, al decir: **«Me doy cuenta perfectamente de que en este volumen apenas se discute un solo punto sobre el cual no puedan aducirse hechos que a menudo parezcan conducir a conclusiones diametralmente opuestas a aquellas a las cuales yo he llegado. Un resultado imparcial sólo puede obtenerse declarando cabalmente y sopesando los hechos y los argumentos en los dos lados de la cuestión»** [31]

6.2) Su Trasfondo Ideológico y los Motivos Ocultos. Ahora bien, debido a circunstancias ideológicas y sociopolíticas, el ambiente general en Inglaterra y en muchos lugares de Europa –influido poderosamente por la Masonería, tanto por su brazo político como por el especulativo– anhelaba una formulación del origen y desarrollo de la vida que constituyese un apoyo racional para una "filosofía atea", agnóstica, que estaba ya muy extendida gracias a la sinergia de las sociedades secretas y a la debilidad moral de los cristianos.

Pero los que mantenían esta postura se encontraban con el peso del argumento de la obra "Teología Natural", de William Paley (1802), acerca de la evidencia de un designio inteligente en las formas y funciones de la vida. Esto llevaba a que la filosofía atea o agnóstica se encontrase con la gran dificultad de la evidencia de designio en los seres vivos. De hecho, uno de los principales proponentes modernos del ateísmo, el profesor Richard Dawkins, dice que Darwin *"hizo posible el ser un ateo intelectualmente satisfecho".* [32]

Me parece que el poderoso atractivo de la tesis de Darwin reside, más que en el rigor de las interpretaciones que propone de cambio en el mundo de los seres vivientes, en la «liberación» que da al hombre con respecto a Dios como un Ser Real de quien depende. Por las razones que fueren, y como lo documenta Michael Denton en su obra *"Evolution, a Theory in Crisis"*, al cabo de muy pocos años el Darwinismo se había transformado, desde una "propuesta discutible" a "un dogma" hegemónica y sumisamente aceptado por las clases intelectuales.

Los argumentos aparentemente persuasivos de Darwin, verosímiles para el estado de conocimientos de los seres vivos y de sus relaciones en

---

[31]   Charles Darwin, "**El Origen de las Especies por Selección Natural**", 1859. Ed. Zeus, Barcelona 1970, p. 18.

[32]   "El Relojero Ciego", página 9 de la edición inglesa.

aquellos tiempos de mediados del siglo XIX –o más bien debido al gran desconocimiento que se tenía de ello, en realidad– no quedaron respaldados por una aportación de nuevos datos que llevasen a una aceptación mayoritaria de la tesis de Darwin. Más bien, existía un clima preparado para el rechazo del cristianismo, y para la aceptación de tesis materialistas y ateas, o al menos para el rechazo de todo pensamiento de un Dios personal y activo en Creación y Providencia por parte de muchos, debido a la influencia de filósofos como David Hume, y de escritores como Voltaire.

Es obvio que en la sociedad actual, al comienzo del Tercer Milenio después de Cristo, existe el intento obsesivo y descarado por silenciar la obvia claridad que arroja, por sí mismo, la "Finalidad Inteligente de la Creación y de la Vida". Aún existen demasiados científicos materialistas que pretenden hacernos tragar una rueda de molino: que la no necesidad de una Causa Primera es cosa ya demostrada totalmente por Darwin, entre otros. Pero esto no es cierto, porque la verdad es que Charles Darwin propuso una tesis no científica, sino más bien un conjunto de ideas pseudo filosóficas, negando a priori la Causalidad Eficiente y el propósito finalista, inteligente.

Que la teoría de Darwin cristalizase como dogma y que perdure hasta nuestros días en el México analfabeto, se debe más a las prisas por aceptar unos argumentos que pareciesen verosímiles, que no a la aplicación del rigor intelectual o científico.

6.3) Darwin revela ocasionalmente tanto su trasfondo como sus motivos reales. En una carta a su hijo George dice, entre otras cosas: ***"Lyell está bien convencido de que ha sacudido la fe en el Diluvio de una forma mucho más eficaz no habiendo jamás dicho una palabra contra la Biblia, que si lo hubiera hecho de otra manera".*** He leído últimamente "La Vida de Voltaire", de Morley, y el autor –quien por cierto parece ignorar la conversión de última hora de este famoso ateo– insiste enérgicamente que ***"los ataques directos contra el cristianismo –incluso cuando se escriben con la maravillosa fuerza y energía de Voltaire– producen poco efecto permanente: un efecto verdaderamente bueno solo parece seguir a los ataques lentos y silenciosos".***[33] Prosiguiendo con la cuestión de trasfondo y motivos, el célebre novelista Aldous Huxley, hermano de Julian Huxley, el primer director de la UNESCO, y nieto de Thomas Henry Huxley, conocido como el «Bulldog» de Darwin, escribe estas reflexiones en una de sus obras:

> *"El filósofo que no encuentra significado en el mundo no está interesado de manera exclusiva en un problema de metafísica pura: también está interesado en demostrar que no hay razón válida alguna por la que él personalmente no pueda hacer aquello que le dé la gana. Yo tenía motivos para no querer que*

---

[33] 21, 22, 24 de Octubre, 1873: MSS de Cambridge. Citado en Gertrude Himmelfarb, "Darwin and the Darwian Revolution". Chatto & Windus, Londres 1959, p. 320.

el mundo tuviese sentido; fue por eso que di por supuesto que no lo tenía, y pude encontrar, sin ningún tipo de dificultades, razones satisfactorias para esta presuposición. En cuanto a mí mismo, como sin duda fue el caso entre mis contemporáneos, la filosofía de la ausencia de significado era esencialmente un instrumento de liberación. "La liberación que deseábamos era a la vez una liberación de un cierto sistema político y económico, y también una liberación de un cierto sistema de moralidad. Nos enfrentábamos a la moralidad porque interfería en nuestra libertad sexual". [34]

6.4) El filósofo Thomas Nagel, en su libro "The Last Word" [35] se refiere a lo que él llama ***"el temor a la religión misma".*** Escribe:

"Hablo por experiencia, siendo que yo mismo siento profundamente este temor: Deseo que el ateísmo sea cierto y me intranquiliza el hecho de que algunas de las personas más inteligentes y mejor informadas que conozco son creyentes religiosos. No se trata sólo de que yo no creo en Dios y que, naturalmente, espero estar en lo cierto en mi creencia. ¡Se trata de que tengo la esperanza de que no haya Dios! No quiero que haya Dios; no quiero que el universo sea así". Desde su punto de vista, este temor puede ser *"la causa de mucho del cientificismo y reduccionismo de nuestro tiempo".*

El propósito de estas páginas es replantear el reto de Darwin, sometiéndolo a examen y ponderando ambos lados de la cuestión. Como él mismo dijo: *"Un resultado imparcial sólo puede obtenerse declarando cabalmente y sopesando los hechos y los argumentos en los dos lados de la cuestión".* Ya en tiempos de Darwin aparecieron una buena cantidad de estudios y de argumentos que exponían la inverosimilitud real de sus argumentos, más allá de las apariencias superficiales.

Y durante el siglo XX han ido surgiendo más y más conocimientos que exponen la bancarrota efectiva del argumento darwinista. Es cierto que se ha hecho un gran esfuerzo por lograr la síntesis de estos conocimientos, como la confirmación de la naturaleza discontinua del registro fósil, de los mecanismos celulares, de las realidades de la genética, interpretándolos y encasillándolos dentro del modelo darwinista o neodarwinista. Pero la acumulación de datos a lo largo del siglo XX, y especialmente durante los últimos 50 años, debido a la terquedad de los hechos, pone de manifiesto que todo esto se trata de una traición a la Ciencia:

---

[34] Huxley, Aldous: Extractos de ***"Ends and Means: An Inquiry into the Nature of Ideals and into the Methods Employed for Their Realization".*** Harper and Brothers Publishers, New York and London, 1937, quinta edición, páginas: 314 a 317.

[35] "La Última Palabra", Oxford University Press, 1997,

JUAN BOSCO ABASCAL CARRANZA

«... tenemos un compromiso previo, un compromiso con el Materialismo. No se trata de que los métodos y las instituciones de la ciencia nos obliguen de alguna manera a aceptar una explicación material del mundo fenomenológico, sino al contrario, que estamos obligados por nuestra adhesión previa a las causas materiales a crear un aparato de investigación y un conjunto de conceptos que produzcan explicaciones materiales, no importa cuán contrarias sean a la intuición, no importa lo extrañas que sean para los no iniciados. Además, este materialismo es absoluto, porque no podemos permitir un 'Pie Divino' en la puerta.»

7) La similitud entre la parrafada anterior y los supremos instantes de la rebelión de los Ángeles y del Pecado Original de Adán y Eva salta a la vista, por su rotunda claridad. Contra esta rabiosa actitud, se opone el inteligente comentario cáustico de otro científico serio y profundo: Sir Francis Crick, premio Nobel, el famoso decodificador del ADN, quien denuncia: "Los biólogos han de recordar constantemente que lo que ven no fue diseñado, sino que evolucionó".[36]

La pregunta que se debe plantear es: ¿Por qué los biólogos tienen que recordarse constantemente que lo que ven no fue diseñado? La realidad es que todo lo que contemplan en la maquinaria de la vida, en todos los sistemas de almacenamiento, transcripción y transferencia de información, y de la traducción de dicha información a las estructuras y funciones celulares e intercelulares, lleva poderosamente a la deducción de un plan y de un propósito trascendente y divino.

Y para mantener una postura materialista predeterminada es preciso repetir este mantra: «¡esto ha evolucionado, esto ha evolucionado, esto ha evolucionado!» En realidad, el resto del párrafo –que comienza con la frase acabada de citar– es sumamente interesante:

Se podría pensar, entonces, que los argumentos evolucionistas juegan un gran papel en la dirección de la investigación biológica, pero esto dista de ser así. Es cosa ya difícil estudiar lo que está sucediendo ahora. Y aun es más difícil intentar determinar de manera exacta lo que sucedió en la evolución. Así, los argumentos evolucionistas se pueden emplear de manera útil como evidencia el hundimiento del rancio materialismo del siglo XIX, que lo contemplaba todo exclusivamente en términos de materia y movimiento, o de materia y energía.

Ahora sabemos que todas las estructuras de la vida están organizadas y gobernadas por una información codificada de diversas formas, y que existen unos soportes de información, sistemas de transcripción de dicha información, sistemas de traducción de la misma y de ejecución a forma y función en los seres vivos; sistemas de verificación y mantenimiento de la información, y de una dinámica de reproducción de estos sistemas. La información comporta efectivamente todo un conjunto de aparatos que

---

[36]   "What Mad Pursuit". New York: Basic Books, 1988, p. 138.

posibilitan su lectura, comprensión y plasmación en los fenómenos de la vida, con unos verdaderos y rigurosos mecanismos temporizadores y de control de flujo, y de identificación, sumamente específicos y de una complejidad irreducible hacia arriba y hacia abajo que jamás hubiera podido surgir por pequeños pasos aleatorios con funcionalidad alguna. Porque la funcionalidad pertenece al sistema como un todo, y nunca a las partes.

Es bien cierto que en la sociedad actual existe el intento descarado de silenciar la tesis de la Causa Eficiente de la vida, como cosa ya refutada por Darwin. Pero esto no es cierto. Darwin propuso una tesis negando implícitamente la "Causa de las Causas", y proponía unas pruebas, aunque, en palabras del mismo Darwin, quedaba claro que *«en este volumen apenas se discute un solo punto sobre el cual no puedan aducirse hechos que a menudo parezcan conducir a conclusiones diametralmente opuestas a aquellas a las cuales yo he llegado»*, es decir, las conclusiones directamente contrarias son las que mantienen el origen divino de la vida. Repito: había mucha prisa en las sociedades secretas –íntimas aliadas de las sociedades científicas– por imponer a la cristiandad unos argumentos que pareciesen sólo científicos, y que por lo mismo fuesen capaces de expulsar a Dios de la conciencia de la gente, en masa. En la actualidad el mantenimiento del darwinismo, al menos en México, no se comprende más que como propaganda dirigida masivamente –por unos complicitarios medios de comunicación– a mantener una perspectiva dogmática materialista, que queda al descubierto en la franca confesión de Richard Lewontin:

> ...*sugeridoras de líneas de investigación, siendo enormemente peligroso confiar demasiado en ellos. Es demasiado fácil hacer inferencias erróneas a no ser que el proceso de que se trate sea ya bien comprendido".*

Lewontin no es el único en reconocer este prejuicio. El cosmólogo Carl F. von Weizsäcker ya lo había dicho antes, en sus "**Conferencias Gifford**", de 1959 y 1960: **"No es por sus conclusiones, sino por su punto de partida metodológico por lo que la ciencia moderna excluye la creación directa. Nuestra metodología no sería honesta si negara este hecho. No poseemos pruebas positivas del origen inorgánico de la vida, ni de la primitiva ascendencia del hombre, tal vez ni siquiera de la evolución misma. Confesémoslo, si no queremos ser pedantes".**[37]

Vemos, así, *que el materialismo es un prejuicio filosófico de partida*, y no una conclusión científica; más aún, que el propósito no es seguir la evidencia, sino buscar explicaciones materiales, excluyendo cualquier otra posibilidad ya desde el principio.

8) El Designio Inteligente y Finalista de la Creación: es una inferencia, no un apriorismo. En cambio, la existencia de Dios no es en absoluto una

---

[37] "La Importancia de la Ciencia", Ed. Labor, S.A., Barcelona 1972, p. 125.

hipótesis, sino una conclusión ineludible basada en todo un conjunto de evidencias que se imponen con todo rigor, y que, como hemos visto, sólo puede ser negada de forma voluntarista por una adhesión al materialismo que se enfrenta a todo el peso de la evidencia. Por lo que respecta a la evidencia de un designio real y consciente, y no meramente aparente, dice el bioquímico Michael Denton:

"La fuerza casi irresistible de la analogía ha minado totalmente la autosatisfecha presuposición, dominante en los círculos biológicos durante la mayor parte de los últimos cien años, de que la hipótesis del designio puede ser excluida sobre la base de que este concepto es fundamentalmente un apriorismo metafísico, y que por ello es científicamente inaceptable. Al contrario, la inferencia del designio es una inducción puramente a posteriori basada en la implacable aplicación de la lógica de la analogía. La conclusión puede contener implicaciones religiosas, pero no depende de presuposiciones religiosas". [38]

En realidad, la evidencia de un designio y de un plan de un "**Superintelecto Personal**" necesariamente trascendente e **Incausado**, es negada desde el materialismo, pero en absoluto queda refutada. La existencia de Dios es así sencillamente una cuestión de evidencia, y no de fe. La creencia en Dios como realidad vital y tangible se fundamenta en aquello que Él ha creado, como se expresa con claridad en las palabras de Pablo a los Romanos:

"Porque las cosas invisibles de Él [Dios], su eterno poder y deidad, se hacen claramente visibles desde la creación del mundo, siendo entendidas por medio de las cosas hechas, de modo que no tienen excusa".

9) La futilidad del ateísmo. Dostoievski, uno de los escritores de mayor profundidad reflexiva en la historia de la literatura, hace decir a uno de sus personajes de *"Los Hermanos Kamarazov"*: **"Si no hay Dios, todo está permitido".** Este es el planteamiento que se hace frecuentemente con referencia al ateísmo. Sin embargo, esto me parece una postura incompleta.

La realidad es que si no hay Dios, todo es absurdo. Jean Paul Sartre se ceñía más a la lógica de la situación cuando, a través de su protagonista en "La Náusea", describe el sentimiento de vaciedad, de absurdo, de una existencia que ha acaecido por accidente, que viene de la nada y que a la nada vuelve, y que tiene un instante de "conciencia del yo" totalmente ilusoria y vacía: es cuando surge aquel sentimiento de "náusea" del ateo bien informado que describe Sartre tan magistralmente.

San Agustín de Hipona lo dijo con otras palabras: **"Oh, Dios, tú nos has hecho para ti mismo, y nuestros corazones no encuentran reposo hasta**

---

[38] "Evolution: A Theory in Crisis". Bethesda, Maryland: Adler and Adler Publishers, 1986, página 341.

que lo encuentran en ti". Tenemos entonces el gran contraste entre el ateo mal informado, optimista, y el ateo bien informado, pesimista; entre el ateísmo infantil del siglo XIX y el ateísmo maduro del siglo XX, que finalmente se da cuenta de las consecuencias de proclamar la muerte de Dios.

El hombre, como hombre, pierde todo espacio para serlo. Porque el espacio del hombre es Dios, y sin Dios, se encuentra abocado a un agujero negro que lo absorbe hacia la perdición personal en todos los aspectos, en el tiempo, en el espacio, y en la eternidad. Y es que no es Dios quien ha muerto, sino el hombre, apartado de Dios y excluido no de la existencia, sino de la verdadera vida.

10) ¿Nos basta la sola Filosofía, o es indispensable asumir la Revelación? La filosofía quiere llegar al conocimiento de las realidades últimas por medio de la reflexión crítica, incluyendo la duda metódica. Al ser la "realidad última" la Realidad Personal, el Ser Personal de Dios, la filosofía queda impotente. Ella puede llegar a conocimientos absolutos cuando se trata de la Metafísica, como por ejemplo: al estudiar la Ética y las formas naturales del pensamiento, es decir la Epistemología.

Y es radicalmente lógica, en cuanto el pensamiento racional. Pero cuando se trata del Absoluto Personal sólo llega a aproximaciones limitadas acerca de la Su Realidad, en el mejor de los casos. La metafísica es capaz de probar, a la luz natural de la razón, que Dios existe. Pero no podemos "ver el rostro" de Dios con la sola luz natural de la inteligencia. Si la Realidad es personal, sólo puede llegar a ser conocida cuando se establece un flujo de comunicación procedente de dicha Realidad personal a las realidades personales contingentes que somos nosotros. Es sólo mediante la palabra como puede haber comunicación de una a otra persona.

Este conocimiento sólo es posible en tanto que nos abrimos unos a otros mediante la comunicación de nuestros pensamientos, por la verbalización de los mismos. *Y así sucede con el conocimiento de Dios: su Revelación –fenómeno histórico, además– es esencial e imprescindible.* Aquí, la filosofía es impotente. Toda la filosofía junta jamás podrá llegar al conocimiento del "Otro" Absoluto si Éste no se le revela. Como mucho, podrá llegar a inferencias «acerca» del Otro, pero nunca llegará a su conocimiento personal. Sólo conocemos a los otros por la palabra, e igualmente *sólo conoceremos al Otro Absoluto por medio de Su Palabra.* La filosofía es un instrumento útil, pero de alcance limitado, si la comparamos con la Revelación.

El error reside en el "filosofismo", en el intento de abarcar la totalidad de la realidad sólo mediante la filosofía. La razón, como sierva de la comunicación, de la Revelación, es un instrumento espléndido que hemos recibido de Dios. Pero el racionalismo –absolutización "iluminista" de la "diosa razón"– es en la práctica una idolatría, al poner como supremo aquello que es subordinado. La razón no puede establecer por sí misma toda la infinita medida de la Realidad Trascendente.

Sólo es posible, a partir de la Realidad como se nos da a conocer por los sentidos, incluir gozosa y humildemente la Revelación para poder razonar dentro del marco dado por los hechos trascendentes de nuestra historia de la salvación. La razón nunca puede presuponer los hechos. Esto lo hace el errado racionalismo. La razón examina los hechos, los reconoce y los asume, y comienza a partir de los mismos. Pero lo esencial es la comunicación, la Revelación personal. Sin ella nunca conoceremos a los otros, ni al Otro.

11) La Fe: es más, no menos. La fe es mucho más que un conocimiento a través de los sentidos, no mucho menos. Por la observación directa percibimos aspectos de la realidad, y somos llevados a la inferencia del designio inteligente, real, de las maravillas de la vida y de su entorno. Una mente abierta y no enfrentada contra Dios, reconoce en la Creación el Poder y la Sabiduría de Dios. *Pero esto no es fe, sino seguir la evidencia allí adonde ella por sí misma nos lleva.*

Y la evidencia no puede llevarnos más allá. No puede darnos el conocimiento de Dios mismo –por no hablar de la explicación de la tragedia presente de este mundo, que tanto afectó a Darwin, como afecta a cada persona que viene a este mundo. Pero nos lleva a la convicción de que Dios está ahí. ¿Cómo podemos conocer a este Dios? La pregunta puede volverse a formular de esta manera: ¿Cómo podemos conocer a alguien de una manera personal? Sólo en tanto que este alguien se nos abra, se comunique con nosotros, y ello de forma verbal y personal.

Y para este conocimiento es imprescindible la existencia de la confianza. Sin confianza en el interlocutor, no se puede establecer ningún vínculo personal ni se llega a ningún conocimiento del "otro". No puede haber relación ni conocimiento personal cuando hay desconfianza.

En la Revelación, Dios ha hablado. Pero sólo podemos llegar a conocerlo y a establecer un vínculo con Él cuando existe confianza. Cuando escuchamos a Dios y confiamos en Él, es sólo entonces cuando podemos llegar a conocerlo y a tener una relación personal con Él. Ahora bien, esto sólo puede ser a través de una vía.

El hombre, en las preguntas que se plantea sobre si Dios existe o no, demuestra su alejamiento de Dios, porque el hombre, en su estado natural, no tiene propiamente una relación personal con Él. Puede ser que algunos se esfuercen, que filosofen, que busquen religarse con Dios –mediante la "religión", entendida como el noble y meritorio esfuerzo humano para conseguir conocer que Dios existe, como genialmente lo hicieron Sócrates, Platón y sobre todo Aristóteles, antes de la Revelación. Dios Hijo deviene Hombre para manifestarse en medio de nosotros y revelarnos de una forma plena el amor de Dios, siendo Él *"Emmanuel"*, ***"Dios con nosotros"***.

También para compartir con nosotros las aflicciones que padecemos a causa del pecado: "En toda angustia de los hombres él fue angustiado". Para presentarse como sacrificio por nosotros, un sacrificio digno de Dios y de este modo abrirnos las puertas para ser aceptables y aceptados por

Dios. ¿La clave inicial para todo ello? Consolidar intencionalmente la Fe racional, ilustrada, responsable, estudiosa, abierta, que sabe la Verdad es Absoluta, aunque nuestro conocimiento de ella sea limitado y por lo tanto perfectible.

Aquella Fe que es la confianza en Dios y en lo que Dios ha hecho mediante Jesucristo: que ha llevado a cabo nuestra Salvación, y que no sólo nos ha dado el conocimiento de Sí mismo, sino que ha resuelto la gran cuestión de nuestra culpa moral que cerraba el paso para conocer y poseer a Dios. Sin perder de vista jamás que la sola Fe –por sí misma– no es suficiente para salvarnos, sino que nos resultan indispensables al efecto las obras de la Caridad y la Esperanza.

12) "Fides quaerens intellectum". *"La fe reclama entender"*. Así, para calar en la profundidad de lo que Cristo ha revelado, es necesario ahondar con la razón en la estructura misma del ser de las cosas. La luz de la Fe no sustituye a la luz de la inteligencia, sino que la da por supuesta y se apoya en ella. La Fe reclama a la inteligencia que se emplee a fondo en entender cómo son las cosas tal y como Dios las ha creado, que penetre en la solidez e inteligibilidad del ser natural que Él les ha dado.

Nuestra fe reclama la profundización racional en el ser de las cosas. *"Credo ut intelligam, intelligo ut credam"*. Esta expresión de san Anselmo, que Juan Pablo II utiliza como guía de su encíclica "Fides et Ratio", significa: *"creo para entender, entiendo para creer"*. La Fe verdadera me empuja a entender: no aniquila mi razón. La luz y la seguridad de la Fe no me dejan tranquilo, sino que reclaman que piense y entienda todo lo que pueda. Reclaman que esa misma luz sobrenatural me lleve a utilizar la luz natural de la razón para entrar a fondo en el ser de las cosas, y entender todo lo que pueda. Se puede decir que, cuantas menos cosas tenga que creer, porque ya las entiendo, mejor será mi Fe: **"credo ut intelligam".** La Fe pone en marcha la inteligencia, pero no la sustituye, sino que la reclama, la supone y la necesita.

Y después, *"intelligo ut credam: entiendo para creer"*. No entiendo para quedarme pensando que soy muy listo. Cuando entiendo mejor el mundo que es obra de Dios, puedo calar más a fondo en el contenido de mi Fe. Porque la Fe presupone la inteligencia. La vida y el crecimiento de la Fe presuponen la vida y el crecimiento de la inteligencia. San Agustín decía lo mismo, pero describiendo un momento anterior de ese juego entre inteligencia y Fe: **"Entiende para llegar a creer, cree para llegar a entender".** Así podemos ciertamente fundamentar la Fe en Aquel que habiendo muerto, resucitó, y que nos dice: **"Yo soy el Camino, y la Verdad, y la Vida; nadie viene al Padre, sino por mí".** (San Juan Evangelista, 14, 6).

13) Lo único que puede salvar a México de sus apocalípticos azotes es un regreso intencional –de pueblo y gobierno– a sus raíces y costumbres cristianas. Dejémonos de las supercherías al estilo de Santiago Pando,

Martha Sahagún y sus ciegos seguidores, que esperan una especie de *"resurrección milagrosa"*, basados en el cumplimiento de algunas absurdas *"profecías mayas"*. Ellos dicen en **"El Momento Cuántico de México"**, (www.creerescrear.com) que:

"...lo que hoy México necesita de nosotros es amor, cuidados y atención. Los ciudadanos sí podemos logar lo que para los políticos es imposible: la reconciliación nacional. La unidad en un solo corazón. La luz de la verdad como visión de país. La paz como la palabra que se comparte. La alegría como el aire que se respira... Cuando las medias verdades chocan de frente, el espejo de la ilusión se rompe, y la luz desnuda la verdad oculta. Hoy la verdad superior de México somos los ciudadanos libres e independientes. Los que ya entendimos que el poder de uno es cuando estamos unidos todos: eso es la evolución. Pon tu mano en el corazón y vibrarás el nuevo amanecer del país. Y como dijo el Maestro Maya Don Lauro: hay que sonreír mucho porque esto va en serio. In lakesh, yo soy otro tú".

Quiero suponer que este hombre escribe de buena fe. Sin embargo, él, como publicista y hombre del Sistema puede llegar fácilmente a millones de personas, y dejarlas en ayunas del único alimento que podría sacar a México de su agonía. Porque ya no estamos en crisis, sino en una verdadera agonía. Por lo que requerimos de la Verdad del Evangelio –verdadero ***"escándalo para los judíos y locura para los paganos"*–** para no volver a cometer el Pecado de Soberbia al desear suplantar a Dios y decidir salvarnos por nuestros propios medios "cuánticos", que es lo que Luzbel desea.

He escrito este libro y en especial este capítulo con la bravía intención de provocar una "explosión de conciencia" en las personas de buena voluntad. Con frecuencia me ha sorprendido la inesperada y favorable reacción de muchos seres humanos que sólo esperan del cristiano un poderoso mensaje coherente, racional y profundo para decidir regresar a "la casa del Padre" antes de que sea demasiado tarde. Poner y encender la mecha, desparramar el combustible y colocar el comburente necesarios para provocar semejante explosión, es la responsabilidad de los seglares, de cara a una Iglesia Católica que parece casi toda ella dormida en el Huerto de los Olivos, mientras que Cristo vuelve a ser crucificado, impunemente, claro está, porque para eso estamos en México, campeón mundial de la impunidad... Por ahora.

"El mensaje de la cruz es una locura para todos los que se pierden, pero para los que se salvan –para nosotros– es fuerza de Dios. Porque está escrito: 'Destruiré la sabiduría de los sabios y rechazaré la ciencia de los inteligentes'. ¿Dónde está el sabio? ¿Dónde el hombre culto? ¿Dónde el razonador sutil de este mundo? ¿Acaso Dios no ha demostrado que la sabiduría del mundo es una necedad? <u>En efecto, ya que el mundo, con su sabiduría, no reconoció a Dios en las obras que manifiestan su sabiduría, Dios quiso salvar a los que creen por la locura de la predicación.</u> Mientras los judíos piden milagros y los griegos van

en busca de sabiduría, nosotros, en cambio, predicamos a un Cristo crucificado, escándalo para los judíos y locura para los paganos, pero fuerza y sabiduría de Dios para los que han sido llamados, tanto judíos como griegos. Porque la locura de Dios es más sabia que la sabiduría de los hombres, y la debilidad de Dios es más fuerte que la fortaleza de los hombres". San Pablo, Corintios I.

14) Argumentos Obsoletos de los "sabios de este mundo". Resultaría divertido –pero por desgracia es trágico– conocer algunas de las necedades inventadas al calor de aquella famosa frase: *"Y dijo el necio en su corazón... Dios no existe".* Así que como Dios queda excluido, desde Darwin, tenemos por fuerza que buscarnos e inventarnos otros dioses:

Recapitulación Embrionaria. Se trata de esta peregrina idea: que las etapas de la evolución humana aparecen en el desarrollo del embrión. Esto es absolutamente falso y anticientífico: el hombre es hombre en cuanto es hombre, y no puede haber sido un animal que por evolución se volvió persona sin la intervención de la Causa Eficiente: Dios.

Órganos residuales. Es la creencia de que ciertos órganos han perdido su utilidad original y son un residuo evolutivo. Estamos buscando evidencias de que nuevas características estén siendo creadas por evolución, y no la pérdida de características. La adición al entramado genético no sucede sólo como una consecuencia de la sustracción.

Polillas pimenteras. Es la ingenua creencia de que los cambios en la población de la polilla pimentera demuestran su evolución. Sin embargo, no surge ninguna nueva especie. Cambian los números, no la fisiología. Los fósiles alineados en fila como una bandada de patos, dan la impresión que uno proviene del otro, pero es sólo fantasía.

Bosques sucesivos. Se trata de la idea de que los estratos que muestran árboles fósiles enterrados en bandas sucesivas muestran que bosques sucesivos crecieron sobre un largo periodo. Sin embargo, la simple lógica demuestra cómo esas bandas podrían formarse rápida y catastróficamente, sin necesidad de "evolución".

Sopa Primordial. Hay tanto de equivocado en el concepto de la evolución de la vida a partir de la "sopa de la no-vida" que serían necesarios muchísimos libros para contenerlo todo. De todas formas: ¿y de dónde viene la "sopa primordial"? ¿Cuál es su causa eficiente o su razón de ser?

Hombre de Java, hombre de Neanderthal, hombre de Pekín, hombre de Piltdown, hombre de Cro-Magnon, etc. Por favor, presente a todos estos y cuenten la sórdida y entera historia de las falsificaciones sobre cada uno de ellos.

El libro de Marvin Lubenow "Bones of Contention" es una buena fuente de información.

Las mutaciones causan un incremento en la información. No existe ninguna evidencia de que este sea el caso. La información genética es transformada o bien copiada de otra fuente, o incluso es destruida por la mutación. Este es el caso con la resistencia bacteriana y otras así llamadas evidencias de la evolución. Si usted es un profesor, por favor no muestre en la clase la película engañosa "**Inherit the Wind**", donde se afirma que: "**Dado el tiempo suficiente, cualquier cosa puede suceder**". Puede demostrarse que esta afirmación es matemáticamente falsa. El libro de Spencer "**Not By Chance**" tiene uno de los mejores tratamientos sobre este asunto.

15) El diseño similar –Homología– prueba un origen común, además de los argumentos genómicos ya expuestos. Podemos aceptar cualquier teoría científicamente honesta siempre y cuando ella acepte, explícita o implícitamente, que todo procede de la voluntad del Creador, o que reconozca que los todos seres –incluido el cuerpo del hombre, pero no su alma– descienden unos de otros por medio de una "evolución dirigida" por una Causa Eficiente, inteligente y finalista. La mayor parte de los argumentos utilizados por los evolucionistas para probar su teoría sufre serias refutaciones científicas. No es mi propósito profundizar en detalle sobre cada una de las supersticiones sobre la evolución. Es sólo una teoría sujeta a serias investigaciones. Información detallada sobre el tema puede encontrarse en diversas páginas web, sabiendo navegar sin naufragar. Exijo que los profesores, particularmente en México, presenten mis argumentos a los alumnos inocentes que no tienen la oportunidad de escucharlos en su salón de clases.

Porque hay un deliberado intento de erosionar los fundamentos cristianos del estudiante mexicano, lo cual lo convierte en un fin religioso y no científico. A mí no me importa si un cristiano intenta incorporar las creencias evolucionistas dentro de su Fe. Si cualquier persona –so pretexto de Ciencia– utiliza la teoría de la evolución para atacar al Cristianismo, entonces la enseñanza se convierte en propaganda ateísta. Tal y como ha ocurrido en nuestra agónica patria mexicana desde la asunción al Poder de los Generales "**Rovolucionarios**". Y peor cuando entregaron los bártulos a los civiles masones. La mayor parte de los argumentos utilizados por los evolucionistas para probar su teoría, encuentran serias refutaciones científicas. Por ahora es evidente que la finalidad de la "teoría de la evolución" llevada a sus extremos es descristianizar a las naciones, particularmente a México.

Lo cual no resta seriedad a los analistas de la evolución que no hacen de sus estudios e investigaciones una escuela atea, sino que se dan cuenta de que "Creación" y "Evolución" son de suyo puntos de vista complementarios, y viven coherentemente con esta sana visión de la realidad.

16) Acepto la Biblia, pero no en el sentido literal de los "Creacionistas" protestantes. ¿Qué pasa entonces con la "Teoría de la Evolución" en su formulación más extrema? La humanidad: ¿evolucionó por sí misma de una forma de vida inferior, de algún tipo de mono? No es este el espacio adecuado para realizar un examen completo de la teoría de la evolución, que establece que "**todo lo que existe –el mundo y lo que**

contiene– ha evolucionado a partir de una masa informe de materia primigenia sin necesidad de origen ni propósitos inteligentes". En lo que concierne al mundo mismo: minerales, rocas y materia inerte, hay sólida evidencia científica de que sufrió un proceso lento y gradual, que se extendió durante un período de miles de millones de años, de acuerdo con la certeza científica del ya expuesto *"Big Bang".*

No hay nada contrario a la razón o la fe en esa teoría, que ha dejado de serlo en gran parte para pasar a formar parte de las certezas científicas objetivas. Dios creó el mundo a partir de la nada, pero haciendo estallar originalmente –y hasta la fecha– una infinitamente densa masa de materia. A la vez, estableció las leyes naturales por las que, paso a paso, esa masa evolucionaría hasta formarse el universo como hoy lo conocemos.

De haberlo hecho así, o de alguna otra forma, **seguiría siendo el Creador de todas las cosas.** Además, un desenvolvimiento gradual de su plan, actuado por causas segundas, reflejaría mejor su poder creador que si hubiera hecho el universo que conocemos en un instante. El fabricante que hace sus productos entrenando y adiestrando a supervisores y capataces, muestra mejor sus talentos que el patrón que tiene que atender personalmente cada paso del proceso. La experiencia que tiene el ADN, a la que se refiere Carl Sagan, necesariamente es sabiduría divina.

A esta fase del proceso creativo, al desarrollo de la materia inerte, se llama «**evolución inorgánica**». Si aplicamos la misma teoría a la materia viviente, tenemos la llamada teoría de la «**evolución orgánica**». Pero el cuadro aquí no está tan claro ni mucho menos, porque la "evidencia" se presenta llena de huecos y la teoría necesita muchas más pruebas científicas. Esta teoría propugna que la vida que conocemos hoy, incluso la del cuerpo humano, ha evolucionado por largas eras desde ciertas formas simples de células vivas a plantas y peces, de aves y reptiles al hombre.

Si esto se traduce como "tomar barro de la Tierra", no tengo inconveniente en pensar que la evolución orgánica se haya tardado miles de millones de años. Para Dios no hay tiempo. No necesitaba paciencia. Él *"ES quien ES"* en la Eternidad, y tiempo para Él el no transcurre, así que da lo mismo que desde nuestro miope punto de vista –sujetos al espacio, la materia, el tiempo y la energía–, la creación o evolución orgánicas se hayan tardado miles de millones de años.

En eso no existe ninguna clase de problema filosófico o teológico, sino muy graves problemas científicos, simplemente porque la "teoría de la evolución orgánica" está todavía muy lejos de ser probada científicamente. Para nuestro propósito basta señalar que la exhaustiva investigación científica no ha podido hallar los restos de la criatura que estaría a la mitad entre hombre y mono. Los fraudes expuestos anteriormente en este mismo capítulo son prueba contundente de este aserto.

Además, los evolucionistas orgánicos basan mucho su doctrina en las similitudes entre el cuerpo de los simios y el del hombre, mas un juicio realmente imparcial nos hará ver que **las diferencias son tan grandes como las semejanzas.**

Algunas teorías evolutivas aceptan un fundamento teísta, pero hay otras más poderosas y extendidas, como las que se troquelan en la mente de los educandos mexicanos, que tienen adictivos y pegajosos alegatos materialistas y ateos, cuyo primer principio es la negación del Creador como Persona. Deseo que haya quedado claro que evolución, por sí misma, es ineficaz para dar cuenta del inicio del cosmos. El mismo Albert Einstein dijo al respecto: **"Mi curiosidad estriba en saber qué había antes del Big Bang... porque lo que sigue son sólo detalles".**

Gran parte de la corrupción imperante en México surge de que cuando menos la mayor parte de la clase política desconoce o rechaza, desde el fondo de una conciencia no ilustrada o encallecida en la maldad, la existencia de un Creador y por ende Legislador Inmutable e Infalible. Por otra parte, vale la pena insistir: las ciencias naturales han probado hasta la saciedad que la generación espontánea –la mágica génesis de un ser vivo a partir de materia no viviente– contradice los hechos observados. **Por esta razón, los teóricos teístas de la evolución postulan una intervención por parte del Creador en la producción de los primeros organismos.**

¿Cuándo y cómo y en qué organismo fueron implantadas las primeras simientes de la vida? No lo sabemos. Sólo demando de las autoridades educativas dejar de corromper y manipular a nuestros educandos al rechazar a priori la necesidad racional del acto creador en el origen del alma humana, ya que el alma, por sí misma, no puede tener su origen en la materia dejada a sus solas limitadísimas capacidades. **Al imponer sus tesis materialistas, la SEP hunde a nuestra población en un simple y sencillo relativismo ético, raíz de muchos de nuestros azotes.** Mientras en México nos volvemos cada día más ignorantes, la búsqueda del «**eslabón perdido**» continúa.

Yo más bien le llamaría "**mítico eslabón imaginario**". De vez en cuando se descubren –o previamente se colocan para después encontrarlos– unos huesos antiguos en cuevas y excavaciones. Por un cierto lapso variable existe una gran excitación mediática. Luego alguien descubre que aquellos huesos eran: o claramente humanos o claramente de mono, o un gran fraude –como los muchos ya considerados. Imaginemos, sin embargo, que al fin realmente se descubren los *"eslabones perdidos"*. En lo que concierne a la fe, no importa en absoluto. Porque Dios pudo haber "moldeado" el cuerpo del hombre por medio de un proceso evolutivo, si así lo quiso. Pudo haber dirigido el lento desarrollo de una especie determinada de ser vivo hasta que alcanzara el punto de perfección que quería para infundirle el alma humana.

Con un macho y una hembra de tal especie tendríamos el primer hombre y la primera mujer, **"Adán Cromosomático-Y"** y **"Eva Mitocondrial"**. Si así fue, sería igualmente cierto que **"Dios creó al hombre del barro de la tierra".** Y la formación de Eva a partir de una costilla de Adán no debe interpretarse literalmente, pero tiene, sin embargo, un profundo sentido: por esta hermosa, simbólica narración, comprendemos la igualdad, absoluta y radical en dignidad, del hombre y de la mujer.

Lo que conviene aceptar voluntaria y racionalmente es lo que el Génesis enseña: que el género humano desciende de una pareja original –insisto: "**Eva Mitocondrial**" y **"Adán Cromosomático Y"–,** y que las almas de Adán y Eva –como cada una de las nuestras– fueron y son directa e inmediatamente creadas por Dios.

El alma es espíritu y no puede "evolucionar por sí misma" a partir de la materia, como tampoco puede heredarse de nuestros padres. Marido y mujer cooperan con Dios en la formación del ser humano. Pero el alma espiritual que hace de ese cuerpo un ser humano ha de ser creada directamente por Dios, e infundida en el cuerpo embriónico en el seno materno.[39] Creo que la ociosa búsqueda del "eslabón perdido" continuará inútilmente, y científicos católicos de buena fe, pero un tanto ingenuos, participarán en ella.

Como toda verdad viene de Dios, es lógico concluir que **no puede haber conflicto entre un dato religioso y otro científico,** aunque a primera vista pudieran parecer opuestos. Si algo es **Verdad** desde el punto de vista de la ciencia –no del cientificista– no puede ser falso en la Filosofía, ni en la Teología, ni en la Revelación. Dicho de otro modo: lo que es Verdad, lo es desde cualquier punto de vista. Mientras tanto, los católicos escépticos respecto del evolucionismo seguiremos imperturbados, porque nunca se dará el caso de que la Revelación y la Ciencia se contradigan intrínseca e irremediablemente.

Mi escepticismo respecto de la teoría de la evolución no es radical: estoy abierto a las demostraciones y pruebas fehacientes que se me puedan proporcionar, reconociendo que si son verdaderas, serían profundamente divertidas, provocadoras de un desbordado entusiasmo, y maravillosas en sí mismas.

Así que: sea cual fuere la forma que Dios haya elegido para hacer nuestro cuerpo, es el alma lo que importa en realidad. Es el alma –creada para conocer y poseer el Absoluto– la que no se conforma con el alimento ni el sexo; ni con sólo las riquezas materiales, ni el poder, ni la fama, los honores o el hedonismo. Es nuestra alma, inteligente y libre, la que alza nuestra escrutadora mirada a las estrellas en la búsqueda de la Verdad, el goce de la Belleza, la posesión del Bien Supremo, y la dicha de la Unidad del Ser.

---

[39] En castellano pueden consultarse sobre este tema: Luis ARNALBICH, El origen del mundo y del hombre según la Biblia, Ed. Rialp, Madrid 1972; XAVIER ZUBIRI, El origen del hombre, Ed. Revista de Occidente, Madrid 1964; REMY COLLIN, La evolución: hipótesis y problemas, Ed. Casal i Vall, Andorra 1962; NICOLÁS CORTE, Los orígenes del hombre, Ed. Casal i Vall, Andorra 1959; LEONAROI, Carlos Darwin y el evolucionismo, Ed. Fax, Madrid, 1961.

JUAN BOSCO ABASCAL CARRANZA

17) Conclusiones sobre el origen del Hombre.

17.1) Porque el conocimiento sólo crece cuando ama la Verdad, evitemos el error que el evolucionismo materialista comete intencionalmente: tomar como punto de partida un mero *"prejuicio ideosófico"*, y no una verdadera conclusión científica atenida a los hechos hasta donde hoy los conocemos. La teoría evolucionista ha sido tan vapuleada como reforzada por nuevos descubrimientos. Ha sido engalanada con verdades parciales y ensuciada con bonitas falacias.

Ya es hora de defenderse contra ella cuando se le lleva al extremo como panacea para explicarlo todo: tan sospechosa es. Cito algunos hechos, de la manera más simple y accesible para el profano no científico. Independientemente de todo esto y de mis conocimientos filosóficos y aun teológicos, si careciera de ellos, preferiría creer en el *"gran milagro normal"* de la *"Creación ex nihilo"* antes de aceptar los millones de incomprobables *"milagros"* del azar:

En vez de sólo *"mutaciones"*, la realidad estadística demuestra también la existencia de cuantiosas degeneraciones y extinciones.

La *"selección natural"* queda superada por la abrumadora cantidad de relaciones simbióticas descubiertas por los biólogos y naturalistas de enfoque ecológico. La ingenua creencia en la "generación espontánea" fue aniquilada por los insuperables descubrimientos de Pasteur y otros sabios, hace mucho más de un siglo. No ha existido, no existe, ni existirá jamás el tiempo necesario para que se desarrollen al azar millones y millones de "milagros", porque se basan en una imposibilidad matemática.

Hoy se conocen fósiles que aparecen muy desarrollados sin antecesores, y hasta pequeños fósiles de un solo espécimen que ha vivido durante alargadísimas eras. Ni los fósiles más antiguos alcanzarían a llenar el tiempo requerido para la formación *"al azar"* de las actuales complejidades descubiertas. Por el contrario, en vez de cambios graduales, hoy la Paleontología registra ya formas y tamaños de fósiles cuya aparición y relación geológica demuestran la irrupción repentina de los géneros. El *"Catastrofismo"* –que incluye diluvios, radiaciones solares, glaciaciones, terremotos, aerolitos y maremotos– explica ya los depósitos sedimentarios, los cementerios fósiles, las rocas ígneas y otros "misterios" de la Paleontología y la Geología.

La Paleontología ha descubierto en los estratos terráqueos la confirmación geológica del libro del Génesis: además del Diluvio, también la independencia de los géneros y la aparición diferenciada de los reinos naturales. También la embriología y la genética confirman estos últimos descubrimientos, demostrando así la imposibilidad de convertir a un género en otro. ¡Cuánto más lo comprueba el sentido común al observar hoy vivos y en pie a los géneros básicos! Pero como ironía curiosa, **no hay rastros de vida de ningún estado intermedio entre los géneros.**

No hay tiempo suficiente para la existencia pretérita de los *"eslabones perdidos";* no hay tiempo para la evolución en sentido darwinista/materialista, a menos que ésta se dé en la imaginación. Así, los pseudo científicos seguirán en pos de un **"eslabón perdido pre humano"** que jamás existió.

Las variedades, la posibilidad genética original, no cruzan nunca los límites de su género; no evolucionan: sólo varían dentro de sus posibilidades genéticas demarcadas con exclusividad. Esto es así aun en los especímenes que gozan de apariencia mixta. Faltan todos los eslabones perdidos, y estos son millones. Podríamos detenernos en cualquier punto de la "línea evolutiva" y hallar al padre semejante al hijo y al hijo semejante al padre.

El abismo entre lo inorgánico y la vida es tan profundo que ni siquiera la ciencia tan compleja, experimentada y manipulada inteligentemente ha tenido el honor de cerrar fehacientemente su brecha. La *"Ley de la Entropía"*, segunda de la termodinámica, es una barrera infranqueable para que por sí misma y **sin una Causa Eficiente extrínseca** sea factible la evolución de lo inorgánico a lo orgánico. Los llamados relojes atómicos se contradicen unos a otros con diferencias aterradoras. Cuando algo es creado aparece súbitamente en una fracción de tiempo muchísimo menor al que aparenta el desarrollo de su estado actual.

Hasta la misma presión del petróleo hace discutible que la Tierra sea tan vieja como se la quiere suponer para poder acomodarla a las hipótesis evolucionistas.

La famosa galería de "antropoides", ya caduca aunque no retirada del mercado como las ediciones viejas, es en su mayoría inexplicable o fraudulenta; no importa que se trate del anciano artrítico de Neanderthal, del diente de chancho de Nebraska, o de los dibujos de Ameghino con sus hipotéticos "triprohomos".

17.2) Una aportación científica. Como una simple hipótesis científica, la teoría de la evolución busca determinar la sucesión histórica de varias especies de plantas y animales. Con la ayuda de la paleontología, la morfología comparativa, la embriología y la bionomía, intenta demostrar que a lo largo de las eras geológicas tales especies evolucionaron por causas naturales. Como hipótesis científica esta teoría considera a las especies actuales como el resultado final de la evolución de otras especies existentes en períodos geológicos anteriores. Esta "teoría de la evolución" o "teoría de la descendencia" se opone a la "teoría de la constancia", que asume la inmutabilidad de las especies orgánicas. ***La teoría científica de la evolución no se involucra por sí misma con el origen de la vida.*** Sólo investiga las relaciones genéticas de especies sistemáticas, géneros y familias, y se propone colocarlos de acuerdo con las series de descendencia naturales. Se entiende que esto es sólo una hipótesis honesta. La formación de nuevas especies se observa raramente, y sólo con referencia a las formas ya relacionadas entre sí. Sin embargo, ya se probó la relación genética de muchas especies sistemáticas entre ellas y con formas fósiles, como ocurre en el desarrollo genético del caballo, de las amonitas, y de muchos insectos, especialmente de aquéllos que viven como "huéspedes" con hormigas y termitas, y que se han adaptado de muchas maneras simbióticas con anfitriones. Las pruebas a favor de la teoría de la evolución se vuelven cada vez más débiles si incluimos un mayor número de formas, tales como las comprendidas en una clase o en un sub-reino.

No existen evidencias de la descendencia genética común de todas las plantas y animales de un mismo organismo primitivo. Por eso hoy existen muchos más botánicos y zoólogos que consideran la evolución poligenética como más aceptable que una monogenética. No obstante, aún es imposible saber cuántas series genéticas independientes han de ser aceptadas en los reinos animal y vegetal. He aquí el meollo de la teoría de la evolución como mera hipótesis científica: está en perfecta concordancia con el concepto cristiano del universo, pues la Biblia no nos dice en qué forma las especies de plantas y de animales hoy existentes fueron creadas originalmente por Dios.

No veo objeción alguna, en lo que concierne a la Razón y la Fe, en suponer la descendencia de toda especie animal y vegetal a partir de unos cuantos tipos, incluso de uno solo, pero tampoco en la idea poligénica opuesta.

17.3) Como ya hemos visto, el propósito de los materialistas surge del contumaz "compromiso" con su propia visión, al margen de la realidad. El mío, por el contrario, consiste en encontrar y seguir las evidencias tanto científicas como experimentales, filosóficas, metafísicas y aun teológicas, evitando el sólo atenerme a un enfoque parcial.

17.4) Sin descalificar de manera absoluta algunas de las valiosas –aunque muy limitadas– aportaciones de algunas de las teorías evolucionistas honestas y moderadas, que no descartan a la Causa de la las Causas, yo prefiero guiarme por los hechos y por los conocimientos actuales. Éstos no demuestran aún con evidencia irrefutable la existencia de cualquier tipo de evolución, entendida ésta como *"selección natural, lucha por la vida y adaptación, saltos espontáneos cualitativos de una especie a otra, y de éstas al Género Humano".*

17.5) Es así que el "**genoma mitocondrial**" sólo se puede obtener de la madre, luego todos los humanos descendemos en última instancia de una sola mujer: Eva.

17.6) El "**Adán cromosómico-Y**" es un único antepasado masculino, en el cual converge toda la población actual de "Homo Sapiens". Ese antepasado no era simio, sino enteramente persona humana, sin importar su aspecto exterior, cual haya sido.

17.7) Sólo es pensamiento mágico, asentar que puede darse la generación espontánea, cuando desde hace más de siglo y medio quedó demostrada su imposibilidad. De lo simple nunca sacaremos lo complejo, ni la vida de la no-vida, ni la conciencia de lo inconsciente, ni el orden del caos... a menos que aceptemos humildemente la existencia lógica y necesaria de una **_Primera y Necesaria Causa Eficiente, inteligente y con propósitos amorosos y racionales._**

17.8) Las preguntas obligadas sobre el origen, la identidad y el destino del ser: qué, quién, cómo, cuándo, dónde, por qué, para qué, no son del conocimiento del hombre común, y son rechazadas por los pseudosabios materialistas, particularmente en México y sobre todo cuando pertenecen a alguna facción política que forma parte del macro sistema oligárquico que nos manipula.

17.9) Existe una formidable laguna, una especie de analfabetismo no sólo científico y literario, sino sobre todo filosófico y teológico, al grado de que cuando alguien que se las da de culto y bien informado acepta sin chistar afirmaciones tan absurdas e irrestrictas, generalizadoras y absolutas como esta: "**el hombre desciende del mono**". Le parecen enteramente creíbles gracias a la asombrosa incapacidad para ejercer un pensamiento crítico sobre cualquier asunto. En esto, gran culpa tienen los grandes capitanes de los "Mass Media". Intencionalmente ellos han descastado, descristianizado, desinformado y manipulado al pueblo cautivo como "Homo Videns".

18) Finalmente, en su encíclica "**Humani Generis**", el Papa Pío XII nos indica la cautela necesaria en la investigación de estas materias científicas. _"El Magisterio de la Iglesia no prohíbe que, según el estado actual de las ciencias y de la teología–, en las investigaciones y disputas entre los hombres más competentes de entrambos campos sea objeto de estudio la doctrina del evolucionismo, en cuanto busca el origen del cuerpo humano en una materia viva preexistente. Pero la razón y Fe Católica sostienen que el alma es inmediatamente creada por Dios. Pero todo ello ha de hacerse de modo que las razones de una y otra opinión –es decir, la defensora y la contraria al evolucionismo– sean examinadas y juzgadas seria, moderada y templadamente; y con tal que todos se muestren dispuestos a someterse al juicio de la Iglesia, a quien Cristo confirió el encargo de interpretar auténticamente las Sagradas Escrituras y defender los dogmas de la fe"._

19) La historia comienza en Mesopotamia –hoy Irak– y su registro es perfectamente concordante con las declaraciones y narraciones fundamentales de las Sagradas Escrituras judeo-cristianas. El Verbo de Dios, testigo y vehículo de la Creación, que se reveló a los hombres en carne, murió por nosotros y resucitó –hechos comprobados históricamente–, cita en su propia vida al Génesis, con lo cual demuestra y confirma la veracidad de toda la Escritura, **_si bien no tomada de manera literal, sino dentro de_**

su contexto lingüístico y cultural, parabólico y aun simbólico. Porque la Biblia es un libro ético y religioso, pero no es un libro científico.

20) Crítica científica al Darwinismo y Neodarwinismo. El núcleo de la idea de Darwin consiste básicamente en la unión de tres ideas: "variaciones espontáneas", "selección natural" y "acumulación de variaciones". Afirmaba explícitamente que *"si se niega el fenómeno de la selección natural, toda mi tesis se viene abajo".* La selección natural según Darwin es: *una selección, fruto de la lucha por la supervivencia que se da en la naturaleza, en la cual se criban las variaciones espontáneas, haciendo que las formas de los seres de una especie varíen con el tiempo por la eliminación de las formas menos aptas para sobrevivir.*

Pero la hermosa y necia realidad es diferente: ninguna de las tres bases darwinianas forman hoy parte de la evidencia científica.

Con respecto al Neodarwinismo podemos afirmar que es la adición de la teoría genética al aporte de Darwin. Atribuye los caracteres de los seres vivos a un componente material concreto dentro de la célula, inicialmente llamado "plasma germinal", posteriormente "genes". Las variaciones morfológicas o de otras características, dicen los neo darwinistas, se deben a variaciones de los genes. Y todas las variaciones casuales de los genes se llamarán luego "mutaciones al azar".

Algunos errores de la teoría de Darwin —entre otros— son los siguientes. Uno: su explicación sólo intenta dar una razón al cambio de morfología de los seres vivos, pero no de su especie. La obra inicial de Darwin sólo menciona la palabra "especie" en el título. Dos: no explica por qué aparecen nuevos patrones morfológicos estables. Tres: las tesis darwinistas parten de la evidencia de la variedad, pero no explican esta variedad. Más tarde se explica en términos de consecuencia de mutaciones al azar. Pero el azar no puede dar razón de nada.

Uno de los atractivos que han hecho muy popular la explicación darwinista en la época actual es la pretensión de que *se trata sólo de una explicación científica, pero en realidad se trata más de un compromiso sectario con el ateísmo.* La explicación darwinista se presta al juego de las ideologías materialistas y mecanicistas. Aparece la posibilidad de expulsar a Dios de la visión de la naturaleza en evolución, y esta posibilidad se encuentra ahora plenamente aprovechada por los milenarios enemigos de la Iglesia Católica, particularmente en México.

El poderoso matiz ateo de las tesis darwinistas provocó una reacción por parte de creyentes cristianos, especialmente en el ámbito estadounidense, que consiste en el rechazo absoluto a las ideas de la evolución biológica y de sus explicaciones darwinistas. Nace así un nuevo fundamentalismo anticientífico del que me ocuparé más adelante. Se trata de la "**Escuela del Intelligent Design**".

Es una oposición al darwinismo que se hace sin oponerle una visión trascendente de la vida. A base de presionar para crear un clima de opinión materialista, científicos como Sagan y Dawkins han conseguido una reacción, en parte visceral, en parte muy fundada, por quien no se considera materialista o ateo, y han vuelto a entrar en la explicación de la evolución cuestiones claramente filosóficas. También ha aparecido la teoría del *"equilibrio puntuado"*. Fue propuesto por S. J. Gould en los años 70.

Concluye que nuestra búsqueda por "eslabones perdidos" será infructuosa siempre, y que la evolución sólo ha dejado una huella escalonada. Así, plantea al darwinismo ortodoxo un problema muy serio. La manera como fue compatible esta teoría con las observaciones de las tesis darwinistas fue la hipótesis de la especiación alopátrica.

No está demostrado que la evolución, como fenómeno global –llamado "macroevolución"–, sea resultado verdadero de la constante acumulación de pequeños cambios –"macroevolución"–; puesto que es sólo una suposición a la que los darwinistas se aferran. El darwinismo no explica el origen de las nuevas formas de los seres vivos. No dice nada al respecto, y se limita a repetir que todo sucede por azar. Buscamos una causa auténtica, que explique un proceso de modo claro, basado en una ley interna universal, pero la respuesta de atribuir el origen de las formas al azar, es una caprichosa y sesgada salida por la tangente. Algunos de los principales prejuicios que dificultan a los biólogos ver otra solución distinta del darwinismo son:

Primero, *"una característica del individuo responde a un gen que la codifica"*. De acuerdo con esta idea se ha desarrollado la mentalidad de que los genes de los seres vivos tienen la clave para poder entender y dominar la biología. Surge así un sesgado paradigma genético.

Segundo: la selección natural, que va asociada a la concepción de la naturaleza como un lugar en dura lucha por la supervivencia. Pero en realidad la vida se da de sobra en la creación: no hay dificultad alguna en conservarla, ampliarla y enriquecerla.

Tercero: los neo darwinistas piensan que la complejidad de la vida se alcanza por mutaciones al azar, en lugar de fijarse en el mecanismo elemental –los genes y su expresión– en las interacciones bioquímicas a nivel superior y en interacciones de otro tipo –de las células o de los tejidos entre sí. Olvidan la complejidad de la vida y caen en un reduccionismo anticientífico. Se da una "visión simplista" que explica la realidad expandiendo el mecanismo de selección a todos los niveles de observación posibles, sin atender a que la explicación de la realidad en diversos ámbitos y niveles, implica que cada nivel tiene sus propias leyes y explicaciones. Aunque en el darwinismo el aislamiento de una parte de la población de una especie se postula como necesario para su transformación en otra, nunca se ha podido relacionar un aislamiento concreto con una especiación concreta. Todo son solamente sospechas y datos sugestivos –como el de la fauna y flora en las islas. Finalmente: ¿cómo se explica entonces la evolución desde un punto de vista realista?

Si bien rechazamos la explicación darwinista y neodarwinista, sólo conocemos algunos datos sueltos: paleontológicos, cuestiones

de genética, parentescos entre diversas especies, paleo metabolismo, etc, que son conocimientos orientadores para realizar futuras investigaciones. La pregunta clave que debe guiar el estudio de la evolución de los seres vivos, y que el darwinismo no ha podido contestar, es esta: ¿por qué aparecen patrones morfológicos nuevos en los seres vivos?

21) Crítica a la "Escuela del Intelligent Design". Es una reacción visceral contra el reduccionismo simplista del darwinismo. El pilar darwinista es la selección natural, pero deja de lado la gran cuestión que consiste en determinar de dónde salen las formas adaptadas –que es evidente que no surgen por sí mismas. Entonces los miembros del "ID" contestan: son un "diseño inteligente".

La popularidad del darwinismo –por su pretensión de ser sólo una explicación científica, cuando en verdad expulsan a Dios como origen y finalidad de la creación– provocó una virulenta reacción opositora, pero también simplista y reduccionista. Oponer al darwinismo cientificista otro enfoque "científico" –el "Diseño Inteligente" es caer también en otra simplificación que olvida o ignora que Dios pudo haber provocado la evolución "desde fuera" del ser de las cosas, por cualquier cantidad de tiempo, sin patrones bíblicos. Entre 1910 y 1915 Lyman Stewart financió "The Fundamentals".

La obra, muy combativa, llevó a muchos protestantes al Fundamentalismo o "Nuevo conservadurismo", que es una falsa e innecesaria "guerra entre ciencia y religión". El fondo del "Intelligent Design" es: el mecanismo neodarwinista no explica la existencia de sistemas irreductiblemente complejos, que no pueden proceder de otros sistemas más sencillos por medio de ligeras variaciones, porque los sistemas más sencillos no son funcionales. La naturaleza está llena de ejemplos de esta complejidad irreductible, cuyo origen no puede ser explicado mediante el darwinismo que está sujeto al azar y a la generación espontánea ya abandonada desde hace siglos por los científicos serios. Los exponentes más reconocidos del "ID" son William Jennings Bryan con "La Amenaza del Darwinismo", y el juicio contra John Scopes. Hoy, el "ID" se apoya en dos libros: **"El misterio del origen de la vida"**, escrito por tres autores: Thaxton –químico–, Bradley –ingeniero y Olson –geoquímico. Surge también **"Evolución: Una Teoría en Crisis",** de Michael Denton, agnóstico y especialista en genética molecular. Grassé, desde la zoología, señala la insuficiencia darwinista para explicar lo que pretende explicar. Gould, en los años 70, descubridor del "equilibrio puntuado" concluye que la búsqueda de "eslabones perdidos" será infructuosa siempre, y que la evolución sólo ha dejado una huella a escalones. El aislamiento de una parte de una especie es necesario para su transformación en otra, pero no se ha podido relacionar un aislamiento con una especiación concreta. Es una variante del "argumento del diseño" de Paley en el siglo XVIII. Henry M. Morris crea un centro para la investigación de la creación y un College cristiano fundamentalista.

Saca adelante el *"Institute for Creation Research"*, anti evolucionista, pero fracasó en el ámbito legal. Sus intentos de ser aceptado por el mundo científico fracasaron. El "ID" surge dentro de un ambiente de enfrentamiento, que a los católicos latinos nos parece muy melodramático, por no decir cómico, anticientífico y antiteológico. La propuesta del "ID" se reduce a tres "fenómenos": **contingencia, complejidad irreductible y especificación.** Así, el "ID" se opone a reducir el origen de toda novedad biológica a simples cambios al azar que no resisten un análisis ni filosófico ni biológico; rechazan que en la naturaleza se dé una dura lucha por la supervivencia, y sostienen que más bien lo que se da no es sino un derroche de vida.

Y sostienen que no está demostrado que la *"macroevolución"* sea *"microevolución"* acumulada, sino que esto es una mera suposición. Sean bienvenidas estas tres observaciones. Pero en cierta forma eufórica Michael J. Behe, bioquímico, formulador de tales ideas, expresa su entusiasmo por el "ID" con las siguientes palabras: *"El resultado de estos esfuerzos acumulativos para investigar la célula –para investigar la vida a nivel molecular– es un estridente, claro y penetrante grito de '¡Diseño!'."*

Esto parece ortodoxo desde el ángulo católico, pero el "ID" incurre en errores graves. Entre los protestantes ha tenido una gran acogida, porque parece una *"respuesta científica"* que dice no excluir a Dios como Causa Eficiente de la creación y del proceso evolutivo. En México, el *"ID"* es desconocido. Sin embargo, ha conseguido, a diferencia del Creacionismo, que muchos científicos de renombre defiendan la Evolución y se pongan a dialogar con esta corriente. La crítica más importante que se le hace al "ID" es que incurre en las mismas debilidades epistemológicas del evolucionismo darwinista y del neodarwinismo, que son ideologías, pero no ciencia. Sostiene sus explicaciones con base en artefactos –una ratonera, por ejemplo–, por lo que al equiparar el mundo artificial con el mundo natural cae en un mecanicismo simplista.

Resulta inconcebible hablar de un diseño sin reconocer la existencia del Diseñador: Dios. Behe es agnóstico, y es trágico que pretenda demostrar que existe un "diseño" sin Diseñador, y una inteligencia sin Origen extrínseco. Es decir: cierto día feliz, un ser no consciente ni inteligente exclamó: **"¡Hágome consciente"**. Se hizo consciente por su propia voluntad, antes de tener conciencia y voluntad. Esto termina por negar a Dios, al igual que el darwinismo y el neodarwinismo. Como aquella olla que dijo: **"yo me hice a mí misma, porque no conozco alfarero alguno"**. ¡Se le subió el barro a la cabeza! En el darwinismo, el neodarwinismo y el "Diseño Inteligente" se dan sesgos graves: buscan información que confirman sus preconcepciones, realizan un agresivo escrutinio de la información cuando contradice sus principales creencias, y aceptan la información favorable a sus creencias.

Hacen *"percepción selectiva"*: las ilusiones que los apoyan se acogen con frenesí y son rechazadas las contrarias. Usan el "Efecto de Arrastre": hacer o creer cosas porque muchas otras personas lo hacen o creen tales cosas. Buscan sólo información de la que no puede afectarlos, como si por el mero hecho de tener más información su razonamiento fuese más veraz. Pretenden "probar" cuestiones metafísicas como si fuesen asuntos propios de "ciencias experimentales". Es una paradoja contradictora y absurda: pretender hacer ciencia que no lo es, pero a la vez negar una Metafísica que sí lo es. Darwinismo y el "ID" incurren en una simplificación de la realidad, huyen de la Metafísica formal y se colocan inconscientemente dentro de una especie de "metafísica" implícita. Los creacionistas del "Diseño Inteligente" son un grupo fino con profesores universitarios y gente educada; doctorados en derecho, filosofía, matemáticas, ingeniería y hasta bioquímica y biología molecular. Dicen creer en Dios Creador, pero afirman que ellos son los científicos auténticos porque no tienen el cerebro nublado por los prejuicios seculares institucionalizados de la ciencia moderna, a diferencia de los evolucionistas. Philip Johnson propone remplazar la ciencia secular con una ciencia teísta: un método que incorpore la idea de Dios en el proceso científico.

Con esa posición filosófica la escuela de "Diseño Inteligente" es más profundamente reaccionaria que la vieja escuela de "creacionistas científicos", quienes dicen que tienen "evidencia científica" de que la evolución es incorrecta pero no llegan al extremo de querer meter la idea de Dios en toda la ciencia. Es una lamentable confusión epistemológica entre campos del pensamiento humano diversos y complementarios, pero que no pueden superponerse sin caer en aberraciones y absurdos.

22) Crítica al "Creacionismo" protestante, literal. Pensar que *"... la Tierra fue creada por Dios en siete días; todas las especies fueron colocadas por el Creador tal y como son ahora..."* es una forma de locura. Esta corriente, que ningún científico cuerdo está dispuesto a apoyar, se estudia en algunas escuelas estadounidenses en igualdad de condiciones con la teoría de Darwin.

La Biblia no es un libro de texto, sino un libro religioso. Un argumento que usan los creacionistas es la aparente contradicción de la Biblia con la ciencia, pero es que la Biblia no es un libro científico. Los "creacionistas científicos" tradicionalistas son un grupo rústico con un aire de fanatismo irracional y profundamente ignorante de los principios científicos más básicos.

23) Síntesis: ¿Cuáles son los principios fundamentales sobre el origen del mundo y el ser humano que el sentido común, la filosofía y la Iglesia Católica indican como básicos?

Sobre la cuestión del origen del ser humano: se podría admitir –con todo y la falta de pruebas científicas concluyentes– un proceso evolutivo respecto de su corporeidad, pero en el caso del alma, por el hecho de ser espiritual e inmortal, se requiere una intervención personal y directa de Dios.

El hecho de ser creado y querido inmediatamente por Dios es lo único que puede justificar, en última instancia, la dignidad del ser

humano, porque éste no es resultado del azar, sino que es un ser de naturaleza racional dueño de una sustancia espiritual, que es su alma imperecedera.

La verdad no puede contradecir a la verdad... porque toda verdad es verdadera por sí misma –aun cuando pertenezca a campos diferentes–, y no puede ser denegada ni falsificada por "otra verdad" desde algún otro punto de vista; sino, en todo caso, ser reforzada, ampliada y profundizada. **Para la Iglesia no hay, en principio, incompatibilidad entre la verdad de la creación y la teoría científica de la evolución.** Porque Dios muy bien podría haber creado un mundo en evolución constante, lo cual no le quita nada a la causalidad divina.

Subrayo que la Biblia no tiene una finalidad científica... sino más bien religiosa y ética, y más propiamente reveladora y salvífica.

* * *   * * *   * * *

CAPÍTULO V.

Tentación, Libertad, Pecado Original y Consecuencias.

"Y dijo Dios al Hombre: 'Porque hiciste caso a tu mujer y comiste del árbol que yo te prohibí, maldito sea el suelo por tu culpa. Con fatiga sacarás de él tu alimento todos los días de tu vida. Él te producirá cardos y espinas y comerás la hierba del campo. Ganarás el pan con el sudor de tu frente, hasta que vuelvas a la tierra, de donde fuiste sacado. ¡Porque eres polvo y al polvo volverás!'. El hombre dio a su mujer el nombre de Eva, por ser ella la madre de todos los vivientes. El Señor Dios hizo al hombre y a su mujer unas túnicas de pieles y los vistió. Después el Señor Dios dijo: 'El Hombre ha querido llegar a ser como uno de nosotros en el conocimiento del Bien y del Mal. No vaya a ser que ahora extienda su mano, tome también del árbol de la vida, coma y viva para siempre'. Entonces expulsó al Hombre del jardín de Edén, para que trabajara la tierra de la que había sido sacado. Y después de expulsar al Hombre, puso al oriente del jardín de Edén a los querubines y la llama de la espada zigzagueante, para custodiar el acceso al árbol de la vida".

Génesis 3, 17-24.

Introducción.
1) El Diseño Original, Estado y Riquezas de Eva y Adán.
Cada uno de nosotros puede jactarse de los formidables antepasados de nuestro árbol familiar común: Adán y Eva. Al salir de las *"manos"* de Dios –con evolución y sin ella– eran personas espléndidas, nada corrientes, ni sometidas a las leyes ordinarias y actuales de la Naturaleza.

No estaban diseñados para envejecer ni sufrir la muerte final, ni estaban sujetos a las insalvables limitaciones de la naturaleza humana, como ahora la conocemos. No tenían la necesidad de adquirir sus conocimientos por experimentación, estudio, deducción e investigación laboriosos.

Tampoco requerían el esfuerzo heroico de mantener el control del espíritu sobre la carne mediante una esforzada e intencional vigilancia. Con los dones que Dios confirió a Adán y Eva desde el primer instante de su existencia, ellos eran inmensamente ricos, pues contaban con dos grandes tipos de dones: los que denominamos **"preternaturales"** y los **"sobrenaturales"**. Los "dones preternaturales" son aquellos que no pertenecen por derecho propio a la naturaleza humana, y, sin embargo, puede recibirlos, poseerlos y gozar de ellos. Imaginemos que si a un caballo se le diera el poder de volar, esa habilidad sería un "don preternatural", porque volar no es propio de la naturaleza del caballo, pero sí hay otras criaturas capaces de hacerlo.

La palabra "preternatural" significa, pues, "fuera o más allá del curso ordinario de la naturaleza de un ser determinado". Pero si a ese mismo caballo Dios le diera el poder de razonar y procesar verdades y pensamientos abstractos, no sería un don propiamente preternatural, sino en cierto modo sobrenatural, demasiado por encima de la naturaleza del caballo. Este es exactamente el significado de la palabra "sobrenatural": algo que está totalmente sobre la naturaleza de la criatura; no sólo de un caballo o un hombre, sino de cualquier criatura.

Así podemos entender mejor las dos clases de dones que Dios concedió a Adán y Eva. **Primero, tenían los "dones preternaturales",** entre los que se incluían una sabiduría de un orden inmensamente superior, el conocimiento natural de Dios y del mundo, claro y sin impedimentos, que de otro modo sólo podrían haber adquirido con una investigación y estudio penosos.

Desde luego: contaban con una elevada fuerza de voluntad y el perfecto control de las pasiones y de los sentidos. En el orden espiritual gozaban de una perfecta tranquilidad interior y carecían de conflictos personales e interpersonales. A la vez, en el plano físico, sus grandes dádivas consistían en la ausencia de dolor, la fatiga, la sed, el hambre, las enfermedades y la muerte.

Gozaban, además, de una extraordinaria agilidad, por lo que no requerían de transporte alguno para viajar a voluntad. No podemos deducir, con los datos que hasta ahora tenemos, cuáles eran los límites de dicha agilidad, ni si ésta incluía el poder desplazarse a otros planetas o estrellas. Dejemos a los novelistas y los poetas echar a volar la imaginación. Sin embargo, algunos misterios no resueltos en el mundo actual sugieren que la humanidad conservó durante un largo lapso niveles hasta ahora inalcanzables de sabiduría y capacidad tecnológica, antes de perderlas poco a poco al introducirse la muerte y las calamidades por efectos del Pecado Original.

Así habrían vivido en la Tierra por el tiempo asignado, sin las desventajas inevitables de un cuerpo físico en un mundo físico. Cuando hubieran acabado sus años de vida temporal y hubieran pasado alguna prueba de fidelidad a Dios, habrían entrado en la vida eterna en cuerpo y alma, sin experimentar esa tremenda separación de alma y cuerpo que ahora llamamos muerte.

Un don mucho mayor que los preternaturales era el **don sobrenatural:** nada menos que la participación de su propia Naturaleza Divina. De una manera maravillosa que no podremos comprender del todo hasta que contemplemos a Dios en la Visión Beatífica, permitió que su amor –que es el Espíritu Santo– fluyera y llenara las almas de Adán y Eva. Es, por supuesto, un ejemplo muy inadecuado, pero me gusta imaginar este flujo del Amor de Dios al alma como el de la sangre en una transfusión. Así como el paciente se une a la sangre del donante por el flujo de ésta, las almas de Adán y Eva estaban unidas a Dios por el flujo de su Amor.

La clase de vida que, como resultado de su unión con Dios, poseían Adán y Eva, era la vida sobrenatural, esa vida de orden supremo a la que llamamos **"Gracia Santificante" y que hacía que nuestros primeros padres vivieran en estado de santidad y justicia.** Estos dos estados: santidad y justicia, le permitían al hombre sostener una comunicación "de tú a tú", una amistad personal y un trato de absoluta confianza con su Creador.

Porque Dios había creado al hombre no sólo "muy bueno", sino partícipe de su vida divina. Más adelante trataré extensamente el tema de la Gracia Santificante en el apocalíptico estado actual de los asuntos humanos, porque ella desempeña una función de vida o muerte, de importancia absoluta para alcanzar o no nuestro destino final. Como consecuencia del don de la Gracia, Adán y Eva no estaban destinados a una felicidad meramente natural, o sea a una felicidad basada en el simple conocimiento natural de Dios, a quien seguirían sin ver.

En cambio, con la gracia santificante, Adán y Eva podrían conocer a Dios tal como es, cara a cara, una vez que terminaran su vida en la tierra. Y al verle cara a cara le amarían con un éxtasis de amor de tal intensidad, que nunca el Hombre hubiera podido aspirar a él por los méritos o capacidades de propia naturaleza. Esta es la clase de antepasados que hemos tenido. La Revelación lo atestigua al enseñar la creación del hombre: **«formó al hombre del polvo de la tierra»**[40]

El hecho de que Dios formara directamente un cuerpo o utilizara el de un animal preexistente, es algo que la Iglesia Católica deja a la libre discusión de los científicos, quienes a pesar de sus esfuerzos y de sus numerosos fraudes, no logran convencer a las personas más agudas e inteligentes sobre la veracidad de sus teorías. Y como ya lo vimos, ni siquiera pueden encontrar las evidencias no fraudulentas de sus peregrinas afirmaciones gratuitas.

2) La Tentación. *"Cuando alguno es tentado, no diga que es tentado de parte de Dios; porque Dios no puede ser tentado por el mal, ni él tienta a nadie; sino que cada uno es tentado, cuando de su propia concupiscencia es atraído y seducido. Entonces la concupiscencia, después que ha concebido, da a luz el pecado; y el pecado, siendo consumado, da a luz la muerte".*[41]

La "**Serpiente Tentadora**" es identificada con el Demonio o Ángel Caído, Luzbel, el más hermoso y portador de la Luz. En las sagas cinematográficas modernas que contienen algunas alegorías teológicas muy valiosas, se destacan cuando menos dos personajes: **"Saurón"** en el "El Señor de los Anillos", y **"Lord Sith"**, en *"La Guerra de las Galaxias".* Su intervención se atribuye a la cuasi infinita envidia que lo corroía... y lo corroe hasta la fecha.

---

[40] (Génesis 2, 7).
[41] Santiago 1: 13-15.

El objeto de esta envidia luciferina es el destino inmortal que *"Dios ha querido para el Hombre"*.[42] Comencemos, pues, por aclarar que Dios, autor del *"diseño inteligente"* del Universo, en tanto Perfecto y Absoluto, no tenía necesidad alguna de crear nada, ni material ni espiritual, ni ángeles, ni seres humanos; mucho menos plantas, animales o entes puramente materiales.

La creación entera fue y es una obra por completo gratuita e innecesaria. Aunque pudiera parecer irreverente, me atrevo a decir que es más correcto afirmar que Dios nos creó más para hacernos partícipes de su felicidad que para darle gloria a Él. Porque ninguna creatura es capaz, por sí misma, de añadirle ni de quitarle nada a Dios, debido a su absoluta, feliz e inmóvil perfección. Así, puedo afirmar también que Dios nos hizo para hacernos felices... si así lo decidimos.

2.1) Características universales de la tentación. Hemos escuchado de la boca de pastores protestantes, laicos desinformados y otras personas ignorantes –cuando han caído en pecado– utilizar la famosa frase **"el Diablo me hizo hacerlo"**. Lanzan esta absurda aseveración sólo para sentirse libres de toda culpa. Es un torpe y precario mecanismo de proyección que finalmente fracasa ante los embates de la realidad. Es verdad que Satanás y sus huestes son malhechores de tiempo completo y desean por todos los medios que le demos la espalda a Dios de manera formal e irreversible.

Afirmo que cada cual es responsable por los pecados personales cometidos, y nadie más. Siempre seremos responsables por nuestras propias acciones, malas o buenas, malvadas o perfectas, excelsas o viles, nobles o perversas. Aunque rápidamente busquemos a quién culpar por el mal que hayamos hecho. Los psicólogos de todas las escuelas y corrientes entendemos muy bien la brutal magnitud de la opresión, incluso corporal, que sufre quien tiene que reconocerse culpable.

No es lo mismo, desde luego, *"sentirse culpable"* –sobre bases falsas, incluso– que *"reconocerse culpable"*. Esto puede llevarnos con cierta facilidad a la contrición, el arrepentimiento y por lo tanto a la liberación respecto de las fuerzas del mal, y a recuperar la amistad con Dios y con el prójimo.

Una de las tentaciones más poderosas es esa justamente: rechazar la propia culpa para proyectarla en los demás. Los *"chivos expiatorios"* han estado presentes desde los albores de la Historia: **"Fue la Serpiente, Señor. Fue Eva, Señor."** Sin misericordia ni justicia acusamos a alguien cercano y que directa o indirectamente esté relacionado con nuestro error moral. La realidad es que el pecado es un proceso mortífero que comienza con un simple mal pensamiento al cual llamamos **"La Tentación"**.

Significa que el Mundo, el Demonio o la Carne nos ponen a prueba o nos solicitan vigorosamente adherirnos al mal, aunque sea aisladamente. El mero hecho de ser tentado no constituye el pecado, sino el ceder a la tentación con premeditación, alevosía y ventaja. En múltiples modos

---

[42]   San Pablo, Romanos 5, 12.

JUAN BOSCO ABASCAL CARRANZA

Satanás puede contribuir a crear las situaciones para que se produzca la tentación, pero él jamás podrá hacer que alguien haga algo que no quiera realmente hacer.

2.2) Fases de la Tentación. La propia concupiscencia actúa para tentar y hacer caer, y se dan varias fases psicológicas que expongo a continuación:

Atracción. Se atrae una víctima con una carnada para poder atraparla. Mundo, Demonio o Carne intentan hacer que caigamos en pecado. Aunque Dios no envía la tentación, ésta es de cierto modo permitida por Él, quien en medio del problema nos da la salida para que podamos vencerla.

Seducción y Engaño. La palabra seducción tiene connotación del ser engañado. La concupiscencia engañará al individuo con el fin de hacerlo hacer aquello que es indebido.

Concepción del pecado. Santiago Apóstol compara esta etapa con la gestación o desarrollo de un niño en el vientre de su madre. La concepción es el momento cuando la criatura se comienza a formar u obtiene la vida. Una vez comenzado este proceso, si la criatura no es abortada, pronto nacerá como el fruto de aquella semilla que fue implantada. El pecado es concebido cuando —en la fase de seducción— se comienza a dar vueltas imaginarias a las posibilidades de cometer aquello que, aunque sabemos que va contra la ley de Dios, nos promete algo exquisito o valiosísimo que deseamos llegar a tener o alcanzar. Puede ser una relación con una bella joven, o hacer mío a aquel rico caballero casado; desembarazarme de esta criatura que me estorba, o quizás aquella posición que tanto he deseado. Puede ser ese dinero que me vendría tan bien en este tiempo aciago de graves dificultades económicas. O poder vengarme de aquella persona que me hizo algún grave daño.

Autoengaño: una vez que damos cabida en nuestra mente a estos pensamientos y accedemos a ellos, incluso con gozo y aun euforia, cometemos el pecado. *"El pecado ha sido concebido".* Es preciso que nunca perdamos de vista que aunque este resbaloso proceso de: **Tentación-Seducción-Atracción** haya comenzado, aún existe la posibilidad de no llegar a cometer el pecado propiamente dicho. Podemos impedir el pecado antes de que sea concebido. Si nos damos cuenta de que estamos en proceso de pecar, podemos cambiar nuestros pensamientos, pedir perdón y desistir del intento.

Consentimiento. Al seguir consintiendo, el pecado concebido, como el niño en el vientre de su madre, es dado a luz, casi con seguridad. Como en el caso natural de la violenta atracción sexual, mientras más tiempo pasamos consintiéndola, más difícil será evitar el adulterio que provocará el embarazo no deseado, inconveniente, o fuera del matrimonio.

Reiteración. Hay pecados que toman más tiempo que otros para ser desarrollados y concebidos. Algunos toman sólo unos minutos, mientras que otros pueden llegar a tomar días o semanas, incluso años o ciclos más largos. El primer pecado que se comete será el más difícil, pero mientras más tiempo transcurra, y cuando nos acostumbremos a pecar, este proceso se nos hará cada vez más fácil. *La reiteración de pecados, incluso veniales, engendra vicios entre los cuales se distinguen los pecados capitales.* Así, la persona más virtuosa puede caer una y otra vez, hasta llegar a convertirse en alguien que practica el pecado. Y así *"se ha puesto bajo el dominio del Demonio"*.

Alumbramiento del Pecado. Este es el momento cuando se lleva a cabo el pecado: se disfruta o se alcanza lo que se desea: el orgasmo egoísta, la posesión adúltera, el robo premeditado, el fraude maquinado, la mentira dolosa, el engaño bien diseñado, la traición a mansalva.

No son pecados que salieron de la nada, sino que fueron planeados, concebidos, desarrollados y alumbrados. Así se consuma el pecado.

En este momento hemos llegado al tope de la montaña que deseábamos conquistar. Durante un corto lapso nos sentiremos realizados, disfrutando del intensísimo placer que nos causan las endorfinas de corto plazo y gran impacto, por haber llegado a hacer, sentir o poseer aquello que se deseaba pero que era indebido.

Se produce la muerte. Después de haber sido consumado el pecado, éste comenzará a producir su consecuencia, la muerte del alma y la proximidad de su posible condenación eterna cuando no se acepta a tiempo la Gracia del arrepentimiento profundo.

2.3) El Ejemplo de Adán y Eva. El mejor ejemplo se observa en el primer pecado de Eva y Adán. Aunque Dios los creó en estado de Gracia, ordenados al estado de beatitud sobrenatural, ellos cayeron, dejándose seducir y engañar por Luzbel. Dios nos dotó de la capacidad para lograr el fin sobrenatural: conocer y amar la intimidad de Dios. Lutero y los herejes de la "**Nueva Teología**" postmoderna, entre sus graves errores, niegan que la Gracia sea sobrenatural: la consideran como algo connatural al Hombre en estado de inocencia. Una vez que todo estaba hecho –a lo largo, lo ancho y lo esférico de cerca de catorce mil millones de años–, Dios le entregó al Hombre todo el Universo, para que lo dominara y completara la obra de la Creación. Pactó con Adán así:

"Come del fruto de todos los árboles del paraíso; mas del árbol de la ciencia del bien y del mal no comas, porque el día que comieres de él, infaliblemente morirás". ¿Qué significa en realidad esa prohibición? Es sencilla: *"entre la infinidad de bienes que están a tu alcance para tu goce y escogencia, sólo hay una cosa que no puedes desear ni escoger, so pena de morir: desear ser Dios, desear ocupar mi lugar y desconocerme como tu Señor y Creador"*.

Cómo surgieron las fases psicológicas de la caída:
Engaño: Satanás habla y engaña a Eva a través de la Serpiente, cuestionando lo que Dios había ordenado respecto al árbol que estaba en

medio del huerto: el deseo y la decisión de determinar el Bien y el Mal de manera arbitraria, haciendo a un lado a Dios: hoy son las hijas de Eva, las *"católicas por el derecho a disentir"*. O mejor dicho: *"Católicas por el derecho a corregirle la plana a Dios, tan mal que hizo el pobre su tarea de Ética"*. La serpiente le prometió que no morirían, sino que sus ojos serían abiertos y serían como Dios. Al igual que estas mujeres, Eva se dejó engañar, como las feministas que reniegan de sus diferencias sexuales, anatómicas, sociales, afectivas, neurológicas, hormonales y demás, para inventar el mito de la equidad de género. *"Lo que pasa es que Dios no supo diseñarlas bien, ni respetar sus derechos a la igualdad"*.

Atracción: la mujer *"vio que el árbol era bueno para comer"*, que era agradable; muy codiciable para alcanzar la sabiduría de Dios. Comenzó a ambicionar la sabiduría divina y la inteligencia perfecta que obtendría. Fue atraída hacia el árbol porque se veía bien. El pecado se presenta como algo muy agradable, bueno, exquisito, bello o irresistible. El origen del pecado se da siempre en algo muy deseable y apropiado a nuestros más intensos deseos, necesidades y sueños. Es ahora muy frecuente que las Evas decadentes postmodernas exclamen esto: *"Al perder mi matrimonio me descubrí y me conquisté a mí misma"*.

Concepción: Eva cometió el pecado y tomó de su fruto: "comió" y lo "dio a comer" también a su marido, el cual comió con desbocada fruición, así como ella. Es decir, Adán no quiso renunciar ni al cuerpo ni a la persona de Eva, aun sabiéndola criatura limitada, imperfecta, y ya enemiga de Dios.

Consumación. Es el "Nacimiento del Pecado". *"Entonces fueron abiertos los ojos de ambos, y conocieron que estaban desnudos"*. Una vez llevado a cabo el pecado, disfrutamos de los pocos momentos que siguen al haber obtenido lo que deseábamos. Gozamos entonces algunos mágicos instantes de los beneficios obtenidos, a los que muy bien podríamos llamar *"ganancias falsas"*, *"ganancias neuróticas"*, o también *"bienes sustitutos"*, *"falsos rebusques"*, *"oropel"*, *"cuentitas de cristal soplado"*, o como queramos. Al igual que Adán y Eva, gozaremos del bien deleitable o utilitario por tan breves instantes que finalmente sentiremos brutales dolores inmanejables, interminables, que la mayor parte de las veces concluyen trágicamente. *"Si en la borrachera te ofendí, Señor... en la cruda me sales debiendo..."* –exclaman en México los alcohólicos. Por un fugaz instante en el cual disfrutamos del supuestamente enorme y valiosísimo beneficio del pecado –"dentro de un mentido paraíso"–, sus ojos y los nuestros quedan abiertos, sin disfrutar realmente la codiciada sabiduría divina, y mucho menos de la dicha anhelada.

Se produce la muerte. Desde el mismo momento que Adán y Eva comieron del fruto prohibido, *murieron y en ellos y con ellos el resto de sus descendientes: nosotros.* El castigo para todos fue el de tener que ganarnos el pan con el sudor del rostro, la espalda, los riñones y las neuronas; comer pan y tortillas, pájaros, pescados y toda clase de bichos hasta volver a la tierra, porque de ella fuimos tomados y formados; pues *"polvo somos y al polvo volveremos".* La muerte física no existía en aquella época feliz, pero a causa del pecado ahora tenemos que padecerla. En México la muerte física –que no la del alma– ha pasado al primer lugar en la lista de sucesos a los que más temen nuestros jóvenes. Lo cual refleja, ni duda cabe, que ni idea tienen ellos de qué cosa sea realmente la muerte física. Si lo supieran no le temerían, pero sí tendrían repulsa por la muerte del alma, es decir, por el pecado. Sin embargo, a todas luces parece que vivir muertos al espíritu y carecer de la Gracia de Dios es algo tan adictivo e insuperablemente encantador, que por nada desean cambiar su estilo de vida. Es porque ignoran –culpable o invenciblemente– que la muerte espiritual y física es la consecuencia más lógica y terrible del alegre "kit" de pecados con los que se suicidan.

2.4) Reflexión final sobre la tentación. Antes de vernos caer, Dios mismo está dispuesto a darnos la ayuda que necesitamos para evitar no sólo el pecado consumado, sino la tentación. Pero en el colmo de una perfecta congruencia con su obra maestra, nos deja en libertad. Sin embargo:[43]

> *"No os ha sobrevenido ninguna tentación que no sea humana; porque fiel es Dios, que no os dejará ser tentados más de lo que podáis resistir, sino que os dará también juntamente con la tentación la salida, para que podáis soportarla".* Y también:* [44] *"Bienaventurado el varón que soporta la tentación, porque cuando haya resistido la prueba, recibirá la corona de vida, que Dios ha prometido a los que le aman".*

Termino con estas palabras que me han ayudado en muchas vidas y en la mía propia. Porque muchos teólogos y maestros, incluyendo a mi padre, me han dicho: *"El diablo conoce cuál es tu debilidad..."* A lo cual he replicado:

"Yo también sé cuál es mi debilidad... y me cuido de ella... porque lo que más teme un ser humano es lo que sólo él conoce de sí mismo".

Por lo tanto, no demos lugar, espacio, tiempo ni oportunidad al Demonio para que saque provecho de nuestras debilidades cualesquiera que ellas sean: soberbia, vanidad, lujuria, ira, envidia, ambición, codicia, pereza, desesperanza, ateísmo, odio, narcisismo....

Fortalezcámonos voluntariamente en la Virtud *–"sólo el hombre virtuoso es feliz",* nos enseñó Sócrates desde antes de Cristo–; crezcámonos con la Gracia del Señor. Sometámonos a Él con humildad, y reconozcamos que nadie está en está en vida confirmado en Gracia ni exento de caer.

La corrupción de lo mejor suele ser el peor. Resistámonos a Satanás cubriéndonos bajo el manto de María, nuestra Madre. Vivamos guiados por

---

[43]   San Pablo en Corintios, I. 10:13:
[44]   Santiago 1:12

el Espíritu Santo... *"por mi Raza Hablará el Espíritu Santo".* Si Don José Vasconcelos lo dijo –y luego los masones mutilaron su lema– sigámoslo en su viril apuesta por la primacía de lo espiritual. Dediquémonos al cultivo y conocimiento de la *"Caridad en la Verdad"* y permanezcamos firmes en ella. Hagamos siempre oración, penitencia, sacrificio.

Acudamos a los Sacramentos en todo tiempo, espacio y lugar. Pero sobre todo, para afianzar nuestro compromiso, prediquemos *"oportune et importune..."* la Palabra de Cristo.

3) La Raíz Última del Mal: la Libertad o Libre Albedrío. Sólo un psicótico, un verdadero demente, –o un psicópata– podría decirle a una mujer secuestrada, violada y embarazada contra su voluntad: *"te tengo aquí prisionera para hacerte feliz, aunque tú no quieras".* Claro está: muchos sabemos que estos trágicos casos ocurren con frecuencia creciente en diversas partes del mundo.[45]

Pero Dios, congruente consigo mismo, sólo tenía una opción: **crearnos libres e inteligentes: capaces de razonar, elegir, amar o rechazar.** No tengo aquí espacio ni tiempo para ocuparme del análisis de la multitud de teorías filosóficas o psicológicas y aun sociales o teológicas que niegan la libertad humana, por los motivos que sean. Prefiero ocuparme de lo obvio.

3.1) El libre albedrío requiere la presencia inteligente del alma. Dueña es ésta de una conciencia refleja o conocimiento del propio yo, pero también requiere de la contemplación y del conocimiento de distintas categorías de bienes, que incluso pueden ser excluyentes entre sí. La experiencia personal del acto libre es ineludible, y no necesita demostración. Casi sin excepción de personas –física y mentalmente

---

[45] Ciertas tragedias rebasan su propia dimensión, dejando a las sociedades en estado de perplejidad. Se vuelven, de ese modo, reveladoras, pudiendo incluso activar cambios y reformulaciones de magnitudes sísmicas. Parece el caso del *"monstruo de Amsteten".* Si el mundo en general y Austria en particular quedaron sumidos en una oscura estupefacción, es porque Joseph Fritzl, –quien encerró a su hija mayor durante décadas, y la embarazó hasta siete veces– representa a escala individual lo que el Holocausto –con sus 600,000 muertos– simboliza a escala masiva. El campo de concentración es el "mal absoluto", porque en su perímetro se producía a niveles industriales la "crueldad absoluta". Y por lo que allí ocurrió, ese sótano en la ciudad de Amsteten es el "mal absoluto" porque, haciendo lo que hizo a su propia hija, Fritzl también evidencia la "crueldad absoluta". Por eso mientras el mundo observa el caso con aterrada perplejidad, Austria empezó a revisarse a sí misma, preguntándose qué le ha ocurrido como sociedad para ostentar, por ejemplo, uno de los índices más altos de consumidores de "turismo sexual", y por primera vez se escandaliza de figurar entre los países europeos donde más proliferó la pedofilia. *Otra tragedia de crueldad absoluta es la del incendio del Casino Royale y sus 52 víctimas mortales.*

sanas–, todos tenemos la experiencia subjetiva de haber poder elegir entre distintos valores, incluso cuando la conciencia ética nos indica claramente su inferioridad, pecaminosidad o inconveniencia.

Sobran los ejemplos de acciones incorrectas y hasta absurdas que hemos ejecutado sin que agente alguno de ningún tipo ejerza tal presión sobre el yo que anule la libre elección, y por ende la responsabilidad sobre las consecuencias, incluso asumidas con premeditación, alevosía y ventaja. Pero también tenemos la experiencia, bastante gozosa, por cierto, de haber realizado libremente diversas acciones extremadamente difíciles, arduas y aun heroicas, a pesar de las más violentas presiones para que obrásemos en sentido opuesto. Tal es el caso de los mártires y los héroes, o de las personas comunes que sacan fuerzas de su sola capacidad de decisión para escoger o no entre las diversas opciones contradictorias a las que son sometidas por agentes extraños a la propia voluntad. Irse a tiempo de un sitio peligroso no es un acto determinado necesariamente por condiciones externas. Muchas personas pueden decidir quedarse, aun cuando capten perfectamente el peligro inminente, incluso de perder la vida. No es necesario recurrir siempre a explicaciones esotéricas, bioquímicas, ni metafísicas o inconscientes. La mayor cantidad de actos humanos son realizados por decisión, independientemente, incluso, de los hábitos precedentes. No quiero decir que todos los actos humanos sean siempre libres, ni que lo sean siempre en forma perfecta.

Sólo afirmo que el libre albedrío se da, a tal grado, que incluso multitud de personas niegan esta facultad típicamente humana sólo porque así lo escogen, porque de alguna forma "se les pega la gana" el hacerlo. Puesto que los animales carecen de alma racional y de un "yo" consciente, carecen de libre albedrío, y así sólo son guiados por el instinto propio de su especie.

3.2) Dios no causó el Pecado. Dios, Omnisciente y Omnipotente, desde siempre ha sabido qué decisiones tomaremos cada uno de nosotros, pero eso no significa que Él ya ha determinado esas decisiones. La virtud del conocimiento previo no implica la determinación.

Aunque Él conozca las decisiones que los individuos vamos a tomar nos deja en libertad para escoger o rechazarlo todo, sin importar las condiciones externas o internas relacionadas con la decisión. Por ejemplo: cuando Jesús fue clavado a la cruz, los dos ladrones, uno de cada lado, estaban a punto de morir. Solamente Dimas le pidió a Jesús el perdón, mientras que el otro –Gestas– incluso al borde de la muerte y sin nada ya que perder, decide burlarse y blasfemar.

Esto fue la elección entre la vida y la muerte eternas, porque aunque Cristo tenía el conocimiento de las decisiones por venir en ambos ladrones, no participó en las acciones y decisiones finales que cada uno de ellos tomaron. Resulta, pues, cuando menos torpe, por no decirlo peor, decir que la Divina Sabiduría está en conflicto con el libre albedrío humano. Después de todo, si Dios conoce exactamente qué pasará, exactamente todas las acciones que cada uno hará, el estatus no predeterminado de las opciones libres es incuestionable.

Dios ya sabe por adelantado la verdad sobre las opciones y decisiones de cada cual, pero eso, de ninguna manera, limita nuestra libertad. Conocer no es causar, ni siquiera provocar.

San Agustín, a propósito de la verdadera libertad –diferente de la libertad de elección entre los bienes relativos–, dice que se da cuando el hombre, con una decisión plena, *imprime a su acción una tal necesidad interior, hacia el Absoluto que es Dios, que excluye del todo y para siempre la consideración de cualquier otra posibilidad.* Toda reserva, actual o de futuro, es una pérdida de libertad. Lo característico del amor es imprimir al propio acto una tal necesidad que lo haga irrevocable y eterno. Puede parecer paradójico, pero no es contradictorio. Y esto fue precisamente lo que no hicieron Adán ni Eva: excluir para siempre cualquiera otro bien que no fuera Dios.

Por el contrario –y esa era la otra gran posibilidad para su libre albedrío–, se centraron en los bienes menudos y cerrados de la voluntad vuelta sobre sí misma. Esa voluntad que hizo del propio yo contingente y limitado el bien sumo para ellos. Resultaron absorbidos por su pequeño bien, se petrificaron en su elección y se restaron la libertad verdadera. En este sentido –es una gran verdad metafísica, y no una consolación piadosa ni un engaño– es como el egoísmo soberbio convirtió a los hombres en esclavos de la muerte, las enfermedades, las pasiones desordenadas, mientras que el amor perfecto a Dios, rechazado, los hubiera confirmado en Gracia, Justicia y Santidad para siempre.

La capacidad de "querer" que la libertad implica se realiza únicamente amando libremente el Bien Infinito, de modo incondicionado. De lo contrario, la libertad se frustra como tal. Y es que la libertad, en el hombre, es una ganancia. Y lo es porque gracias a ella el hombre puede autoconstruirse, prolongarse, completarse y terminarse, obteniendo por sí mismo un fin sublime.

3.3) La Verdadera Libertad. Ésta es más preciosa que cualquier tesoro, por grandioso que sea, porque es el privilegio por excelencia de la persona creada, en cuanto que gracias a su condición libre puede empinarse hasta su destino de plenitud en Dios. De esta manera lo entendían los mejores de entre nuestros clásicos. Cervantes, en "El Quijote", dejó escrito:

> *"No hay en la tierra, conforme a mi parecer, contento que se iguale a alcanzar la libertad perdida...La libertad, Sancho, es uno de los más preciosos dones que a los hombres dieron los cielos; con ella no pueden igualarse los tesoros que encierra la tierra ni el mar encubre; por la libertad, así como por la honra, se puede y debe aventurar la vida".*

De lo que resulta que conquistamos nuestra máxima libertad cuando, de manera creciente y cada vez más vigorosa, vamos fijando el "querer voluntario" en lo que es perfectamente bueno, en el Bien sumo que es Dios. Precisamente el incremento intensivo de nuestra inclinación hacia esa Bondad Infinita es lo que nos hace libres, en un sentido real, nada metafórico, respecto de todos los demás bienes finitos, porque nos coloca por encima de todos ellos. Sin embargo, no siempre se ha interpretado así la libertad humana.

Los existencialistas, por ejemplo, la consideran una condena brutal. Afirman, sin más, que el ejercicio de la libertad lleva consigo una penosa tarea –y, en efecto, construirse libremente supone esfuerzo–, sin disfrutar de logro alguno. Estamos condenados a ser libres, pero eso no nos representa ganancia alguna en un universo absurdo y sin significado, siendo seres para la nada.

3.4) Decadencia y ceguera actuales. Esta asfixiante y depauperante visión de la libertad ha triunfado en la actualidad. Es uno de nuestros peores azotes de clase mundial. Por eso es muy posible que las familias de nuestro entorno, que nuestros propios hijos y amigos participen de ella.

Ellos no saben ni quieren saber que están en manos de su propia libertad; que lo que se les ha ofrecido, como don y como tarea –y como obligación que han de asumir libremente– es justamente la capacidad de educarse, de llegar a ser personas cabales, plenas, con sacrificio, precisamente a "golpes" de libertad. Conviene recordar que la libertad no es simplemente un privilegio que se otorga; es un hábito que ha de adquirirse. A lo que habría que añadir, de la pluma del abate Lammenais: *"La libertad resplandecerá sobre vosotros una vez hayáis dicho en el fondo de vuestra alma:* «queremos ser libres», *y para lograrlo estéis prestos a sacrificarlo todo y a soportarlo todo".*

La libertad implica, pues, todo nuestro ser, porque entendida en su sentido más propio y hondo, nos pone completamente en juego. Lo que también puede afirmarse sosteniendo que su punto primordial de referencia es la totalidad de nuestra persona o, de manera correspondiente, nuestra relación constitutiva con Dios. Dado el ser, creada la Persona, nuestra libertad es el inicio absoluto, como originalidad radical, como creatividad participada.

En consecuencia, nos hacemos, nos ponemos a nosotros mismos como seres humanos plenos cuando en uso de nuestra libertad amamos a Dios por encima de todas las cosas, cuando amamos a Dios como Dios, cuando libremente amamos a Aquel que libremente nos hace libres, capaces de amar. En fin: cuando intencionalmente nos identificamos con el Fin que Dios nos propuso porque así lo quiso: parece hacernos felices en su conocimiento y su posesión. Cabe asegurar que en la Libertad del hombre todo se escribe con mayúsculas. Porque la libertad verdadera no juega con las elecciones intrascendentes en las que muchas veces la hacemos residir: el rato de distracción, la bebida, el dinero para salir o entrar... Si toda la libertad la centramos en semejantes menudencias, «sobra», comienza a pesar y se torna insoportable: es como una condena. La libertad que importa –y esto puede asustar a cualquiera– implica escoger entre perderlo todo o ganarlo todo, para siempre.

3.5) Remato el tema de la Libertad citando el ***"Evangelio según San Lucas",*** capítulo 13, versículos del 31 al 35, publicado por www.aciprensa.com el 29 de Octubre de 2009:

> *"...Se acercaron unos fariseos a decirle: 'Márchate de aquí, porque Herodes quiere matarte.' Él contestó: 'Decidle a ese zorro que hoy y mañana seguiré curando y echando demonios; pasado mañana llegaré a mi término. Pero hoy y mañana y pasado tengo que caminar, porque no cabe que un profeta muera fuera de Jerusalén. ¡Jerusalén, Jerusalén, que matas a los profetas y apedreas a los que se te envían! ¡Cuántas veces he querido reunir a tus hijos, como la clueca reúne a sus pollitos bajo las alas! Pero no habéis querido. Vuestra casa se quedará vacía. Os digo que no me volveréis a ver hasta el día que exclaméis: '¡Bendito el que viene en nombre del Señor!'"*

En este evangelio Jesús se lamenta por el libre rechazo de los judíos al Evangelio y a su Persona. La manifiesta cerrazón sionista hubiera podido ser, libremente, una humilde apertura, pero los rebeldes escogieron lo que les dictó su natural narcisismo soberbio y su adhesión voluntaria, libre, a una cierta concepción de la Historia y la Revelación, postura existencial a la cual yo he bautizado con el nombre de "Cosmología Antropocéntrica". Esta visión meta histórica sería expresada de manera inmejorable por Sigmund Freud cuando dos milenios después exclama: ***"Nada antes del hombre, nada por encima del hombre, nada después del hombre".***

La respuesta que Jesús da a los fariseos que le contaron las homicidas intenciones de Herodes, consiste en un muy profundo lamento nacido de un corazón que ama hasta la muerte, pero que deja en libertad al "Pueblo Escogido" para no escogerlo ni reconocerlo como a su Señor y Salvador. Al pueblo judío le sobraban razones y tenía todas las advertencias y los conocimientos necesarios para reconocer en Cristo al Mesías, y para darse cuenta de que Él era la ***presencia viva de Dios*** en medio de ellos. Porque conocían las escrituras conocían las profecías mesiánicas, y por lo tanto podían perfectamente darse cuenta de que en Cristo tanto las escrituras como las profecías se cumplían de manera precisa. Si libremente se hubieran abierto a esta presencia de Dios en medio de ellos, hubieran contado con la Salvación; hubieran podido de verdad hacer realidad aquello que las escrituras anunciaban y que ellos mismos esperaban.

Pero por su propio libre albedrío –aunado a la hermética cerrazón de sus corazones y mentes obstinadas– no solamente no quisieron reconocer en Cristo al Mesías tan prometido como ansiado, sino que terminaron juzgándolo inicuamente *–en el proceso más injusto y cruel de la historia humana–* y crucificándolo. A este pasaje del Evangelio, libremente podríamos nosotros, desde la cómoda e impersonal perspectiva de los dos milenios transcurridos, señalarlos siempre y sólo a ellos como los únicos culpables de la muerte de Cristo, pero si reflexionamos profunda y detenidamente en este texto, tendríamos que darle otra visión:

Somos nosotros mismos quienes tenemos la libre opción de escarmentar, es decir, darnos cuenta voluntariamente de que nosotros estamos muy cerca de caer en la misma equivocación sionista, en el mismo apocalíptico pecado. Porque como cristianos sabemos que Cristo es el hijo de Dios, que es el Mesías esperado, y que ya vino al mundo, predicó, sufrió, fue crucificado y resucitó para salvarnos.

Pero… ¿cuántas veces nosotros hemos endurecido nuestro corazón, ensoberbecido nuestras decisiones e incluso nos acostumbramos a ver el Evangelio como un simple libro histórico, si acaso aplicable por "ellos y los pecadores", mientras que para nosotros Cristo mismo no representa ya nada más allá que una costumbre?

En el fondo, en pleno uso de nuestra libertad, ya no permitimos que Cristo nos cuestione profundamente. Ya no somos capaces de reconocer ni sus palabras ni sus obras, porque a fuerza de ejercitar lejos de Él nuestra libertad de elección, hemos dejado a un lado, a la vera del camino, lo que verdaderamente necesita nuestra persona para salvarse. Este es el lamento de Cristo. Ese lamento tan doloroso como amoroso y justiciero que deja caer sobre los sionistas, debería servir también para que nosotros lamentásemos haber desprendido nuestro corazón y nuestra mente de la persona de Cristo. **Dentro del pleno ejercicio de nuestro libre albedrío, con pleno conocimiento, total conciencia y advertencia, y aceptando las terribles consecuencias, le hemos dado la espalda y lo hemos crucificado nosotros también**.

Debido a nuestra cerrazón visceral, por nuestra mente obnubilada, contumaz y tozuda, hemos decidido no reconocer en Él la auténtica salvación que nos viene de Dios. Nos dejamos encandilar por la falsa pero adictiva luz –luciferina– de las pseudociencias y de los falsos mesías disfrazados. La opción libre por el arrepentimiento y la reconciliación siempre está al alcance de la voluntad, pero hace falta la humildad indispensable para darnos cuenta de lo inmensamente necesitados que estamos de realizar una profunda conversión. Solamente en la medida en la cual nos aproximemos al Señor es como en verdad descubriremos en Él la presencia salvífica.

3.6) El pecado sionista palidece ante el nuestro. El Deicidio, que con sus proyectos mesiánicos se prolonga hasta nuestros días y hasta el juicio Final, es menos grave que nuestros pecados cotidianos. Porque si aquella fanática y pequeña fracción del Pueblo Escogido –grupo de dura cerviz– tenía la posibilidad de reconocer libremente al Mesías, nosotros, indudablemente, tenemos mucho más conocimientos, mayor libertad y mucho más grande obligación de reconocerlo y proclamarlo, aunque ello pudiera costarnos la vida. Abrir nuestra vida a la presencia salvadora de Cristo para dejar que Él nos reconcilie y nos lleve a su Gloria es, finalmente, un acto libre. Para que no lo imitemos, copio de una carta de un paciente mío este ejemplo de cobardía:

"Te agradezco mucho que te acuerdes tanto de mí, porque mucho necesito de tus sinceras oraciones. Pero a la vez te agradeceré que al pedirle a Cristo que me facilite el poder predicar su Evangelio, no te esfuerces mucho en pedirle que me requiera la entrega definitiva ni absoluta de mi propia libertad".

Entiendo entonces aquellas palabras del Obispo de Hipona, San Agustín, que suenan como un maravilloso canto a la libertad: ***"Dios, que te creó sin ti, no te salvará sin ti"***, porque nos movemos siempre cada uno de nosotros, tú, yo, con la posibilidad –la triste desventura– de alzarnos contra Dios, de rechazarle con nuestra conducta o malos hábitos, o al exclamar: ***"no queremos que reine sobre nosotros"***. Volvamos la mirada a Jesús, cuando hablaba a los habitantes de las ciudades y campos de Palestina. No pretende imponerse. ***"Si quieres ser perfecto... deja todo lo que tienes y sígueme..."*** –le dice al joven rico. Aquel muchacho rechazó libremente la invitación. Cuenta el Evangelio que **"abiit tristis"** –*se retiró entristecido.* Por eso alguna vez lo he llamado "el triste pájaro", porque perdió la alegría más infinita al negarse a entregar su libertad a Dios.

4) El Pecado Original. Este pecado no fue de naturaleza sexual, como torpemente lo suponen algunos malpensados. En el estado primitivo de inocencia no podía darse rebelión alguna de la carne contra el espíritu. El primer apetito pecaminoso deseó un bien espiritual superior al que era propio en su naturaleza. Ese desordenado afán de bienes espirituales es precisamente el objeto de la Soberbia –una especie de concupiscencia espiritual– y así fue primer pecado del hombre.

Consistió en desear ser semejante a Dios en el orden del conocimiento, de acuerdo con la sugerencia de la Serpiente. Quiso determinar con sus solas fuerzas naturales qué era bueno y qué era malo, y qué cosas buenas o malas habían de acontecer. Secundariamente, pecó también deseando ser como Dios en su actividad, tratando de conseguir la bienaventuranza por sus propias energías.

En este megalómano componente "autoenergético", el humano pecado de soberbia se parece al de los ángeles, aunque ellos pecaron al buscar una semejanza directa e idéntica con Dios en cuanto a su Poder. Hombre y Demonio quisieron ser iguales a Dios, porque al despreciar ambos la Ley Divina trataron de constituirse en norma de sí mismos. Exactamente igual que nuestras actuales asambleas legislativas, convertidas en **"Templos de la Muerte"**... libremente. Tentada por el Demonio, en forma de serpiente, seducida ante la sola posibilidad de ser adorada como Dios, Eva "come" y "da de comer a Adán" del fruto prohibido, es decir, accede formalmente al deseo de ser Dios en cuanto el nivel de conocimiento y autonomía.

Adán peca también de la misma forma, pero además prefiere a la criatura Eva que al Creador. Elige la mortal y mortífera compañía de Eva, en lugar de la amistad permanente con Dios. La consecuencia lógica es la pérdida del estado paradisíaco. Con la caída viene la pérdida de los bienes preternaturales, que aquí analizaremos con cierto detalle, y de igual modo entran el desorden, el pecado y la muerte. Es indispensable aceptar y reconocer que el primer hombre: Adán, al trasgredir el mandamiento de Dios en el paraíso, perdió inmediatamente la santidad y la justicia con la que inicialmente había sido constituido, e incurrió, por la ofensa de esta prevaricación, en la muerte que Dios le había advertido; y con la muerte cae en cautiverio, bajo el poder de *aquel que tiene el imperio sobre la muerte*, es decir, de Satanás, o el Demonio.

Toda la persona de Adán –por aquella ofensa de prevaricación– degeneró su cuerpo y corrompió su alma. **El Pecado Original hirió al varón y a la mujer de manera diferente,** lo cual trae graves consecuencias contra la saludable y estable relación que ambos deberíamos desarrollar. Acerca de la naturaleza humana hay varias opiniones: Lutero y los protestantes dicen que la naturaleza humana es mala porque fue totalmente corrompida por el Pecado Original. Freud, y en su seguimiento gran parte de los representantes de la psicología moderna, en reacción contra el puritanismo, dicen que la naturaleza humana es buena y que hay que seguir sus impulsos en vez de reprimirlos.

Rousseau afirma que la naturaleza del individuo es buena, pero que la sociedad lo hace perverso. De su doctrina nacen todas las teorías pedagógicas permisivas que afirman que los adultos no deben corregir a los niños. Mi tesis es que la "Naturaleza Humana" es buena en tanto creada por Dios, pero que ha quedado herida por el Pecado Original. Así, nuestra naturaleza necesita ser sanada. Y que si no es sanada por la Gracia de la Fe y por los Sacramentos, que son los medios de Gracia que Jesucristo nos regaló, va a seguir siempre herida. Y esas llagas se irán infectando cada día más.

5) Consecuencias de la Caída. Las principales heridas o consecuencias del Pecado Original consisten en: primero, la pérdida irreversible de la Gracia Santificante; segundo, la pérdida de los "**Dones Preternaturales**", así como la "Expulsión del Paraíso", para terminar con los aterradores fenómenos que son: el dominio del Demonio como *Príncipe de este Mundo*, la Ambivalencia afectiva, y la escisión entre la inteligencia y la voluntad.

5.1) Pérdida de la Gracia Santificante. Nuestros primeros padres pecaron en una "materia grave" mucho más detestable que los demás humanos podríamos jamás alcanzar. Porque ningún pecado individual actual o posterior a la Caída puede afectar de manera tan profunda a toda la raza humana. Por otra parte, la plena conciencia en Adán y Eva era muy superior a la de cualquiera de sus descendientes, puesto que aún no habían perdido el pleno estado de lucidez y sabiduría del que gozaban. Por otra parte, el "pleno consentimiento" se dio sin ambivalencias, dudas o velos atenuantes. El único atenuante real fue la poderosa y convincente tentación realizada sobre ellos por una inteligencia extremadamente superior en persuasión y astucia, y por una voluntad indomable: la de Lucifer. La ofensa a Dios Padre ultrajó su autoridad y su bondad, ofendió al Espíritu Santo y aquellos pecadores primigenios profanaron un templo vivo: su propia alma y su propio cuerpo. En cierta forma mataron su alma, no desde un punto de vista ontológico, puesto que "siguieron siendo", sino desde un punto de vista tal vez más grave, al introducir la angustia existencial. Afearon su alma ante Dios y lo expulsaron de su ser mismo, para convertirse en **"Enemigos de Dios"** y esclavos del Adversario, el Demonio. Con la aterradora consecuencia de hacerse dignos de las penas del infierno y de la pérdida de los méritos adquiridos. El pecado mortal original atormentó el alma de nuestros primeros padres, la desgarró por el remordimiento, y nos inclinó al pecado mediante las concupiscencias de la carne y del espíritu. Dice Santo Tomás:

> «Son cuatro las heridas grabadas en la naturaleza por el pecado original. Pero, como la inclinación al bien de la virtud va disminuyendo en cada hombre a causa del pecado, estas mismas cuatro heridas son las que proceden de cualquier clase de pecados, ya que por el pecado: uno, la razón pierde agudeza, principalmente en el orden práctico; dos, la voluntad se resiste a obrar el bien; tres, la dificultad para el bien se hace cada vez mayor; y cuatro: la concupiscencia se inflama sin cesar»[46]

5.2) Pérdida de los Dones Preternaturales. Son dones "secundum quid", ya que, aunque superan las fuerzas de la naturaleza humana, no introducen al hombre en la intimidad divina. Su función consistía en dar plena integridad y vigor a la naturaleza humana, de tal modo que quedara aún mejor dispuesta para la recepción de los dones estrictamente sobrenaturales. Por decreto divino, tanto la gracia como estos dones preternaturales fueron dados a Adán para que los trasmitiera por generación a sus descendientes. Y es por esto que el Concilio de Trento define que Adán y Eva perdieron la santidad y la justicia no sólo para sí mismos, sino también para nosotros.

Los dones preternaturales al igual que como los sobrenaturales, tenían dos propiedades: eran permanentes y transmisibles. Permanentes: Dios se los concedió a nuestros primeros padres de modo permanente, mientras no se hicieran indignos de ellos por el pecado. **Transmisibles.** Adán los transmitiría a todos sus hijos. De manera que si Adán no hubiera

---

46 Santo Tomás de Aquino: Summa Theológica. Capítulos I y II, 85, tercera cuestión.

pecado, todos los hombres nacerían en estado de gracia, con derecho al cielo, y adornados de los dones preternaturales:

- **Integridad:** era el perfecto equilibrio, rectitud y dominio de las pasiones. Consistía en la inmunidad total y perfecta de concupiscencia o deseos desordenados. Por él eran removidos los obstáculos de orden moral. Sentía la concupiscencia o deseos de las cosas necesarias para la conservación de su vida y para la propagación de la especie, pero no de modo desordenado.
- **Inmortalidad:** consistía en la actualización del "poder no morir", no en un "no poder morir". Impedía el peligro de la muerte. El organismo humano no estaba diseñado para morir biológicamente, sino para perpetuarse. La muerte entró al mundo por el Pecado.
- **Impasibilidad:** sin sufrir las consecuencias de los padecimientos exteriores. Les proporcionaba a los primeros padres la exención de dolores y sufrimientos. Sin perturbación orgánica ni psicológica, el Hombre gozaba de una felicidad perfecta. Nada turbaba su paz ni su profunda tranquilidad. La misma ley del trabajo era para ellos suave y deleitosa, exquisita y gozosa.
- **Ciencia y Sabiduría:** se refiere al desarrollo intelectual y a la capacidad del hombre a conocer lo que era necesario para su vida terrena como para la vida eterna. Ese don les permitía tener un casi absoluto dominio tecnológico sobre la materia, inimaginable con nuestros cortos alcances de hoy.
- **Agilidad:** poder transportarse a voluntad, de acuerdo con la plenitud de las potencias humanas, sin necesidad de limitados y fatigosos medios de transporte. Movilizarse a voluntad sobre la Tierra –y posible aunque no seguramente también fuera de ella– sin necesidad de utilizar "platillos voladores". ¿O con ellos?
- **Perfecto dominio:** el hombre, en estado de inocencia podía dominar todas las creaturas inferiores y utilizarlas de modo perfecto. Era el dominio sobre la naturaleza y los animales.

Estos dones le fueron concedidos al Hombre en razón del de la Gracia, y eran efectos *"per accidens"* o *"no necesarios"* de la Gracia. En este estado de inocencia, tales dones eran más elevados que los propios de la naturaleza humana. Su función era la de completar las deficiencias de la naturaleza humana y en este sentido eran muy convenientes. De ahí que no fuesen sobrenaturales, porque éstos están por encima de toda conveniencia. Abundando en su análisis digamos que la capacidad para sujetar las facultades físicas a la razón implicaba principalmente estos seis dones: integridad, inmortalidad, impasibilidad, ciencia, dominio perfecto y agilidad.

Si otros mundos están hoy poblados, es por hermanos nuestros que alcanzaron a emigrar a las estrellas antes de acabar de perder los dones. Su ciencia era tal que la poseyeron sin estudio, incluyendo un gran número de elevados conocimientos, hoy inconcebibles.

Claro está que sentían la fuerza de las pasiones, porque la perfección en la virtud moral no suprime, sino que ordena las pasiones. No se oponían entre sí la "carne" y el "espíritu", porque vivían dentro de un gozoso y sencillo estado de inocencia. Sin embargo, la rebelión provocó que las pasiones se levantaran contra la razón. Desapareció entonces la armonía y surgió, incontenible, la *"ley de la lucha"*. A pesar del estado de inocencia o de *"justicia original"*, el pecado destruyó todos los dones sobrenaturales y preternaturales que proporcionaban la armonía, enriquecían la naturaleza del hombre, y le hacían gozar del completo y perfecto equilibrio o congruencia. Decir, hacer, pensar y decir eran un *"paquete integral"*, a diferencia del *"hombre caído"*, que dice una cosa, piensa otra, la anula con sus actos, y no sabe ni siquiera qué cosa realmente siente.

En este sentido se perdió un «**bien de la naturaleza**» y un gran bien. Sin embargo, ello **no implicó la pérdida de la bondad de la naturaleza en cuanto su constitución.** Es decir: la naturaleza humana no quedó substancialmente corrompida ni incapaz de buenas obras. Como efecto del pecado no se dio la corrupción ni el debilitamiento intrínseco de los principios que constituyen la naturaleza humana, ni las propiedades que de ellos dimanan, como son las potencias del alma: inteligencia, memoria, voluntad. Sin embargo, sí quedaron afectadas en su funcionamiento, disminuyendo su inclinación natural hacia el bien honesto, y quedándose prendadas de lo utilitario y lo deleitable.

Como consecuencia del pecado, la naturaleza humana sufrió la disminución parcial de las fuerzas naturales con relación a la práctica de la virtud. En este sentido perdió un bien de la naturaleza en cuanto lo es también la inclinación a la virtud. **Sin embargo, este tercer bien natural no se perdió tampoco de manera absoluta, sino que únicamente se debilitó.** La reducción de este bien natural es en realidad como una profunda herida que produce la desorganización del buen funcionamiento del cuerpo. El Pecado Original es un hábito desordenado –un verdadero vicio– que proviene de la ruptura de la armonía constitutiva de la justicia original, así como la enfermedad corporal es una disposición desordenada del cuerpo que quiebra la salud. Así, este primer pecado es hoy una terrible enfermedad de la naturaleza humana. **La razón y la voluntad dejaron de dominar a las fuerzas inferiores y el hombre abandonó su estado de obediencia a Dios.**

La libertad humana era "participada" y por lo tanto no podía ser ni absoluta ni omnímoda. Por ello, aun en este estado de completa armonía, el Hombre tenía la posibilidad de pecar... y pecó, quedando todas sus fuerzas disgregadas, y perdiendo su inclinación constante al ejercicio de la virtud. Son cuatro las potencias del alma que pueden ser sujetas a la virtud: la razón, en donde radica la prudencia; la voluntad, que es el sustento de la justicia; el apetito irascible, que sostiene y entusiasma a la fortaleza; y el concupiscible, en donde radica la templanza.

Veamos entonces las consecuencias del pecado: la razón pierde su trayectoria hacia la verdad y aparece la herida de la ignorancia; la voluntad es destituida de su dirección al bien honesto y aparece el cáncer de la malicia; el apetito irascible reniega de emprender una obra difícil, complacido en la herida de la flaqueza; y la concupiscencia se ve privada de su orden hacia el bien deleitable, volviéndose irracional como efecto de la herida de la concupiscencia.

La naturaleza humana en sí misma, con la ignorancia, la malicia, la debilidad y el deseo desordenado, provocados por el pecado, ha quedado en peores condiciones de lo que se hubiera encontrado en un estado de naturaleza pura. Por el pecado y por la inclinación al mismo, que persiste incluso con la vida de la gracia, la naturaleza humana está debilitada en sus propias fuerzas y, por ello, sin la necesaria armonía consigo mismo y con los demás. Incluso, aunque en el estado de naturaleza reparada, en que se encuentra el hombre caído que recibe la gracia de Jesucristo, queda restablecido el orden de la razón con Dios, en la parte inferior del hombre, sigue reinando la «**ley de lucha**». Ésta desaparecerá cuando, después de la resurrección final, el espíritu someta al cuerpo y a sus apetitos, y dejemos de estar inclinados al mal.

Siguiendo muy de cerca el pensamiento de Santo Tomás de Aquino, podemos ofrecer una especie de resumen sobre el tema del Pecado Original. La Revelación nos da a conocer el estado de santidad y de justicia original del hombre y a la mujer antes del pecado: de su amistad con Dios nacía la felicidad de su existencia en el paraíso.

Constituido por Dios en la justicia, el Hombre, sin embargo –persuadido por el Maligno, previamente caído por su propio gusto– abusó de su libertad desde el comienzo de la historia, levantándose contra Dios e intentando su propio fin al margen de Dios. Por su pecado, Adán, en cuanto primer hombre, perdió la santidad y la justicia originales que había recibido de Dios no solamente para él, sino para todos los seres humanos.

Adán y Eva trasmitieron a su descendencia la "naturaleza humana herida" por su primer pecado, privada por tanto de la santidad y la justicia originales. Esta privación se llama "Pecado Original".

El Pecado Original se trasmite, juntamente con la naturaleza humana, ***"por propagación, no por imitación"*** y que ***"se halla como propio en cada persona"***. La inteligencia ya no reconoce fácil ni espontáneamente a Dios como su Bien principal; el bien que haría feliz al Hombre. Los impulsos irracionales y los deseos desordenados del alma nos invaden, debilitan la voluntad, ciegan la inteligencia, y ya no obedecemos a la razón. Sin embargo, hay que decir que el Pecado Original hirió al varón de una manera y a la mujer de otra. Es necesario y saludable que la mujer comprenda cómo está herido el varón, y que el varón se haga cargo de cómo está herida la mujer, para que se puedan entender. Porque de esa ignorancia sobre las mutuas heridas nace el desencuentro entre ambos.

6) Heridas distintas en el Varón y la Mujer.

6.1) La herida del pecado original en el varón. Se da en "la esfera instintiva" –mejor llamada impulsiva–, en lo que tiene de común con los animales, en el desequilibrio de la concupiscencia de la carne: la gula y la lujuria. Esto quiere decir que la fuerza sexual –el impulso sexual del varón– no obedece ya a su razón, y se descarrila. Por la lujuria el varón pierde la cabeza: se ciega o juzga precipitadamente. Puede destruir su propia vida y la de su familia, causar desastres monstruosos e interminables, dejar de razonar y de autodominarse; se hace imprudente y no escucha consejo.

La pasión no se deja fácilmente gobernar por la razón. Hay una especie de divorcio, una brutal ambivalencia. ¿Sería posible lograr el dominio de la pasión, el dominio de sí mismo? Afirmo que el varón tiene la más grande obligación para adquirir la virtud de la castidad, precisamente porque carece de ella. Esa virtud, libremente adquirida, le daría el dominio de su pasión sexual y lo liberaría de su servidumbre. La pasión sexual desordenada se hace obsesiva y se convierte en una verdadera esclavitud: en una cárcel en la que queda prisionero el varón.

¿Imperio de lo sexual? Algunos psicólogos de trasnochado corte psicoanalítico, piensan y enseñan que el varón no puede sustraerse de ningún modo al imperio del "instinto sexual".

Pero resulta que en el ser humano la sexualidad no es ni siquiera una necesidad, y mucho menos un instinto. Porque toda necesidad es una carencia, en tanto la capacidad reproductora o sexualidad es siempre una colosal y poderosa *"presencia"*.

Ninguna conducta propiamente humana tiene las rigurosas características del instinto como tal: inconsciente, hereditario, inmodificable e involuntario. Porque todos los "actos propiamente humanos" son conscientes. Porque en realidad nuestras conductas humanas no son ante todo producto de la herencia, sino de la educación y de las propias decisiones. Infancia no es destino, sino sólo condiciones limitadas y limitantes, pero no fatales por necesidad instintiva. Además, cualquier conducta, por adictiva o arraigada que sea, es modificable a voluntad o por causas extrínsecas. *Y la totalidad de los actos propiamente humanos es voluntaria, a pesar de actos fallidos e innumerables errores.* Hay que reconocer que la naturaleza herida sí puede incurrir en comportamientos irracionales, pero no estrictamente por instinto, sino por error, debilidad, ignorancia, miedo o presión ambiental. La Gracia supone la naturaleza, y si fuésemos primordialmente seres instintivos, ella sería inoperante, como si fuésemos animales irracionales.

Despersonalización del varón. Éste tiende a convertirse en un simple macho lujurioso y a despersonalizar a la mujer en general, y luego a la suya propia, sea amiga, novia, amante, esposa, prostituta o concubina. Ella no se percata de la verdad, pues frecuentemente sólo se ilusiona.

La ira del Varón. Ésta se descarga en forma corporal, física: el macho golpeador y acosador, ese que ejerce la violencia intrafamiliar y que es capaz de herir y matar con el ardor de su ira caliente. Pero la mujer descarga la suya verbalmente, mediante la palabra y los gestos, actitudes y ademanes hirientes, sarcásticos y cáusticos. Sabe dónde y cuándo golpear sin otra cosa que su lengua viperina, empaquetando todo dentro de una helada o cálida sonrisa. El chisme, la maledicencia y el maleficio son sus armas neutrónicas, porque matan la vida del alma, pero dejan intacta la materia. Es una iracundia fría, helada, pero mortífera. Si la furia del varón es animal y caliente, la femenina es una angelical, pero luciferina, como una especia de "angelical malevolencia". Es más demoníaca, pues medita más el daño que quiere hacer.

Diferentes apetencias. El varón quiere una casa para tener una mujer que le proporcione todos los cuidados físicos, y la mujer quiere un hombre para tener una casa donde sea ella quien siempre tenga la última palabra. A los machos les tengo una pésima noticia: cuanto más se crean dueños del hogar, más tendrán que rendirse finalmente a las fuerzas de un feroz matriarcado interminable, y que se disfraza con mil y un ropajes y trucos para salirse con la suya.

"Mi marido es un verdadero cerdo". El pecado original rebaja al macho a lo corpóreo, físico, instintivo y animal, por lo que a veces llega a ser un "verdadero cerdo". Come y bebe en exceso, aunque le haga daño, y sus vicios animalescos suelen irse agravando con los años. A la mujer le pasa lo contrario: tiende a treparse a lo angelical, e incluso a intentar usurpar lo divino: "un par de zapatos no llevan al Cielo, pero casi..."

El varón no entiende lo que pasa. Sólo quiere escapar cuando se siente atrapado por *"mi domadora", "la dueña de mis quincenas", "la Reina del Hogar".* Está muy lejos de descubrir las dimensiones y complicaciones insondables del verdadero drama: que ella quiere ser amada de manera infinita, como sólo Dios merece ser amado. Y él, con sus pobres fuerzas, siempre la dejará insatisfecha y frustrada. Tal vez de esta enorme realidad sacaron algunos psicoanalistas el muy ilustrativo mito de la "*vagina castrante y devoradora*".

6.2) Para terminar el tema sobre la herida al varón, vale la pena un breve análisis sobre dos casos históricos: uno bíblico y otro actual.

A) El primero es el del famoso actor y productor de **"La Pasión de Cristo": Mel Gibson,** atrapado por las sensuales formas corporales de una actriz rusa: **Oksana Pochepa.** Se divorció de Robyn, su esposa de 53 años. Aunque los amantes dijeron que se trataba de una relación "fuerte y duradera", no fue así. *Los esposos Gibson, en más de 28 años de matrimonio, procrearon siete hijos.* Mel deshace su hogar y abandona a su familia. La joven rusa parece ser una "graznadora" más de tantas que abundan hoy en el mal llamado "arte pop". Uno de los éxitos más vistos de esta hetaira en *"Youtube"* es un video semiporno en el cual ella realiza una atractiva escena sin sostén.

Han cobrado notoriedad mediática –pues se trata de una figura pública muy famosa y con muchos enemigos– los trastornos maritales y familiares de Mel Gibson. Sus desarreglos y desórdenes morales son tristes hechos que a muchos católicos y no católicos, naturalmente, han escandalizado. No era para menos ni tal despliegue sensacionalista de la prensa ni tal indignación de parte de quienes tanto admiramos su obra cumbre, *"La Pasión"*. No insisto en sólo criticar y escandalizar. Mi punto de vista tiene que ser otro: Mel Gibson es indefendible, pero también es inatacable. Es inatacable porque sus pecados personales no afectan a la obra por él realizada hasta hoy, porque una obra que nunca ha sido ni podrá ser usada para impartir alguna mala enseñanza.

Sus películas son inobjetables moralmente y no sólo no atacan a la Iglesia, como las de otros directores muy premiados, sino que presentan un mensaje honesto, incluso cristiano. Sus graves pecados personales –como los de cada uno de nosotros– ofenden a Dios y pueden perjudicar con extremos dolores a las personas cercanas a él. Aunque deploramos que eso ocurra, **no somos quiénes para juzgar a nadie.** Pero Mel Gibson es indefendible porque lo que necesita es un intercesor, un remedio que está más allá de las palabras: nuestras oraciones. Y las necesita en mayor medida porque mucho mayores son sus tentaciones y mucho más poderosos sus enemigos. Especialmente los enemigos interiores, que en el exquisito ambiente de pecado en el que vive no parecen hostiles, sino atractivos y fáciles. Porque todo lo que lo rodea no hace sino que las tentaciones resurjan una y otra vez. Cuanto más alto sube un hombre, más estruendosa es su caída. Especialmente cuando no se es un mediocre. ***Con todo y eso, la relación terminó trágicamente en el 2010, con una mutua demanda por diversos motivos criminales: Oksana lo acusa de violencia, y él de mentirosa y chantajista.***

B) El segundo es bíblico, y le sucedió al ***Rey David, "varón escogido según el corazón del Señor",*** que con boca santa tantas veces había cantado a Cristo venidero: cayó cautivo de la desnuda y espléndida belleza de Betsabé, mientras se paseaba por el terrado de su palacio. Lanzado en la carrera del desplome, añadió al crimen del adulterio el otro más grave –el del homicidio intencional– al enviar al inocente e ingenuo marido al frente de batalla, ya que sólo así pudo decirle a la incipiente amante: *"Pon tu cabeza en mi hombro"*... y todo lo demás. David escribió una carta a Joab y se la mandó por intermedio de Urías. En esa carta había escrito: ***"Coloquen a Urías en primera línea, donde el combate sea más encarnizado, y después déjenlo solo, para que sea herido y muera".*** Joab, que tenía cercada la ciudad, puso a Urías en el sitio donde sabía que estaban los soldados más aguerridos. Así murió Urías, el hitita, realmente gracias a las órdenes del rey adúltero, que ya había embarazado a Betsabé desde la primera vez que la viera. Cierto es que después el Rey David tuvo que aceptar las tremendas regañadas del profeta Natán. Se arrepintió profundamente, pero tuvo que afrontar las brutales consecuencias de su lujuria asesina. Le profetizó Natán lo que Dios haría:[47]

"Haré surgir de tu misma casa la desgracia contra ti. Arrebataré a tus mujeres ante tus propios ojos y se las daré a otro, que se acostará con ellas en pleno día. Porque tú has obrado ocultamente yo lo haré delante de todo Israel y a la luz del sol'." "David dijo a Natán: '¡He pecado contra el Señor'. Natán le respondió: 'El Señor, por su parte, ha borrado tu pecado: no morirás. No obstante, porque con esto has ultrajado gravemente al Señor, el niño que te ha nacido morirá sin remedio'."

Para caer desde la cumbre más alta del amor a Dios, una mirada le bastó al Rey David. Imaginemos el fiero y sostenido ataque de las fuerzas malignas internas, externas y diabólicas –todas ellas de exquisita apariencia– que nos rodean en estos casos. Imaginemos qué fácilmente podemos caer nosotros mismos, aun teniendo menos facilidades y tentaciones de parte del Mundo, el Demonio y la Carne. *Una mirada, tan sólo una mirada hizo caer al Rey David. Tú paseas tus ojos como si nada de allá para acá. Dejas tus ojos correr tras la figura porque no adviertes que tras los ojos el corazón se apura en el pecado consentir.*

He mencionado a la oración, y es éste un tema sobre el que debo insistir, ya que sin ella no podemos resistir las tentaciones. Y sin oración continua más desprevenidos estamos. Tal ha sido, sin ninguna duda, lo que le ha ocurrido a Gibson. *"Sin oración* –dice San Alfonso María de Ligorio– *no hay fuerza para resistir al enemigo ni para practicar las virtudes cristianas"*. Y San Lorenzo Justiniano: "Al cristiano no le es posible practicar virtud alguna sin el auxilio de la oración", y Santa Catalina de Bolonia: *"El que no tiene frecuente oración se priva del lazo que más fuertemente une al alma con Dios, por lo que no será difícil que, al verla sola, el demonio logre conquistarla"*. Y ya Nuestro Señor mismo dice: *"Velad y orad para no caer en tentación"*.

6.3) La herida original en la Mujer. Ella se inclina al ejercicio ilegal de la divinidad y a la usurpación del puesto de la Divina Providencia. De ahí que nunca quieran dejar de ser madres, abuelas, tías y gobernadoras de toda la prole, hasta la cuarta generación, si es que están aún vivas. Libertad Lamarque, Prudencia Griffel, Sarita García y todos los demás monstruos femeninos de nuestra infernal constelación cinematográfica, se explican gracias, ante todo, por esa herida original.

El varón fue tentado por la mujer. Y ésta fue la primera que quiso ocupar el Trono de Dios para asumir su propio destino, determinando por

---

[47]   Sugiero leer la historia completa en La Biblia, Libro de Samuel II, capítulos 11 y 12 completos.

ella misma el Bien y el Mal. Sí, ni duda cabe: el pecado dominante del varón es la lujuria, en tanto **el de la mujer es el de querer ser adorada como Dios. De aquí la celotipia, la posesividad, el afán de dominio y control.**

Ella quiere el bien, y quiere hacerlo a su manera. Quiere ser ella quien defina y determine lo que es bueno o malo avanzando por ese despeñadero a la soberbia, con todo y sus *"buenas intenciones"* se convierte en una eterna y poderosa dominadora profesional, muy eficaz y eficiente en manipular a su favor la debilidad pasional del varón para dominarlo y aun domarlo.

Herida por el Pecado Original en las facultades del alma, en la imaginación, no lo advierte. Idealiza al varón, a la vez que intenta, por todos los medios a su alcance, convertirse en la *"Reina"*, así, con mayúsculas, en Emperatriz única y absoluta. La mujer, herida en el afecto, suele idealizar a los que ama y engañarse en la celosa e insaciable posesión afectiva, en la dominación y absorción espiritual y física del alma y del cuerpo del varón.

La mujer no comprende la herida del Varón. Por sí misma, sin ser ilustrada por otros, desde afuera, ella no puede comprender en qué consiste ni dónde nace la lujuria de su hombre. Es una verdadera herida del Pecado Original, y llega a odiarlo y aun abandonarlo. Le cuesta demasiado trabajo comprender lo que sucede, porque ella no ha sido herida de la misma manera, porque en ella la sexualidad y el amor están unidos armónicamente.

Ella se aprovecha de la lujuria masculina. Como el hachazo del Pecado Original en la *"libido sexual"* fue contra el varón, la sexualidad de ambos ha quedado deshumanizada, despersonalizada y separada del amor benevolente. Ella lo seduce y lo hechiza con sus encantos físicos, para ser adorada. Esta mutua disociación –en ella espiritual y en él física– eclipsa e interfiere con la comunicación interpersonal entre ambos sexos. El varón se queda para siempre hipnotizado por *"un cuerpo"*, sin llegar a las profundidades del alma. Su afán posesivo se concentra en los femeninos y seductores ojos, en el pelo sedoso, el turgente busto, las elegantes y sensuales piernas y otras delicias, según la gran variedad de gustos personales subjetivos, todos corporales y sensuales. Pero no olvidemos que es ella quien le muestra todo eso, sobre todo en estos tiempos postmodernos, y de manera habitualmente provocativa, lúbrica, sensual y hasta vulgar, con tal de ser adorada y deseada.

Ese vicio no refuerza el vínculo amoroso, sino que lo va destruyendo, a veces de manera casi relampagueante, y a veces lentamente, siempre fatalmente corrosivo. Así, el matrimonio entra en crisis y se hace prácticamente imposible. Las pasiones de ambos matan el amor. La lujuria del macho asquea a la mujer **y el afán dominante de la mujer harta y aleja al hombre, para arrojarlo generalmente en brazos de otra mujer, igual o peor.** En consecuencia se hace imposible también la felicidad que Dios ha destinado para el Hombre en el amor conyugal.

¿Por qué Satanás tentó antes a Eva y no a Adán? Porque ella podía caer más fácilmente en la tentación del ejercicio ilegal del *"Poder de Dios"* y determinar por sí misma el Bien y el Mal, usurpando además el papel de la Divina Providencia. Cuando creyó ser como Dios no fue corriendo a comunicarle su conocimiento y sus poderes a su esposo, sino que le dio de comer y lo hizo caer, convirtiéndolo en el *"primer mantenido".* Desprecia la espiritualidad de Adán –para la que había sido llamada por ser su compañera– y refuerza la instintividad machista, apoderándose de él.

Ella tiene el dominio y el gobierno del varón. Nace así ese peligroso "amor de hembra" tan indiscreto, tan dominador de los que dice amar, convirtiéndolos en mantenidos, esclavos o adictos a sus hechizos. Son los prototipos: ***"Seductora", "Tumbahombres", "Mancornadora", "Mujer Fatal",*** "**Helena de Troya**", **Catalina, la Amante de Lutero, Anna Bolena, "el Eterno Femenino", "cherchez la femme".** Ella, efectivamente, reduce al varón a un simple macho al que *somete para desactivarlo como líder espiritual digno de ser obedecido.*

7) Ambivalencia. *"Y ni siquiera entiendo lo que me pasa, porque no hago el bien que quisiera, sino, por el contrario, el mal que detesto... Pero veo en mis miembros otra ley que está en guerra con la ley de mi mente, y que me entrega como preso a la ley del pecado inscrita en mis miembros... ¡Desdichado de mí! ¿Quién me librará de mí mismo y de la Muerte que llevo en mí?"* [48] Para comprender mejor este problema utilizaré dos ejemplos contundentes: uno, extraído de la Biblia, y el otro de uno de los protagonistas de la saga cinematográfica llamada **"El Señor de los Anillos".**

7.1) Dice el Libro de los Salmos:[49] **"Las infidelidades en la Tierra prometida.** "Se mezclaron con los paganos e imitaron sus costumbres; rindieron culto a sus ídolos, que fueron para ellos una trampa. Sacrificaron en honor de los demonios a sus hijos y a sus hijas; derramaron sangre inocente, y la tierra quedó profanada. Se mancharon con sus acciones y se prostituyeron con su mala conducta; por eso el Señor se indignó contra su pueblo y abominó de su herencia. Los puso en manos de las naciones y fueron dominados por sus enemigos; sus adversarios los oprimieron y los sometieron a su poder". Aquel pueblo no confiaba absolutamente en la complicidad del Señor.

"El Señor los libró muchas veces, pero ellos se obstinaron en su actitud, y se hundieron más y más en su maldad. Sin embargo, él miró su aflicción y escuchó sus lamentos. Se acordó de su alianza en favor de ellos y se arrepintió por su gran misericordia; hizo que les tuvieran compasión los que los habían llevado cautivos".

7.2) Cambios imprevisibles. Alternando con las constantes **"caídas y levantadas"** vienen arrepentimientos momentáneos, seguidos de nuevas y gravísimas transgresiones. En una de sus fases "amorosas" los israelitas

---

[48]   San Pablo, Romanos 7, 15, 23 y 24.
[49]   Salmo 106 (105) 34-42 y sucesivos.

abusan de la misericordia de Su Señor. En clamor ambivalente gritan: *"Sálvanos, Señor y Dios nuestro; congréganos de entre las naciones, para que podamos dar gracias a tu santo Nombre y gloriarnos de haberte alabado. ¡Bendito sea el Señor, Dios de Israel, desde ahora y para siempre!* **Y todo el pueblo diga: ¡Amén! ¡Aleluya!"**

7.3) Cinismo. El colmo de los extremos ambivalentes se da en la *"Liturgia de Acción de Gracias"*, en la cual los sacerdotes –que han demostrado ser los más ambivalentes de todos los hijos de Israel– hacen la siguiente "invitación" a los **desterrados que quieren celebrar su retorno**: *"¡Den gracias al Señor, porque es bueno, porque es eterno su amor! Que lo digan los redimidos por el Señor, los que él rescató del poder del enemigo y congregó de todas las regiones: del norte y del sur, del oriente y el occidente; los que iban errantes por el desierto solitario, sin hallar el camino hacia un lugar habitable. Estaban hambrientos, tenían sed y ya les faltaba el aliento; y en la angustia invocaron al Señor, y él los libró de sus tribulaciones: los llevó por el camino recto, y así llegaron a un lugar habitable. Den gracias al Señor por su misericordia y por sus maravillas en favor de los hombres, porque él sació a los que sufrían sed y colmó de bienes a los hambrientos".*

7.4) Euforia. Otro exceso de la ambivalencia, que los llevará a cometer nuevas traiciones y endurecimientos del corazón, se da cuando el **"Pueblo Escogido"** celebra eufóricamente la liberación de los cautivos: *"Estaban en tinieblas, entre sombras de muerte, encadenados y en la miseria, por haber desafiado las órdenes de Dios y despreciado el designio del Altísimo. Él los había agobiado con sufrimientos, sucumbían, y nadie los ayudaba; pero en la angustia invocaron al Señor, y él los libró de sus tribulaciones: los sacó de las tinieblas y las sombras, e hizo pedazos sus cadenas. Den gracias al Señor por su misericordia y por sus maravillas en favor de los hombres, porque él destrozó las puertas de bronce y quebró los cerrojos de hierro".* Más aún: celebran también *"la curación de los enfermos"*, de esta dramática manera: *"Estaban debilitados y oprimidos a causa de sus rebeldías y sus culpas; la comida les daba náuseas y tocaban las puertas de la muerte. En la angustia invocaron al Señor y Él los libró de sus tribulaciones: envió su palabra y los sanó, salvó sus vidas del sepulcro. Den gracias al Señor por su misericordia y por sus maravillas en favor de los hombres: ofrézcanle sacrificios de acción de gracias y proclamen con júbilo sus obras".*

7.5) Hipocresía. No obstante la "sinceridad" del párrafo anterior –que pinta a un pueblo contrito y agradecido– en el *"Libro de los Salmos"* se vuelve a lamentar el salmista de las grandes traiciones que siguen a los arrepentimientos. Y así hasta la eternidad, para todos aquellos que no decidan encontrar en la fidelidad a la Gracia el único remedio infalible contra las envenenadas raíces del *"Árbol de la Ciencia del Bien y del Mal".*

7.6) Símbolos actuales. Ningún personaje literario, simbólico, fantástico o cinematográfico pinta de manera tan impactante, profunda y convincente la condición humana –escindida por el Pecado Original– como el monstruo "**Gollum/Sméagol**", personaje en el universo de alegorías bíblicas del famoso escritor, poeta y novelista John Ronald Reuel Tolkien. La muerte alcanza al ambivalente personaje cuando se despeña, junto con su adorado "**Anillo Único**" –el *Anillo del Poder*–, en las grietas incandescentes del Monte del Destino, representación simbólica del Infierno, en el cual reina Saurón, "**La Gran Serpiente**". Smeagol, quien era una buena persona antes de su pecado de soberbia, se fue deformando y corrompiendo poco a poco, en mente y cuerpo por su malévola adicción al poder del Anillo. Como se dice ahora y siempre se ha sabido: *"el poder corrompe, y el poder absoluto corrompe totalmente".* Gollum/Sméagol se apodera del poderoso anillo estrangulando a su primo Deágol, quien lo había encontrado casualmente en el fondo de un estanque. El asesino no deseaba obtener propiamente la joya en cuanto tal, sino el Poder que ésta le transfería a su poseedor. Sméagol se corrompió rápidamente y fue expulsado de la villa donde había vivido en paz. Se escondió en una caverna en las Montañas Nubladas, a la cual convirtió en su morada.

La influencia maligna del anillo deformó su cuerpo y su mente –hasta hacerlo realmente espantoso y repugnante–, y su vida se prolongó más allá de los límites naturales. Tal como ocurre con los poderosos, tanto hombres como imperios y familias, que pueden durar décadas, siglos e incluso milenios, como el Imperio Romano, o *"El Narcosistema"* en México. El Anillo Único: *"El Tesoro"* o *"mi Regalo de Cumpleaños"*, es llamado así para justificar el asesinato de su primo Sméagol. Durante los siglos que duró bajo la influencia del anillo, desarrolló un desorden de personalidad múltiple: **"Sméagol"** era su personalidad bondadosa, pues aún recordaba virtudes como la lealtad y el amor, mientras que **"Gollum"**, su personalidad maligna, era esclava del anillo y mataría a cualquiera que intentase tomarlo. De manera sucesiva ambas personalidades tomaban decisiones contradictorias, excluyentes, imposibles de ejecutar o mantener, dadas la velocidad, la intensidad y la frecuencia de los cambios ambivalentes. Las dos personalidades peleaban a menudo cuando dialogaba consigo mismo –como el mismo Tolkien lo declaró: "**al no tener con quien más conversar**"– y tenían una relación de amor/odio, reflejando así el amor y el odio que Gollum sentía por el anillo, por los demás y por sí mismo.

7.7) Conjugando el verbo "Amodiar". Ambivalencia es "Amodiar". Porque el que ama a la vez odia a su amado... porque no acepta que el Amor es una virtud, no un sentimiento. El que odia, a la vez busca y necesita al ser odiado, porque –afirma nuestra sabiduría vernácula– "sólo se puede odiar lo que se ha querido". Es la típica situación ambivalente en la cual los verbos "amar" y "odiar" no se conjugan por separado, sino que se funden, según lo he propuesto en numerosos foros, en un verbo único:

"**amodiar**", cuya conjugación es: *"yo amodio, tú amodias, él amodia, nosotros amodiamos"*.

El deseo más profundo del Hombre caído, ambivalente, es el de recuperar el *"Anillo de Poder"*: ocupar el lugar de Dios y actuar como tal. De la misma manera que a Gollum/Smeagol, ese anillo luciferino nos tiene esclavizados: queremos ser Dios. Muchos dedican su vida a buscarlo, otros a conservarlo, y la mayoría a asesinar, robar y cometer cuantos crímenes sean necesarios para encontrarlo, poseerlo y conservarlo, durante siglos, igual que Gollum/Smeagol. El optimista ateo del siglo XIX creía que con la muerte de Dios, conseguía su espacio para ser verdaderamente Hombre. Pero el extendido ateísmo pesimista del siglo XX –atacado mortalmente por *"La Náusea"*– ha venido dándose cuenta de que, al excluir a Dios, el Hombre perdía todo su espacio para ser Hombre.

Creo que en el fondo esta sería una de las razones de mayor peso para que muchos ateos, finalmente, reconozcan su gigantesco error, rectifiquen, y vayan en pos del Verdadero Señor. Tal como lo hizo, para rabia de muchos, el mismo Voltaire, y modernamente el ícono del ateísmo militante, Jean Paul Sartre. Ambivalentes casi hasta el final.

7.8) Un Poder Ambivalente. Tolkien entiende tan profundamente el poder del pecado, que narra cómo el anillo abandonó a Gollum, porque *"la mágica joya tenía voluntad propia"*. Tal como Gandalf –el buen Mago– lo explica, *"el anillo se ocupa de sí mismo, pues tiene Poder propio, e intenta regresar de nuevo a Saurón"*, el Príncipe de las Tinieblas. Dicho de otra forma, nadie puede celebrar un pacto con Satanás sin ser traicionado y abandonado a la más espantosa soledad, eternamente. Uno de los héroes principales de la historia completa de *"El Señor de los Anillos"*, Frodo, realiza hazañas extraordinarias para llevar el *"Anillo de Poder"* al *"Monte del Destino"*, dejarlo caer en los abismos, y así destruirlo, con lo cual se extinguiría el poder del maligno Saurón sobre la humanidad entera. Lo más simbólico de esta historia es que el buen Frodo es tanto ayudado como obstaculizado, en acciones sucesivas y contradictorias, por el mismo "**Gollum/Sméagol**", según cambios de opinión, humor, fortuna y circunstancias.

Así ocurre en la vida real con nosotros, que fracturados hasta el ADN como efecto del Pecado Original, no podemos sostenernos –por nosotros mismos– en el camino de la virtud ni de la salvación eterna, porque a pesar de nuestros sinceros esfuerzos nos derrotan con mucha frecuencia las concupiscencias de la carne y del espíritu. Pero también es cierto que muchos no nos esclavizamos impertérritamente al Maligno, porque en el fondo de nosotros mismos buscamos el Bien, la Verdad, la Unidad y la Belleza –entendida ésta como *"el esplendor de la Verdad"*.

O como lo dice San Agustín: *«Oh, Dios, tú nos has hecho para ti mismo, y nuestros corazones no encuentran reposo hasta que lo encuentran en ti»*. Es muy significativo un hecho que ocurre casi al final de la historia. Frodo, quien de manera por demás profunda personifica a cada uno de los seres humanos de cara al poder de la soberbia, da la seguridad al espectador de que será un gran héroe que permanecerá fiel a su misión hasta el final, pues así lo ha venido haciendo a lo largo de sus innumerables peripecias, siempre al borde de la muerte. Cuando Frodo logra llegar al borde mismo de la infernal grieta de la montaña, para finalmente dejar caer el Anillo Único al fondo del abismo, su virtuosa voluntad se quiebra, o mejor dicho, exhibe la ancha fractura de su ambivalencia, la cual había permanecido oculta a lo largo de su azarosa y heroica historia.

Se ve entonces sorprendido a sí mismo por una impetuosa y mortífera fuerza que lo impulsa desde adentro de su alma y de su mente a no dejar caer el anillo, evitar así su destrucción, y decide quedarse con él. Enloquecido, reclama el anillo como suyo y se lo coloca en el dedo anular izquierdo, casándose así con su propia condenación. Frodo, el virtuoso Frodo cree que él será entonces el nuevo amo, el nuevo *"Señor de los Anillos"*. Lo que no comprende del todo es que al ejecutar semejante decisión quedará eternamente esclavizado bajo el poder de Saurón, condenado a la soledad y el odio eternos. Entonces, Gollum lo ataca súbitamente, y ambos luchan a muerte, con feroz determinación. Finalmente Gollum arranca de un mordisco el dedo de Frodo, con todo y anillo.

El monstruo ambivalente es finalmente vencido por su propia maldad interior, oscila al borde del abismo, pierde el balance, y cae –sólo para sufrir una espantosa muerte física– abrazando con fervor el dedo de Frodo con todo y el Anillo Único, mientras da un último alarido: *"¡Mi Tesorooo!"* Si Frodo –a pesar suyo– se salva en el último instante, aun tomando la opción maligna, es porque alguien peor que él logra quedarse con el anillo, arrebatándoselo, para caer al abismo, sin remedio, dejando a Frodo ante la oportunidad de rectificar y aceptar su pérdida con resignación. Es este el caso cotidiano de todos los mortales que no nos hemos santificado mediante la fidelidad a la Gracia del Redentor, único Gran Señor, el verdaderamente poderoso, el que murió y resucitó para salvarnos. Gollum tuvo en algún tiempo figura humana: Sméagol. Sin embargo, el poseer el poder del anillo lo fue corrompiendo hasta deformarlo horriblemente, de adentro hacia fuera: Gollum, quien posee una peculiar característica al hablar en primera persona del plural: nosotros, como cualquier artistilla narcisista de la farándula actual, o como lo hacen los políticos corruptos.

Su *"yo"* se encuentra escindido entre su tendencia estructural a buscar y concretar la vida dentro del amor y la amistad, y su profundo afán de dominio instrumental, en el que la paranoia y la mentira se tornan los criterios de interpretación fundamental para la comprensión y el manejo del mundo. Gollum, de esta manera, se vuelve una metáfora viviente de los efectos del ansia de posesión del Poder en el corazón humano, o de la posesión real, magalomaníaca, narcisista, del Poder.

7.9) En la Postura Existencial Básica el Hombre está escindido. La ambivalencia, pues, es *"La Médula del Dolor Humano"*. Es una especie de *"Postura Básica de la Personalidad"*, azote íntimo del que nadie escapa, ya que es posiblemente la huella más dramática y dolorosa –aunque un tanto oculta– del Pecado Original. Es también el fundamento de las neurosis y las psicosis, tanto como de las personalidades psicopáticas. Es una forma aletargada de eludir la plenitud de la vida huyendo del amor unívoco e inequívoco, para refugiarse en afectos pasajeros. Es una visión existencial subjetiva, privada de los tesoros de la Unidad del Ser. Funciona cotidianamente como una fragmentación del yo, un **"YO"** soberbio y narcisista que declara como válidos los análisis, intereses y conveniencias del Poder usado como pedestal de privilegios, sin ser altar de principios.

Y es un "poder" que no requiere de altas jerarquías reales, sino que a veces sólo está trepado en un ladrillo, y que cree que los que están a ras de suelo le deben pleitesía. Es un vicio mortal, que utilizado maquiavélicamente por los medios de comunicación, evidencia su habitual adulterio con los poderosos, esos que pueden absorber al diferente a condición de que éste se mantenga como esclavo, o al menos como subordinado. La persona ambivalente maneja un tipo de argumentación postmoderna que permanece cómplice de sus propios edictos autistas y autocráticos. Niega lo que no ve ni conoce confundiendo ceguera con certeza. Es así como los materialistas, desde su cómoda necedad, proclaman a priori su concepción atea de la existencia y del Universo.

7.10) Egoestados cambiantes. Produce también contradictorios "Estados del Yo", que entran casi siempre en conflicto entre sí. Porque casi nadie se atreve a sacar a la luz *"esto que soy y que nadie conoce"*, para vivir agazapado a la caza de oportunidades para depredar al prójimo y a la creación entera. Y después o al mismo tiempo afiliarse a algún movimiento ecologista.

La ambivalencia provoca ansiedad y angustia. Aquello por lo que vivimos y luchamos, por lo que morimos poco a poco, o súbitamente, suele ser también lo que con mayor saña destruimos. Produce una pesada carga de emociones negativas que se nos hace cada día más difícil. Al paso del tiempo, fragmentados por nuestras expectativas incumplidas, oprimidos por injusticias muchas veces provocadas, y sujetos a rebeldes hipocresías, desembocamos en el *"sin sentido de la existencia"*, porque queremos constituirnos a nosotros mismos en principio y fin del propio ser.

Nos azotan el alma verdaderas tormentas de miedo, dolor, coraje y cobardía. Y cual barcos pequeños en alta mar, en medio de regias tormentas, luchamos por mantenernos a flote sin asidero alguno, dejando, incluso, pasar a esa Providencia que nos tiende la mano con amor. Nos impide realizar nuestro mejor acto posible: hacemos cualquier cosa, pocas veces la mejor de entre todas las acciones posibles a nuestro alcance. Nos conformamos con "tener", "sentir", "hacer" o con "estar", pudiendo alcanzar las glorias eternas del pensar y decidir para "Ser". Por eso Milan Kundera describe nuestra desesperada *"situación caída"* con su patética expresión: vivimos sujetos a *"la insoportable levedad del ser"*.

La ambivalencia rechaza –por su propia ignorancia culpable– que la dignidad de la persona se fundamenta en ser instrumento garante y vital de la conquista intencional del Bien Honesto, la Belleza, la Verdad y la Unidad. Así, concibe la exclusión, la marginación y el exterminio de uno u otro como sinónimo de desarrollo, como simple y justificable *"daño colateral"*, o como *"costos de operación"*. Es forjadora de una paz indolente que descansa en la indiferencia y la descalificación, porque ignora que sólo aquel que muere a sus pasiones será capaz de soportar el desorden del mundo sin amarguras, siendo fructífero el sufrimiento que éste le cause. En nuestra incurable ambivalencia deseamos también, para justificar nuestra propia insoportable disgregación interior, jerarquizar arbitrariamente los bienes de la Creación, y así caemos en la dicotomía que pretende someter el espíritu a la materia, que intenta subordinar la libertad al capricho, y que anhela torpemente enfrascar *"La Verdad"* en la simple opinión.

7.11) Contra Dios, y ansiosos de Dios. La ambivalencia es un estado de conciencia, una actitud y un comportamiento que sobrevive de espalda a Dios, sin dejar de anhelarlo. Es un estilo de vida expresado en aceptar como real la ficción sustitutiva de lo Divino con lo no divino. Es una honda fractura destinada a desincronizarce de uno mismo, de Dios y de nuestros semejantes, erigiendo las propias mentiras racionalizadas como monumentos. Con esto, deseamos inspirar en otros y en uno mismo un temor reverencial. Mientras más ambivalentes somos nuestra argumentación se hace más adicta a edictos que niegan lo que no ven ni conocen aún, reafirmando torpemente que *"cualquier HECHO percibido es un resultado de conciencia del cognoscente ante lo cognoscible..."*.

Es una dualidad que califica a los mismos hechos lo mismo como épicos o como vandálicos, dependiendo del punto de vista de quien lo diga, según la egocéntrica conveniencia. De aquí se deriva esa actitud o forma de pensamiento relativista sujeto al color del cristal de *"la funcionalidad política"*, económica, social y espiritual. Nos volvemos dispuestos a todo, excepto a la propia e inédita transformación mediante la *"Caritas in Veritate"*.

7.12) La Ambivalencia y la Gracia. Al no aceptar ni comprender que somos hijos de la indivisible sustancia divina –encerrada transitoriamente en una presencia humana–, nos cerramos las fuentes de la Gracia Santificante, que sería la única fuerza capaz de regresarnos a nuestro original estado de integridad ética, y más aún, de elevarnos al orden sobrenatural. Nuestra original identidad, oculta al ojo de la conciencia meramente carnal y material, mal nutrida de incredulidad y crítica inmisericorde, sólo podría volverse a su prístina unidad, y aun dar un salto cuántico al orden sobrenatural, dejándose vencer por la fuerza de la Gracia y volviéndose habitualmente fiel a ella, porque es la única energía indispensable para lograr la insustituible e ineludible Resurrección.

Mientras carecemos culpablemente nos dejamos comprar y seducir por unos Mass Media que nos engañan con éxito arrollador: *"pon tus ojos en **Sky**"*. Al obedecer cual borregos en matadero, nos dejamos imponer la necesidad de procesos de domesticación que sujetan al cuerpo y al espíritu a las exigencias de la dominación global. El amor en acción –testimoniado y expandido en grado heroico por la Madre Teresa de Calcuta– irrita a los amos por su congruencia en el *"amar hasta que duela"*, por su férrea determinación por salvar a los niños sujetos a la inconsciencia y la impiedad del sistema de dominación global. Ser ambivalente es evadir ser la *"luz"* que todos deberíamos irradiar sobre nuestras familias, amigos, país, mundo, planeta... Preferimos torpemente atrapar el bien sólo en cuanto útil o deleitable, en vez de abrazarlo en cuanto honesto y quedarnos con su totalidad.

Un resultado de ese utilitarismo hedonista se refleja claramente en esta paradoja ambivalente: los políticos, durante milenios enteros, se han dedicado a ejercer la caridad hacia los pobres... ¡pero cada vez hay más pobres que son más pobres, en tanto los ricos son los mismos de siempre y logran ser cada día más ricos, a veces con sólo pulsar una tecla! El apostolado del laico exige discernir, superar y abandonar la propia ambivalencia, aceptando un hecho insoslayable: que antes de la Resurrección se realiza la batalla contra el infierno y se da la muerte a las propias pasiones. Así daremos paso a la victoria de Cristo, el que triunfa sobre la muerte y erradica de la creación a Satanás y sus poderes: Mundo, Demonio y Carne, limpiando, con la Gracia del **"Iesus Nazarenus, Rex Iodeorum"**, el único lugar en el que habita la maldad: nuestro propio corazón. ¡Qué formidable contradicción! Creados a imagen y semejanza de Dios para la vida, y sobre todo para vida eterna, al huir de la incertidumbre causada por el pecado legitimamos lo absurdo y la maldad, y entronizamos como *"auténtica vida humana"* la **"Cultura de la Muerte"**, instigada y publicitada por el Príncipe de este Mundo, que quiere ser adorado como el Dios Verdadero.

Una contradicción más: usamos del consumismo y de la comodidad *"light"*, en una sociedad inducida a no pensar y seducida por la pereza mental. Ésta echó panza y deja los sesos y los ojos embarrados en las pantallas de la tele o de la computadora. Nos mantiene ayunos de espiritualidad crítica y de responsabilidad para elegir la ***"Ética de Máximos"***. Nos deja insatisfechos y nos arroja a la estéril búsqueda de impactos sensoriales cada vez más intensos y frecuentes.

Nos sobran en México demagogos ambivalentes que no se ocupan de dotar de servicios básicos a las mayorías borradas de las pantallas de los Mass Media, sino de canalizar multimillonarios recursos fiscales al sostenimiento de sus mafias partidaristas y sindicales. ¿Un ejemplo patético? En el México de hoy: todo mundo quiere que los demás ahorren y reduzcan gastos, de cara a la crisis, pero si alguien propone disminuir el gigantesco pastel de los dueños de los partidos políticos, ninguno de los peces gordos está dispuesto a reducir su pantagruélico festín. La indispensable dotación social de agua, alcantarillado, luz y servicios ha sido sustituida por lo meramente estético y mediático, sin contenido real: bailes, fotos de miles de sujetos desnudos, "conciertos" de graznadores rocanroleros, pistas de hielo, albercas de olas, ciclopistas, circo, maroma y teatro.

Mención especial merecen los politicoides que ganan votos, y bautizan a las ciudades que dizque gobiernan con nombres tan rimbombantes como *"La Ciudad de la Esperanza"*. Los ricos y los poderosos quedarán generalmente a salvo de los grandes terremotos, tsunamis y cataclismos terrestres, mientras los pobres, sobre todo en Asia, África y América, seguirán muriendo por cientos de miles, aunque después de los huracanes y tsunamis se les haga llegar agua, comida, medicinas y tiendas de campaña para adormecer la conciencia. La ambivalencia de todos ha facilitado el hecho de que el mercado sea la más grande de las instituciones sociales de la historia. Pero los mercachifles globales no se han conformado con quedarse ahí, porque ahora se han convertido en una verdadera divinidad a la cual se le sacrifica todo: una especie de insaciable Moloch caníbal. Porque nadie se conmueve ante la frialdad de sus porcentajes ni con la agonía de sus exiliados.

Los marginados o excluidos sociales –por causas políticas, económicas, financieras, migratorias y demás mentiras– son personas nulificadas por la "institucionalidad" de una concepción inhumana de la paz, el amor, la igualdad y la democracia, que ante todo preserva su capacidad para la guerra, el terror, la exclusión y el sometimiento. Es a la vez una paradoja que un asfixiante resultado de no hacer el Bien que tanto deseamos, sino realizar el Mal que tanto decimos detestar.

La ambivalencia ha convertido a los medios de comunicación –con muy pocas excepciones–, en propagadores de calumnias, insultos y denostaciones; en fabricantes de pornografía y violencia dentro la propia sagrada intimidad de cada hogar. Es el marco repetidor –hasta la saciedad– de una exaltación idolátrica del delito y la crónica roja, al más crudo estilo lombrosiano.

A tal grado ha llegado el abuso ambivalente de los Mass Media, que propiamente podemos afirmar que "**aquello que no se ve en la TV no existe**". Hoy y todos los días hago oración, vivo, trabajo, leo, aprendo y enseño sin más finalidad que la de lograr que algunas personas de buena voluntad quieran lograr su adhesión a la Gracia. Porque sólo así volveremos a unificar nuestras almas desgarradas y dicotomizadas, y *aprenderemos a dar con los ojos bien cerrados y a recibir con los ojos bien abiertos.*

7.13) Un comentario sobre la ambivalencia esquizoide del mexicano promedio. Somos un compendio de dualidades esquizofrénicas. Es un defecto casi latino. Alexander Von Humboldt decía que en ninguna parte del mundo había escuchado hablar de la ley con tanta reverencia como en México, donde la ley se viola cotidiana y sistemáticamente. El narcodiputado Julio César Godoy hace uso de la Ley para eludirla. Se apoya en sus cómplices legales para lograr el fuero constitucional, pero cuando sus protectores se sienten expuestos, lo abandonan a su suerte, es decir, le quitan el fuero. Hoy, a fines del 2012, la Interpol todavía lo busca.

Y por supuesto que se le aplicará una de tantas maneras de salvarlo, para que no hable en contra de quienes lo condenaron al ostracismo, aunque sea por un rato: o nunca lo encontrarán, o lo pescan para dejarlo libre por tecnicismos legales, o lo matan, que es lo más probable. Existe un vacío nos impide vincular nuestros ideales con las circunstancias y caemos en una especie de disonancia cognoscitiva frustrante y deprimente.

No hemos desarrollado el eslabón virtuoso que une las ideas con la realidad de las acciones cotidianas. Los cuatro verbos por excelencia humanos; pensar, decir, hacer y sentir, no se conocen entre sí. Están desvertebrados, incomunicados, desvinculados, dispersos. Guardamos en alguna circunvolución cerebral, bajo una etiqueta de *"impráctico"* o *"inútil"*, *toda* la escala valorativa universal. Y en otro recoveco ocultamos las mañas, trampas y transas que dan como resultado más dinero, poder, fama, placeres y honores. La razón es obvia: a fuerza de burlar la Ley Natural, se escribió en 1917 una Constitución que destruye a la Nación hasta sus fundamentos. Suprimido el Referente Absoluto, Dios, cualquier referente es *"válido"*, por tramposo o perverso que sea.

Porque ese fundamento es individual, y necesariamente un individuo choca contra otro, por ser ambos relativos y haberse apartado del Absoluto. ¿Cómo aceptar que la ética, fundamento de la legalidad, sea útil, si está apartada de su Último Fin, Dios? No sorprenda, pues, que en México la Ética no sea más que un fardo que resta competitividad y hace la vida difícil a quien decide cargarlo. ¿Para qué realizar actos heroicos cuando es la mezquindad la que rinde los mejores frutos? No tiene sentido cumplir la ley si es mucho más rentable y sencillo violarla.

Alegamos que no hay que renunciar a los ideales ni a la legalidad, pero al mismo tiempo, seguimos actuando como si no existieran. Nos jactamos de nuestro inquebrantable compromiso con lo que destrozamos cotidianamente. Quemamos cientos de toneladas de fuegos artificiales en el altar de la patria, en tanto la arruinamos con el pragmatismo del Narcoestado. Exaltamos a los falsos héroes oficiales *"que nos dieron patria"*, pero sin darnos cuenta de que no son héroes, sino simples criminales. La corrupción en México es especialmente grave porque se ha convertido en el aceite que impide el resquebrajamiento del engranaje social. Por ejemplo: sin el dinero del Narco, no habría liquidez. Lo práctico es la fuente de lo simple y lo jurídico es un estorbo que nadie quiere. Lo corrupto se generaliza, pues, porque es muy funcional. El beneficio de la deshonestidad es inmediato, y el de la honestidad nunca llega. Los recursos mal habidos fluyen por los vasos comunicantes de la sociedad, en todos los niveles.

El Crimen Organizado, imbricado en *"El Sistema"* castiga al torpe y premia al corrupto. La franqueza pone en riesgo la supervivencia, y por ello tomamos una de dos opciones: la hipocresía o el silencio. O la incontenible diarrea mental —verborrea— que nos permite agolpar temas, saltar de uno a otro sin una articulación racional. Y lo peor: la nuestra es una lengua viperina. Lo es porque está partida en dos y porque envenena con sus sarcasmos, palabrotas y burlas.

El mexicano no tiene palabra: tiene palabrotas y palabrería. Muchas. *"Al ratito"* puede llevar años. *"Mañana"* es hasta el día del juicio Final. *"Tal vez"* es nunca. *"Sí, claro",* significa un no rotundo. El *"ahorita"* es el tiempo infinito. *"Prometer no empobrece, cumplir es lo que enloquece".* *"Yo no quise decir lo que dije, y se me hace que no me entendiste porque yo mismo no me entendí".* *"Una cosa es una cosa y otra cosa es otra cosa".* Nuestra lengua es el medio para magnificar la forma y escamotear el fondo, aunque sacrifiquemos la realidad. Se nos dificulta ser realistas, o nos es fácil vivir en la irrealidad. Pronunciamos palabras que suenan suaves y corteses, y aun maravillosas, pero que no son reales. No decimos lo que sentimos, ni lo que pensamos ni lo que hacemos, porque el propósito es ocultar la transa que ya estamos urdiendo. Hablamos para ocultar la verdad. El Ejército, con sus ocho generales encarcelados, sigue siendo uno de los cárteles más importantes. Y en desarrollo acelerado. Maneja un presupuesto tan colosal, que sus principales líderes se acaban entre sí para dirigirlo.

Al IMSS –Importa Madre Su Salud– ninguna enfermedad le parece suficientemente grave para ser atendido ahí. Aún cuando estés muriendo nunca habrá padecimiento tan delicado como para que los médicos te presten atención. Sirve para disminuir el índice demográfico.

Cualquier cuerpo policial es un gran cártel con miles de grupos criminales difuminados en corporaciones locales. Son como las sectas: engañan a la población haciéndoles creer que los ayudan, pero en la práctica les arruinan la vida entera.

Cualquier Partido Político es una bolsa de trabajo para los sujetos más holgazanes y vividores del país.

El Instituto Federal Electoral es una gran casa de empleo para burócratas rateros afines a los partidos políticos. Su labor es avalar los fraudes sexenales, emitir propaganda a favor de la falsa democracia de sufragio universal, y convocar a concursos infantiles para promover el voto.

La inauguración de una obra pública es el pretexto ideal para que el pueblo le agradezca al gobernante lo bondadoso que es. También sirve para que las figuras públicas jueguen a los concursos de oratoria.

La Lotería Nacional: si a algún gobernante le hace falta más dinero para mantener su vida de excesos o pagar su próxima campaña electoral, este generoso órgano celebra sorteos en los que les reparte carretadas de billetes de manera milagrosamente espontánea.

Las elecciones son un circo en el cual, mediante disparos de basura y avanzadas estrategias de reality show, se nos hace creer que elegimos a nuestros amos.

Las Obras Públicas son la mejor manera de robar miles de millones de pesos del erario con el pretexto de construir más infraestructura para la voraz industria automotriz.

Presidente de la República: quien ocupa esta virreinal silla, es sólo el empleado de Amos Globales mucho más poderosos. El puesto sólo es garantía de una jubilación millonaria y temprana. También asegura una plaza de académico en una universidad internacional.

Sindicato Nacional de Trabajadores de la Educación: inmenso grupo de control político que ayuda a legitimar al Narcosistema. Mediante este órgano los más conspicuos ignorantes, y los peores criminales, llegan a ser diputados, senadores y hasta secretarios de Estado.

Suprema Corte de Justicia de la Nación: extraño lugar en el cual, mediante infinitas discusiones bizantinas, nuestros muy barrocos juristas defienden las peores injusticias que cometen los poderosos, alegando siempre que la Constitución no fue violada en su totalidad.

Televisa: se le hace creer a la gente que es un canal de telenovelas y entretenimiento frívolo, pero en realidad es quien tiraniza y deseduca al país. Es el "Gran Hermano" que todo lo controla y todo lo ve.

Un Gobernador es un señor feudal dueño de inmensos terrenos. Controla la prensa, el comercio y los recursos naturales. A cambio sólo debe rendir pleitesías y pagar tributos al virrey en turno.

8) Algunos hechos que resaltan las consecuencias del Pecado Original. Cuando estuve en Italia, en el verano del 2006, me enteré de una historia terrible y conmovedora: la de una chica que contempló cara a cara a los autores de una masacre realizada por la Mafia en un sitio público. Luego, a pesar de su natural miedo, invadida por dudas ambivalentes, tuvo al fin la audacia de denunciarlos y sostenerse en sus testimonios incriminatorios ante el juez, contra el sentir de sus padres, amigos, novio, parientes, vecinos y pueblo entero. Hasta lograr que los sicarios se encuentren ahora condenados a varias cadenas perpetuas. Claro: como era inevitable, la joven y bella heroína vive escondida, protegida permanentemente por seis policías federales. Lejos de su cobarde familia. Con su vida aherrojada entre cuatro paredes, como si fuese una rea condenada. Mientras que los asesinos convictos gozan de una amplia suite en su cárcel de alta seguridad, donde además de vida garantizada, disfrutan de toda clase de privilegios y comodidades.

Porque son dueños de la enorme fortuna acumulada a lo largo de toda una vida dedicada a cercenar las vidas de los rivales de sus Capos. Puede decirse que ella triunfó sobre su ambivalencia, si bien vive llena de miedo. ¿Quién, como ella, se ha atrevido en México a contar la verdad acerca de los innumerables temas que nos agobian con su cordillera de mentiras, en todos los ámbitos? En el terreno de la Historia y la Teología, mi padre fue uno de ellos. Vasconcelos otro. El historiador Alfonso Trueba Olivares también, hasta que los masones le ofrecieron un puesto como magistrado de la Suprema Corte. Ambivalente, lo aceptó, se calló y dejó de escribir. Porque cuando el Sistema no mata o intimida, corrompe y compra. Todos los cobardes tienen su precio. ¡Yo no, aunque sienta miedo! Sobre todo por quienes amo, de cara al tétrico mundo, ***"Sin City"***, que les hemos entregado. Por cierto, dicho sea de paso: todos sabemos hoy que el cáncer es una enfermedad casi siempre mortal, de origen emotivo, psicosomático. El quinto de mis hermanos: Carlos María, como miembro del gabinete foxista, acumuló durante seis años demasiadas pestilencias en sus frágiles vísceras.

Sin poder ni querer hablar para vomitarlas, tampoco las pudo digerir. Otra ambivalencia: si no puedes digerir algo... ¿por qué te lo comes? *"Secretos de Estado"* –fue todo lo que murmuró antes de morir, en la flor de la edad adulta. No denunciar –¿por lealtad a quién?– le carcomió la vida, justamente a lo largo de ese complejo canal por donde se habla, se respira y se come: desde la faringe hasta el estómago.

¿Qué clase de mierda tuvo que tragar mi hermano en las altas esferas del poder político, subordinado a los poderes reales? No lo sé, pero la huelo con particular olfato. De eso quiero hablar aquí. Con nuestros últimos lugares en calidad académica, gracias a los "maistros": esos hombrecillos encuerados que se niegan a ser evaluados y a dejar de vender sus fétidas plazas. Mancha voraz formada por docenas de miles de analfabetos en filosofía, ética, estética y lenguaje. Dirigidos y manipulados por alguna cuasi omnipotente lideresa Priranosáurica. Y que, repito, es adicta a las más destorlongadas brujerías africanas.

Qué difícil es aprender cuando todo se nos da hecho, masticado y digerido, gracias a nuestro decadente "homo videns", de legendaria mediocridad intelectual; a nuestro insufrible analfabetismo estético y filosófico; resultados todos buscados por alguien muy poderoso que, en sumisa obediencia a sus Amos –los dueños de la Aldea Global– tiene varias décadas haciendo con desparpajo y cinismo *"televisión para jodidos"*, según palabras textuales del *"Tigre"* Azcárraga, celebérrimo inventor de la telebasura que hoy inunda impunemente millones de hogares, en festiva corrosión decadente.

Telebasura para telévoros plena de lascivia y dislates que se ha instalado, hasta demolerlos, en los indefensos cerebros que pululan en mi Patria herida, sin rumbo ni destino lúcidos: desterrados en la tribulación de la ignorancia culpable de unos cuantos, aunque inocente e invencible de casi todos.

Es anecdótico el haber podido comenzar a escribir, porque ha sido un parto afectivo doloroso, lleno de altibajos, caídas, cúspides, simas, tinieblas y resplandores. Porque tuve que enfrentarme al sinsentido de la absurda pérdida de tres seres amados, que inicuamente fueron triturados por el Sistema. Ellos no murieron de muerte natural, ni por enfermedades o en accidentes, como mi madre y algunos hermanos y tíos. No: murieron devorados por Leviatán, el monstruo del Estado. Antes de comenzar a escribir tuve que preguntarme, durante varios años, si era posible enfrentarme a una maquinaria de Poder tan ciclópea.

O cuando menos poder vivir sin tener que sufrirla encima de mí y de mi propia familia. Me atormenté durante décadas enteras buscando comprender, descubrir, saber, sin ser yo también triturado, como lo fueron mi abuelo Adalberto, Salvador mi padre y mi hermano Carlos María. Hubo épocas en las cuales me preguntaba si acaso mi única salida era olvidar, no mirar, no escuchar, no pensar. Sólo hacerme de la vista miope y los oídos sordos. Vivir como anósmico y paralítico muerto en vida, para aceptar y proclamar la *"verdad del Sistema"*, adherirme a ella y reaccionar sólo con apagados lamentos, en el cómodo recinto de mi hogar. Sin embargo, fue ahí donde encontré el combustible para lanzarme a esta aventura, opuesto que es la única forma de reducir e incluso triunfar sobre mi propia ambivalencia.

"Tú tienes una misión profética por cumplir..." fueron las sencillas palabras de mi esposa que me arrojaron, convencido, a esta arena de las letras. *"Alia jacta est"*. ¡La suerte está echada! Con la diferencia abismal de que Julio César, al cruzar el Rubicón para reconquistar Roma, ignoraba el papel de la Providencia, y yo quiero vivir completamente abandonado a sus designios, congruente con mi propia libertad interior, esa que ningún poderoso podrá arrebatarme jamás.

Con todo y mi insuperable ambivalencia. Después de muchos ajustes y desajustes prácticos, emocionales, éticos y aun financieros, el Señor me ha facilitado todo lo necesario: apoyo afectivo de mis seres queridos –repito: en particular de mi cercanísima e incondicional esposa–, tiempo, salud y medios de todos tipos para comenzar a realizar el sueño de toda mi vida, mi verdadera vocación: escribir, no sólo libros relacionados con mi extraña e infrecuente profesión académica –Psicología aplicada a la conquista de la Virtud, sino también escribir dentro del género más popular en la historia de la literatura: novela de perfil o género realista.

Porque es cosa arriesgada, casi temeraria, el querer analizar y destripar, para exponerlo por escrito al público de buena voluntad, este hecho contundente: que hemos llegado a la antesala del Apocalipsis en el cual estamos, como resultado de una genial, luciferina y soberbia visión cosmológica antropocéntrica, por definición anticristiana, de malévola intencionalidad. Proyecto de milenaria antigüedad, orquestado desde la cúspide inaccesible del *"Poder Real"* que, desde diversos y aun antagónicos centros de mando, han gobernado el Planeta Tierra dentro de un proyecto histórico radicalmente opuesto al de la Providencia. Y que hoy, a diferencia de otras épocas tiránicas, ha logrado esconderse bajo el impoluto ropaje blanco de la democracia que como lobo feroz nos roba el alma, la familia, la patria. Y declara que *"Dios ha muerto"*, por mayoría de votos.

Al considerar nuestra ambivalencia: ¿qué me propongo al poner en tus manos este libro? En primer lugar, dicho con muy pocas palabras, dejar clara y rotundamente sustentado el hecho de que ninguna ciencia humana salva. Sólo la Gracia de Cristo nos salva. Pero Quien nos creó sin nosotros no nos salvará sin nosotros. Conviene quitar, hasta donde me sea posible, el antifaz de *"honestas personas"* a los Adversarios de la Humanidad, encarnados y representados habilísimamente por prosopopéyicos y solemnes individuos, siempre portadores de nombres y apellidos célebres. Ellos son jefes de estado, presidentes ejecutivos, obispos y cardenales, premios Nobel, renombrados científicos, deportistas campeones, estrellas de cine, comunicadores de altos niveles de audiencia, formidables escritores, elocuentísimos oradores, accionistas o dueños únicos de grandes consorcios empresariales *y "modelos a seguir"* en todos los ámbitos de la vida humana.

Todos ellos enemigos cebados hoy, con particular y especial saña, en América Latina, gracias a la complicidad, a la cobardía o al *"proyecto de vida"* –más bien de Muerte– de miles de astutos, poderosos y psicopáticos individuos de carne y hueso. Ellos, sonrientes, bien vestidos y atrayentes, se enfocan a lograr la eterna perdición de nuestras almas. Como Marcelo Ebrard, quien por hace algunos meses acudió a Nueva York para recibir su luciferino premio masónico: por haber logrado instalar la ley que ha llevado a 43,000 mujeres a *"regularizar su ciclo menstrual"* en el Distrito Federal. Como esos magistrados y políticos que harán hasta lo imposible para que en los once estados de la República donde los congresos locales han logrado blindajes legales a favor de la vida, se vuelvan a instalar los permisos para matar. Para matar a los hijos de las mujeres que no supieron afrontar su sexualidad con todas sus consecuencias. Porque les resultó muy fácil arrojar "al intruso", pero les fue imposible decirle "no entres". Los hechos aquí analizados, expuestos y denunciados están realizados por psicópatas. Pero no se tomen las palabras *"psicópatas"* o *"psicopáticos"* en un sentido erróneo: porque no son insultos, sino definiciones aplicables a esos famosos sujetos que usurpan hoy las cumbres del Poder en casi todos los ámbitos.

Ellos son congruentes con su lema: *"cualquier placer sensual dura algunos instantes, pero el Poder Real –"**real Politik**"– es el único placer que dura las 24 horas del día..."*. Los psicópatas se caracterizan por su cordura mental, su lucidez intelectual y su estabilidad afectiva en la conquista de los más brutales propósitos, además de su incapacidad para arrepentirse. Gozan de orgiástica manera con el dolor ajeno. Viven adictos a una Codicia sin límites. La Avaricia es su norma suprema. Antes de cometer las más bestiales fechorías, preparan su eficiente y eficaz escape, tal y como lo hacen los zorros cuando invaden algún desprevenido gallinero. Aquí va, sobre el anterior concepto, un ejemplo histórico incontestable, cuando menos hasta el año 2000: el *"Gran Tlatoani Mexicano"* –el Presidente– siempre nombró a su sucesor, es decir, a quien había de protegerlo no sólo contra la ley, sino también cuidarle el inmenso botín.

Es legendario su menosprecio hacia los sentimientos y la dignidad de otras personas que no sean ellos mismos. También es letal su incapacidad intencional para sostener relaciones interpersonales valiosas basadas en compromisos a largo plazo. El matrimonio no es definitivo. No tienen patria. No tienen amigos, sólo intereses. Jamás basan una decisión importante en valores universales. Por ello detestan en el fondo de sí todo lo que huela a Bien Honesto. Sólo les apasionan el bien útil –poder y riquezas– y el bien deleitable: bacanales, séquitos, joyas, lujos, autos, y boato.

Su aguda desconsideración a la seguridad de los demás los lleva, incluso, a exponer a graves peligros a sus seres *"queridos"*. Pueden, por ejemplo, abusar sexualmente hasta de hijos propios –no se diga de sobrinos o amiguitos– y lograr mantenerlos en silencio por décadas, y a veces para siempre. De ahí surge esa volátil y peligrosa clase social que forman las esposas, amantes e hijos de los Capos. Con quienes conviven, a veces en forma complicitaria, los vástagos de los industriales y empresarios de tipo *"honesto"* y dueños de apellidos ilustres... que también suelen ser Capos, aunque no lo parezcan a primera vista.

Como varios de los desarrolladores turísticos de Nuevo Vallarta, ese paraíso que ha crecido imparable, gracias a sus raíces mafiosas en la antes lejana y hoy cercanísima Calabria. Uno de sus hábitos recurrentes es el recurso a la mentira sagaz y el engaño cínico. Les fascinan las palabras melifluas, que van de la mano con la incapacidad para sentir culpa o para conformarse a las leyes y las normas éticas profundas, aceptarlas y seguirlas. Ya desde 1961, el genial psicólogo Karpman descubrió que dentro de los psicópatas hay dos grandes grupos: primero están los voraces depredadores –muy visibles– y luego los botarates parásitos –generalmente enquistados, invisibles– haciendo una analogía biológica. Los depredadores toman las cosas por la fuerza, y los parásitos a través de la astucia y la pasividad.

Los tipos a quienes descubriremos con esta denuncia son refinados, informados, profesionales y a veces, incluso, dueños de vasta información, o cuando menos llenos de masónica erudición. Dueños de despachos con paredes tapizadas de diplomas falsos, innumerables reconocimientos y hasta premios deportivos: marítimos, golfistas, de tiro, caza y pesca. Incluyendo trofeos atléticos, como cuando se van a correr el maratón de Nueva York o algún otro. Los vemos en las infumables e ilegibles revistuchas **"Caras"**, **"Hola"** y otros libelos "del corazón", presumiendo su engominada cabellera de niños buenos, patriotas y bonitos. Se conceptúan a sí mismos como profesionales íntegros, nunca como malévolos criminales. Aunque admitan a veces que sus decisiones quebranten la ley, siempre tienen una explicación justificativa: ***"¡Al Diablo con las Instituciones!"*** –por ejemplo, al estilo de ese insufrible personaje propio de una sainetesca ***"tragedia a la tabagqueña"***, el cada día menos famoso *"Peje"*. Los castigos y el encarcelamiento no implican temor para ellos, sino más bien representan un reto a vencer, una aventura que vivir.

Hoy vuelve a saltar a la fama este pseudo político mexicano, autoproclamado ***"modelo de austeridad republicana"***, gracias a los importados tenis de la exclusiva marca ***"Louis Vuitton"*** de poco más de mil dólares el par, que orgullosamente porta uno de sus vástagos. Para entender mejor la ambivalencia represéntate mentalmente al político que cuando alcanza sus más altas metas contempla sus manos y descubre que, con ellas atascadas de sangre inocente y mal habidas riquezas, siente el alma hueca, el corazón vacío y la cabeza pesada. Observa a los adalides sionistas, al estilo de Benjamín Netanyahu, quien tras ofrecer promesas de paz a los árabes, aniquilan a los *"cerdos palestinos o musulmanes"* donde quiera que estén. ¿Acaso no es posible que esos personajes descubran –tras un largo y doloroso proceso– que sus víctimas siempre han sido sus hermanos?

¿No podrían tal vez arrepentirse a la última hora, como Jean Paul Sartre, provocando, por otra parte, la rabia y la envidia de quienes han permanecido siempre fieles a la palabra de Dios, así como la de sus propios antiguos cómplices y partidarios? ¿Te imaginas las consecuencias de semejantes conversiones? Este es un tema que debo encarar, en toda su grandeza y dramatismo, dado precisamente uno de los propósitos antiparadigmáticos de esta obra: que tú mismo te consideres sujeto de conversión a Dios.

Puedes adoptar muy diversas y aun ambivalentes posturas ante este tipo de hechos y personajes brutalmente reales y de cuyo impacto actual no podrás sustraerte, no al menos totalmente: desde la ingenua caída en el escándalo, hasta el desprecio y la náusea. Podrás optar por el silencio cobarde o por la denuncia amarillista, por la venganza o por la sumisión; también por la indiferencia. Y si después de leerme no te he dejado cuando menos inquieto y hasta angustiado –deseoso de investigar la verdad, esa Verdad Objetiva, ontológica, que es anterior, superior e independiente del sujeto que la percibe– entonces ambos hemos perdido nuestro tiempo: yo escribiendo y tú leyéndome.

Pero, si te fijas con atención, también sentirás al psicópata todos los días: encima, detrás o al lado tuyo, sin poder culparlo ni mucho menos identificarlo ni denunciarlo, porque te llevaría décadas poder aprender a cuidarte de la infinidad de recursos criminales de los que dispone. Son asuntos que la gente común generalmente ignora. Asuntos que a tu favor pondré al descubierto, evitando tanto los extremos absurdos del catastrofismo manipulador, como los de la pueblerina ingenuidad.

Pocos, muy pocos ciudadanos hoy en día nos atrevemos a conocer –mucho menos a denunciar– el tamaño real de esa mole casi infinita de estupidez existencial, orfandad religiosa, maldad moral, insensibilidad afectiva y conciencia encallecida, que han llegado a caracterizar a los personajes que hoy son los tiranos –seudo democráticamente impuestos, ni duda cabe– de los siete ámbitos de la vida humana, a los que me referiré en meteórico recorrido. Va una muestra de mi colección de psicópatas, sólo exiguamente enunciativa, y de ninguna manera exhaustiva:

Para empezar, tenemos a los muy altisonantes y de sobra ambivalentes politicazos –que frecuentemente piensan, hablan y escriben como analfabetas funcionales– que desde hace décadas han creado Narcoestados, por casi todo el mundo, y que nos advierten, despavoridos, acerca de los riesgos de que *"los Narcos se adueñen de las elecciones si no blindamos a los partidos".* Claro está: el riesgo consiste en que ese candidato Narco pertenezca a un Cártel rival. Aclamarás, pues, mientras no abras los ojos, a cierto tipo de gobernantes que llegaron a las más altas cumbres de la pirámide social mediante el arte de la manipulación y el engaño.

Electos mediante el astuto e implacable fraude que es el tiránico voto universal. Ese voto que iguala en valor numérico al imbécil y al sabio, porque ambos pesan sólo "uno". ¡El colmo del absurdo! Por otro lado, la globalifilia es una especie de adicción obsesiva que se ha vuelto el anhelo de casi toda la gente. Sobre todo de quienes ignoran las catastróficas consecuencias físicas y espirituales que, para cada persona, tendrá la unidad económica y política hacia la cual marchamos de manera inexorable, bajo la organización de un solo Gobierno Mundial.

Por ello, la ONU se ha ido refinando en su colosal empeño en presentarnos una nueva visión holística y ecológica del mundo y del Hombre, en el marco de una globalización económica, religiosa, militar y política, que logrará legitimar jurídicamente el futuro Gobierno Mundial. Todo ello apoyado en la influencia arrolladora del movimiento pagano del *"New Age"*.

A nadie parece hacerle mella el que Benedicto XVI proclame con singular energía: **"La globalización debe ser gobernada"**. El Papa aboga en su encíclica **"Caritas in Veritate"** por refundar la ONU y el capitalismo, y sitúa la ética moral en el actual contexto de crisis económica global. Ha pedido en esta su tercera encíclica la reforma urgente de la ONU y de la arquitectura económica y financiera internacional. También ha demandado una **"verdadera autoridad política mundial", que tenga poder y se atenga "a los principios de subsidiaridad y de solidaridad"**.

Parecen sueños guajiros, porque simplemente habrá globalización absoluta, sin gobierno con autoridad ética auténtica ni humanista. Todo a favor del Anticristo. Aunque se trate de una encíclica de marcado carácter social, en la que se da una clara condena al capitalismo exacerbado y a la avaricia, ante el imparable aumento de la interdependencia mundial en un contexto de crisis global, no espero que el reclamo de Su Santidad logre siquiera conmover ligeramente a los jerarcas de la ONU para proteger a las naciones más pobres. Sus palabras han caído en el más absoluto vacío, acompañado, claro está de las más elegantes posturas diplomáticas:

"Para gobernar la economía mundial, para sanear las economías afectadas por la crisis, para prevenir su empeoramiento y mayores desequilibrios, para lograr un oportuno desarme integral, la seguridad alimentaria y la paz, para garantizar la salvaguardia del ambiente y regular los flujos migratorios urge la presencia de una verdadera Autoridad Política Mundial, que debe atenerse de manera concreta a los principios de subsidiaridad y solidaridad", –escribe Benedicto XVI, aunque sabe que sus palabras caerán en el vacío, la indiferencia, la sequedad del alma árida, desprovista del agua viva de la Caridad. Ningún sistema económico garantiza la felicidad. Si los banqueros avaros cancelasen la deuda pero no cambiaran las malignas estructuras de pecado, dentro de quince años habría de nuevo deuda. Por eso es necesario atacar las estructuras del pecado. Sólo que la palabra *"pecado"* ya no se usa, porque el Mal ha logrado hacerse pasar por Bien. La propuesta del Papa no es una *"tercera vía"* al margen del comunismo y el capitalismo para alcanzar una sociedad perfecta o un *"paraíso terrenal"*, sino que la Doctrina Social de la Iglesia es un elemento de evangelización: es decir, el anuncio de Cristo muerto y resucitado que la Iglesia proclama a través de los siglos y que tiene una actualización también respecto al vivir social.

Bien: deseo contribuir con este libro a la difusión de dicha doctrina, por limitados que sean mis recursos para hacerlo. El propio Benedicto XVI –nada ambivalente, al menos en esta declaración– afirma que *"la Iglesia no tiene soluciones técnicas que ofrecer y no pretende mezclarse en la política de los Estados de manera alguna".* No obstante, digo yo, tiene una misión de Verdad que cumplir en todo tiempo y circunstancia a favor de una sociedad a medida del Hombre, de su dignidad y de su vocación. Para mí, como para la Iglesia a la que pertenezco, esta misión de Verdad es irrenunciable. La genial y casi mágica tecnología actual –y la que viene, a velocidad aceleratriz– son otros de los invencibles y ambivalentes medios que *–para bien de los que amamos a Dios y para mal de todos los demás–* el Sionismo tendrá para controlar a las Naciones y aniquilar, hasta donde le sea posible, la vida personal de los individuos.

Tal y como se describe con alto nivel de precisión en el Apocalipsis de San Juan. Además, Israel tendrá su **"Tercer Templo"**, en el cual serán restablecidos su culto y sus sacrificios. Los hebreos recibirán a su *"Mesías, Todopoderoso Guerrero".* Estaremos muy cerca del ineludible Juicio Final.

¿Emularás a esos mandos cupulares –psicópatas por excelencia– que quieren, y que en gran medida han logrado, que una mayoría de seres humanos se acostumbren a hacer del poder, la fama, los placeres, las riquezas y los honores mal habidos la única forma de triunfar? Porque tal parece que hoy, quien no transa, pacta o negocia con el Mal, no avanza; es decir, no trepa sobre la pirámide en cuya cúspide ese maligno y paranoico *"Ojo que Todo lo Ve"* –incrustado en el billete de un dólar– vigila que nadie piense o decida a favor del Bien, la Verdad, la Belleza y la Unidad.

Ese voto que es intrínsecamente perverso, tema en el cual insisto. Porque este tipo de sufragio universal que debería denominarse *"todos en bola"* –llamado en México *"La Cargada"*– le da el mismo valor a la estupidez, con su secuela de ignorancia, superstición y fanatismo, que a la verdadera sabiduría. Pero no sólo: la falsa democracia convalida a esos seudo gobernantes que, con sus primitivas y selváticas maneras, lograron llegar al Poder real. No dudaron en valerse de los Capos de alto nivel de su tiempo: detrás de ellos estuvieron –y sus herederos o descendientes continúan hasta la fecha–: Miguel Ángel Félix Gallardo, Rafael Caro Quintero, Ernesto Fonseca Álvarez, Rafael Aguilar Guajardo, algunos de los más cremosos Narcopsicópatas aztecas. Son esos adoradores de Huichilobos los ejecutores –que no los fundadores ni las cabezas reales– del desastre actual, en el que se apilan cadáveres decapitados como pollos o cerdos en el mercado.

Los aclamarán las multitudes, mientras estén sentados en las curules desde las que nos seducen con su pulcro rostro de heroicos salvadores de la Patria, "rayos de esperanza"; pero también disfrazados de pomposos senadores de la República, y hasta como cabezas visibles de algún ecológico y humanista partido político –de colores verde, azul, amarillo, negro, o cualquiera otro– dedicados a negocios más complicitarios, familiares y mafiosos que sociales o de verdad políticos. El Presidente Felipe Calderón lo dijo con toda claridad, si bien no dio nombres. Hace pocos meses no se le atoró ni una sola palabra cuando criticó a los políticos ladrones que, dijo él...

"han acumulado verdaderas fortunas y que se han enriquecido, en el campo y la ciudad, obteniendo los recursos públicos que habían sido destinados para atender a los más pobres del país". Añadió: *"Si los impuestos, en lugar de irse a ayudar a la gente más pobre, se van a los bolsillos de un funcionario corrupto, el país es más pobre".*

Pocas veces un mandatario mexicano ha sido tan directo. Pero: ¿acaso no es ambivalente al no mencionar nombres y apellidos. ¿Por qué no hacerles pagar a los que se quedan o se han quedado con el dinero de Procampo, por ejemplo? Si la siguiente cruzada de Calderón va contra los corruptos, qué maravilla. Suena a golpe de timón, pero yo no creo que se dé una verdadera cruzada contra los corruptos, porque éstos están incrustados en las más altas filas del partido en el Poder. Y además, obedecen a los Amos Globales. Hasta hoy, antes de lanzar este libro, aquellas palabras parecen simplemente una declaración política. ¡Pues qué lástima: otra frase más que se lleva el viento!

Dice que **"los empresarios más importantes no pagan impuestos".** ¡Qué declaración tan sorprendente! ¿Por qué no se los cobra? Porque no puede. Los poderes planetarios lo impiden, ya sea porque los ricos lo exigen, o porque los Amos les conviene protegerlos. ¿Cuántos de ellos apoyaron al candidato con su fortuna –impuestos no pagados– para ayudarlo a colocarse en la silla presidencial a pesar del *"Peje"*? Desde luego: el más corrupto es ese dirigente político que levanta el brazo del **"Ungido"** –o del que quiere serlo– mientras encabeza un cártel de los *"Zetas"*, o de cualquiera otra pandilla de fieras disfrazadas de personas decentes.

Lo verás acusar airadamente al adversario partidista de *"querer desacreditarme ante la voluntad popular".* Como si el mensajero fuese el delincuente y no el malhechor. Se quejarán plañideramente de que el Capo sea encarcelado y expuesto al ludibrio de los Medios en tiempo electoral, no antes... o después. Es también ese perspicaz y suspicaz abogado de entrecana y respetable barba, ataviado con pulquérrimos guantes, arregladito a la última moda, que chupa pipa y se queda con todos nuestros haberes –generalmente bienes raíces de gran valor turístico– después de vencer a sus demandantes en buena lid, pues domina a placer todos los entresijos y vericuetos de la ley.

Lo encontrarás seguramente tras la barra del Ministerio Público, soltando a los secuestradores y violadores, o a los asesinos profesionales de tu familia. Como ese juez argentino que ordena poner en libertad al violador de una chica, **"porque había tenido el atenuante de violarla con la luz apagada, hecho no tan traumático como si lo hubiera ejecutado con la luz encendida".** También lo verás, aferrado con pico y garras, al más alto

Tribunal de República, convalidando como constitucionales las más graves violaciones a la dignidad y la vida de los niños por nacer.

Como en la Ciudad de México, donde está prohibido fumar, pero es permitido matar a quienes no se pueden defender: los nonatos menores de doce semanas. Esos que viven precariamente en el sitio más inseguro del planeta: los vientres de sus madres. Hasta que alguien, en nombre de la vida, les da la muerte. Mientras que los ministros permisivos cobran sus cientos de miles de pesos al mes, por ser matarifes autorizados. Dentro de los estados narcoterroristas, como el nuestro, te toparás con los Narcopsicópatas propiamente dichos. Esos que de manera irrestricta conforman la única narcoempresa global cuyo ejército, armamento y producto interno bruto superan cada vez más al de docenas de naciones juntas, no digamos a los de México.

No se trata ya de dos poderes en pugna: el estado de Derecho contra el Crimen Organizado. No. Se trata de que hoy el *"estado de derecho"* y el *"monopolio de las fuerzas"* –militar y económica– los detenta el Crimen Organizado, cómodamente instalado en la corrupta **"Partidocracia"** que es más bien ahora una especie de **"Narcocracia".** Es un hecho trágico y ambivalente, pero aun así hay que reconocerlo: hoy, Felipe Calderón Hinojosa –el llamado *"Elliot Ness"* mexicano, y lo digo sin ironía–, ***dirige como un rehén, heroico y solitario, pero obligado,*** esa guerra que no libró el PRI, porque los priístas hubieran tenido que pelear contra sí mismos.

Esa guerra que tampoco libraron Vicente Fox ni su esposa simulada, porque ambos doblaron las manos –¿sólo eso?– ante la genialidad manipuladora del impune e *inatrapable "Chapo"* y de otros tétricos pero astutísimos personajes. Y si hablo de un "terrible error" lo digo porque el verdadero campo de batalla no está en las calles ni tiene que librarlo sólo el Ejército. La verdadera guerra tiene otros frentes. Está en las almas y en las aulas; en la Iglesia, en los bancos de dinero y en los hogares. Justamente ahí donde el enemigo avanza, incontenible y victorioso, aunque sea sólo por un breve período, antes del Juicio Final a todas las Naciones.

¿Sufrirás ambivalente y pasivamente, en carne propia, que las huestes de baja ralea de los grandes Narcopsicópatas les vendan drogas a tus hijos –bajo protección policial y estatal– no sólo en los antros de moda y en las calles, sino incluso en las dulcerías y cafeterías de toda clase de "centros educativos"? Si no te involucras en esta guerra, no te quejes de verlos seguir invadiendo las aulas donde la niñez sólo aprende a reptar impune y frenéticamente por el poder, la fama, los placeres, los honores y las riquezas –cinco contravalores que hoy son la única propuesta axiológica impuesta a la raza humana desde el omnímodo poder mediático.

No te extrañes, pues, si tales nimios pero a la vez *"magnos valores"*, exacerban la imaginación infantil al grado de constituirlos en la razón de ser de su existencia. Millones de niños, adolescentes y jóvenes, esos que como bolillos baratos produce la escuela atea –eufemísticamente llamada laica–, sueñan desde pequeños en arriesgarlo todo, absolutamente todo. Incluso la propia vida y las de sus familiares, en aras de tener todo lo material, en grado absoluto. Hasta que la inesperada muerte, ciegamente percibida como autoaniquilación –"*La Santa Muerte*"–, los convierta en Nada.

Bueno: eso es lo que ellos creen. Menuda y aterradora sorpresa se llevarán cuando se percaten de que el propio **"yo"**, el alma, es inextinguible, y que la rendición de cuentas por los propios actos será ineludible. Tremendo juicio realizado por la propia conciencia, desprovista del obstáculo engañador de los sentidos corporales, y de cara al Juez Supremo. Si no aprendes a identificar al Adversario, rendirás honores a heroicos militares de alta graduación y flamígera carrera. De esos que con una mano protegen a los mejores criminales, mientras que con la otra asesinan o combaten a los imbéciles que se dejan atrapar o derrotar, y que utilizan su entrenamiento castrense de alta escuela para aterrorizar a la población civil.

Y que anhelan en el fondo asesinar impunemente a sus propios jefes, compañeros y subordinados. Son esos que, lo mismo en México que en Afganistán o Colombia, incineran o destruyen sólo el dos por ciento de los plantíos tóxicos, mientras comercian con todos los demás que quedan intactos, a la vez que acumulan ingentes fortunas con las pacas de narcóticos decomisadas.

Pero aquí la pregunta se impone: ¿y qué fue lo que aprendieron o no en el Heroico Colegio Militar? ¿Qué hay, y qué no hay, en la mente y en el corazón, en las entrañas mismas de ese millón de individuos dedicados al Narco? ¡Todo un tema para desarrollar en una obra como esta! Verás a los psicópatas adictos a los honores fungir como sesudos y augustos rectores universitarios, y académicos de polendas. De esos que cierran a sus alumnos los accesos a las Verdades Universales, tanto Racionales como Reveladas. Sobre todo cuando éstas les resultan incómodas o acusadoras de su propia estupidez, debilidad, maldad o complicidad con el Maligno.

Ellos, desde las trincheras de las cátedras oficiales, cultivan –mientras se los permitamos– una juventud hipertímica o depresiva, desconocedora de sí misma, cuando no trasnochada fanática, por ejemplo, del trepador/perdedor "*Che*" Guevara y de otros mitos de la decadencia. Nuestros psicopáticos líderes y rectores universitarios, desde la sacrosanta impunidad de sus campus, cátedras y aulas, diseñan hoy una niñez y una juventud presas, en su mayoría, de las más hondas debilidades: explosiva, desalmada, abúlica, hedonista y asténica.

O por decirlo en lenguaje populachero: una juventud "huevona" y gordinflona, campeona mundial en sobrepeso y en devoradora compulsiva de comida chatarra. Y apáticos para tres cosas: pensar, ejercitarse y estudiar. Glotones para ver tele, tragar cualquier porquería sabrosa, y descansar de no hacer nada. He ahí una de las raíces de nuestra perfecta orfandad académica, esa orfandad que garantiza ya una caída abismal de tumbo en tumbo. Mientras padecemos el sobrepeso mortal del más grande e inútil sindicato magisterial de América Latina. Lo admirarás como carismática estrella de la farándula o como *"alguien que usted conoce y conoce bien".*

Sin olvidar "heroico" periodista, al policía que jura cuidar de la seguridad de tu hogar; lo mismo que a tu jefe, tu mejor amigo o tu propio cónyuge. Incluyendo a aquellos hijos tuyos que hayan sido secuestrados afectiva e intelectualmente por el Adversario, lo sepan o no –y que muy probablemente sean ya víctimas de la arácnida, reptante Taravisión.

Psicópatas son los dueños de las grandes cadenas de *"Mass Media"* –televisoras, diarios impresos, estaciones radiofónicas, revistuchas– que se comportan como viles testaferros de los casi invisibles Amos del Planeta, para transmitir impunemente a todos los hogares, en vivo y a todo color –incluso ya tridimensionalmente–, la zalamera y casi invencible *"Imagen de la Fiera".* Sólo pondré un ejemplo paradigmático: los buenos actores que fueron Eugenio Derbez y Consuelo Duval, han convertido su buen humor y su notable ingenio, en malolientes excrementos verborreicos.

Por si lo dudas, ponte a contar la cantidad y la calidad de los insultos y humillaciones que intercambian entre sí los miembros de una *"típica familia mexicana"* en media hora de transmisión. Por supuesto, el programita –"**La Familia P-luche**"– tiene que ser a las tres de la tarde, para que millones de niños y jóvenes lo conviertan en el preferido de la familia mexicana, con sus dos temporadas en 63 capítulos. Y que además sea el feliz ganador del premio *"Mejor y más Exitoso Programa de Comedia".* Razón de sobra para que se repita y se repita hasta la saciedad.

Saturada de situaciones ridiculizantes y seudocómicas, la serie se ha convertido en una de las principales series de "humor" de la televisión mexicana. Al paso de los años es también uno de los programas más adictivos, y que cautiva altas audiencias adictas a la violencia verbal y a otras formas tanto sutiles como obvias de autodenigración.

Un análisis a fondo de este bodrio nos hace contemplar una de las más eficaces formas de disolución social. Sí, porque logra implementar dentro del recinto de los hogares las formas más letales para destruir a la familia: trivialización de la vida, desacralización de los símbolos, grosera ridiculización del amor y la sexualidad. Amén de la humillación a las personas, los incontables abusos del lenguaje sucio, la banalización de los vínculos afectivos, la constante exaltación de la estupidez, el profundo desprecio por la ética, y la ausencia de responsabilidad personal. Independientemente de que los evidentes y desbordantes encantos de la señora Duval se muestren de manera tan obvia y tan exhibicionista que resultan ofensivos y hasta de mal gusto.

Por desgracia, tenemos también a las "**Madonnas**", las "**Trevis**" y las "**Dulce Marías**" que con éxito arrollador sustituyen en el imaginario popular a la Madre de Dios. Nos aturden y nos drogan los comunicadores que se circunscriben a los dictados del Sistema, sobre todo cuando dan las noticias más graves –por ejemplo las referidas a la cantidad de abortos en el Distrito

Federal– con el desparpajo y la superficialidad impersonal de quien cuenta la cantidad de llantas quemadas en una noche de diversión piromaníaca.

Observamos también a las "**Adelas Micha**" que corrompen su gran inteligencia y su formidable amplitud verbal para ponerlas en envilecedora servidumbre del decadente show "**Big Brother**" y similares o peores. Así, insensible pero seguramente, nuestros hijos y nietos, los taravidentes todos, nos vamos acostumbrando a incrustar en mente, alma, entrañas y corazón, todas las teledrogas que ellos –los "Narcopsicópatas de Huichilobos"– escogen para mantenernos dopados y sin la menor capacidad de crítica ni autocrítica.

¿Y qué pensar de los honorables banqueros, empresarios, especuladores, y negociantes? Ellos tienen atrapados en sus redes usureras a casi todos los gobiernos de los estados nacionales. Es la queja, por ejemplo, de Nicolás Sarkozy en noviembre del 2010. ¿Acaso no sabemos de su adicción irracional e irrefrenable por las riquezas mal habidas, que son la raíz de la mal llamada *"crisis financiera mundial"*? Ese psicópata, nada loco ni neurótico, al que quiero que conozcas bien –para que puedas correr, atacar o defenderte– está agazapado muy cerca de tus hijos, en la escuela donde éstos aprenden religión, inglés y computación. Es el banquero que al más puro estilo de los *"Stanford"* o los *"Madoff"* se queda con los decentes ahorros de toda tu vida. Y que, ya en manos de las autoridades, jura por Dios: *"que me vaya al Infierno si no soy inocente".*

Nos han hecho creer que los ladrones y los asaltabancos andan, impunes, por las calles. Pero eso no es así, porque los grandes fraudes, los de colosales dimensiones astronómicas, se cometen desde los escritorios de las más exclusivas, protegidas e inexpugnables oficinas. Nuestros banqueros forman una micro élite global que se pasa la vida dirigiendo –a veces peleando entre sí– esa inconmensurable galaxia de usura en expansión que ahora suavemente llaman *"pasivos tóxicos";* que ascienden a varios billones de dólares que hemos pagado y seguiremos pagando los pobres.

Durante su candidatura, Bill Clinton operó un acuerdo secreto con las manos invisibles –ya muy vistas– de la plutocracia oligárquico-oligopólica de los banqueros de Wall Street, según lo explican ampliamente los periodistas Nicholas D. Kristof y Edward Wyatt en el *"New York Times"* durante los días 15, 16, 17 y 18 de febrero del 1999. Queda expuesto el secuestro tanto de la democracia como de la actividad de la política y la economía subyugada por las fuerzas del inexistente mercado financiero, manipuladas por un puñado de banqueros, quienes maniobran en la opacidad absoluta.

Que conste que nos encontramos a inicios del siglo XXI.[50] Louise Story en *"The New York Times"* revela que cada tercer miércoles del mes, nueve miembros de la élite de Wall Street se reúnen en Manhattan con el fin de proteger los intereses de los grandes bancos en el vasto mercado de los

---

[50] (Bajo la Lupa, 31/8/11) es un inquietante artículo de Louise Story en The New York Times (NYT, 11/12/10)

derivados financieros, uno de los más redituables y controvertidos campos de las finanzas. Los ocultos nueve banqueros conforman un invencible comité que vigila las transacciones de los derivados, instrumentos que, como los seguros, son usados para cubrir los riesgos en un gran negocio de multibillones. En realidad, ya rebasaron el millar de billones, en una equivalencia de varias veces el PIB global y cuyo monto se desconoce debido a su desregulación. Ellos carecen de vigilancia tanto gubernamental como ciudadana, porque son quienes de verdad gobiernan. Y su contabilidad invisible –*"off balance sheet–"* sólo se conoce parcialmente en los paraísos fiscales.

Los derivados financieros hipertóxicos –armas financieras de destrucción masiva, Warren Buffet dixit– constituyen un incurable cáncer financiero antisocial y antiempresarial, cuyas metástasis han alcanzado todos los rincones del planeta donde opera la desregulada globalización, que antes de extinguirse –si es que eso sucede– cobrará miles de millones de víctimas.

Las víctimas, es decir, los ciudadanos del planeta, nos encontramos absolutamente impotentes para lidiar con tan incurable cáncer sionista, debido a que desconocemos su identidad. Para colmo, la clase política, patéticamente más ignara que nunca, entiende su dinámica y se somete a ella en patética sumisión convenenciera.

Este creciente torbellino, en absorbente espiral devoradora, desde hace cuando menos dos milenios, concentra hoy la mayor parte de la riqueza mundial. Una riqueza usuraria acumulada constantemente desde *"La Diáspora"*, ocurrida a partir del año 70 de nuestra era, con la destrucción del Templo de Salomón en Jerusalén. En este caso, mi crítica no se endereza contra los prestamistas que crearon las guerras y construyeron o desaparecieron los imperios a lo largo de dos milenios, sino contra los príncipes cristianos que se dejaron seducir por el brillo efímero del oro y la gloria. Porque como resultado final de su debilidad, hoy el enorme resto de la población depauperada se arrebata las escuálidas migajas que restan, tras el impune reparto del inconmensurable botín.

Con incontables recursos los sionistas antropocéntricos siguen dándole *"unidad"* al Planeta bajo una sola férula –como ya lo hicieron con Europa, por citar sólo un ejemplo. ¿Cuál unificación tiranizante continúa, bajo el aparente mando del G-20, que no es más que la fachada de la **"Real Politik"**? Algunos hablan de la imposición de una nueva moneda llamada *"Amero"* –que puede ser un cuento– mientras que los **Amos Planetarios Ocultos,** por medio de sus voceros oficiales –Obama y Brown, Sarkozy y Merkel, por citar sólo a cuatro– ya consolidan un **"Nuevo Orden Mundial"** mucho más atroz y global que el que sus antecesores nos impusieron hace décadas, primero en Breton Woods, y luego a lo largo de la Guerra Fría, cuyos peones –Clinton, Bush, Cheney, Rice, Greenspan y compañía–, serán superados por maestros ajedrecistas de la mentira institucionalizada, con el espaldarazo de los Mass Media.

¡El temible **"Dragón Chino"** clama también, a su manera, por el lanzamiento de una sola moneda mundial! Teme por la desaparición de su billón de dólares caído en el hoyo negro de los bonos del tesoro de Sión –con sede en Nueva York. No se trata simplemente de explicar las cosas a partir de simples conspiraciones maquiavélicas urdidas por los hombres. Tampoco en *"un proceso cíclico por la mala energía que transita por la Madre Tierra."* Para entender lo que ocurre es preciso elevarnos al orden sobrenatural.

Ahí es donde se encuentran dos fuerzas desiguales en guerra permanente: las del Bien y las del Mal, que se enfrentan con su máximo poder en una lucha a muerte por conquistar el destino eterno de cada alma humana. Esta es una batalla metafísica. Sólo en la visión del choque de estas dos fuerzas metafísicas asimilaremos el impacto telúrico que tal colisión tiene en la historia de la vida humana. Cada una de tales fuerzas están dirigidas por seres reales y en extremo poderosos: los que habitan en este mundo, pero también aquellos invisibles pero reales, y que se mueven dentro un orden supranatural. Todos los involucrados, como actores de primerísima importancia, tendremos que hacer valer tanto nuestras capacidades naturales –inteligencia, memoria y voluntad– como nuestros recursos sobrenaturales –la fidelidad a la Gracia Divina– para evitar que nuestros adversarios se apoderen de nuestra alma, que al final de cuentas no es sólo lo único que tenemos, sino propiamente lo que somos.

Los recientes sucesos nos empujan cada día más a caer, esclavizados más aún de lo que ya estamos, en el tan anunciado *"Nuevo Orden Mundial"*. Orden que se erige de acuerdo con el proyecto milenaria y obsesivamente fraguado por el Sionismo, apoyado por la Masonería, financiado con los inagotables recursos de la Usura Internacional. Tendremos encima un Gobierno Mundial que surgirá de ese Nuevo Orden, y que se impondrá en la Tierra dentro de breve –¿o largo?– tiempo. Eso es inevitable. Lo que puede hacer la diferencia es la actitud que tomemos frente a esa impertérrita realidad: sumarnos aviesamente, combatirla con prudencia, vendernos con vileza, traicionarnos por cobardía, hacerle frente con heroísmo, o permanecer indiferentes, "al fin que no pasa nada".

Olvidando que Cristo vendrá a reflejar en nosotros, contundentemente, el juicio inapelable de la propia conciencia, cuando todos estemos entregados frenéticamente a nuestros negocios mundanos, o peleando por el agua, para simplemente sobrevivir.

Dentro del ámbito de lo sobrenatural anticipo algo que puede resultarte muy doloroso, a ti, lector de buena fe y que por simples probabilidades estadísticas eres tal vez un latino católico: los psicópatas también se encuentran disfrazados de ángeles entre las filas de la Iglesia Católica. En no pocas ocasiones alcanzan los más altos puestos eclesiásticos. Como los papas Borgia o Della Rovere, –íconos del Renacimiento–, y de cuya complejísima personalidad encontrarás modelos paradigmáticos en esta obra. Capaces de asesinar a algún Papa rival que tenga en la mira arrojar a los mercaderes del Templo, como fueron los casos de Juan Pablo I y Juan Pablo II. Un ejemplo paradigmático: el presidente electo de Paraguay,

Fernando Lugo, *"exobispo católico"*, especialista en convencer quién sabe cuántas mujeres acerca de la autenticidad su gran amor, para luego dejarlas embarazadas y abandonadas a su suerte.

Sin embargo, ante la realidad de la miseria humana, estos lamentables hechos no deberían extrañarnos tanto. ***"Llevamos grandes tesoros en vasijas de barro"*** –dice San Pablo. Esas vasijas son también altruistas millonarios, grandes maestros, multipremiados científicos, eficientes políticos, notables tecnócratas, renombrados artistas, figurones de la medicina, la educación, el derecho, la psicología; conspicuos miembros de la Casa Blanca o del Congreso Europeo, del Sionismo Internacional, sabios dirigentes del lejano Oriente.

Igualmente, "virtuosos" cardenales, obispos y sacerdotes han hecho a su vez una íntima y fuerte vinculación con la Masonería. O bien, ésta ha logrado incubar a sus críos alienígenos dentro del Vaticano y las órdenes religiosas. Así, con el apoyo inmune e impune de diversas sociedades secretas, se pretende consolidar un Estado Mundial Anticristiano, adornado con un seductor halo de religiosidad "light", en la que los gobiernos nacionales y las distintas denominaciones religiosas serán sólo criaturas al servicio de este Nuevo Orden Mundial.

Todos somos capaces de los peores errores y horrores si, confiando demasiado en nosotros mismos, nos soltamos de las manos protectoras de Dios. En los casos que nos ocupan dentro de esta obra, el verdadero milagro es la astronómica desproporción que existe entre el buen vino y el corrupto alambique que lo destiló. A mí sólo me interesan dos cosas: hacer que la gente quiera salvar el buen vino, y que decida aprender a fabricar, descubrir o usar excelentes alambiques, para evitar que el pueblo llano sienta náuseas por el buen vino.

9) El caso de Marcial Maciel. Hoy es de muchos un hecho reconocido y probado que cuando menos los siguientes menores de edad fueron objeto de abuso sexual por parte del fundador de los Legionarios de Cristo: José Barba, Alejandro Espinosa, Félix Alarcón, Saúl Barrales, Arturo Jurado, Fernando Pérez Olvera, José Antonio Pérez Olvera y Juan José Vaca. Cierto, rotundamente cierto, Pero no menos cierto es que debe quedar claro que la históricamente comprobable promesa de infalibilidad en materia de Fe y Costumbres, hablando "ex cathedra" –promesa hecha por el mismo Cristo– no implica impecabilidad personal de ningún miembro de la Iglesia, por encumbrado que esté, así sea el mismo sumo Pontífice.

Es cierto que la mayoría de los Papas han sido santos o personas de bien, y que hace siglos que no vemos papas perversos. Pero ahora hemos sufrido, incluyéndome, los embates de ciertos alacranes disfrazados de colibríes, todos ellos ligados entre sí por un mismo propósito y unidos por un luciferino pacto secreto con el mismo Demonio, ya sea en forma explícita, o cuando menos tácita. Algunos de ellos fungen como sabios y famosos educadores, eclesiásticos y fundadores.

En realidad varios son pederastas –que no locos ni dementes, por supuesto, sino psicópatas– y que además de estar coludidos con el Narco Global, incluso han cometido asesinatos o han pactado con sus adversarios históricos, con tal de escalar las más altas cumbres del Poder mundial. A veces, incluso, les confiesan a sus más fervientes seguidores que *"deseo verme elevado como santo a los altares"*, según decía ese tristemente famoso sacerdote mexicano, Marcial Maciel, prolífico papá biológico de seis personas, cuya orden está siendo ya auditada y revisada a fondo por Benedicto XVI. Como si no supiera que el auto elogio en propia boca es vituperio.

La última novedad, en diciembre del 2012, es que su memoria está siendo borrada de todos los colegios y universidades, casas y seminarios de los Legionarios. Me parece una medida, cuando menos, incomprensible bajo mis propios modelos de pensamiento. Porque si bien yo he optado por callar mi trágica historia infantil –para no escandalizar– en este caso de Maciel debería hacerse todo lo contrario: una especie de "Memorial de la Infamia", donde sean permanentemente expuestas sus múltiples e incalificables fechorías, sin más ánimo que el de dejar en la gente común la idea del *"nunca jamás volverá a ocurrir algo así en el seno de la Iglesia Católica"*. Sin embargo, aunque no entiendo la postura del Papa, me pliego a ella, si bien en este libro me tomo la libertad de realizar algunas aclaraciones. La indescriptible ambivalencia de Marcial Maciel, inclinada francamente hacia todos los bienes concupiscentes, lo llevó a buscar cuatro objetivos fundamentales, de los cuales dos al menos son intrínsecamente contradictorios y excluyentes entre sí:

Primero, dejar una enorme cuenta bancaria a nombre de sus hijos preferidos: Norma y José, para que éstos la repartieran entre el resto de sus descendientes.

Segundo, consolidar un imperio material cuya potencia financiera ha sido objeto, con razón o sin ella, de variados chistes sangrientos, como el epíteto de *"Millonarios de Cristo"* con el que miles de personas se refieren a los Legionarios.

Tercero: un buen ejército de sacerdotes, cuando menos seiscientos, de los que a no dudar –la gran mayoría– son personas virtuosas y entregadas a su ministerio, a pesar de las cuasi infinitas incongruencias de su fundador. Y cuarto: una gran cantidad de escuelas bilingües, católicas, que ciertamente brillan tanto por su calidad académica como lo muy caro de sus colegiaturas. Sin justificación alguna, tales centros educativos son exclusivos para "niños bien" de ambos sexos. No importa la coherencia sociocultural ni ideológica, sino la venta de plazas para niños de familias poderosas. Es muy frecuente que nuestros hijos convivan con vástagos de políticos corruptos, artistas escandalosos, empresarios insultantemente ricos y narcotraficantes de primer nivel. Tal fue el sonado caso de que el chinito mega millonario, Shenli Yee Gon, tuviese a su retoño en el Colegio Irlandés sito entre Interlomas y Tecamachalco, Estado de México.

¿A cuánto asciende la maléfica herencia dejada a sus hijos por Maciel? El fideicomiso se encuentra en una cuenta en Las Bahamas, en el Banco *"Cititrust Limited"*. Teniendo en cuenta que el fundador que aspiraba a ser declarado santo se hizo un mausoleo en Roma valorado en cincuenta millones de euros, no es de extrañar que la cuenta que con tanta previsión abrió Maciel en un paraíso fiscal -con secreto bancario- ascienda a varios millones.

Hoy saben los Legionarios que el padre Maciel no dejó uno, sino hasta seis vástagos sembrados por el mundo, a tal grado que "la Legión de Cristo" ha entonado un profundo y sincero "mea culpa", anunciando que reconsiderarán la figura de su fundador.

La congregación ya ha admitido públicamente que Maciel tuvo una amante –prefiero excluir su nombre– con la que procreó una hija. La niña, nacida en Acapulco, se esconde con su madre en Madrid, en un lujoso apartamento dentro una urbanización de alto nivel, ya que cuenta con piscina, pista de tenis y cancha de fútbol. Marcial Maciel registró el dinero con una de las tres o cuatro identidades falsas que manejaba. Falsificó sus pasaportes y utilizó tarjetas de crédito con nombres falsos. Tras su muerte, el 31 de enero de 2008, estos documentos quedaron en poder de la Legión. No se conoce qué identidad empleó con su otra familia en Inglaterra o con la que además dejó en Francia. Su hija francesa murió hace unos pocos años en un accidente de tráfico que, irónicamente, sufrió cuando iba a recoger a su padre al aeropuerto.

Fue un episodio que le afectó demasiado, pero ni siquiera ante semejante pérdida dio señales de rectificación. Dejó tres hijos mexicanos, quienes todavía no han conseguido asumir ni asimilar ideoafectivamente las múltiples y ambivalentes vidas de su padre. Porque era muy estricto con ellos. Les impuso varias normas que debían cumplir a rajatabla: no fumar, no beber, no tener novia hasta los 20 ó 21 años y, lo más llamativamente ambivalente: no mentir. Cuando descubrieron que su padre era un gran mitómano, el mundo se les vino abajo. Desde hace años, ellos y su madre reciben una intensa y profunda psicoterapia.

El golpe, bestial, sobrevino en el año de 1997. Durante junio o julio, José recibió una llamada de su padre: "Va a llegar a tu casa una persona con dinero. Coge un taxi, ve a todos los puestos de periódicos de la zona y compra todos los números de una revista en la que salgo yo en portada". Maciel quería retirar del mercado una revista que publicaba un terrible reportaje, donde se lanzaban las primeras acusaciones de pederastia en contra suya.

Así fue como José descubrió que su papá era el Padre Fundador de los Legionarios de Cristo, pero también el hombre más corrupto y falso que hubiera conocido en toda su vida. Estaba física y emocionalmente solo y no sabía cómo procesar la información.

Casi catatónico, tardó un año en decírselo a su madre y a sus hermanos. Hace poco, los hijos de Maciel dejaron sus casas y sus empleos, para refugiarse en el anonimato de la gran ciudad. Ahora, el mediano de los hermanos colabora con su abogado en la cruzada por su reconocimiento público como hijos de *"Mon Pere"*. Se explica que algunos miembros de la congregación hayan optado por desvincularse definitivamente.

Si el Vaticano disuelve la orden, todos los sacerdotes legionarios tendrían que buscar acomodo en las diócesis regulares. Algunos ya lo están haciendo. ¿Se acerca el final de la congregación de Maciel? En Octubre del 2012 la más alta autoridad vaticana controla ya los negocios multimillonarios de los Legionarios.

10) En las filas del clero regular. Y qué tragedia: también encontrarás este tipo de sujetos dentro de un confesonario de caoba en la Catedral Metropolitana o la Basílica de Guadalupe; porque entre los Narcopsicópatas tendrás que contabilizar a varios sacerdotes y ministros de diversos credos, funcionalmente ateos y destructores de su propia congregación religiosa. Pero casi nunca desde afuera, sino desde las entrañas mismas de sus templos y parroquias. Como el secretario general de la Conferencia del Episcopado Mexicano, Leopoldo González González, quien descartó que el involucramiento de sacerdotes en casos de pederastia y pornografía infantil aleje de los templos a los fieles: ***"Al contrario, entre más humanos nos vean, más nos van apreciar"***.

Este increíble individuo, con todo y su sagrada, muy respetable investidura sacerdotal, o es un imbécil, o es un infiltrado. Y si no es ni lo uno ni lo otro, esperaré a que rectifique. Este tipo de psicópatas operan –insisto y repito– desde el Estado Vaticano mismo, o dentro del Colegio Cardenalicio. Pero también desde arzobispados y diócesis, lo mismo tercermundistas que millonarias. Porque ellos preparan la venida de esa otra "Bestia", que será una falsa "Iglesia Ecuménica", la que estará también al servicio del Nuevo Orden Mundial.

Con el apoyo complicitario de torcidos miembros masónicos de las diversas órdenes religiosas, que mangonean intrigas desde sus impenetrables conventos, modernas universidades confesionales y famosos colegios, sedicentes católicos. Añadiendo cientos o miles de obispos, cardenales, sacerdotes, monjas, curas y religiosos que, en nombre de una supuesta apertura o "puesta al día", cambian la esencia misma –no sólo la forma– de las enseñanzas de Cristo, para constituirse ellos mismos, por su propia gracia, en los postmodernos redentores de la Humanidad doliente.

Como ese cuestionable Monseñor Carlos Aguiar, que para llegar a la toma de su nueva sede arzobispal, lo hace a bordo de un lujoso y rutilante auto descapotable, en lugar de aparecer a lomos de algún humilde pollino, o siquiera a bordo de un "Tsuru" austero. Dando comburente y combustible a los detractores y escándalo a los inocentes.

Estos siete grupos que hemos recorrido son fulgurantes ejemplos de psicópatas adictos, porque viven sujetos y esclavizados a varias de drogas que no se inhalan, ni se chupan o tragan, ni se inyectan; ni van a dar, desde afuera, al sistema nervioso. Estos narcóticos son autoproducidos desde la masa encefálica, a voluntad, para constituirse en la fuente principal de endorfinas de alto impacto y corta duración. Son opiáceos de verdad, que exigen, por sí mismos, una conquista repetitiva y permanente: Poder, Fama, Honores, Riquezas y Placeres. Una vez que estos adictos –entre cuyas filas puedes estar tú mismo, sin saberlo– consumen cualquiera de estos indescriptibles satisfactores, hacen como los tiburones: ya que han probado la carne humana, no desean de otra. Las endorfinas producidas desde estas fuentes tan populares son brutalmente adictivas, gracias a su ingente fuerza euforizante, a la energía desbordante que regalan y a la sensación de omnipotencia que procuran: sin las desventajas que causan las drogas que llegan de fuera: heroína, cocaína y otras muchas.

Nada de venas destrozadas a piquetes, ni horrendas muertes por sobredosis. No hay que dolerse por órganos vitales atrofiados, ni por neuronas asesinadas en cientos de millones, como tampoco por la decadencia física o mental, ni por enfermedades de transmisión constante. No. Porque todo se puede conseguir desde la pulcra oficina, desde la casa o el auto blindados, sin inyectarse ni meterse nada: sólo endorfinas de altísimo impacto y cortísima duración. Autogeneradas en el propio sistema nervioso central. Por eso cada quien se ve obligado a repetir la conducta adictiva, porque una vez conquistado el objetivo material, de espaldas al orden sobrenatural, el vacío es insuperable. Y para intentar llenarlo hay que conseguir más de todo aquello que nunca nos dará la satisfacción final, plena y definitiva. Todos estos grupos letales –psicópatas, desde los Cupulares que no se ensucian las manos, hasta los envilecidos *"changos"* que fabrican y trasiegan droga en las *"cocinas"* productoras–, serán aquí analizados, por medio de sus personajes arquetípicos. Sobre todo los de arriba, los que han trepado hasta la cúspide. Los verás exhibidos, desnudados y denunciados a lo largo del análisis de **"Los Azotes del Tercer Milenio",** en los tomos segundo y tercero de esta colección.

Sin más objetivo que el de alcanzar, para mis lectores, una mejor posibilidad de legítima defensa de la salud y de la propia vida. Como lógicos resultados, esperamos contribuir a una mejor integración de tu familia –principal reducto del Bien–, a desarrollar un profundo e imborrable amor a tu patria, y a ejercer un correcto uso de tu libertad, como amado hijo de Dios que hacia Él tiendes, –en busca del Valor Absoluto– aun sin saberlo claramente. Pero también me entusiasman otros motivos y propósitos: quiero que todos mis lectores sepan, de una vez por todas, dónde y cuándo comenzó todo, y a dónde iremos a parar por nuestra propia voluntad, gracias a nuestra indolente ignorancia culpable. La Humanidad no tiene un destino colectivo, sino personal: así como nuestro Origen es plenamente individual, también lo es nuestra Identidad, y por ende nuestro Destino. Es imposible cambiar el final de la Historia Universal –por más que podamos retrasarlo o incluso adelantarlo–, pero lo que es perfectamente posible es modificar nuestro propio destino individual.

Sólo que para lograr ese cambio de argumento y dirección cada cual necesita darse cabal cuenta de dónde están las raíces del Mal, para poderlas arrancar de su propio corazón, involucrando las mejores potencias: inteligencia, memoria, voluntad, iluminadas y fortalecidas por la Gracia Divina.

Algunos me han advertido, de buena fe: *"¿acaso te crees Profeta? Y si lo fueras, recuerda: nadie lo es en su propia tierra".* No. En un sentido estricto, no me creo un profeta, *pero quiero hacer lo que muchos Profetas hicieron: frente a los embates del Poder, es obligatorio denunciar. Aunque como a mi tocayo San Juan Bautista le corten la cabeza.* Si yo fuese sacerdote, no restringiría mi acción pastoral al confesonario ni al púlpito, como quiere la Masonería.

Saldría a la calle, a gritar a los cuatro vientos. Iría a los Medios, a pelear por colocar en ellos mi denuncia. Pero como soy psicólogo y filósofo, no me quedo en los límites de mi consultorio o de mi cátedra, ni mucho menos en la comodidad de mi hogar, del cual han salido volando por sí mismos nueve hijos. Porque Dios nos llama a todos a ser profetas. Mi compromiso con la denuncia me sostendrá. Veo y vivo la injusticia y reclamo para mi patria el proyecto original de Dios.

Como lo está en nuestra bandera –Unión, Religión, Independencia– y cantado en nuestro himno: *"por el dedo de Dios se escribió".* Recuerdo el pasado, y me sirvo de él para entender el presente y proyectar el futuro, pero no sólo en mi propio interior, sino en la mente de todos mis lectores.

El Profeta –exigen Jeremías e Isaías– *"señala como prioritaria la vía de la Justicia".* ¡Cómo quisiera tener la capacidad y la elocuencia suficientes para despertar a los dormidos ministros de mi Iglesia Católica! Para que acerca de la Verdad hablaran clara y vibrantemente en sus por ahora –casi siempre– tímidas y aburridas homilías. Para que decidieran dar testimonios valerosos e inteligentes sobre la Verdad Revelada que los llevó algún lejano día a ordenarse sacerdotes.

¡Cómo anhelo que mi Iglesia en México recupere su histórico papel profético, a fin de que los instrumentos de la denuncia y del mensaje cristiano se concentren en la potencia requerida para producir una nueva conciencia bajo el signo de la Justicia y las virtudes naturales y sobrenaturales!

Porque sólo así dejarían de ser cómplices del Sistema inicuo que hoy entroniza la superstición, la ignorancia y el fanatismo como *"pluralidad ideológica"* o *"libertad de expresión".* ¡Qué asfixiante resulta constatar que la carencia y la insuficiencia de una decidida y audaz acción pastoral, de una verdadera educación social! ¡Como si se pudiera formar un cristiano maduro sin formar al hombre y al ciudadano maduros! Ante esta defección de las huestes católicas, avanzan, incontenibles, las hordas adoradoras de "san" Jesús Malverde, las sectas satánicas, y la *"Santa Muerte".* Mi tesis equivale, pues, a ir pelando una enorme cebolla medio podrida, capa por capa, analizando y estudiando cuidadosamente cada tecatita cancerosa y cancerígena, hasta llegar al tenebroso centro, donde se esconde, desde el principio de la Historia, *"El Nido de la Serpiente".*

Algunos pequeños ejemplos: el Narcoestado mexicano nace con el secreto *"Pacto de los Generales" realizado* en 1928, en torno al maximato callista: repartirse el territorio, eternizarse en el Poder, descristianizar a México y mantener al pueblo en la ignorancia. ¡Vaya eficaz y eficiente manera de cumplirlo! Pero este pacto, a su vez, se deriva de la Revolución Mexicana, gestada secretamente en las logias yanquis, durante el porfirismo. El cual resultaría inexplicable sin conocer los vergonzantes escondrijos que caracterizan el largo y corrosivo mandato de Juárez, ese seis veces auto reelecto presidente, Gran Maestre Masón, impertérrito y tenaz perseguidor de la Fe Católica, impune asesino de indígenas, y que enriqueció intencionalmente a la clase gobernante contra la cual se hizo la Revolución Mexicana... para que todo quedara igual, con las Logias antimexicanas y anticatólicas al frente de los destinos de México y de la tierra entera.

Y ese siniestro pero aclamado personaje, Benito Juárez, –a cuyo natalicio acuden nuestros presidentes... ¿por debilidad o ignorancia, por complicidad o traición?– es el mejor destructor de la familia y de la patria mexicana. Por ello fue elevado en México a la categoría de santón del Sistema, fenómeno que no se explica sin el germen malévolo que inoculó en Occidente la Revolución Francesa, con todo y sus astutos señuelos: Libertad, Igualdad, Fraternidad. Inicuas trampas de la dialéctica masónica, de bella apariencia, desvinculadoras de la Gracia Divina.

Añagazas que han resultado más falsas que una hermosa mujer postmoderna –casi toda ella forrada y reconstruida con prótesis de plástico, pero seductora y llamativa. Ni la Revolución Francesa puede explicarse sin la acción cáustica, genial, de los "Illuminati" y de otras sectas masónicas secretas. Revolución surgida de la más pura cepa del milenario Sionismo, movimiento "popular" orquestado por los usureros y los poderes secretos, cuyo origen se remonta a la derrota del Imperio Español mediante el cianuro de la herejía y el cisma luteranos.

A su vez, el triunfo de la Reforma Protestante en casi toda Europa no puede entenderse, entre otras complejas causas, sin la ambivalente corrupción profunda de varios egregios mecenas, Papas de la Iglesia Católica, con todo y sus fastuosas cortes mundanas y sus formidables contribuciones a la arquitectura y el arte en general.

Así tendremos que ir hacia atrás, hasta las fuentes contaminadas por el Maligno en lúcida cooperación con la libertad humana, para descubrir que aún hay más, mucho más, tanto hacia atrás como hacia delante. Por otra parte, debo decir que desde que se inventó la informática, navegando por la red de redes, mientras procuraba no naufragar, me fui encontrando con una multitud de documentos, testimonios, estudios, aventuras, declaraciones, enredos, complots, ideologías, crímenes, conspiraciones y otros muchos asuntos similares, casi todos ellos merecedores de los más variados y aun contradictorios epítetos: extraordinarios, trágicos, divertidos, dramáticos, espantosos, o simplemente chuscos y hasta falsos o apócrifos.

Dado que desde niño he tenido una desbocada imaginación, decidí ponerle un freno, unas riendas, una dirección; ahora, cuando comienza esta achacosa etapa a la que muchos llaman de *"adultos en plenitud"*, pero que en realidad debería llamarse de *"adultos productivos en decadencia"*, antes de que mis dedos terminen por paralizarse; antes de que mi inteligencia se nuble o mi espalda me impida estar más de quince horas continuas escribiendo, leyendo o estudiando; he decidido escribir hasta morir, para trascender, trabajando como un **"detonador de conciencias"**.

Como un profeta en mi propia tierra. No como un usurpador, sino obedeciendo el violento pero amoroso llamado que escucho por medio de mi conciencia. Quiero, con pasión, que mis compatriotas recuperen su memoria histórica. O que la adquieran, si es que nunca la tuvieron. Porque a muchos les fue arrancada y a otros escamoteada, desde antes de nacer. Deseo estimular tu capacidad de amar, de perdonar; tu hambre de conocer, pero también tu necesidad de gozar en el exultante camino de irle encontrando el sentido, el origen y el destino a tu propia vida. Si no lo consigo, podrás escribirme para reclamarme. Si logro mi objetivo, espero tus reconocimientos, o cuando menos tus comentarios. Encontrarás mi dirección electrónica al final de cada tomo de esta obra, y de todas las que espero le sigan. Todas ellas enfocadas a un objetivo: que a cada mente que se abra a una dimensión que le era desconocida, le resulte imposible regresar a su estrechez original.

Tú, como cualquiera otra persona inteligente y libre, tomarás partido, con toda seguridad. Algunos capítulos analizan, en tiempo pasado, lo ya ocurrido, en tanto que otros se ocupan lo que probablemente ocurrirá... nadie sabe cuándo. Pero algunos más transcurren en tiempo real y actual: los que se refieren a los **"Azotes del Tercer Milenio"** que en diversos grados de malignidad sufrimos todos. No soy ingenuamente optimista, pero tampoco fatalmente pesimista, sino moderadamente realista: por eso aplaudo a rabiar las declaraciones de ese controversial personaje que es Gerardo Ruiz Mateos, quien se atrevió a cometer un espantoso sacrilegio contra el sacrosanto Sistema, al señalar, a fines del 2010, que *de no lograrse detener a los Cárteles, el próximo Presidente será Narco en el 2012"*. Sin embargo, no puedo dejar de contemplar y describir, narrar y admirar, cómo, de todas formas, la Providencia se las ingenia para ser siempre la Conductora de la Historia Universal, sin violar jamás nuestra propia libertad humana. ¡Comencemos, pues, por encender una velita en medio de esta tenebrosa oscuridad!

«Más sentimos firmísima esperanza y confianza absoluta de que la misma Santísima Virgen, que toda hermosa e Inmaculada trituró la venenosa cabeza de la cruelísima serpiente, y trajo la salud al mundo, hará con su valiosísimo patrocinio que la Santa Madre Católica Iglesia, removidas todas las dificultades y vencidos todos los errores, en todos los pueblos, en todas partes, tenga vida cada vez más floreciente y vigorosa y reine de mar a mar y del río hasta los

términos de la Tierra y disfrute de toda paz, tranquilidad y libertad para que vuelvan al camino de la verdad y de la justicia los desviados y se forme un solo redil y un solo Pastor». Pío IX. Bula "Ineffabilis Deus".

11) El Pecado Mortal Actual. Aunque suene como un insulto o como una chirriante cacofonía en medio del concierto postmoderno, hay que decirlo: es Pecado Mortal. En todas las capas sociales se ha perdido casi totalmente la conciencia clara de lo que es pecado en general, y en particular se ignoran o se rechazan las características y consecuencias del **pecado personal actual**, sobre todo de cierto tipo de pecados que han pasado a formar parte de "los derechos humanos": enriquecimiento ilimitado, placeres irrestrictos **–en la Ciudad de México se les enseña claramente a niños y jóvenes 'tu derecho al placer'–**; el aborto, porque **'interfiere con mi proyecto de vida'** o por "la razón que sea'; sin olvidar los nuevos derechos de los criminales –a despecho de los derechos de sus víctimas– y, desde luego el derecho a drogarse o a **"gozar de una muerte digna y feliz".**

Vamos a imaginar hipotéticamente que la mayor parte de la gente ignore de buena fe que el aborto es invariablemente un pecado mortal, al igual que lo son los nuevos pecados actuales analizados y denunciados por Benedicto XVI, y que son propios de nuestro Tercer Milenio; que las mujeres crean tener el derecho sobre el propio cuerpo –aunque en realidad se trate de otro cuerpo, el del hijo; y que frente a la Iglesia Católica se crean dueñas del "derecho a disentir". Concedamos que la gente que recurre a la eutanasia o al "suicidio asistido" dentro de la insoluta y total creencia mágica de que suicidarse es un acto noble y valeroso. Bien: de todas formas el error moral se da, y nunca faltarán las personas afectadas por este tipo de "actos inocentes de buena fe", que de todas formas constituyen una ruptura y un desorden respecto de la Leyes Natural y Divina.

El pecado material, invariablemente, aunque sea cometido dentro de una conciencia recta –pero necesariamente no ilustrada– acarrea consecuencias gravísimas, tanto más prolongadas cuanto más se ignore o se desatienda la exigencia de un comportamiento ético universal e inmodificable. Aplica el principio jurídico que dice: **"desconocer una ley no exime de su obligatoriedad"**. Y mucho menos de las consecuencias de haberla violado, por la causa que fuere. Esto es lo que, en parte, justifica la necesidad que ahora satisfago para las personas de buena voluntad: analizar, aunque sea someramente, lo que en realidad es el pecado mortal y sus consecuencias ineludibles, esperando contribuir a la adhesión de diversas personas a uno de los procesos bellos y más liberadores que pueden darse dentro de los *"Procesos Psicoterapéuticos"* de la Escuela Mexicana de Psicología Realista: recuperar la conciencia de Pecado para facilitar la reconciliación con Dios.

Definición. Es una falta contra la razón, la verdad y la conciencia recta e ilustrada. Causa la muerte del alma, porque destruye la caridad en el corazón del hombre al cometer una grave infracción contra la ley de Dios. Ley, que por otra parte, sólo tiene una intención fundamental: la de hacernos felices. Consiste en la transgresión deliberada y voluntaria contra la ley moral en materia grave. Al preferir un bien inferior –utilitario y deleitable pero no honesto– nos aleja de Dios, cuya posesión y conocimiento constituyen nuestro Fin Último y nuestra bienaventuranza. Un símil del pecado es este: una flecha es lanzada hacia un blanco preciso, y muy pronto en su raudo camino adquiere una hermosa facultad superior que tenía sólo en potencia: la de tomar decisiones; entre otras, la de apartarse del blanco hacia el cual fue disparada, a pesar de que sepa claramente que si se desvía de ese "Fin Último" –que es llegar y perforar el único **centro** que existe–, puede causarle la infelicidad y aun la muerte.

Claro: también puede decidir continuar con la trayectoria que *infaliblemente la llevará a clavarse en centro del blanco.* Sabe que existe una infinidad de formas de apartarse del centro, pero sólo una forma de llegar. A pesar de que sabe todo eso, se siente atraída por una miríada alucinante de "blancos transitorios", tan peligrosos que pueden impedirle dar en blanco final. A lo largo y ancho del camino la flecha recibe muchas *proposiciones indecorosas* para no continuar fiel a su certera trayectoria, esa que es la única razón de ser de su propia existencia. Si atiende a su "**conciencia recta e ilustrada**", y usa su propia fuerza –*que será siempre* *incrementa y alentada por la permanente voluntad del arquero*– podrá tarde o temprano dar en blanco, a pesar de las innumerables dificultades y tentaciones que se presentarán en su camino: tempestades, vientos en contra, rayos y centellas, densa oscuridad, humedad extrema, obstáculos aparentes y reales, manos ajenas que intentan robarla, espejismos que parecen el blanco final y otros distractores muy bien diseñados. Para sus momentos de duda, debilidad, tentación, confusión, miedo e incertidumbre, existe un manual que la acompaña, y que puede leer, aprender y practicar a voluntad: se llama *"Ética"*, y dice claramente:

> *"Yo soy la Ciencia, parte de la Filosofía, que –mucho antes y a pesar de ti, sin ti y por encima de ti–, ya ha estudiado y determinado con total objetividad las normas que te mantendrán en la línea del blanco –normas universales e inmutables que se llaman 'Bien Honesto'– y también las que te apartarán del Fin Último de tu trayectoria, y que se llaman 'bienes deleitables' y 'bienes utilitarios'.*
>
> *"Si te quedas adherida sólo a lo útil y lo deleitable, perderás la posesión del blanco final, que es el Bien Honesto, y así te quedarás sin nada: ni lo útil ni lo deleitable, pero tampoco lo Honesto, que de manera gratuita ha sido elevado a la categoría de Absoluto, para que se constituya en tu propio bien, para siempre, por conocimiento y deleite. Sólo hay una forma de llegar a tu destino: estudia estas normas, conócelas, profundízalas, acéptalas y adquiere buenos hábitos permanentes; como Ulises, no hagas caso del canto de las sirenas tentadoras, y al final de tu azaroso camino llegarás a tu propio hogar y recibirás tu herencia eterna. En él ya no tendrás arduos y nefastos caminos que recorrer, ni inseguridad,*

incertidumbre o temor, pues te será entregado para siempre el **Único Bien**, *Absoluto, para el cual fuiste creada, lanzada, guiada y protegida.*

"*Puedes desplomarte en los abismos de la nada y no llegar al goce de tu tesoro, si rechazas formalmente –porque así lo decides tú– el 'centro' o 'blanco' que te espera, y que por ello te quedes para culpablemente adherida a todas esas falacias, mentiras y fantasías mortíferas que te quitarán tus fuerzas, virtudes, talentos, conocimientos, capacidades y habilidades, con tal de que no llegues.*

"*Tú decides. Pero, además, si así lo aceptas, invariablemente tendrás mi guía, mi apoyo, mis consejos y mi Gracia, para que si eres fiel a todo ello... me alcances en el centro, y me hagas tuyo para toda la Eternidad. **Firmado: 'Yo, Dios, tu Último Fin'.***"

11.1) De ahí que el pecado Mortal sea un desorden perpetrado por el hombre contra ese principio vital y tenga tremendas consecuencias:

Comete una gravísima injusticia contra el supremo dominio al sustraernos intencionalmente de su Ley Divina. Manifiesta un ingrato desprecio de la amistad divina, rechazando a quien nos ha colmado de tantos y tan excelentes beneficios; provoca la renovación de las causas de la muerte de Cristo. Es una flagrante violación del cuerpo humano como "*Templo Vivo del Espíritu Santo*".

Por la distancia infinita entre el Creador y su criatura, el Pecado Mortal encierra una maldad en cierto modo infinita. Como el orden ético tiene carácter de Ley Eterna, el Pecado Mortal rebasa el tiempo y sus causas llegan hasta la eternidad. Manifiesta la negación del primer y más fundamental valor ontológico: la dependencia de Dios. Aversión habitual contra Dios, de la que se siguen:

Pérdida de la caridad. Privación de la gracia santificante, es decir, del estado de gracia.

Pérdida de las virtudes infusas, los dones del Espíritu Santo y la presencia de la Santísima Trinidad en el alma. La pérdida de los méritos adquiridos.

El oscurecimiento de la inteligencia que la ceguera de la culpa lleva consigo.

La pérdida del derecho a la gloria eterna. Sin el arrepentimiento y el perdón de Dios, causa la exclusión del Reino de Cristo y la muerte eterna del infierno; de modo que nuestra libertad tiene poder de hacer elecciones para siempre. Atenta contra la solidaridad humana.

El pecador no sólo se perjudica a sí mismo sino que, en virtud del dogma de la Comunión de los Santos, daña además a la Iglesia y aun a la totalidad de los hombres.

Nos hace esclavos de Satanás. Si estamos en Gracia, Satanás carece de poder sobre nuestras vidas, pues ya no le pertenecemos a él.

*Quienes no hemos nacido a la Gracia le damos al Demonio un gran control de nuestras vidas. Pero esto no nos quita la responsabilidad, pues somos nosotros quienes hemos escogido seguir al "Príncipe de este Mundo", y **"Dios les ha entregado a la concupiscencia de su corazón".**[51]*
De hijos de Dios nos convertimos en sus adversarios.

Aunque el pecador no quiera explícitamente el alejamiento de Dios –e incluso con la boca diga "¡Señor, Señor!", sabe muy bien que más allá de sus deseos desordenados subjetivos, *el orden ético objetivo establecido por Dios prohíbe o manda tal o cual acción, incurriendo en la pena eterna al hacerla u omitirla y, a pesar de saber todo eso, la realiza o la omite.* Por un instante de gozo, fugaz y pasajero, decidimos una especie de fatal e irrenunciable suicidio teológico: quedarnos sin nuestro Fin Sobrenatural y eterno.

11.2) Condiciones para que haya pecado mortal. Para que haya pecado mortal se requiere que la acción reúna tres condiciones: materia grave, plena advertencia y perfecto consentimiento.

Materia grave. No todos los pecados son igualmente graves, puesto que caben distintos grados de desorden objetivo en los actos malos, así como distintos grados de maldad subjetiva al cometerlos. Para que se dé el **pecado mortal** se requiere materia grave, en sí misma, porque el objeto de aquel acto es en sí mismo grave, como el aborto; o por sus circunstancias, tales como el escándalo o graves daños que puede causar cualquier conducta pecaminosa. Para reconocer si la materia es grave, habrá que decir que todo aquello que sea incompatible con el amor a Dios supone materia grave. La blasfemia o la idolatría no admiten consorcio alguno con el amor a Dios.

Plena advertencia. Se refiere a visualizar el acto mismo. Es necesario darse cuenta de lo que se esté haciendo. No advierte totalmente la acción el que está semidormido, drogado o embriagado; si bien la advertencia plena la tuvo antes de colocarse en tan lamentables estados.

También es necesaria la advertencia de la malicia del acto: es necesario advertir, aunque sea confusamente, que se está haciendo un acto maligno. Hay ocasiones en las que advertimos plenamente la realización de un acto determinado, pero no advertimos su malicia, ya por ignorancia culpable, ya por ignorancia invencible. En éste caso no puede haber pecado mortal en el plano de imputabilidad, aunque se cometa en el orden material. La responsabilidad moral no comienza sino cuando la persona se da cuenta de la malicia del acto: mientras no se advierta esta malicia no hay pecado. Conviene señalar que para que haya pecado no es necesario advertir que se está ofendiendo a Dios; basta darse cuenta aunque sea confusamente que se realiza un acto malo.

---

[51] Romanos 1:24-32.

Perfecto consentimiento. Como el consentimiento sigue a la advertencia, resulta claro que sólo es posible hablar de consentimiento pleno cuando ha habido plena advertencia del acto. Si no hubo advertencia plena del acto o de su malicia, puede también decirse que falla el perfecto consentimiento para la realización de ese acto o para su imputabilidad moral. Es importante distinguir entre 'sentir' una tentación y 'consentirla'. En el primer caso se trata de un fenómeno natural, puramente sensitivo, mientras en el segundo es ya un **acto plenamente humano**, pues supone la intervención propositiva de la voluntad.

A veces es difícil saber si hubo consentimiento pleno. En el caso de duda sirve fijarse en lo que pasa ordinariamente: quien ordinariamente consiente debe juzgar que consintió, y al contrario. Igualmente es importante recordar que es ilícito proceder con duda: debe salirse de ella antes de actuar. No debe confundirse el consentimiento incompleto o la falta de consentimiento con una acción voluntaria que alguien realiza bajo coacción física o moral superable.

Por ejemplo, un casi típico en México: aquel servidor público o policía, que amenazado de muerte con el clásico y convincente *"plomo o plata"* acepta convertirse en narcotraficante o protector de narcos: realiza un grave acto lúcido, perfectamente consentido, porque ha aceptado propositivamente en su voluntad el ser narco, o ser cómplice, aunque lo haga bajo coacción. Particularmente en estos casos es donde una clara percepción de lo que es el pecado y sus efectos, podría constituirse en un formidable bastión para revertir el curso de una batalla apocalíptica que la sociedad va perdiendo a manos de millones de personas malignas o cautivas que, instigadas insensible e invisiblemente por el *"Príncipe de las Tinieblas"* –que vaga por el mundo para lograr la perdición de las almas– ha hecho, por ejemplo, del Narco Global un azote de proporciones que escapan a toda medida y consideración.

Dos millones de personas se dedican en el México de hoy al Narco formal. Doscientas mil mujeres campesinas y muchas más de clases medias y altas se han incorporado a esa "actividad" al escuchar como buena y deseable la poderosa voz de la delincuencia organizada. Los niños y jóvenes que la hacen de "burros" se sienten con derecho a traficar para comer. Los jefecillos de éstos se creen con el derecho de mejorar los salarios de hambre que ganan como policías o servidores públicos. Los capos de mediano nivel piensan que sólo están haciendo un negocio como cualquiera otro. Los capos de alto nivel se sienten benefactores sociales, y los Amos de la Cúpula dicen en secreto y entre ellos estar creando las condiciones para que *"Él Reine"*, es decir, el Mesías Luciferino, el mismo que convenció a nuestros primeros padre de querer usurpar el trono de Dios.

Decido hacer lo necesario para que nuestros adormilados obispos y sacerdotes quieran desarrollar una *"Nueva Evangelización"* –con *"Caridad en la Verdad"*– y hagan consciente a la desgarrada sociedad mexicana

–tan llena de bautizados, ex cristianos y neopaganos– de que no nacimos para pertenecer al mundo, sino para estar en él y transformarlo en un vía de salvación eterna. Nadie parece dispuesto a hacerlo, porque las pérdidas a corto plazo parecen incuantificables, aunque las de alcance trascendente sean eternas.

* * *   * * *   * * *

CAPÍTULO VI.

No hay "Crisis de Valores", sino "Ausencia de Virtudes".

"Escondida por los rincones, temerosa de que alguien la vea,
platicaba con los ratones la pobre muñeca fea.
Un bracito ya se le rompió; su carita está llena de hollín,
y al sentirse olvidada lloró lagrimitas de aserrín.
–'Muñequita'– le dijo el ratón: –ya no llores, tontita, que no tienes razón.
Tus amigos no son los del mundo, porque te olvidaron en este rincón.
Nosotros no somos así: te quieren la escoba y el recogedor,
te quieren el plumero y el sacudidor.
Te quieren la araña y el viejo veliz; también yo te quiero, y te quiero feliz."
"La Pobre Muñeca Fea". *Don Francisco Gabilondo Soler, compositor mexicano.*

"A la Iglesia Católica hay que destruirla 'desde adentro'."
Teilhard de Chardin, sacerdote jesuita que sostuvo tesis de tipo panteísta, dualista-maniqueo, gnóstico, deísta, materialista y mundialista, ideólogo del *"New Age".*

1) Introducción. ¿Quién está hoy "**escondida por los rincones, temerosa de que alguien la vea**"? ¿Quién tiene amigos "**que no son de este mundo**"? ¿Cómo puede ser feliz la **"Pobre Muñeca Fea"** si su legítima dueña –y los papás de su dueña– se han desvinculado del Absoluto? ¿Quién es ella, que se empeña de todas formas en hacernos felices? Ante la abrumadora refulgencia del postmodernismo que olvida el espíritu para satisfacer la carne... Ante la abrumadora cantidad de personas sólo dedicadas a adulterar, fornicar, ensuciarse, idolatrar, hechizar, enemistarse, pelear, celar, enojarse, disentir, crear herejías, envidiar, asesinar, emborrarse, celebrar orgías, y cosas semejantes a estas... ¿a quién llamar para que nos redima y nos facilite abandonar tanta porquería? La respuesta es muy sencilla: **es la Virtud, y sus amigos son muy pocos.** Me causa una fuerte repulsión –con su concomitante dolor de cabeza– el escuchar o leer a los políticos –sobre todo a ellos, pero también a los periodistas e *"intelectuales"*– y a otros en apariencia cultos personajes, cuando se refieren con engolada voz a **"la crisis de los valores"**.

Engolan la voz, se llenan la boca de prosopopéyicas palabrejas domingueras, y embarran el papel con una serie de infaustas expresiones cuyo fondo ignoran y tergiversan, pero seguramente se sienten muy a tono con el sesgo moralizante que desean imprimir a sus discursos, sin más propósito que el de ganar los votos necesarios para asegurar el hueso y mantener la impunidad de la casta política. Y luego nos asombramos de que en la India, en pleno tercer milenio, aún haya castas, cuando acá las nuestras son peores en injusticias cometidas y poder discriminatorio. En realidad deberíamos tomar muy en serio a la "**Pobre Muñeca Fea**", porque ella, "**La Virtud**", es hoy quien canta esa hermosa canción. Yo la haré de escoba y recogedor, plumero y sacudidor. Tenderé en torno a ella una resistente telaraña intelectual y sacaré mis argumentos del viejo veliz, para apoyarla, darla a conocer y volver a ponerla de moda entre mis pocos lectores de buena voluntad y menta abierta.

2) Escenarios sobre la Virtud. Dijo Albert Einstein: *"La vida es muy peligrosa, no tanto por las personas que hacen el mal, sino por las que se sientan a ver lo que pasa".* En la posmodernidad que hoy nos agobia, el comportamiento ético correcto, antes único e indivisible, se concreta como una evaluación *«razonable desde el punto de vista económico», «estéticamente agradable»,* o *«subjetivamente adecuado».* Las mismas acciones pueden ser consideradas como "correctas" en una circunstancia o sentido dados, y a la vez equivocadas en otros. Hoy hemos llegado a tal relativismo ético, que no sabemos qué acción deba medirse o juzgarse conforme a cuál criterio determinado. Y como es un hecho que ya se aplican diversos y antitéticos criterios, pregunto: ¿cuál de ellos debería tener prioridad sobre los otros, y desde qué punto de vista? La *«agenda moral»* de nuestros aciagos días abunda en asuntos que en el pasado –remoto e inmediato– apenas tocaron, ya que en aquel entonces no sucedían como parte de la experiencia humana, sino sólo de manera aislada o excepcional, y casi siempre ocultos, incluso a los ojos de la prensa amarillista.

Basta con echar una somera mirada, en el orden de la vida cotidiana, a los diversos y muy graves problemas ético/morales que surgen de diversos fenómenos: novedosas y extrañas relaciones de pareja, sexualidad antes calificada como antinatural y relaciones familiares incluso de carácter incestuoso que ahora reclaman sus derechos y acusan a sus opositores de discriminación, homofobia, injusticia o racismo. Hoy, la mayoría de nuestras relaciones más cercanas son notorias por su indeterminación institucional, su blandura y flexibilidad –que llegan a la más absoluta elasticidad–, y su asombrosa fragilidad, ya que no duran, o pueden ser flor de una noche o de unos cuantos minutos. Es como en las fugaces relaciones con *"el amigo free",* ese que goza del derecho a todo placer momentáneo, sin compromiso futuro alguno.

Pero también nos vemos invadidos por la gran cantidad de supuestas *"tradiciones"* que se renuevan o sobreviven, resucitan o se inventan, para disputarse la adicción de los individuos y reclamar una autoridad incuestionable –local y aun global– para guiar y normar la conducta humana.

Incluso uno se asombra al descubrir que los pretendidamente conscientes ecologistas hacen del sol un nuevo dios, y declaran su sacralidad. Es más: lo adoran como al ente razón de ser de todas las cosas, y procuran que las mentes avanzadas de este tiempo se abran, confiadas y felices a la *"nueva conciencia"*, en la cual la Tierra es un ser vivo y el sol es su padre eterno. Ah, pero como nadie parece hacer caso, esos científicos de *"mente ensanchada"* arrojan la culpa de una inminente catástrofe para el 2012, y hasta dicen: *"¡nosotros se los advertimos!"*

Otro ejemplo de la inconsciencia y el relativismo es de la muy extendida "**Ética de la Prosperidad**", por la cual los enfermos y los pobres son radicalmente descalificados por no contar, por su culpa, "con el auxilio del Señor" que los haría ricos, sanos y felices. Otro ejemplo es este: una comunidad islámica puede apedrear impunemente a la jovencita que se haya atrevido a usar unos jeans. Así, el contexto global de la vida contemporánea presenta riesgos de una magnitud insospechada y apocalíptica, que en verdad está llegando a ser catastrófica a velocidad aceleratriz.

Se multiplican los genocidios, las invasiones, las *"guerras justas"*, el fundamentalismo de mercado, las guerras de *"limpieza étnica"*, el terror de estado o de credo, los *"rudos vigilantes contra el crimen"* –incluso en ciudades mexicanas, como Monterrey– y todo ello seguido de un etcétera interminable. Pero antes arrojemos una mirada más aguda a lo que hoy acontece en nuestra "hermosa República Mexicana", antes de recorrer el resto del planeta convertido ya en un pañuelo que cabe en la mano o en el bolsillo. Sin embargo, no se necesita recorrer largas distancias: con un periplo que cubra no más de veinte kilómetros, podremos contemplar, atónitos, la obra destructiva del sujeto postmoderno, que no es un filósofo de carrera ni tiene alguna cátedra universitaria. Porque hoy es el ciudadano común.

2.1) En un salón de clase. Comencemos el recorrido en un salón de clase. Imaginémoslo lleno de niños, adolescentes o jóvenes mexicanos, de ambos sexos. La escuela puede ser de esas que cobran en dólares, o marca patito, pero también oficial. Puede estar en una gran ciudad capital o perdida en algún pequeño poblado, así como en las faldas de alguna serranía. No importa el lugar, ni el grado escolar: tampoco si la población escolar está formada por indígenas o por mestizos, o incluso si son todos blancos y extranjeros, como podría ser el alumnado de un colegio israelita, alemán o francés. Los hábitos de esos escolapios son muy claros: el maestro no llega a las 8.15, y en grupo comienza a rumorar algo así como *"ya vámonos"*. A las ocho y media el grueso del grupo se levanta de sus asientos y gana la puerta. Pero he aquí algo absolutamente inusual: una jovencita más corriente que común se coloca ante la puerta, y les dice a sus compañeros:

–¡Cuates! ¡Los invito a todos a regresar a sus *pupitres, sacar sus libros y cuadernos, y repasar las lecciones... a la escuela venimos a estudiar, amigos!*

Centenares de veces, desde hace décadas, a los públicos más diversos, les he contado esa historia, y termino preguntando:

–¿Qué le pasaría a esa ingenua?

Las respuestas son siempre las mismas:

–Le darían "pamba"... le pasarían encima.

–Le dirían groserías... la ofenderían...

–Se le quedarían de por vida apodos tales como "nerd", "matada", mamona", "barbera" y otros peores.

Nadie opina que en algún remoto y perdido lugar de la hermosa República Mexicana un grupo en masa pudiera decir:

–"¡Tienes razón, compañera, pongámonos a estudiar!" –porque esa hipotética y casi imposible respuesta sería un milagro.

Conclusión: en México el hecho de ser un buen estudiante es tan aislado e improbable, que es fácil comprender por qué ocupamos el último lugar en excelencia académica en el continente. Las Virtudes de un buen estudiante que ame los libros y use las neuronas: disciplina, dedicación, amor a la sabiduría, atención, concentración, humildad intelectual, curiosidad, capacidad de asombro; todas ellas, son *"pobres muñecas feas"* que *"escondidas por los rincones"* serán socialmente marginadas y denominadas con los epítetos más hirientes y despreciativos, brotados de la mente perezosa de las manadas "estudiantiles" de burros que sólo saben rebuznar.

Pero: ¿cómo explicar este postmoderno odio al *"estudiante matado"*, que por otra parte ha llegado a ser uno entre diez mil, cuando en mi época de niño los *"nerds"* éramos cuando menos la mitad del grupo? Para nosotros era real que el valor, la habilidad y la constancia corregían o evitaban la "mala fortuna". Hoy, esas tres virtudes conforman una *"fantasía nerd"*. Lo que vale es lo contrario: cobardía, torpeza e inconstancia, mezcladas con el oportunismo y las relaciones con los poderosos, garantizan lo que los jóvenes de hoy quieren: poder, y todo lo que éste trae consigo.

2.2) En una asociación llamada "Mexicanos Primero". Queremos saber qué piensan nuestros más conspicuos especialistas en materia de educación. En un café *"Starbucks"* que queda de paso nos conectamos a la red, y escribimos la dirección informática de las asociaciones conectadas a la educación. Así encontramos a *"Mexicanos Primero"*. El nombre es atractivo, o cuando menos suena patriótico. Pero habremos de desencantarnos, porque parecen ignorar que las naciones marchan hacia la conquista de su verdadera grandeza, con el mismo paso que camina su educación hacia la Causa Final: Dios. Estos activos ciudadanos que parecen muy preocupados por la patria, parecen la pura verdad al haber producido y redactado un diagnóstico muy profundo en Noviembre del 2009.

Lamentablemente tal informe se queda sólo en la cáscara, sin sospechar sus autores que más abajo y muy dentro existe una jugosa pulpa, toda ella descuidada y corrompida intencionalmente, cuando menos desde hace ochenta años o poco más. Esta asociación ha puesto a circular su reporte sobre la educación en México. Se puede ver en su "sitio web", con toda facilidad. ***Pretende ser, fallidamente, una radiografía que pinte, una vez más, la catástrofe de nuestro régimen educativo.***

Algunos sabemos que la SEP es parte esencial de un "Sistema" que le niega oportunidades a México, un sistema que excluye a millones del acceso al presente, un sistema al servicio del estancamiento gobernable y manipulable a voluntad de las –hasta ahora– invencibles sectas secretas que dominan a la Nación. También percibimos que la escuela ya no es por completo un hoyo oscuro, porque día a día nos vamos enterando más y más de lo que pasa dentro del salón de clase y lo que resulta de su casi nula actividad. Los datos que se acumulan y la multitud de pruebas nacionales e internacionales, ponen en blanco y negro la extrema gravedad del problema educativo en México.

Este reporte es miope porque sólo se concentra, torpemente, en los *"indicadores de calidad educativa"*: aprendizaje, permanencia en el trayecto escolar, profesionalización de los maestros, supervisión del desempeño de las escuelas, participación de los padres en la gestión escolar. Cada *"maestro"* es como un mal chofer con habilidades de mecánico –que se encuentra borracho o drogado– al que sólo le interesa tener el automóvil en buenas condiciones, conducir sin estrellarse ni salirse del camino, que no sabe a dónde va.

Por supuesto: el pasajero, es decir el educando, tampoco sabe a dónde va ni para qué. ***Sólo se trata de no salirse de la ruta, una ruta que nadie, excepto los altos directivos masónicos, saben a dónde conduce.*** El régimen educativo mexicano es el resultado de una política secreta y mafiosa que ha subordinado durante décadas la educación a propósitos inconfesables al gran público.

Esta política es prácticamente "sagrada" e indiscutible: descastar a México, quebrarlo en su espina dorsal –sus familias y su Fe Católica– para así poderlo gobernar por tiempo indefinido, impunemente. Mi padre –Salvador Abascal Infante– dijo claramente, en tiempos no tan lejanos, que ***"el campo está bien organizado para cosechar votos, pero no para cultivar verduras"***.[52] Algo parecido podría decirse de la escuela: una columna de la gobernación secreta, antes que una formadora de la inteligencia y la conciencia ética mexicanas. Escuelas para obtener la legitimación política y el combate pseudo ideológico, que es más bien sólo "**ideosófico**". El foco ha estado en el lugar intencionalmente equivocado. Dice el informe:

---

[52] Ver: "La Hoja de Combate", dirigida por el autor. Año 2000, marzo/abril. Solicitarla a: www.revalores.com

"Dando la espalda a los alumnos no los han considerado jamás el centro de su atención. Sólo han atendido el interés del Estado o las demandas de los maestros. Escuelas ciegas a las transformaciones del mundo y sordas a las exigencias del entorno. Un niño de primaria, aparece así como un accesorio del mobiliario escolar. No el propósito de la educación, sino apenas el ocupante de sus instalaciones".

Hermosa y certera parrafada insuficiente, porque yo me pregunto si acaso esta asociación tiene idea de la esencia de la persona humana que es cada alumno, considerado éste íntegramente, como una "**unidad pentadimensional**": eco-bio-psico-social y además trascendente. Continúa el informe:

"El alumno es una víctima de un perverso régimen educativo. Atrapado en un enjambre de negociaciones, acomodos y transacciones, es el personaje olvidado del proceso. Un niño puede matricularse en una escuela pero no recibirá una educación que lo haga contemporáneo del mundo, una educación que le permita entender su entorno e insertarse exitosamente en él, una educación que le ayude a detectar sus talentos y le ofrezca una plataforma para proyectarlos. Fraude cotidiano a cada uno de ellos; fraude cotidiano al país. La escuela entretiene sin formar; acoge alumnos y jóvenes en sus instalaciones sin ofrecerles una educación de calidad. Engaño a los estudiantes y engaño a México. El derecho a la educación se viola cotidiana y silenciosamente al no ofrecer pistas reales para el cultivo de conocimiento y la formación de capacidades".

No cuestiono al Sistema –porque está en su *"papel"* de Judas Traidor, entregando a la muerte del alma a millones de mexicanos inocentes– sino que cuestiono antes a la asociación "Mexicanos Primero". Porque en realidad, aunque su reporte diga que estamos "Contra la Pared" y lleve ese preciso título, señalo que es un título equivocado, o cuando menos pálido, cobarde y a todas luces insuficiente. ***Porque no: no estamos "contra la pared". Estamos colocados ante el vacío.*** Un desconcertante vacío ético, religioso, social; un homicida vacío de contenido humano en el proceso educativo, que en realidad no está enfermo sólo en su estructura, sino intencionalmente inoculado por el virus del VIH, ya que quienes deberían ser sus más fieles guardianes son sus peores y más letales enemigos: los pretendidos *"maestros"*, y éstos, a su vez, son simples herramientas pero a la vez víctimas del Sistema al que servilmente pertenecen. *"Mexicanos Primero"* dice que:

"En lugar de que la escuela sea una ventana que conecta con el mundo, un puente que comunica ciencia, un espacio abierto donde se aviva la imaginación y la creatividad, es una muralla infranqueable".

Pero yo señalo: *no necesitamos ante todo "una ventana que nos conecte al mundo",* sino una ética y una filosofía antropológica **que nos explique el mundo** y lo que sucede en él, y sobre todo **una religión verdadera** que nos vincule amorosamente con el prójimo y nos acerque a nuestro destino final: Dios. Añaden:

> *"La escuela como clausura de oportunidades. El alumno se enfrenta a esa cerca, se da de golpes contra ella y finalmente se aleja. Esa es una de las advertencias del reporte: cada año los millones de estudiantes rompen el vínculo con una educación que no les sirve. Más de la mitad de los jóvenes mexicanos –entre 15 y 18 años– han roto ya con la escuela. Para todos ellos, la promesa de la educación resultó un embuste".*

Y yo vuelvo a señalar: ¿por qué resultó un embuste? ¿Acaso sólo porque desde un punto de vista meramente técnico y científico –donde se tienen que dominar, entre otras, disciplinas tales como Matemáticas, Física, Química y Biología– estamos vergonzosamente reprobados? Pregunto: suponiendo que la mayoría de nuestros alumnos fuesen muy truchas y académicamente superiores en tales materias, ¿de qué les servirían esas herramientas científicas e intelectuales cuando están demostrando de manera obvia que no saben ni siquiera para qué nacieron? **Porque el sólo dominio de lo científico, lo técnico y lo intelectual es inhumano. Toda ciencia y tecnología tienen que estar sujetas al dominio de la ética, de lo intrínsecamente humano y lo auténticamente vinculante: la Religión Revelada. O cuando menos, como lo decía el genial filósofo francés converso Jacques Maritain, –autor de la** "Declaración Universal de los Derechos Humanos"**: la técnica tiene que estar supeditada a la** *"Primacía de lo Espiritual",* **o ella misma terminará destruyendo a la Humanidad.** Sin una educación profundamente ética, que subordine a la técnica y guíe nuestras relaciones interpersonales, seguiremos todos cayendo en la esquizofrenia moral. Baste el ejemplo de científicos geniales –colocados al margen de un pensamiento realmente ético– que fueron capaces de crear y desarrollar bombas atómicas que serían lanzadas sobre Japón, un pueblo ya vencido e inerme. **¿Por qué si la guerra estaba ganada se efectuó el bombardeo?**

–**"Sólo porque quiero ver el efecto en humanos"** –según lo declaró el presidente yanqui Harry Salomon Truman a la comisión de ilustres sabios que trataban de evitar la destrucción de Hiroshima y Nagasaki con sendas bombas atómicas.[53] Antes de iniciarse el proyecto, el genial físico

---

[53] Se recomienda leer completo este documento: "STATEMENT BY THE PRESIDENT OF THE UNITED STATES". White House Press Release Anouncing the Bombing of Hiroshima, August 6, 1945. Enola Gay dropped the first atomic bomb on Japan. THE WHITE HOUSE. Washington, D. C. El documento se encuentra en: http://www.pbs.org/wgbh/amex/truman/psources/ps_pressrelease.html

Albert Einstein –conminado por Robert Oppenheimer– escribió una carta al presidente Franklin D. Roosevelt, para convencerlo de la necesidad de establecer y financiar el programa atómico. Después de la detonación sobre Hiroshima, Einstein exclamó: ***"debería quemarme los dedos con los que escribí aquella primera carta a Roosevelt".*** [54] De nada bueno les sirvió su genial dominio de la técnica y la ciencia a todos aquellos sabios. Esta es una lista parcial de algunos de los científicos que participaron en este proyecto. Les ruego, amables lectores, que intenten imaginarlos como egresados y graduados "cum laude" en alguna de nuestras escuelas tecnológicas que hubiesen superado ya sus abismales deficiencias meramente académicas y científicas, pero sin formación humanística integral:

Robert Oppenheimer. Director del proyecto, se opuso radical y formalmente al uso militar de la energía nuclear una vez terminada la guerra. Después de lanzadas las bombas atómicas se sintió bastante culpable, por lo que dimitió de su cargo en "Los Álamos". Dijo: *"Si se añaden las bombas atómicas a los arsenales de un mundo en guerra... la humanidad va a maldecir el nombre de Los Álamos".* Decía s sus compañeros: "**Hemos hecho la obra del Demonio**". El físico Freeman Dyson añadió: "Nadie mejor que Oppenheimer podría encarnar al doctor Fausto. **Lo malo es que cuando se pacta con el diablo uno no se puede volver atrás**". Otra frase: "...**los físicos hemos conocido el Pecado; y éste es un conocimiento que nunca podremos perder**". Oppenheimer recitó los célebres versículos del *"Bhagavad Ghita"*: ***"Si el esplendor de mil soles estallase de golpe en los cielos, sería comparable al resplandor del Gran Ser, y yo me he convertido en la muerte, en el destructor de mundos".*** En otra ocasión le confesó al presidente Truman: ***"...me siento con las manos manchadas de sangre".*** El presidente más psicópata de la Historia universal le contestó con absoluta frialdad: ***"¿Por qué no se las limpia?"*** –a la vez que le ofrecía un pañuelo de su bolsillo.

Enrico Fermi. Huido de su Italia natal a causa de su esposa judía, fue el creador de la primera pila atómica en la Universidad de Chicago. Los *"fermiones"*, el *"Fermi National Accelerator Laboratory"*, el elemento químico *"Fermio"* y la *"Estadística de Fermi-Dirac"* reciben su nombre en su honor. El Premio *"Enrico Fermi"* fue establecido en 1956 en honor a sus logros científicos y su excelencia científica. El departamento de la Universidad de Chicago en el que trabajó durante varios años se llama en la actualidad Instituto Enrico Fermi. Sólo existe un letal y atómico "pero": después de las explosiones sobre las ciudades japonesas, ***nunca logró sobreponerse a sus sentimientos de culpa que le provocaron un cáncer terminal.*** Su carrera se vio truncada al morir el 28 de noviembre de 1954.

---

[54] "¿Quién ocupó el despacho de Einstein?", por Ed Regis. "The making of the atomic Bomb", por Richard Rhodes. "El mundo y sus demonios", por Carl Sagan. "Oppenheimer y la bomba atómica", por Paul Strathern. Editorial Espasa Calpe, España.

Richard Feynman. Responsable de la división teórica y de los cálculos por ordenador. Cuenta anécdotas sobre su etapa en el "Proyecto Manhattan" y su *sentimiento de culpabilidad al explotar la primera bomba.* **John von Neumann.** Experto en materia de explosivos, entre otras habilidades, le fue encomendada la misión de ayudar en el diseño de explosivos de contacto para la compresión del núcleo de plutonio del dispositivo "Trinity Test" y la bomba "Fat Man" soltada contra Nagasaki. **E*ncargado de calcular a qué altura debían explotar las bombas antes de tocar el suelo para que su efecto fuera más devastador.* Estuvo en el comité para seleccionar objetivos potenciales japoneses o ciudades donde hacer caer las bombas atómicas.

General Leslie S. Groves. Militar estadounidense que en 1942 asumió con el rango de brigadier general la conducción del proyecto de fabricación de la bomba atómica al pasar a la órbita militar como "Proyecto Manhattan". Designó a Robert Oppenheimer como máximo responsable científico. Asumió cruciales decisiones durante los 43 meses que precedieron a la bomba, asegurando recursos, dirimiendo conflictos en "Los Álamos" y coordinando la acción de no menos de una docena de plantas y centros de investigación en todo el país –que llegaron a tener más de 150,000 personas de alto nivel técnico trabajando. Creó una unidad aérea adecuada para la misión de ataque y conservando bajo una rígida y eficaz disciplina el secreto de la operación. Se retiró del ejército con los máximos honores en febrero de 1948, sintiéndose un héroe.

Otro problema que soslayan los autores del informe *"Contra la Pared"*: ¿De dónde creen estos señores de "Mexicanos Primero" que se surten las interminables y millonarias filas del inextinguible narcotráfico? ¿O acaso no entienden ellos –con todo y su pomposo academicismo denunciante– *que lo primero en la educación de un ser humano es que aprenda el sentido mismo de la vida, y cómo y para qué vivirla?* ¿Para qué queremos tener buenos "maistros mecánicos" que despierten de su borrachera y no sepan a dónde van ni para qué, y que junto con sus despistados alumnos no lleguen a ninguna parte? Como le dice el conejo a *"Alicia en el País de las Maravillas"*: *"si no sabes a dónde vas, da igual qué camino tomes".* Al final del reporte leemos el comentario de alguien que se las da de intelectual, un señor de nombre Jesús Silva-Herzog Márquez, quien no niega la cruz de su parroquia como troquelado por el Sistema al que pertenece. Reconozco que posee una pluma excepcional, que por lo mismo sería digna de muchas mejores causas. Podría decirle, cara a cara: *"si eso es todo lo que vas a escribir sobre un tema tan crucial, por favor... ¡no nos defiendas, compadre!"*

"Al ver el proceso educativo como una secuencia, tal y como nos invita este reporte, podremos percatarnos de los efectos catastróficos de este régimen. La catástrofe educativa no es mera desgracia del ecosistema escolar. La catástrofe de la educación sella como maldición permanente la catástrofe nacional. Vale

*decirlo de nuevo: el desarrollo del país no está en los líquidos del subsuelo, ni en los recursos de los partidos políticos, ni en las tasas impositivas: está, sin lugar a dudas, en la educación. Ahí está la plataforma de **la innovación** y del **crecimiento**, la pista de la **equidad**, el abono de la **ciudadanía**. Pero nosotros seguimos empeñados en anclar la postración en nuestras escuelas".*

"Mexicanos Primero" y su comentarista Jesús Silva-Herzog Márquez, al igual que a otros muchos políticos, sólo les interesan los síntomas: no la enfermedad progresiva, incurable y mortal que padecemos en el campo educativo, y por ende en el ADN mismo de la nación. Por eso sólo se quejan de la ausencia de cuatro factores superficiales y elementales: ***innovación, crecimiento, equidad y ciudadanía.*** Los genios científicos que crearon la bomba atómica y al final reconocieron ***"haber hecho el trabajo del Demonio"***, estaban muy bien educados en esos cuatro valores esenciales: amos y señores de la innovación, detonadores de un crecimiento armamentista y económico sin precedentes, tratados con toda equidad por el Sistema que les dio trato de príncipes; y, desde luego, considerados como héroes por la ciudadanía norteamericana e incluso por todo el mundo occidental. Los Valores Universales no contaron para ellos. En el caso de México, lo que sucede es que no conocen tales valores, y en esto no pueden alegar ignorancia invencible. En el remoto caso de que pudieran alegarla... ¿cómo se atreven a hablarnos y a escribirnos acerca de la educación de los niños de esta depredada patria mexicana? El último párrafo de Jesús Silva-Herzog Márquez es un puro desperdicio de palabras, tiempo y esfuerzo. Escribe él que:

"Y frente a la catástrofe, la parsimonia de las autoridades políticas. Una discreta retórica reformista y acciones blandas, tímidas. Ningún sentido de urgencia se extrae del mensaje o de la acción gubernamental. Como si apenas necesitáramos de la remodelación de algunos salones de clase, como si tuviéramos simplemente que actualizar algún plan de estudio, o cambiar tres o cuatro pizarrones, se tratan los problemas del sector con vacilación y miedo; sin prisa y, por supuesto, sin tocar los intereses creados que vetan el cambio. Los datos de alarma son desdeñados y cubiertos de inmediato por reparadores elogios al histórico patriotismo de los maestros, y la donosura de su amada guía".

No creo que las autoridades actúen con parsimonia. O son cómplices, o son rehenes del Sistema en el cual ya militaban, pero en cuyas fauces cayeron desde que entraron a *"Los Pinos"*. Porque aunque tomaron la presidencia, dejaron intacto el Sistema masónico y corruptor, destructor intencional de la Nación Mexicana. Por eso no tienen sentido de urgencia. ¿Cómo van a tenerlo si para jugar al equilibrista y conservar el adictivo Poder necesitan de modo irremediable de grandes apoyos, innumerables mercenarios y astronómicos dineros –no sólo de la donosa desfachatez– de su *"amada guía"*? Sí. Me refiero a la *"Maestra"*, ésa que dice haber encontrado su privilegiado destino y su diabólico poder en las tripas y en la sangre de un león africano.[55]

Son cientos de miles los que buscan y han encontrado el dinero fácil: basta con leer los reportajes cotidianos de cualquier diario de circulación nacional, como ese que publica una columna con texto, fotos y videos que se llama *"El Narcotráfico: la Disputa por el Territorio"*. Resumiendo: *"de nada le sirve al Hombre conquistar los secretos del Universo si desconoce las virtudes necesarias para servir y amar –como lo declara Héctor de Troya– a su Familia, a su Patria y a Dios.*

Por otra parte, no importa que los salones estén en pésimas condiciones, los bancos desvencijados y los pizarrones inservibles y sin gises. No importa que se mejoren los planes de estudio de manera cuantitativa, mientras no se haga de manera cualitativa, dando el salto cuántico desde la negación y la mistificación de nuestra Historia Patria hasta su revisión a fondo. El fraude no consiste tanto en que nuestros niños no sepan ni siquiera sumar o restar –ya no digamos multiplicar o dividir–, sino en que no conocen su Origen, porque ni siquiera saben de dónde vienen –más allá del ya superado mito darwiniano del chango y de las mentiras sobre la Conquista–, pero tampoco conocen su propia Identidad de personas para servir al Prójimo y a Dios. Y claro está: ¿cómo van a conocer de verdad su Destino Final sin saber nada acerca del origen y la Identidad? En cierta forma prefiero que haya niños analfabetos, científicamente ineptos, que adultos sin ética, capaces de fabricar bombas atómicas o manipular al ADN humano al servicio de los poderes fácticos. Porque los Narcos no reclutan a los tontos ni a los analfabetos, sino a los ambiciosos inteligentes y astutos.

2.3) En una cantina. Después se nos ocurre llegar a una cantina de moda, en alguna colonia de clase alta. Desde luego: también podría ser en una barriada de la apelmazada Ciudad Neza. Parece ser otro escenario muy diferente, pero donde también ocurre siempre lo mismo, sea cantina, desplumadero, restaurante o bar. Puede ser arrabalero o muy popof y exclusivo. Vemos que un grupo de amigos o compañeros de trabajo se reúne a eso de las ocho de la noche, a tomar unos tragos por cualquier motivo. El pretexto no importa. En México, país de alcohólicos con su itinerario –y consuetudinarios–, es cosa común que tengan que hacerse en torno a unos

---

[55] Este hecho escandaloso e inconcebible lo narra con lujo de detalles su valiente autor: José Gil Olmos. Apenas como un escaso santo y seña de a qué se dedica, sus credenciales bastan al conocer que es periodista, reportero de la revista "Proceso". Si no fuera así, tal vez el maestro fundador de dicha publicación, nada menos que Don Julio Scherer García, quien es un referente en la cátedra de Periodismo, no se hubiese animado a prologar este libro, simplemente habría declinado por uno o varios motivos, sin embargo, avala con su pluma esta publicación de la cual le estoy dando cuenta.

buenos tragos de *"X-O"*, de una *"pata de elefante"*, o como mínimo algunos *"six"* de *"chelas frías"*.

Si hago cuentas de las veces que he manejado grupos de Desarrollo Humano sobre las bases del aprendizaje de la Ética, puedo decir que invariablemente esta escena se ha repetido todas las veces, sin excepción, en esos miles de ocasiones. Nunca la respuesta a mi pregunta ha sido otra. Invariablemente la respuesta dada es esta: *"eres un mandilón"*.

Una hora después de alegre convivio, alguno de los alegres bebedores se levanta, deja su pago encima de la mesa –equivale a sólo dos copas de cualquier licor– y hace el ademán de irse, saludando cortésmente a sus compañeros.

–¡No te vayas, cuate! No eches a perder la fiesta, si apenas vienen "las puchachas" que están buenísimas! –escucha los réclames de todos cuando apenas comienza a despedirse.

–¡Claro, esto se va a poner bueno, así que quédate, no te rajes, "güey"! –lo dicen otros, muy convincentes, algunos en tono despechado y aun exigente.

–Lo que pasa, amigos –responde el "güey"– es que tengo el gusto de haberle prometido a mi esposa llevarla al cine, a ver "El Estudiante"...

Y entonces yo le pregunto al grupo al cual me dirijo, durante una sesión de análisis sobre el origen de las crisis actuales:

–¿Qué le dirían sus cuates a ese amigo que se va con su esposa? –Comencé a hacer esta pregunta en mis sesiones hace 50 años. Al ritmo de un grupo de 20 a 40 participantes por semana arroja la cantidad de 2600 grupos –unos 80 mil ciudadanos de ambos sexos– a los que les he hecho exactamente la misma pregunta. Jamás se ha dado el caso en el cual la respuesta no sea esta:

–"¡Mandilón! ¡Eres un mandilón!" –gritan todos a coro, unos burlones, otros agresivos, mientras que otros, incluso, le cierran el paso.

Conclusión: en México, el concepto de *"fidelidad conyugal"* está condenado a ser motivo de burla y sarcasmo. A nadie se le ocurre decirle al pobre "güey":

–Tienes toda la razón... yo también me iré con mi esposa.

Porque incluso si alguno de los parroquianos piensa de esa forma, el miedo al qué dirán y la vergüenza lo atrapan y lo fijan a su cómodo lugar, aunque en el fondo de su alma comprenda que está haciendo mal, sobre todo cuando las teiboleras hacen su lasciva y enardecedora aparición.

Pero existe otro mejor escenario para que se esconda la *"Pobre Muñeca Fea"*:

2.4) En la oficina burocrática o en una organización paraestatal cualquiera. Saliendo de la cantina nos topamos con el imponente y elegante edificio de uno de tantos sindicatos que han nacido al amparo del Sistema, y que pueden ser desechados una vez que cumplen su cometido transitorio.

Ahí conocemos a alguien demasiado común: Pepe Pérez González es un obrero sindicalizado, o incluso de un empleado de confianza que goza de cierto nivel –por antigüedad, méritos académicos o profesionales. Lo vemos muy afligido, sentado en un rincón, en el suelo, todo desmoralizado. Sentimos simpatía por él y nos acercamos a saludarlo, a la vez que le ofrecemos un refresco. Tras unos minutos de dudas decide contarnos su historia: Nos explica que él descubrió que dentro de las cargas de trabajo asignadas en su área, **"existía la posibilidad de que él solo hiciera el trabajo de otros cinco o seis compañeros, los cuales más bien sólo calentaban sus lugares de ociosidad pagada, con cargo a los bolsillos de todos los causantes cautivos".** Había decidido, el pobre ingenuo, ir a platicárselo al representante sindical.

–¿Qué creen ustedes que me sucedió?

Imaginamos las respuestas, que desde hace más de medio siglo son las mismas:

–¡Te corrieron! ¡Te colocaron a disposición de Recursos Humanos! Sin liquidarte conforme a la ley. Y si no, pues te hubieran congelado ¿Pues qué te crees? ¿Que los sindicatos y sus amos políticos van a dejar que alguien tan matado les arrebate sus heroicas conquistas?

Nos despedimos de él, asaltados por un triste y angustioso sentimiento de impotencia y desaliento inexpresables.

¿Cómo no entender entonces que en Pémex –y en todas las paraestatales, en todas las oficinas burocráticas, sin excepción– se ocupen tantos trabajadores y aviadores que sólo engrosan la nómina requerida hasta dos, cuatro o más veces? Eso sólo bastaría para comprender la monstruosidad de la corrupción que padecemos. Además, es una buena explicación, casi por sí sola, para entender el origen del déficit fiscal de la Federación. Los izquierdosos relativistas y postmodernos –lo son aunque ninguno de ellos conozca estos términos– defienden privilegios, y los sindicatos "mexicanos" gozan de riquezas faraónicas que no benefician a los trabajadores, sino a las élites salvadoras y mesiánicas que sólo defienden "sus derechos". Son los mismos que fustigan selectivamente la corrupción de los demás, pero a la propia la llaman "heroicas conquistas sindicales", una de las cuales consiste en que los dirigentes poseen, por ejemplo en Luz y Fuerza, un rancho con caballos criollos, mientras tantos miles de sus agremiados y defendidos apenas si sobreviven con su sueldo. Al agitar la bandera de la xenofobia –con el pretexto de que esos corruptos odian que se entregue la empresa a potencias extranjeras– sus proponentes demuestran que prefieren expoliar ellos mismos a los consumidores sólo por ser mexicanos. Avalan fraudes que ellos han denunciado con vehemente violencia callejera, pero ocultan que la más poderosa mafia de la política, el poder y el dinero se mueve dentro del sub mundo sindical. Defienden sus privilegios porque "están dentro de la ley", pero soslayan que tales leyes fueron creadas por los líderes y políticos para proteger privilegios empresariales y sindicales. Olvidan y atracan a los millones de mexicanos que han sido víctimas del deplorable servicio de las compañías paraestatales: electricidad cara, gasolina mala y de precio inflado, apagones, cobros excesivos, huelgas inesperadas, mal servicio. Imaginan arbitrariamente y luego redactan leyes que contienen privilegios que van mucho más allá del espíritu de la ley, y que han incentivado la ineficiencia, la corrupción y aun la violencia, pues con sus dineros mal habidos financian movimientos guerrilleros y terroristas de la llamada *"izquierda dura"*.

Ningún sindicato mexicano quiere *"autonomía sindical"*, sino impunidad para seguir depredando. Alegan que como el gobierno no ha atacado a otras instituciones corruptas, no debe hacerlo en su caso especial. Mimetizan todo el entorno a su favor. Lo que hoy le ocurre al ejecutivo, empleado o trabajador burocrático que quiere establecer altos parámetros en logros y eficiencia, será, tarde o temprano, enfrentarse a una especie de pulpo desmoralizador.

El 13 de abril del 2010, en su columna "Historias de reportero" en el periódico El Universal, escribió Carlos Loret de Mola: *"Un Ferrari Enzo rojo se detiene frente a las puertas del Smith & Wollensky, uno de los restaurantes de carnes más famosos y cotizados de Miami. Lo recibe el valet parking, y para darle todavía más nivel al establecimiento, lo deja estacionado a un lado de la puerta. -¿De quién es el Ferrari?, pregunta el siguiente comensal, que llega en una automóvil mucho menos caro. -Es del dueño de Pemex. Oficialmente Pemex no tiene dueño. O en todo caso es de 107 millones de mexicanos. En una mala interpretación se podría confundir a su Director General como propietario, pero tampoco. El Ferrari Enzo rojo, valuado en el equivalente a 7 millones de dólares, pertenece al hijo de Carlos Romero Deschamps, secretario general del sindicato petrolero: 'el dueño de Pemex', deducen en Miami"*.

El pasado sábado, el periódico Reforma publicó la manera de vivir de Paulina Romero Deschamps Durán, hija del precitado líder y ejemplar padre de familia. En su perfil de Facebook, donde aparece como Pauli Rod, la joven presume de la agitada y sofisticada vida social que lleva. Ella viaja por todo el mundo en aviones comerciales o en jets privados. Se hospeda en hoteles cinco estrellas acompañada de sus mascotas, tres perros de raza bulldog: Boli, Morgancita y Keiko -original nombre para una ballena-.

A Pauli le encantan las bolsas Hermes de miles de dólares, en plan de broma las llama "sus bolsas del Superama" –juar, juar, juar. La bolsa Birkin de esta marca, en piel de becerro con herrajes dorados, tiene un precio de 12,000 dólares: aproximadamente 118 barriles de petróleo de mezcla mexicana, a los precios actuales. Conforme uno lee el reportaje se entera que la señorita Paulina es altamente proclive a las bolsas. ¿Acaso tendrá eso que ver con el hecho de que su padre sea líder obrero y éstos, por lo general, se la pasan de bolsas?. En una fotografía, informa el periódico, muestra un bolso Louis Vuitton Lockit PM Suhali, edición limitada, que tuvo un precio de lanzamiento de 51,500 pesos.

Pero no piense usted que la clasista Paulina sólo es afecta a la frivolidad y a tomar en algunos restaurantes que visita vino tinto Vega Sicilia de 10,000 pesos la botella. No. Pauli también se interesa por la cultura. Un ejemplo: el 11 de noviembre del 2010 la señorita Romero Deschamps se fotografió en la Plaza Roja de Moscú frente a la Catedral de San Basilio, exhibió la imagen en su página y escribió: *"Tan perfecto como un escenario de Disney".*

Para presumir de manera completa en Facebook el estilo de vida al que gracias al sacrificio de su padre, Paulina tiene acceso, no podían faltar las imágenes del departamento que la familia posee en Cancún con un valor de 1 millón 400,000 dólares y el yate bautizado como "El Indomable", que cuesta 1 millón 500,000 dólares

Obviamente si usted busca hoy la página de Facebook de la señorita Paulina Romero Deschamps Durán, alias Pauli Rod, no va a encontrar nada, pues ésta fue cancelada. No le conviene a la imagen de un líder obrero, que además está en el lugar número 7 como plurinominal para ser Senador, que se sepa de la vida frívola y de alto costo que lleva su hija y, sobre todo, que la gente se pregunte de dónde salieron los recursos para tal dispendio.

Para terminar vale la pena consignar aquí, para la historia, la declaración del líder nacional del sindicato petrolero y flamante senador Carlos Romero Deschamps, sobre "no maximizar" la explosión en el Centro Receptor de Gas de Petróleos Mexicanos en Reynosa, que dejó más de 30 muertos. Esta kafkiana declaración debería considerarse como la frase más inhumana y/o insensible de los últimos años en la historia del país.

Más allá del hecho que se registró el pasado martes 18 de Septiembre del 2012 en la ciudad fronteriza tamaulipeca, lo preocupante es analizar de quién vienen estas palabras: de la persona encargada de defender los derechos de los trabajadores de Pemex, la compañía más importante en México.

Vaya mensaje que le manda al gremio, expuesto todavía a otra tragedia que no se desea, pero en las condiciones en las que laboran se puede presentar.

2.5) En una escuela privada de niñas, dirigida por "Legionarios". Cerca del edificio sindical hay una escuela privada, en una colonia de clase alta. Decidimos entrar más a fondo, para saber qué ocurría ahí. En este escenario la actriz principal fue una de mis hijas, cuando ella sólo tenía once años y aún no presentaba su menarquía. La *"Miss"* de moral le preguntó al grupo:

-¿Cómo les gustaría que fuese su novio y después su esposo?

-¡Que se parezca a Brad Pitt! -exclamó una de ellas.

-¡No seas naca: yo prefiero a Toño Banderas! -Exclamó otra.

-A mí no me importa mucho el físico, pero... eso sí, que tenga una muy buena cuenta en el banco... -suspiró otra.

Patricia María estaba callada, pensando en qué decir.

-A mí me gustaría que fuese muy bueno en la cama... -dijo la más grandecita, que gozaba del bien ganado apodo de "Zorrita" entre las maestras y las alumnas del muy caro y confesional colegio.

-Yo quiero que sea un caballero, capaz de respetarme para llegar vírgenes al matrimonio y ser felices y fieles toda la vida, y tener muchos hijos... -intervino de pronto mi hija, con tono serio y reposado.

La rechifla no se hizo esperar. Entonces la "Zorrita" se le acercó y le dijo al oído:

-Lo que te pasa es que estás enferma... y vas a tener que ir con alguien que sepa ponerte la vacuna...

-¿Qué es la vacuna? ¿De qué estoy enferma? -preguntó mi hija, mientras las risotadas de las muy católicas compañeras arreciaban. La maestra intervino, y las burlas cesaron. Pero Patricia María se sintió muy confusa, al grado de que a la hora de la comida en casa me preguntó:

-Papi... ¿tú crees que estoy enferma y que necesite alguna vacuna o medicina para curarme de esa enfermedad?

De pronto no comprendí ni el significado ni el contexto de la pregunta. Cuando a base de cuestionarla me di cuenta de qué se trataba, tuve que explicarle, con el cálido, sabio y profundo apoyo de su madre, todo el asunto de las relaciones sexuales. La vacuna sugerida por la "Zorrita" era el pene de algún joven, y la enfermedad era su propia virginidad. Pero ella reforzó sus convicciones, lo cual le costó perder una buena parte de su popularidad. Nuestra conclusión es que el nuevo ***postfeminismo*** pretende la reivindicación del cuerpo contra la ética, el triunfo del placer contra las normas morales de la sexualidad. Pretende exterminar el matrimonio mismo, y, desde luego, la virtud del pudor. En esta cruenta batalla la mujer ha sido derrotada y cosificada en el terreno de la explotación económica por su brutal erotización, cuyo vehículo principal lo constituye el dios postmoderno de comunicación social. Las niñas de ese colegio -y de todos los demás- ya aprendieron y aceptaron el eslogan postmoderno:

-**"¡Desnúdate y fornica, pero sé delgada, hermosa, bronceada!"** Para todo fin práctico que a la luz de la ética implique sostener una vinculación profunda y duradera, nuestras mujeres deben darse cuenta de que están metidas, por el mercado, en una especie de "burka" occidental que las lleva a vivir autodesposeídas, para sólo ser poseídas como objetos de lujo o placer, aunque en algunos casos alcanzan la categoría de "etiquetas sociales". Vemos, pues, la enorme capacidad que el "sistema consumista postmoderno", en su continua búsqueda, identificación y conquista de mercados potenciales, tiene para operar como agente corruptor de las culturas monoteístas, al desconstruir principios naturales y universales referidos al género y a la sexualidad. Estamos, por consiguiente, ante un nuevo modo de "normativización" del sujeto a través de la instrumentalización consumista del supuesto "derecho a ser diferentes" a cómo eran nuestros padres. Los cristianos en general y los católicos en particular tenemos que convertirnos en grupos minoritarios, es decir, rehusar cualquier tipo de acomodación a un modelo preprogramado con espíritu luciferino.

Pero para lograrlo hay que acabar de asumir una nueva temporalidad católica, histórica, abierta, persuasiva, que predique con el ejemplo, –aun a riesgo de sufrir distintas formas de persecución y aun martirio– *que nos permita estar en el mundo sin pertenecer a él.* Es imprescindible ensayar nuevas formas de re-encontrarnos y re-apropiarnos de nuestra identidad, para proyectarnos hacia un futuro absolutamente indeterminado desde el punto de vista de lo inmediato, pero cuyo *"fin final"* es perfectamente claro para un católico medianamente culto: *"las puertas del Infierno no prevalecerán". "El Señor vendrá a juzgar a los vivos y muertos.* A la mujer, para dejar de ser vista como cosa y objeto de placer –*"soy totalmente Palacio"*– le conviene entrar en el futuro retrocediendo a los tiempos de la abuela. Sumémonos también los varones a idéntico proyecto, y rescatemos las virtudes del pudor, la fidelidad, la cohesión familiar y la apertura a la vida.

2.6) Los escenarios se multiplican "ad nauseam": si continuamos nuestro recorrido, veremos por doquier las formas del relativismo moral: trámites innecesarios y absurdos, infracciones injustas, colas interminables, incremento de impuestos, procesos judiciales interminables, carísimos permisos oficiales, lentísima creación de empresas, venta de exámenes de admisión, certificados falsos, licencias a parientes y amigos para uso de suelo o construcción, licitaciones públicas amañadas y cuantos trámites haya que hacer en este país. Todo ello está **sujeto a la vergüenza de la "Pobre Muñeca Fea".** La sociedad, troquelada por los modelos impuestos desde los nefandos Mass Media, detesta la Virtud y desea y admira el vicio: las *"Thalías"*, las *"Talotras"*, las *"Glorias Trevi"* y las *"Tumbahombres"* han sustituido en el ánimo de la juventud el deseo de la excelencia en el *"ser"* por la voracidad de gozar y tener sexo, dinero, poder, drogas, comodidades, lujos y artefactos.

3) Una explicación a las crisis: el triunfo de "Los Ídolos Postmodernos". Nos quedamos frente al televisor y lo encendemos con espíritu crítico. Podemos observar de inmediato que tras el fin aparente de "La Guerra Fría" como consecuencia de la también aparente caída del Comunismo –teniendo como símbolo ciclópeo la caída del muro de Berlín en 1989–, se produce, como consecuencia lógica, la cristalización de un nuevo paradigma global, cuyo máximo exponente social, político y económico es la Globalización de cualquier cosa, pero sobre todo de la decadencia moral que implica la idolatría. *Descubrimos, así, dos grandes grupos de ídolos, que se podrían reducir a sólo uno: cualquier cosa que no sea Dios.*

3.1) Ídolos Sociales. **"Mi Programa Favorito".** El *"Homo Videns"* es sólo un receptor de ofertas y exigencias de consumo y diversión, pero es intencionalmente desconectado de la Realidad, tanto por los Medios como por él mismo. El contenido del mensaje no importa, sino la forma en la que es transmitido. Se embrutece al videoniño de todas las edades cronológicas, en lugar de darle la alternativa de la lectoescritura. Aristóteles, Tertuliano, Santo Tomás, Pascal, Tolstoi, Dostoievski, y cualquiera otro filósofo o literato, han sido derrotados por *"El Chavo del Ocho"*, con su incomparable grado de imbecilidad; por *"En Familia con Chabelo"*, con su habilidad para generar hordas infantiles, devoradoras de golosinas, fruslerías y banalidades; pero también por *"La Familia Pepeluche"*, con sus desaforados graznidos ofensivos entre cónyuges, suegros, hijos, hermanos, sirvientes y vecinos, sin referirme, por ahora a su macabra pornografía *"verbalmente ingeniosa"*.

Idolillos de Moda. Han dejado ya de producirse grandes figuras de líderes carismáticos, pero –como changos en nuestras citadinas selvas de concreto– han brotado de las alcantarillas y caído de los postes una infinidad de idolillos que duran hasta que surge otro más atractivo o novedoso. Por ejemplo: cuando la actriz Lindsey Lohan percibió que su confeso lesbianismo le estaba robando popularidad –debido a ya estar sobreexpuesta–, anunció que regresaba al gusto por hombres, y así recuperó momentáneamente su elevado "rating". En México y en otras partes del mundo, actrices de primera y hasta última línea anuncian la adopción de hijos, para hacerse pasar por damas o hermanitas de la caridad. Así vemos que los líderes religiosos, intelectuales o políticos son sustituidos por el tipo de figuras al estilo de los "American Idols".

El Cultivo del Desencanto. Hoy se cree que la esperanza es, en verdad, el peor de los males, porque prolonga hasta el absurdo las torturas de los hombres. Así que una mayoría de la población mundial ya optó por la desesperanza, el desencanto, la desilusión. Hoy vivimos es la *"era del desencanto"*, al renunciar a la utopía del progreso indefinido como *"piedra filosofal"* para resolver todos los problemas del Hombre. Nos desencantan la ambigüedad, el miedo, la mutabilidad y la incertidumbre de todo y en todo. El progreso tecnológico es totalmente insuficiente e inadecuado para frenar la incontenible violencia cotidiana, y nadie confía en nadie. Hemos perdido el encanto mismo de estar vivos, porque ahora sólo tenemos una seguridad: la de vivir con inseguridad respecto de nuestras vidas, afectos, salud y tenencias. Ninguna institución pública conserva su credibilidad: el Ejército es violador de los derechos humanos, la Policía encabeza todas las bandas mafiosas, el Senado vive a costillas de los ciudadanos, la Iglesia duerme o se corrompe pero no predica con el ejemplo, el Gobierno está formado por una bola de rateros, ineptos y narcotraficantes de alto nivel.

La Defensa del Medio Ambiente. Esto se contradice con la enfermiza compulsión por el consumo. *"Compro, luego existo".* Una exótica joven, de discutible belleza, con su lánguida mirada y su imaginaria voz de niña mimada nos asegura: *"La felicidad sí existe: soy totalmente Palacio";* mientras acaba con su entorno y destruye cualquier concepto de belleza y equilibrio naturales.

La Moda. La "imagen" de los líderes reemplaza a las ideas. Los *"paparazzi"* sólo se fijan en los trajes, accesorios, gustos, elegancia, marcas y otras superficialidades con alto rating.

Unos Minutos de Gloria. Quiero ser visto y ser adorado. Me excita física, sexual y emocionalmente que mis amigos, conocidos y familiares me vean en la TV. Aunque el costo sea que mi intimidad sea invadida. La vida de los otros se convierte en un show: "Big Brother", "Me quiero Enamorar", y otros cientos de programas similares hacen de la intimidad un artículo de consumo voraz, donde lo que importa no son las personas, son como dijo alguna de las participantes: *"¡Pues de qué se trata esto! ¿Acaso no veníamos a fornicar?"* –claro está: frente a las cámaras.

Mi Coto de Caza. La política se trivializa y se mediatiza como la "Cosa Nostra" por sus dueños, porque los partidos políticos se han constituido en una "partidocracia". El Congreso de la Unión alberga un excesivo número de sujetos sin oficio ni beneficio y que sólo fungen como "levanta dedos" desde sus cómodas curules. Los hemos visto dormir durante las interminables sesiones en las que algunos discuten sobre temas de los que no entienden nada. Ellos manipulan a su antojo a los seguidores de cada partido. Los altos dirigentes a su vez, sólo se interesan en su "dieta" más en la ampliación de sus redes de "conexiones". Así lograrán su objetivo central: obtener una privilegiada altura económica para siempre, una vez terminado su periodo de "seudopolítico", porque en realidad no sabe hacer nada más que obedecer o intrigar para y desde la partidocracia.

Mi Verdad. La Verdad no interesa, sino el grado de arrastre que pueda producir. Porque el hombre postmoderno le tiene miedo al éxtasis de lo verdadero y prefiere el vértigo de la comodidad y la sensación de hartazgo que aporta la mentira consentida. Porque la mentira mantiene al hombre subido en el pedestal de su hipocresía y le hace creerse poderoso, sabio, inteligente, culto y dueño de sí mismo y de todo lo que le rodea, cuando en realidad, al menos ahora, ya es claramente su esclavo. De vez en cuando se pregunta a sí mismo... "¿Qué es la Verdad? ¿Existe la Verdad? ¡Nadie conoce la Verdad!". Y justifica su miedo, fortalece sus excusas. Se aferra a sus mentiras.

Los Mass Media –doctores de la mentira institucionalizada– se convierten en la *"religión dominante": "santo que no es visto, no es adorado: si no sales en la Tele, no existes".* Los medios pretenden ser depositarios de la verdad, cuando en realidad sólo son constructoras y destructoras de honras y famas, vidas, gubernaturas y presidencias, estrellas y estrellados, ganadores y derrotados.

Los Nuevos Centros de Poder: el Mercado y la Mercadotecnia. la tiranía del mercado exige altas cifras en la producción de cualquier artículo, alimento, juguete, libro, cosa, computadora, gadget electrónico, celular o capricho. Hay que producir enormes y llamativos tirajes para ganar visibilidad. Pero los productos pierden su impacto entre las masas, y duran en el gusto de la gente o de las novedades por periodos cada vez más breves. Abundan los fracasos y las masivas devoluciones, y todo vuelve a comenzar.

El Consumismo. Pasamos todos, lo sepamos o no, estemos o no de acuerdo, de una "economía libertaria de la producción" hacia una "economía tiránica del consumismo". El apetito del consumidor que se desboca y se revienta por todo el mundo, no sólo ha perjudicado por igual la vida de ricos y pobres, sino que mantiene un ritmo insostenible, según el *Informe sobre el estado del mundo en 2010"* publicado por el *"Instituto Worldwatch".* La necesidad de gastar sin motivo aparente, de una manera compulsiva, se está convirtiendo en una obsesión de los mayores que se empieza a contagiar a los más pequeños. Los periodos de rebajas o descuentos en grandes almacenes y tiendas suelen ser los peores. Mucha gente compra lo que no necesita, y después no tiene los medios para pagar el producto de sus compras compulsivas.

La Niñera Electrónica. La *"Asociación Mexicana de Estudios del Consumidor"* señala en uno de sus informes que muchos padres usan a la televisión como niñera electrónica, que actúa como un verdadero narcótico para los niños. La TV rinde culto a la agresividad, el militarismo, la fuerza física, el liderazgo sin trabajo de equipo, sin solidaridad ni respeto. Bajo la influencia de la televisión los niños se hacen irritables, caprichosos, cansados, siempre insatisfechos, por lo que buscan el consumo compulsivo de refrescos, bebidas, frituras, pastelillos o golosinas.

La Madre Tierra. Una falsa "revaloración de la naturaleza" que en realidad es una nueva cara del antiguo panteísmo. Somos parte de la naturaleza. Dicen los nuevos panteístas: *"La naturaleza nos hizo y con la nuestra muerte volveremos a ella. Nuestros hogares son la naturaleza y nuestros cuerpos. Somos parte de éstos; y éstos son los únicos sitios donde podemos encontrar y crear nuestros paraísos, no en algún mundo imaginario después de morir. La naturaleza es el único paraíso posible, y la separación de la naturaleza es el único infierno. Al destruir la naturaleza, creamos al infierno en esta tierra para otras especies y para nosotros mismos. La naturaleza es nuestra madre, nuestro hogar, nuestra seguridad, nuestra paz, nuestro pasado y nuestro futuro. Por lo tanto, debemos tratar a los hábitats naturales como los creyentes tratan a sus templos y lugares sagrados con reverencia y cuidado a fin de conservar toda su frágil y compleja belleza"*.

El Panteísmo satisface nuestra necesidad de ser reverentes ante algo mayor que nosotros mismos, pero nunca busca al Absoluto: se queda en un horizontalismo terrestre y nunca parte de su evidencia de creatura. Por ello el Panteísmo fusiona religión y ciencia, materia y espíritu en un revoltijo que requiere de anchas y burdas tragaderas. Recordemos que el príncipe Felipe de Edimburgo fue quien prologó la *"Ética Planetaria"* de Hans Küng, cuando ésta fuera presentada en el Parlamento de las Religiones del Mundo y en el Foro Económico de Davos. La *"Ética Planetaria"* y la *"Carta de la Tierra"* pretenden ser los instrumentos que **den sustento moral al Nuevo Orden Mundial, sustituyendo a los Diez Mandamientos.**

3.2) Ídolos Psicológicos. **Lo "Cool".** Al idealismo se le llama estupidez. **En México a los idealistas se les llama "pendejos".** El hombre postmoderno de la calle –pero también el sofisticado y lánguido filósofo al estilo de Lyotard, Baudrillard y Lipovetsky, entre otros– piensan ahora que ya no existe el ideal que le exigía empeñar su vida: ni Dios, ni el Proletariado, ni la Ciencia, ni el Progreso, ni la Familia, ni el Amor. Parece que Marx tenía razón al decir: *"todo lo sólido se desvanece en el aire"*, porque *"el futuro es hoy"*. Además, dado que se ha perdido el sentido de la Historia, tampoco espera ya legitimaciones ni fundamentaciones últimas, aceptando que sólo en este camino incierto es donde deberá librar su batalla, con un estilo llamado **"cool"** –terminajo que ya por sí mismo goza de la categoría de ídolo.

La Pornografía. Desaparecen la "literatura fantástica" y también la literatura de cualquier tipo, para dar paso a la pornografía en todas sus manifestaciones y a los folletines que hacen descripciones sexuales en todas sus desviaciones y manifestaciones. La gente común dice que toda representación gráfica del sexo sirve para "avivar el amor con la pareja". Nótese: ya no se dice "esposo" o "esposa", sino "pareja", porque ella, la pareja, o "free" ocasional, es tan desechable e intercambiable como lo es cualquier cosa sin mucho valor.

Lo muy Nice –*"popis", "elegante", "vip", "clase", "miau", "catego", "guau", "popof",* y similares. El futuro y el pasado, la Historia, han perdido toda importancia, puesto que los individuos ahora sólo quieren vivir intensamente el presente, en una feroz lucha por conquistar los placeres y los beneficios inmediatos que proporcionan los placeres, lujos, puestos de prestigio, comodidades al viajar o comprar, cosas novedosas y exclusivas, tiendas especiales, productos sobre pedido que pocos pueden adquirir, tarjetas electrónicas que dan acceso a puertas prohibidas para "los nacos".

El Derecho al Placer. La gente común fundamenta su existencia concreta, actual y futura, en un extremista relativismo ético, por lo que se da tal *"pluralidad de opciones"*, al igual que *"sinceras opiniones subjetivas"*, que la Realidad ha quedado superada por la fantasía de cada cual. De hecho, en las primeras planas de los diarios de amplia circulación aparecen preguntas y chats que se intitulan: "¿Cuál es tu fantasía sexual?" El Gobierno perredista de la Ciudad de México sustenta su libro de educación sexual sobre una idea básica: el derecho al placer de los niños, adolescentes, jóvenes y adultos, y hasta personas de la tercera edad.

El Internet. La gente se acerca cada vez más a las diversiones vía internet y a la inspiración vía satelital que a las relaciones interpersonales vivas y afectivas. Se incrementa como avalancha incontenible la necesidad adictiva de aumentar la cantidad de tiempo en Internet para lograr satisfacción, a la vez que se observa una notable disminución de los efectos placenteros con el uso continuado de la misma cantidad de tiempo en Internet. Ya se dan síndromes de abstinencia, como: agitación psicomotora, ansiedad, pensamientos obsesivos acerca de lo que estará sucediendo en Internet, fantasías o sueños a cerca de Internet. Además, surgen un intenso malestar y aun deterioro en las áreas sociales, laborales u otras áreas importante de funcionamiento interpersonal. Se emplea mucho tiempo en actividades relacionadas: comprar libros sobre Internet, probar nuevos navegadores, indagar sobre proveedores de Internet, organizando archivos. *La personalidad ha sido sustituida por la impersonalidad colectiva "informatizada" que coloca a casi todos en el rasero de la mediocridad. Las redes sociales y las relaciones sexuales virtuales son un buen ejemplo.*

El Aborto. La sociedad –sobre todo en México– está totalmente despreocupada ante la injusticia o la violencia en cualquiera de sus formas, por letales que puedan ser. Hoy el homicidio y la injusticia ya casi dejaron de causar repulsa, a tal grado que en México ya forman parte del mobiliario urbano las docenas de cadáveres que aparecen todos los días, hasta sumar cerca de siete mil en sólo diez meses. El aborto en la Ciudad de México –injusticia que clama al cielo– ha sido despenalizado. Dejó ya de considerarse que el aborto es una injusticia y un asesinato. Ahora matar al menor de doce semanas no sólo ya no es visto como un vil asesinato premeditado, sino como un "derecho" para que la madre postmoderna siga con sus planes hedonistas. En España, cuando esto escribo, "la nueva Ley del Aborto establece que las mujeres mayores de 16 años podrán interrumpir voluntariamente su embarazo hasta la semana 14 de gestación sin informar a sus padres". La ley entró en vigor, en medio de una gran polémica ante el Tribunal Constitucional. Interrumpir el embarazo voluntariamente dejó de ser un delito penalizado para convertirse en un derecho, se cumplen 25 años de la aprobación de la primera ley abortista, en 1985, que ha permitido abortar a 1,3 millones de mujeres en España. Ya no importa que el "aborto libre" sea contrario al derecho a la vida, garantizado por el artículo 15 de la Carta Magna. En esta ley, no hay ninguna preocupación ni por la mujer ni por la vida gestante. Hay una única preocupación, que es el lucro económico de las clínicas, que han sido quienes han promovido esta ley. El presidente del Gobierno español, el socialista ateo y masón José Luis Rodríguez Zapatero afirmó la constitucionalidad de la norma, pues "se trata de una ley de 'prevención', porque evitará embarazos no deseados, y de 'seguridad', porque da más garantías a las mujeres y a los profesionales ante una interrupción voluntaria del embarazo. Igualmente, con la nueva ley, se podrá abortar hasta la semana 22 en caso de riesgo para la salud física o psíquica de la mujer y también por enfermedad grave o malformaciones del feto.

Las Tecnologías Informáticas. Ésta, con su avalancha de artilugios divertidos han sustituido a la Fe como don y como virtud, y se ha dejado a un lado la confianza en la Razón y en la Ciencia. Cada niño norteamericano tiene al menos un promedio de diez aparatitos tecnológicos, y ya se desespera por la corta tardanza de los que siguen.

Yo Mismo. La única *"revolución"* que se quiere a llevar a cabo es una especie de "involución interior", donde lo que cuentan son sólo los deseos pasajeros: ***"dejé a mi marido y a mis hijos, pero ahora que ya me liberé puedo cantar, bailar y divertirme, es decir... me encontré a mí misma".***

La Línea del Menor Esfuerzo. Las ambiciones basadas la autosuperación, hoy soy satisfechas mediante la corrupción, o cuando menos con la línea del menor esfuerzo, ya que éste, como tal, ha perdido su valor y su significado. Los dichos y expresiones filosóficas sobre este idolillo abundan: "no seas matado", "no te azotes", "da lo mismo", "a quién le importa", "nadie lo va a saber", etc.

La Perfecta "Religión Light": se sacia la curiosidad por lo trascendente, liberándonos al mismo tiempo de cualquier compromiso de vida. Las divulgaciones contradictorias e intrigantes sobre la Iglesia Católica y sobre Dios mismo, siguen la línea de lo subjetivo y lo anecdótico para establecer criterios de valoración, aceptación o rechazo. Los grandes "best sellers" al estilo de "El Código da Vinci" tienen éxito precisamente porque son vistos como un ataque "bien fundamentado" a la institución más confiable de la historia.

Las Nuevas "Iglesias". Las grandes religiones monoteístas experimentan un creciente abandono por parte de sus fieles. Los católicos se pasan en masa a las sectas precisamente porque en ellas no encuentran tantas restricciones o exigencias de vivir en Gracia y practicar las virtudes, sino que, en última instancia, cada cual puede crear su propia "religión", al estilo del astro futbolístico Maradona, quien no dudó en autoerigirse como "sumo sacerdote" de su "Iglesia", en la cual, incluso, ordena sacerdotes y casa parejas de todas clases.

El Propio Cuerpo, al que se le rinde un tributo muy especial y hasta obsesivo. *"Sin Tetas no hay Paraíso",* título de una telenovela surgida de una novela, es realmente sintomático de un hecho: lo hoy importa es lo pasajero, el cuerpo; la persona interior no importa. Como te ven te tratan. Tú eres quien pareces ser, no quien realmente eres. Las abuelas compiten con las hijas y las nietas en mantener el rostro restirado, las tetas enhiestas y el trasero levantado, aunque les cueste vida.

El Esoterismo. Los sucesos inexplicables, pasados, actuales y futuros, reciben una explicación esotérica que se confunde con lo místico. Esta subcultura merecerá varios capítulos en este libro.

El Movimiento Swinger. Se da una tendencia muy clara a "compartir" cualquier cosa o persona, incluso al propio cónyuge, "para enriquecer las relaciones y revitalizarlas". Como síntoma claro de esta decadencia, instantáneamente se pueden encontrar en la red más de trece millones de sitios sobre este tipo de "relaciones" contra natura.

El "Matrimonio" Gay. Legalizar la unión homosexual significa poner la maquinaria del Estado al servicio del homosexualismo politiqueramente sostenido. Como este "matrimonio gay" ya es legal en muchos países, entonces es necesario enseñarlo y defenderlo en las escuelas mexicanas. Los libros de texto de los niños explican la doctrina que las asociaciones homosexualistas han indicado: *que la homosexualidad es normal, que es bueno tener dos papás y dos mamás, que los niños deben experimentar con su sexualidad para descubrir qué sexo les atrae más... y que las personas que se oponen a la homosexualidad –como los papás de los niños cristianos– son intolerantes.*

Por supuesto: de manera corrosiva, cada serie de televisión tendrá su pareja de homosexuales o lesbianas con niños, conviviendo felices para ejemplo y edificación de tantos matrimonios con problemas. "Matrimonio Gay" y la ética pública es descrita con inusual vigor por la postmoderna periodista Marta Lamas. Durante el año 2009 los líderes de la comunidad "LGBT" –lésbica-gay-bisexual-transexual– presentaron a la Asamblea Legislativa del Distrito Federal un proyecto para reformar diversas disposiciones del Código Civil y del Código de Procedimientos Civiles, con el fin de instaurar el matrimonio entre personas del mismo sexo. Dado que en el Distrito Federal ya existen "las sociedades de convivencia", que reconocen contratos de unión y responsabilidad entre personas del mismo sexo, ¿por qué entonces exigir la figura de matrimonio civil?

Hace años, cuando la "igualdad ciudadana" comenzó a ser puesta de moda como una forma de ataque la ética cristiana, leí con calma el entusiasta tono libertario que adquirían las proclamas de esta *"comunidad maravillosa".* Proclamaban los "LGBT's": *"Sí, en el fondo la cuestión es el reconocimiento de lesbianas y homosexuales como ciudadanos con iguales derechos que las personas heterosexuales, incluyendo el derecho de formar una familia".*

Continúa alegando que la heterosexualidad en sí misma no es garantía de integridad familiar, y que de igual manera *la homosexualidad tampoco es garantía de disfuncionalidad.* No sé de dónde, pero saca el argumento –sin citar a los autores ni a los responsables, claro está– de que: *"psicoanalistas con una práctica clínica con familias homoparentales descartan que el supuesto daño psicológico que las criaturas podrían sufrir si se crían en ese tipo de hogar sea mayor que el que podrían padecer en una familia de padres heterosexuales".*

Sostienen que la orientación sexual parental no garantiza la salud mental porque es innegable el hecho de que las familias heterosexuales han producido de manera sostenida psicóticos, criminales y personas con todo tipo de trastornos de la conducta. La comunidad LGBT exige igualdad ciudadana, y con ella el derecho a formar una familia, con hijos propios –con reproducción asistida, porque ellos, desde luego, son estériles o impotentes, destinados a la extinción– o adoptados.

Alegan también que las *"familias monoparentales"* han demostrado que de madres solas o de padres divorciados no necesariamente resultan personas delincuentes o anormales. Sostiene que la *"antropología y la historia han comprobado la naturalidad de las prácticas homosexuales en todas las sociedades a lo largo de la historia".* Alega que los "conservadores" ignoramos los planteamientos psicoanalíticos sobre la bisexualidad innata de la libido. Resulta increíble que se pretenda atribuir al psicoanálisis uno de los pocos errores que esta corriente no cometió, porque esa corriente, con todo y sus graves errores, mitos y fantasías, siempre se sostuvo dentro de esta tesis: ***sólo la exogamia y la heterosexualidad son naturales.*** Todo lo demás son parafilias. Habría que repasar a fondo todos los escritos de Sigmund Freud, para evitar que sea calumniado de esta vil manera. Martha Lamas y sus corifeos continúan alegando que ***"en una democracia laica y pluralista no es válido fijar un imperativo ético único a partir de creencias religiosas que postulan un supuesto orden natural".*** Como si el orden natural no tuviera una existencia obvia. **Otros argumentos realmente caen fuera de la realidad y parecen escritos por el mismo Lucifer:**

> *"El matrimonio civil de personas del mismo sexo no vulnera los derechos de terceros. Es probable que quienes siguen concibiendo a lesbianas y gays como personas degeneradas o enfermas se nieguen a aceptarlo. Pero asociar la homosexualidad a patología o depravación es ignorancia, fanatismo o mala fe. Un ejemplo de las aberraciones discursivas de la derecha para oponerse al justo reclamo de lesbianas y homosexuales de ser tratados igualitariamente es la frase que soltó el diputado Eguren Cornejo, del PAN: "¿Queremos convertir al DF en la jaula de las locas?" —No, diputado, queremos que siga siendo la ciudad más avanzada del país en materia de derechos humanos". Es el derecho a la perversidad, como si El Mal tuviera derechos. El grito homofóbico es un indicador de la resistencia que habrá en la Asamblea. Tendremos mucho que trabajar para que la sociedad escuche una postura informada científicamente sobre la cuestión. ¿Preocupa el desarrollo psíquico de las criaturas en familias homoparentales? Que se difunda la investigación sobre el tema, que se hagan foros con especialistas, que se consulte con España, Canadá, Suecia o algún otro de los países que ya han borrado la referencia al sexo en los contratos matrimoniales. Así se casan personas del mismo sexo. El tema del matrimonio gay es el de la igualdad ciudadana. Se equivoca el PAN al decir que el PRD busca destruir a la familia como institución básica de la sociedad. Al contrario, al ser congruente con una ética pública laica y una política antidiscriminatoria, el PRD defiende la postura consistente en que todos los ciudadanos, independientemente de su orientación sexual, tienen el mismo derecho a constituir una familia".*

Así, el PRD pretende ensanchar **"el sentido exclusivista de la familia tradicional",** o mejor dicho: lo que pretende es exterminarla.

Otros ídolos: La Libertad Religiosa. El Tribunal de Estrasburgo sostiene que el crucifijo en las aulas atenta contra la libertad religiosa. "La exhibición obligatoria de crucifijos en las aulas es una violación de los derechos de los padres a educar a sus hijos según sus convicciones y de la libertad de religión de los alumnos", según una sentencia del Tribunal Europeo de Derechos Humanos difundida recientemente. Es el primer fallo de la Corte de Estrasburgo sobre exposición de símbolos religiosos en las aulas. La sentencia se produce tras el recurso presentado por Soile Lautsi, una ciudadana italiana de origen finlandés, que en el 2002 había pedido al instituto estatal en el que estudiaban sus dos hijos que quitara los crucifijos de las clases. Después de numerosos intentos fallidos ante la justicia italiana, la denunciante recurrió al tribunal europeo, que finalmente le ha dado la razón y ha calificado la tradición italiana de exponer un crucifijo en las aulas de las escuelas públicas como una violación de los derechos fundamentales.

Daños morales: el Gobierno italiano deberá pagar a Lautsi una indemnización de 5.000 euros por los daños morales sufridos. El tribunal de Estrasburgo ha considerado que *"la exhibición obligatoria del símbolo de una determinada confesión en instalaciones utilizadas por las autoridades públicas, y especialmente en aulas"* restringe los derechos paternos a educar a sus hijos *"en conformidad con sus convicciones".* El fallo ha añadido que esa exhibición del símbolo cristiano también limita "el derecho de los niños a creer o no creer".

Un Infierno "light". Existen cristianos *"light"* que son partidarios de un infierno *"ligero"*: **sin pena de daño, sin pena de sentido, sin eternidad y/o sin habitantes.** Así como hay cerveza sin alcohol, café sin cafeína, sal sin sodio, azúcar sin glucosa, tabaco sin nicotina, hombres sin sustancia y sin humanidad, o sea, sin fundamento, sin misión, sin fin último; y estos son todos productos "light"; así existen, también, cristianos "light" que son partidarios de un infierno "light". Nos podemos preguntar, ¿qué es un infierno de esta clase? Es un lugar imaginario, carenciado, "liviano".

Como ya lo dije arriba, y vale la pena repetirlo: sin pena de daño, sin pena de sentido, sin eternidad y/o sin habitantes. Sobre la base de estas cuatro carencias las variantes son muchas y las hay para todos los gustos. Algunos son plenamente "light" y sostienen las cuatro negaciones, otros son más medidos y aceptan sólo algunas variantes "light" o les ponen atenuantes.

3.3) El Postmodernismo corroe los recintos propios de la Iglesia Católica.

El 23 de octubre del 2007 la encíclica contra los herejes modernistas cumplió cien años. Pero en voz baja. Nada de celebraciones oficiales por el centenario de la **"Pascendi".** Algunos cardenales y obispos de mentalidad postmoderna dicen que aquella encíclica utilizó "ofensivos métodos indignos" para combatir la herejía del Modernismo. Pero yo sostengo que las cuestiones y heridas centrales de aquel enfrentamiento están hasta ahora más abiertas que nunca. El libro "Jesús de Nazaret" del Papa Benedicto XVI es una prueba de ello. Porque las cuestiones afrontadas hace cien años por la encíclica **"Pascendi Dominici Gregis"** de san Pío X **sobre los errores gravísimos del Modernismo,** hoy se siguen considerando de actualidad. La reserva se debe más bien a las modalidades prácticas con las que se movió la Iglesia de hace un siglo: modalidades consideradas equivocadas –cosa muy sospechosa, tratándose de una Encíclica redactada por un Santo– por algunas de las autoridades de la Iglesia de hoy. Pío X fue un gran Papa reformador, que sobre la cuestión modernista entendió muy bien qué cosa era lo que se ponía en juego y el peligro para la fe de la Iglesia. Lamentablemente su fama ahora está más vinculada a los rudos modales con los que el Modernismo fue combatido, "a veces con métodos indignos de la causa que pretendía defender" –dicen algunos Monseñores de mentalidad ya dominada por el Postmodernismo.

En *"La Civiltà Cattolica"*, en cambio, el historiador jesuita Giovanni Sale, al reconstruir la génesis y los desarrollos de aquel documento, ha evidenciado los elementos considerados más caducos como absolutamente necesarios en su contexto histórico: el esquema doctrinario, duro y crítico, así como la sucesiva aplicación integrista e intransigente. A juicio de Pío X el Modernismo era "un cristianismo nuevo que amenazaba suprimir el verdadero". Para enfrentarlo con eficacia era necesario golpearlo mortíferamente en su raíz filosófica, en el error del cual derivaban todos los otros errores en la teología, en la moral, en la cultura y en la vida práctica. Resumo: *"El error fundamental de los modernistas es el de negar a la Razón Humana la capacidad de conocer la Verdad; por lo que todo, la religión y el cristianismo, se reducía a la experiencia subjetiva, que hoy es uno de los principios fundamentales del Postmodernismo: "Dios.. como tú lo percibas"*.

Quiero llamar la atención principalmente sobre dos cuestiones que estaban al centro del enfrentamiento entre Pío X y los modernistas, para mostrar cuán actuales son hoy, más que nunca. La primera se refiere a la exégesis bíblica. Según los modernistas, la exégesis científica aplicada a la Biblia es la única que acierta cosas seguras y verificables. La lectura de fe, en cambio, para el modernista, no es real: es una lectura puramente subjetiva, fruto del sentimiento religioso. He aquí las bases virulentas y venenosas del postmodernismo actual que ya se ha infiltrado por todos los rincones del mundo católico. La condena antimodernista decretada por el Magisterio de San Pío X concierne no a la exégesis científica en cuanto tal, sino a la oposición –profesada por el Modernismo– entre la Fe y la Historia, entre la exégesis teológica y la exégesis científica. Tal oposición hoy vuelve a presentarse como una postura Postmoderna que tiene que ser combatida, frenada e incluso castigada. De otro modo no se explicaría por qué, cien años después, Benedicto XVI dedique la premisa de su reciente libro sobre Jesús de Nazaret precisamente a recordar los cortos alcances y los límites del método histórico crítico –sin desconocer sus aportaciones– pero insistiendo sobre la necesidad de una exégesis científica iluminada siempre por la fe.

La segunda cuestión se refiere a la Revelación Divina. El Modernismo identificaba la Revelación como una experiencia sólo interior, en el marco del "sentimiento religioso o místico", tan propio del postmodernismo actual que no quiere dejar ni la sotana ni el púlpito, tal vez porque es una cómoda forma de dar pábulo a todas las bajas pasiones, entre otras, a la necesidad de vivir, y vivir muy bien, dentro del Sistema gobernante en el ámbito mundial, a la vez que se sostiene "una muy alta calidad de vida"... material. La encíclica "Pascendi" confirma en cambio que la revelación viene de Dios, pues es Dios quien habla y se dirige al Hombre. Y con más fuerza todavía el Concilio Vaticano II, en la constitución "Dei Verbum", subrayó que tal comunicación se identifica en la persona de Jesús.

Sin embargo esa cuestión tan aparentemente obvia no es algo que hoy se pueda dar por descontada, porque la sensibilidad postmoderna de la contracultura actual –en cierta forma "cristianofóbica"– pretende equiparar todas las religiones existentes, poniéndolas a todas en el mismo plano. Así, en el postmodernismo de infinidad de monjas, curas, sacerdotes y aun prelados de alto nivel, reaparece la idea de que la religión –cada religión, por tanto también el cristianismo– *no es otra cosa que el producto del espíritu humano*.

Así, la llamada "Revelación Cristiana" no es otra cosa que una genérica e inexpresable experiencia de lo trascendente, exclusivamente fruto del sentimiento religioso. Sí, cómo no: Satanás metido a profesor infalible de Teología, Historia de la Salvación y exégesis bíblica.

A la luz de estos graves errores se puede comprender hoy la importancia de los temas tocados por la encíclica "Pascendi". Ella afrontó los fundamentos de la Fe Católica en un momento histórico en el cual se pretendía su destrucción formal. Los problemas suscitados por los modernistas eran problemas demasiado reales: la relación entre fe e historia y entre fe y ciencia; la realización entre conciencia humana y revelación de Dios; el sentido de una autoridad en la Iglesia...

Pero debo afirmar que muchas de las soluciones modernistas no eran, de suyo, compatibles con la fe católica, como tampoco lo son las actuales, de un perfil mucho más azufrado: las postmodernistas, al estilo de teólogos tan afamados e influyentes como Hans Kung y otros muchos. De aquí la obligada necesidad de una intervención del magisterio. De cara al Postmodernismo actual, rampante y triunfante, es indispensable reafirmar la identidad y la integridad de la Fe católica, reasignando a los teólogos fieles la tarea de volver a escribir y enseñar sobre los temas en cuestión. Pero se deben tratar a la luz de las enseñanzas de la "Pascendi", dentro de un humilde esfuerzo que deberá cumplirse en el pleno respeto de la identidad de la fe y de la tradición del verdadero "Pueblo de Dios" que es la Iglesia Católica, y no cualquiera congregación postmoderna que diga "sentirse muy cerca de lo divino porque Dios nos ha hablado, y sus signos son evidentes", como lo gritan a los cuatro vientos los herejes de ahora.

Pero es interesante conocer cuál fue el momento en que los vientos postmodernos invadieron las naves de la propia Basílica de San Pedro, en las personas de sus más ilustres y mundanos cardenales, obispos, sacerdotes y peritos seglares. Veamos:

3.4) *Cómo se metieron el Modernismo y el Postmodernismo en el interior de la Iglesia Católica,* **"para destruirla desde adentro".** Algunos jerarcas de la Iglesia Católica han jugado un papel excepcionalmente importante en la difusión mundial del postmodernismo como postura deseable por una gran mayoría de los católicos que gozan de cierta cultura, ya no digamos por el pueblo llano.

Pero no se crea que me refiero a sus enseñanzas oficiales, finalmente sancionadas y controladas por el Magisterio Infalible de los Papas, que a pesar de los pesares han seguido siendo hasta hoy, como lo serán siempre –hasta la consumación de los siglos– el único valladar infalible e invencible contra los astutos y poderosos embates de Lucifer y sus huestes. Me refiero aquí a los verdaderos difusores del postmodernismo entre la grey católica, a los mal llamados "teólogos progresistas", de quienes mi señor padre –Salvador Abascal Infante– fue enemigo jurado hasta el final de su larga, prolífica, fecunda y extraordinaria vida.

Para escribir este apartado que explica en gran medida las crisis actuales de ateísmo, apostasía general de las naciones y múltiples herejías elevadas a la categoría de "nuevas religiones", seguiré casi al pie de la letra los escritos de mi padre, pero sobre todo los recuerdos de primera mano que he guardado en mi mente y mi corazón, como infinito tesoro de valía eterna. Él siempre me enseñó que en el ***"Concilio Vaticano II"*** se efectuó una verdadera ***"Revolución Satánica",*** que ganó enormes espacios y casi logró descarrilar el buen término del mismo. Fue un Concilio que trajo discordia, desunión y la pérdida de millones almas, porque prefirieron alejarse de la Revelación como ella es, para instaurar en su vida y en la de otros sus propias reglas, siguiendo en su más pura esencia las tétricas pero atractivísimas huellas del Pecado Original.

*"El Gran Concilio fue manipulado por Satanás. Él se sentó allí, entre los obispos, cardenales, peritos, sacerdotes y seglares, y trabajó a su favor como en un tablero de ajedrez, vigilando, tentando, hablando al oído interior de cada participante. Algunos cayeron, otros resistieron, pero el daño realizado es incalculable. ¿Qué pueden hacer el Papa y las jerarquías fieles para recuperarse en el ánimo y las mentes de la grey católica? Es sencillo: regresar y empezar de nuevo con las bases que ya han sido dadas desde el principio en la persona de San Pedro. Devolver el respeto al sacerdocio, al Santo Padre mism**o**".* Expreso mi gratitud al Padre Paul Kramer por su libro "The Devil's Final Battle" –La Batalla Final del Satanás– del cual tomé esta cita.

La palabra "revolución" ha sido empleada numerosas veces para describir el gran Concilio Vaticano II. Durante el debate sobre la Constitución Litúrgica en el Concilio, el Cardenal Ottaviani preguntó: ***"¿Están estos Padres planeando una revolución?"*** La revolución se inició tempranamente. Según Anne Muggeridge –la nuera del famoso periodista y católico converso, el británico Malcolm Muggeridge–, en el libro "The Desolate City" –"**La Ciudad Desolada**"–, el Cardenal John Heenan de Westminster reportó, angustiado, que durante la primera sesión rebelde del Concilio el Papa Juan XXIII se había dado cuenta de que el papado había perdido el control del proceso. Por ello intentó organizar a un grupo de obispos, para intentar la cancelación del concilio mismo. Pero antes de que la segunda sesión pudiera comenzar, el Papa Juan XXIII murió. Mi padre me comentó que sus últimas palabras en su lecho de muerte, según lo informó Jean Guitton, el único laico que podía servir como perito en el Concilio, fueron***: "Detengan el Concilio; detengan el Concilio".*** Varios años después del Vaticano II, el 12 de Abril, 1970, la Hermana Lucía advirtió a la grey católica acerca de la extensión de ***"una desorientación diabólica que está invadiendo el mundo y mal guiando a las almas".*** "**Es el espíritu postmoderno**" –me aclaró mi padre. Y continuó su explicación, dando grandes zancadas y moviendo las manos frenéticamente, mientras la vena de su frente se hinchaba como cada vez que se sentía impotente e indignado: "***Todo esto sucede debido a que Satanás ha tenido un éxito contundente al infiltrar el Mal bajo un manto de 'bien', y los más ciegos comienzan a guiar a otros, como el Señor nos dice. Y lo peor es que él ha tenido éxito en llevar las almas al error y al engaño. Las almas de quienes tienen una gran responsabilidad dentro de los puestos que ocupan. Pertenecen a hombres ciegos que guían hacia los brazos del Maligno a otros hombres que quieren permanecer ciegos***".

El Obispo brasileño Hélder Cámara –uno de los demonios infiltrados– alabó al Papa Juan XXIII por su "valentía en nombrar durante la víspera del Concilio, como expertos conciliares, a muchos de los más grandes teólogos de nuestros días. Entre los que él nombró hubo muchos quienes emergieron de las listas negras de sospecha." En otras palabras, de las censuras y las condenaciones de Pío XII y la Santa Sede.

Hubo herejes entre los que aconsejaban y ayudaban a los obispos a hacer un borrador de los documentos del Vaticano II. El Padre Paul Kramer reportó en su libro: "**The Devil's Final Battle**" –"*La Batalla Final del Demonio*"– que:

> *"El 13 de Octubre de 1962, el día después de que los dos observadores comunistas llegaron al Concilio, y en el mismo aniversario del Milagro del Sol en Fátima, la historia de la Iglesia y del mundo fue profundamente cambiada por el más pequeño de los eventos. "El Cardenal Liénart de Bélgica tomó el micrófono en el famoso incidente y exigió que los*

candidatos propuestos por la Curia Romana para dirigir las comisiones de los borradores durante el Concilio fueran excluidos y que se estableciera un nuevo estado de candidatos. Se accedió a la demanda y la elección fue pospuesta.

"Cuando se hizo la elección, los liberales fueron elegidos para dirigir las altas comisiones conciliares, muchos de ellos de entre los mismos "revolucionarios" rechazados por el Papa Pío XII.

"Los esquemas tradicionales formulados para el Concilio fueron desechados y se inició literalmente sin una agenda escrita, dejando el camino abierto para que documentos completamente nuevos fueran escritos por los liberales. Es muy conocido y está espléndidamente documentado que una camarilla de 'expertos liberales' y muchos obispos procedieron a confiscar el Vaticano II con una agenda para re-hacer la Iglesia a su propia imagen a través de la implementación de una "nueva teología'."

Dos de estos teólogos fueron Hans Kung y Edward Schillebeeckx, de quienes nos ocuparemos. Fue Schillebeeckx quien escribió la crucial página 480 del estudio crítico empleado por el "Grupo del Rhine", los obispos quienes tenían que coordinar su campaña de relaciones públicas en contra de todos los esquemas completamente ortodoxos preparativos para el Concilio.

Los liberales en el Vaticano II evitaron condenar los errores modernistas, el comunismo entre ellos, y ellos también sembraron deliberadamente ambigüedades en los textos del Concilio, los cuales intentaron aprovechar después. El mismo Edward Schillebeeckx admitió que **"hemos empleado frases ambiguas durante el Concilio y sabemos cómo las interpretaremos posteriormente."** Monseñor Rudolf Bandas, un perito en el Concilio, reconoció que fue un gravísimo error el haber permitido a sospechosos teólogos –como lo fueron Schillebeeckx y Kung– en el Vaticano II. Sin duda el buen Papa Juan pensó que estos teólogos sospechosos rectificarían sus ideas y realizarían un auténtico servicio a la Iglesia. Pero sucedió exactamente lo contrario: apoyados por algunos de los Padres Conciliares del 'Rhine', y a menudo actuando de una manera positivamente soberbia ellos se dieron vuelta y exclamaron:

"Mirad, hemos sido nombrados expertos, nuestras ideas quedan aprobadas".

Yves Congar, uno de los artesanos de la revolución para destruir a la Iglesia, comentó con enorme satisfacción que **"La Iglesia ha tenido, pacíficamente, su revolución de Octubre."** El Cardenal Suènens declaró que **"el Vaticano II es la Revolución Francesa dentro de la Iglesia."** El Cardenal Leo Jozef Suènens –uno de los cuatro grandes moderadores del Concilio– fue uno de quienes se distinguieron por su participación en intentar la destrucción de la Iglesia "desde adentro". Hombre de cordialidad extrema, con gran capacidad de asimilación y escucha, y gran orador.

Las intervenciones de este hombre, vocero del postmodernismo, eran seguidas con gran atención por todos por su gran claridad y carismática exposición. Además eran capaces de suscitar adhesión con una capacidad de mediación entre las ideas de la corriente más conservadora y la más abierta a la renovación. He aquí algunas de sus tesis más atrevidas: *"La Iglesia Católica debe revisar sus enseñanzas sobre los anticonceptivos, y no debe condenarlos de la manera como la venido haciendo". Dijo textualmente: "La Iglesia no debe tener otro caso 'Galileo'."* La polémica terminó con Pablo VI, quien reafirmó la condena de la Iglesia a los anticonceptivos en la Encíclica Humanae Vitae, en 1968. El Cardenal Leo Jozef Suènens propuso, claramente: *"Las monjas católicas deben modernizarse y poder casarse o tener relaciones sexuales opcionales". "Deben ampliarse las acciones de los laicos católicos para poder renovar sin condiciones los lazos con otras ramas del cristianismo y el judaísmo"*.

Abiertamente impugnó el celibato sacerdotal: en el primavera de 1969, en vísperas de una reunión de Obispos de Europa, el Cardenal Suènens concedió entrevistas en la prensa europea criticando la gestión centralizada de la Iglesia por las autoridades del Vaticano, y propuso reformas sobre cuestiones que iban desde el cuerpo diplomático del Vaticano hasta la manera en la cual los papas eran elegidos. Quería algo así como *"una especie de democracia al más puro estilo del PRI mexicano, donde los grupos de poder revolucionario y liberal tomaran el timón de la Barca de Pedro"* –me explicó mi padre, muerto de la risa.

En 1970 renovó sus críticas vitriólicas, insistiendo en que *"la jerarquía debería cultivar la apertura al debate sobre el sacerdocio de los hombres casados así como el matrimonio para los sacerdotes".* Esta vez el Papa Pablo VI expresó "**grave asombro**" ante las propuestas del mundano cardenal. Otra de sus obsesiones luciferinas era el *"Movimiento Carismático de la Renovación en El Espíritu Santo".* El 17 de mayo de 1972 Pablo VI condenó el movimiento carismático, diciendo que directamente atacaba *"la existencia misma de la Iglesia y llamaba a la total extinción de la llama real del Pentecostés, pues no tomaba en cuenta el pensamiento de Cristo y de toda la Tradición".* El Cardenal Ratzinger observó que los documentos de Vaticano II, especialmente *"Gaudium et Spes",* está permeada por el espíritu herético de Teilhard de Chardin, quien fue el primero en abrir las puertas al postmodernismo. Mi opinión sobre este *"siniestro personaje"* queda resumida así: *"Pierre Teilhard de Chardin es el fundador de una nueva religión –esencialmente maniquea y panteísta– destinada a destruir a la Iglesia de Cristo. Muchos prelados de nuestro clero se han vuelto ciegos a través de su afición a los placeres y las riquezas mundanos. Teilhard nunca se arrepintió de sus tesis, a pesar de las claras condenaciones de la Jerarquía. Una mente tan brillante podría estar en el infierno, si bien pudo haberse arrepentido en el último instante. El problema es que cada quien muere como* *ha vivido. Y a veces sin darse cuenta. De todas formas la contaminación que propagó a través del mundo, siendo sacerdote, lo hizo entrar al reino de Satanás. Nadie puede desafiar las leyes de Dios sin ser castigado, es decir, cada cual se queda con lo que ha escogido. Y Teilhard se escogió a sí mismo, por lo cual es muy probable que se haya quedado sin Aquel a quien él rechazó libremente. Además, él puso en movimiento los poderosos tentáculos de la herejía del 'New Age', que está devorando sin clemencia a sus adeptos, y que capta astutamente a quienes todavía se resisten a caer en sus sagaces celadas. Tal parece que nadie ni nada escapa a este contagio maléfico que se inserta en todas las sociedades de la tierra. Lucifer necesita transmitirnos una falsa felicidad, obtenida a través de la construcción de una civilización donde el hombre sea el centro del universo, sin los patrones morales y religiosos naturales y revelados".*

Bajo la larga y poderosa influencia de Teilhard, que finalmente cayó ante las seducciones de una mujer –llamando **"castidad en nuevas vías"** a su propio adulterio injustificable– se comenzaron a dar concesiones éticas, una tras otra. A tal grado esto es cierto, que Marilyn Ferguson, una de las teóricas principales de la *"New Age"*, en su libro **"La Conspiración de Acuario"** –libro de culto *"New Age"*– narra que a finales de 1977 envió un cuestionario a 210 personas comprometidas en la transformación social, a los que también llama *"Conspiradores de Acuario"*. Es interesante lo que sigue: **«Cuando se pedía a los encuestados que dieran el nombre de los individuos cuyas ideas les habían influido, bien a través del contacto personal, bien por medio de sus escritos, los más nombrados, por orden de frecuencia, fueron: Pierre Teilhard de Chardin, C. G. Jung, Abraham Maslow, Carl Rogers, Aldous Huxley, Roberto Assagioli y J. Krishnamurti».** [56]

El 30 de junio de 1962, reinando el Papa Juan XXIII, la Congregación del Santo Oficio emitió un *"Monitum"* para prevenir ante los peligros derivados de la lectura de los escritos Teilhard de Chardin. En él se declaraba que: **«Independientemente del juicio con respecto a los aspectos referentes a las ciencias naturales, es claro que sus obras presentan, en las materias filosóficas y teológicas, ambigüedades, más aún, errores graves, que dañan a la doctrina católica».** [57]

Por otra parte, continuando con el tema de larga y profunda influencia teilhardiana, en pleno Concilio el Cardenal Alfredo Ottaviani se estremeció de espanto al descubrir que una declaración firmada por cientos de eminencias corrompidas pedía que las parejas casadas pudieran determinar libremente el número de sus hijos, cerrándose a la vida, de la que sólo Dios es dador, mantenedor y Providencia. El texto fue insertado diabólicamente en un artículo especial llamado **"La Santidad del Matrimonio y la Familia"**, sin

---

[56] **Marylin Ferguson,** "The Aquarian Conspiracy". Personal and Social Transformation in Our Time, Los Ángeles, Tarcher, 1980, p. 50 (nota 1) y p. 434.

[57] **SUPREMA SACRA CONGREGATIO SANCTI OFFICI,** Monitum, en Acta Apostolicae Sedis, 54 (1962) 526 [AAS].

JUAN BOSCO ABASCAL CARRANZA

ni siquiera realizar una discusión sobre su consistencia con las enseñanzas previas de la Iglesia. El Cardenal Ottaviani reclamó, airado: *"Ayer en el Concilio debería haberse dicho que había dudas en cuanto a si se había tomado una postura correcta sobre los principios que rigen el matrimonio. ¿No significa esto que se está dudando sobre la Infalibilidad de la Iglesia? O mejor dicho: ¿acaso no iluminaría el Espíritu Santo a Su Iglesia en los siglos pasados a las mentes que determinaron las normas precisas sobre este punto de la doctrina?"* Otra puerta que se abrió de par en par fue la del *"Ecumenismo".* Esto significa el movimiento moderno hacia una unidad religiosa, pero ahora uno de los problemas más serios es el falso ecumenismo debido a los elementos modernistas y postmodernos en la Iglesia, así como a los teólogos modernos y postmodernos no autorizados que tratan de "regalar la tienda".

Los dieciséis documentos del Concilio Vaticano II son largos y ambiguos, y no fueron hechos para hacer cambios doctrinales sino, desafortunadamente, para abrir las puertas a cambios que no se tenía la intención de hacer. Los postmodernos insistieron demasiado en la espantosa palabra *"opción"* en las conclusiones del Concilio. Los padres del sínodo reconocieron que el Vaticano II cometió dos errores masivos en su juicio: el primero fue intentar demoler la solidez de las enseñanzas y prácticas católicas, y el segundo error fue de una ingenuidad asombrosa: ignorar la verdadera naturaleza anticristiana de los mundos moderno y postmoderno.

Otro fracaso del concilio, que también contribuyó a fraguar los cimientos del postmodernismo fue la ausencia de condenación explícita al Comunismo.

Aunque el concilio no fue convocado para suprimir una herejía o un problema específico en la Iglesia, pasó por alto el intrínseco mal del Comunismo. Pasó por alto la dispersión del modernismo que con sus ingredientes masónicos –ya condenados previamente por el Papa San Pío X– había facilitado la instalación de un espíritu cuando menos debilitado ante las tesis comunistas. Mi padre me informó que cientos de obispos intentaron condenar al comunismo en el Concilio, pero su solicitud se *"perdió"* misteriosamente". Se extravió la intervención escrita de casi quinientos Padres del Concilio en contra del Comunismo, después de haber sido entregada a la Secretaría del Concilio.

A quienes se levantaron para denunciar valientemente el Comunismo se les pidió que se sentaran y se callaran. Y además los líderes postmodernos reemplazaron a los obispos anticomunistas: al torturado Cardenal Mindszenty por el cómodo Cardenal Lekai, al combativo Cardenal Beran –en Checoslovaquia– por el tímido Cardenal Tomasec.

Lo mismo sucedió en Lituania y otros países del Este. Esta traición de los incipientes líderes eclesiásticos del postmodernismo puede leerse en el espléndido libro titulado *"Moscow and the Vatican"* –*"Moscú y el Vaticano"*– sobre cómo los sacerdotes lituanos le escribieron una carta a sus obispos en la cual decían: *"Hoy, ya no entendemos. Anteriormente, nuestros obispos nos apoyaban en la lucha contra el comunismo y murieron mártires; muchos todavía están en prisión, otros están muertos martirizados porque nos apoyaron en contra de los comunistas para poder cumplir con nuestros deberes de sacerdotes, y ahora son ustedes los obispos que nos están condenando, son ustedes quienes nos dicen que no tenemos el derecho de resistir, de cumplir con nuestro apostolado porque es contrario a las leyes de comunismo, contrario al gobierno"*.

A través del Tratado del Vaticano con Moscú se efectuó la promesa hecha a los comunistas en cuanto a que el Comunismo no sería condenado por el Vaticano II. El comentario de mi padre fue muy sencillo: **"Ya no tenemos cardenales que sepan qué significa el color de sus sotanas: disposición al martirio".** Y añadió, ante mi asombro: *"El gran Concilio trajo discordia, desunión y la pérdida de almas. Fue el mayor daño posible debido a la falta de oración. Satanás se sentó dentro de ese Concilio, y él vio y aprovechó su ventaja. Pusieron en marcha el 'Consejo Mundial de Iglesias', pero no será la Iglesia de Cristo. Será una 'iglesia del hombre', una iglesia sin la verdadera base, y arrodillada ante Lucifer. Todos los gobiernos del mundo ahora están casi en completo control por los agentes del infierno. Las fuerzas del '666' están firmemente afianzadas en la cúpula mundial y en el alto clero. Muchos pastores, cardenales y obispos han entregado a Satanás los mejores y más secretos arietes de combate para intentar que las fuerzas del Maligno lleguen hasta los más altos puestos de la jerarquía en Roma. Porque las puertas fueron abiertas a toda clase de herejes, produciendo una lenta pero segura contaminación de la Fe. Ellos se han entregado ahora a una nueva religión del hombre a favor del Adversario".*

Ingenuamente me atreví a preguntarle si no creía él que de todas formas hubieran sido convenientes algunos de los cambios propuestos por los heterodoxos. Me contestó calculadora, fríamente: *–"¿Cambios? ¡No hay de cambios cuando la base ha perdurado la prueba del tiempo a lo largo de dos mil años! ¡Es el hombre insatisfecho, el hombre avaro y lascivo quien busca cambios, aunque traiga sotana! ¿Cambiar él para llevar al hombre a Dios? ¡No! ¡Él cambia para quitar al Hombre de Dios y entregárselo a Lucifer! Satanás estuvo presente. Él escuchó con oídos cuidadosos durante el Gran Concilio. Atendió cada movimiento, cada palabra, y colocó a sus agentes entre los Padres del Concilio. Muchos engañados, pero también muchos fueron los que cayeron en el mal camino, sembrando las semillas de propia condenación. Los actos de lujuria y placer, las abominaciones se dieron incluso en la Casa de Dios. Ellos, los herejes, viven como si nunca fuesen a morir. No quieren acordarse de que ninguna carne humana será eterna, pero el alma sí vivirá para siempre, salva o condenada, según su propia elección. Tendremos que combatir contra una 'Nueva Teología Moral' que ya fue establecida entre los cristianos. Es esta una falsa teología, ya que no es otra cosa que una genial creación de Satanás".* [58]

---

[58]   Mi padre se basó para sostener sus contundentes ideas, –que yo abrazo entusiastamente– sobre todo en el libro escrito por el actual Papa, Cardenal

3.5) Casos de Postmodernismo en la Iglesia Católica en México.
Nos ocuparía todo un tratado histórico documentar, analizar y exhibir las miserias de los muchísimos personajes que durante los últimos sesenta años han procurado destruir a la Iglesia desde adentro, al estilo de Teilhard de Chardin. México ha aportado algunas docenas. Sólo diré, de pasada, algunos de los nombres de los más exitosos conspiradores. De todos ellos se puede decir: *"Sus jefes, en medio de Jerusalén son leones rugientes; sus jueces, lobos nocturnos, que no dejan nada para roer después; sus profetas fanfarrones, hombres traicioneros; sus sacerdotes han profanado las cosas santas y han violado la Ley"*.[59] Sofonías aparece como un profeta *"justiciero"*, que anuncia el *"Día del Señor"* como un día de ira y de venganza. Pero él no se contenta con reprobar las manifestaciones exteriores del pecado, sino que denuncia sus causas más profundas: el orgullo, la rebeldía y la falta de confianza en Dios. Todos los personajes que siguen en mi lista hubieran sido fustigados por este terrible profeta, para que evitaran, al final, el severo Juicio de Dios. Ojalá antes de morir se han arrepentido:

A) Obispo "Rojo" Samuel Ruiz, que en paz descanse, –ideólogo de la *"guerrilla izquierdera"*– y formador de líderes guerrilleros pretendidamente católicos e intelectuales. En 1959 es designado Obispo de San Cristóbal de las Casas, en el estado de Chiapas, México. Esta diócesis se caracteriza por su extrema pobreza y por tener una población mayoritariamente indígena.

Durante años, Ruiz aprovechó esta pobreza extrema para *"llevar agua a su milpita marxista"*, para lo cual estableció un sistema de ayuda de la diócesis hacia la población indígena, sin ocuparse para nada de la salud espiritual de su grey. Tal vez se equivocó de vocación, y debió haber sido alcalde, pero honesto, cosa casi imposible en México.

Después prestó su sesgada colaboración como mediador en diversos conflictos latinoamericanos, en especial en el conflicto de Chiapas entre el marxista *"Ejército Zapatista de Liberación Nacional"* y el gobierno federal mexicano. Ejerció de obispo en San Cristóbal de las Casas hasta 1999. **Su labor de zapa ha sido multipremiada:** en el año 2000 fue distinguido con el *"Premio Simón Bolívar"* de la *"Unesco"* por su *"especial compromiso personal y su papel en tanto que mediador, contribuyendo así a la paz y al respeto de la dignidad de las minorías"*.

En el año 2001 recibió el *"Premio Internacional de Derechos Humanos de Núremberg"*, por su "infatigable defensa de los derechos humanos" de los pueblos indígenas de Chiapas, México, durante más de dos décadas. Recibió también el doctorado *"Honoris Causa"* por la *"Universidad Iberoamericana"*. En abril de 2008 fue nombrado por el marxista y violento *"Ejército Popular*

Joseph Ratzinger: **"Principles of Catholic Theology"** –"Principios de la Teología Católica"–, Ignatius Press. San Francisco, 1987.
[59] Libro del Profeta Sofonías, 3, 3-4.

Revolucionario" como mediador –junto con otros izquierdistas mexicanos– ante el gobierno federal. Lo temible es que goza de una gran fama: la de ser una persona honesta, de profunda fe católica, humanista, convincente y caritativo. La realidad es muy diferente: es un verdadero *"Caballo de Troya"*, que cumple fielmente con su labor de zapa contra Cristo. Murió, sin retractarse ni arrepentirse públicamente, el 24 de enero del 2011 a las 10 de la mañana en el Hospital Ángeles del Pedregal.

B) Sergio Méndez Arceo. Sacerdote mexicano, ideólogo de la *"Teología de la Liberación"*. Siendo Obispo de la Diócesis de Cuernavaca, Morelos, se ganó a pulso el mote del *"Obispo Rojo"*, por haberse convertido en el padre de la *"renovación"* de la Iglesia *"Católica Mexicana"*. Este pretendido obispo trabajó en forma intensa –pero sólo en lo material– a favor de la población marginada de México y apoyando a grupos de izquierda –guerrilleros e ideólogos– fuera y dentro del país. Participó activamente en el "Congreso de los Cristianos por el Socialismo", en 1972.

Fue el principal promotor de la discusión de textos sobre ideologías socialistas, principalmente marxistas, el cambio social, el fenómeno religioso y su influencia en la Evolución Social de Latinoamérica. Todo esto siendo miembro del Centro de Información y Documentación Católica "CIDOC". Los malignos efectos de estas actividades hicieron que El Vaticano prohibiera de manera explícita y definitiva a todos los religiosos asistir y participar en los "cursos de formación" o adoctrinamiento de Don Sergio.

Apoyó con todos los medios a su alcance al gobierno sandinista en Nicaragua y al gobierno comunista de Fidel Castro en Cuba. Hoy el "Obispo Rojo" es prácticamente un "santo" en todo México, ya que la mayoría de los obispos han abdicado de su fe, para dedicarse más bien a extender la falsa "Teología de la Liberación", de la cual Don Sergio es todo un ícono mitológico.

C) Porfirio Miranda S. J., –autor de **"Marx y la Biblia"**– libelo en el cual sostiene que **"Cristo fue el primer marxista"**. Con este hombre genial y carismático, marxista infiltrado a propósito en las filas de la Iglesia, sostuve un ríspido debate en la TV mexicana, Canal 4, en vivo, a mediados del año de 1982, coordinando Jorge Saldaña. Terminó tan visiblemente enojado ante mis irrefutables tesis, que se quedó sin habla. Antes de irse aclaró que se encontraba preparando su nuevo libro, y que la "Filosofía de la Ciencia" lo había llevado a la mina de oro del Pensamiento de Hegel.

¡Por su propia boca muere el pez! Lo temible y más peligroso es que actualmente existe el *"Centro de Estudios Filosóficos José Porfirio Miranda"*, auspiciado por la Universidad Autónoma Metropolitana, oscura cueva formadora de ideólogos de izquierda que no ocultan su odio a Cristo y a su Iglesia como Él la formó, pero que hacen rabiosa apología de una pretendida "Fe Católica" como ellos la conciben. La Soberbia original, en todo su esplendor. Miles de alumnos han sido influenciados y desviados de

la una sana ortodoxia gracias a lo atractivo de las tesis de Porfirio Miranda, **el *"cura casado y guerrillero comunista".***

D) Gregorio Lemercier, monje benedictino. Fue él quien subrepticiamente introdujo la práctica del psicoanálisis dentro del monasterio benedictino Santa María de la Resurrección, hasta que el Prefecto Ratzinger lo paró en seco y lo obligó a dejar la encubridora y seductora sotana. ***La gran cantidad de relaciones sexuales de todos tipos que se iniciaron y se acabaron en su monasterio, a raíz de la "liberación de las represiones sexuales",*** hizo de aquella época todo un escándalo público, el cual fue fieramente combatido por mi padre desde el periódico mensual "La Hoja de Combate", en la cual yo también colaboré frecuentemente. En la actualidad tiene discípulos diseminados en todo el mundo, aunque ya no con la capacidad de penetración que llegaron a tener en vida del "monje psicoanalista".

E) Monseñor Schulemburg, el abad que en una entrevista con el diario marxista "Ixtus" –dirigido hace años por el jesuita renegado Javier Sicilia, actual ideólogo y escritor de la revista *"Proceso"*– negó explícitamente la historicidad de Juan Diego y de las apariciones guadalupanas. Tras la canonización del indio Juan Diego dijo que acataría la decisión del Papa Juan Pablo II "con un obsequioso silencio". Son innumerables los seguidores desacralizantes que tiene en la actualidad, tan sólo en México, y que continúan todos ellos su labor de destrucción contra la Iglesia.[60]

F) Iván Illich. Brillante sacerdote católico heterodoxo, herético, contestatario y rebelde. De origen judío, nacido en Austria. A pesar de que entre 1932 y 1946 estudió y se graduó con los más altos honores en Teología y Filosofía en la Universidad Pontificia Gregoriana de Roma y de que trabajo como párroco asistente en Nueva York, fue el autor de una serie de críticas absurdas a la educación escolar y a la medicina profesional y de patente. Está ligado al surgimiento de diversos movimientos sociales ambientalistas, ***de equidad de género y de apoyo a las minorías homosexuales y similares.*** En 1961 fundó el Centro Intercultural de Documentación, "CIDOC", en Cuernavaca, México, donde se dedicó a realizar actividades *"guerrilleras"* de tipo intelectual, contra la Iglesia a la que había jurado lealtad y obediencia. Sus tesis heréticas lo enfrentaron violentamente contra el Vaticano, y en 1976 el centro se cerró por orden del Papa. Propugnó por el autoaprendizaje y en las relaciones sociales libremente intencionadas en encuentros y conversaciones informales. Como pensador holístico, con una inteligencia formidable y una erudición cultural amplísima, Illich plantea sus análisis en los términos más amplios posibles, pero imprecisos y errados en sus críticas. En su famoso libro

---

[60]   Consultar página web de la entrevista:
        http://www.gentesur.com.mx/articulos.php?id_sec=7&id_art=1449&id_ejemplar=196

"**La Sociedad Desescolarizada**" demuestra ser un romántico del anarquismo al quitarle la cátedra al maestro, lo mismo que al proponer *"quitarle la jeringa al médico"*, para que la use cualquiera. Algo así como la automedicación universal. Decía: ***"la mayoría de las enfermedades curables hoy en día se pueden diagnosticar y tratar por profanos"***. Lo peor de este sujeto es la cantidad de personajes actuales que, influenciados por Illich, continúan en México su labor de zapa contra el catolicismo, aprovechando las facilidades que les dan la tecnología actual y el régimen corrupto. Ellos son, entre otros muchos: Gustavo Esteva, Braulio Hornedo, Jean Robert, Javier Sicilia y Gabriel Zaid, editorialista heterodoxo en varios diarios de circulación nacional. La habilidad de estos dos últimos es notable para mezclar el acierto con el error, la verdad con la mentira. Se destacan por su bella pluma y su capacidad para llamar **"bien"** al *"mal"* y **"mal"** al Bien.

G) Ramón Ertze Garamendi. Sacerdote, filósofo y teólogo de origen vasco, exiliado en México –huyendo de la policía franquista por su fama de rojo– que propugnó por una sociedad de alcance global, pero prescindiendo de cualquier visión cristiana de la vida. Dedicado al cambio mundano de las "estructuras" bajo el pretexto de construir un mundo menos injusto. Puede decirse que su misión, a lo largo de sus obras y su vida, estaba claramente enfocada a colocar las bases de lo que hoy se llama "Nuevo Orden Mundial". Tanto el Vaticano como España lo consideraron siempre un hombre de ideas peligrosas y subversivas, no obstante su condición de "hombre de Iglesia".

H) Enrique Maza, S. J. Con sus propias palabras se pinta solo y se hace harakiri: "¿Que el sexo es pecado? No: pecado es forzar a alguien. Si el sexo hace daño, está mal, pero en la medida en que sea una manera bella de expresar el amor, me parece maravilloso. ¿Y el aborto? Se hacen unas bolas... **pero yo digo que un feto no empieza a ser humano antes del sexto mes**, porque no se han formado las células cerebrales. **Y donde no hay cerebro, no hay ser humano de verdad.** ¿Y la homosexualidad? Yo la tengo en mi familia y no hay problema. Así son y ni modo. El problema es que no respetamos al ser humano, su manera de ser, sus decisiones". *"Mi sacerdocio no ha consistido en decir rosarios, misas y confesar, rara vez hice esas cosas. Mi apostolado era otro, como el de Jesús, el supremo sacerdote, que se dedicó a recorrer Palestina hablando y tratando de convertir a los demás, **denunciando a quienes explotaban al pueblo".** "La moral de la Iglesia ha caducado".* En la entrevista que dos reporteros de El Universal le hicieron, Maza declaró que:

"Mi afirmación de que el Diablo no existe fue producto de nueve años de estudio de la Biblia y de cuestionar los absurdos. Llegué a esto a través de lo absurdo. Lo absurdo es creer que el Diablo existe y que la Virgen es virgen" (El Universal, 1 de nov. 1999). Digo yo que negar que María es Virgen, según el contexto entero de "El diablo" de Enrique Maza es negar que María concibió en su seno purísimo a Jesús por sólo obra del

Espíritu Santo y que de Ella nació Jesús sin causarle ningún daño; es negar que Jesús sea Dios verdadero, la Segunda Persona de la Santísima Trinidad, el Hijo consubstancial al Padre, no únicamente hombre. ¡Qué blasfemias e injurias a Cristo y a María!

Según Maza es un error creer en el Espíritu Santo y, por lo tanto, en que por obra suya concibió María en su seno virginal a Cristo. A todas sus heréticas negaciones Maza agrega la negación de la existencia de los ángeles buenos: otra negación herética, cuya refutación merece estudio especial en el tomo dos. ¡Hasta el Ángel de la Guarda le estorba! Maza no es católico, ni sólo cristiano. Es peor que Lutero, que Calvino y Enrique VIII. Ni siquiera es jesuita. Es sacerdote, pero renegado, hereje y apóstata. Y naturalmente está excomulgado juris et de jure, por negar varias verdades de Fe divina. Ojalá deje de celebrar la Santa Misa, que encierra esos misterios. No puede creer Maza en lo que es Ella, a pesar de que con su Credo recita las grandes Verdades, y con las palabras de la consagración, si él creyera, convertiría el pan en el Cuerpo de Cristo y el vino en su sangre, con su Alma y su Divinidad, el Hijo, la Segunda Persona de la Santísima Trinidad. Si Maza no se sale de la Compañía, ésta debería expulsarlo: que se vaya a otra parte a cuidar de su bigote y su barba.

I) Alejandro Avilés. Periodista sinaloense, militante del Partido Acción Nacional y director de su órgano periodístico, el semanario "La Nación", al cual mi padre, Salvador Abascal Infante, combatió bravíamente al reconocerlo como astuto y poderoso infiltrado del Adversario. A pesar de haber pertenecido a la "Acción Católica Mexicana", su escuela de periodismo "Carlos Septién García" *"dejó de tener carácter confesional a fin de abrirse a todas las corrientes del pensamiento sin dejar su vocación y defensa de los valores fundamentales, y para lograr su reconocimiento como institución que impartiría una carrera profesional".* Aquí se dio su apostasía, con la cual arrastró a miles de personas de buena fe, dado su prestigio intelectual. Participó también como entrevistador y articulista en una variedad de diarios y revistas, entre ellos *"Excélsior"* y *"Proceso"* en las que hizo gala de pensamiento *"progresista"* –lobo con piel de oveja. Escribió un tipo de poesía que, según sus admiradores, conduce al lector "a una serena meditación del universo", por medio de "un lenguaje transparente, conciso, en donde la palabra fluye de manera natural y directa". Pero ni una palabra acerca de que su pensamiento y su poesía fueran realmente cristianas, porque en realidad era un perfecto heterodoxo. Actualmente cuenta con miles de seguidores y admiradores.

J) Genaro Alamilla. Junto con otras dos docenas de obispos, es el clásico *"teólogo de la liberación".* Sostienen una forma de "teología" que ya no reflexiona sobre la Revelación como tal, sino sobre el hecho concreto –que ellos llaman "la praxis histórica"– que es la lucha de los pobres y oprimidos por su liberación respecto de las estructuras materiales, sociopolíticas y socioculturales injustas, y que de suyo fabrican miles de millones de personas sujetas a la pobreza extrema. *Dicho de otra forma, invaden por completo el campo que es propio la política, de la "cosa pública".*

Los teólogos de la liberación, como claramente se los han dicho varios papas, entre otros el actual Benedicto XVI, optan por los pobres desde la visión de Jesucristo, y eso no incluye la violencia marxista ni la lucha directa por el cambio de las estructuras injustas. Los verdaderos cristianos son aquellos religiosos, laicos, que comprometidos con su fe van, y de manera silenciosa y discreta, en una forma muy sencilla y humilde, ayudan a los más necesitados, se dedican en cuerpo, alma y espíritu a los más pobres, ponen en juego incluso su vida para atender a aquellos que son los más desposeídos. Yo pienso que esa es la verdadera opción por los pobres, una opción por los pobres que se basa en Jesucristo y en el Evangelio y no en alguna ideología o algún préstamo de tipo político o sociológico. Pienso, por ejemplo, en la Madre Teresa, en las religiosas de la Caridad; en las obras solidarias de miles de personas maravillosas *–no incluyo al "Teletón" de Televisa, porque es un gigantesco fraude fiscal–* que son efectivamente la manifestación más elevada de que la opción por los pobres. Don Genaro y los "teólogos liberadores" olvidan que las personas de buena fe que están dedicadas íntegramente a servir a los pobres, porque en ellos ven a Jesucristo, no se meten en la política cuando son sacerdotes; y cuando son laicos, procuran cambiar las cosas desde la política. Para ello siguen el camino propuesto por la Iglesia, que es un camino que lleva justamente al *compromiso social que brota de la Revelación,* y de las enseñanzas de la Tradición y del Magisterio, y que además es eficaz. Bien aplicado podría ser un excelente medio de renovación y recuperación de las realidades temporales, con espíritu y con identidad cristiana y católica, y esa es la Doctrina Social de la Iglesia. *Pero cada cual desde su trinchera.*

3.6) Sin embargo, en el ámbito global la intervención corrosiva del postmodernismo es mucho más poderosa, de la mano de varios ilustres personajes. De ellos y de sus amos terrenales, con quienes en aviesa y secreta complicidad preparan el "Nuevo Orden Mundial" del que habrá de servirse el Anticristo para fundar su reino, podrían decirse aquellas terribles palabras de la Biblia en el Libro del Profeta Ezequiel: [61] *"Sus profetas los recubren con cal, proponiendo falsas visiones y predicciones engañosas. Ellos dicen: 'Así habla el Señor', cuando el Señor no había hablado. Los terratenientes practican la extorsión, cometen robos, explotan al pobre y al indigente, y atropellan al extranjero, contra todo derecho. Yo busqué entre ellos un hombre que levantara un cerco y se mantuviera firme sobre la brecha delante mí, pero no lo encontré. Entonces derramé mi furia contra ellos, los exterminé con el fuego de mi furor e hice recaer sobre sus cabezas su mala conducta –este es el oráculo del Señor".*

---

[61]   Ezequiel: 22, 28-31:

JUAN BOSCO ABASCAL CARRANZA

A) Monseñor Hans Küng. Por un artículo publicado por "**Ediciones Católicas**" nos enteramos de que este brillante y connotado "teólogo" acaba de venderse al Islam por una abultada cuenta bancaria colmada de euros. Según dijo en vivo al noticiero televisivo "Euronews", Kung sostiene que *"La Iglesia Católica ha vuelto a la Edad Media".* Este monseñor parece ser un auténtico enviado –satánico, hereje y renegado– del inminente Anticristo. Ojalá quisiera él desdecirse en vida de sus postmodernas tesis sobre el profeta Mahoma. Le queda el versículo ya citado: **"Ellos dicen: 'Así habla el Señor', cuando el Señor no había hablado".** Sin duda, sus atrevidas declaraciones hacen ver claramente que "**en aras de un profundo diálogo interconfesional**", sostiene la tesis de que "**Mahoma fue un auténtico profeta**". Las aventuradas y comodísimas –y muy bien pagadas– tesis de este teólogo postmoderno, han producido un verdadero estupor, cuando no conmoción, entre muchos lectores. Desde este libro quiero expresar mi rechazo formal a Hans Küng y mi profunda decepción por confundir el diálogo entre el Islam y el Catolicismo con una franca traición. **Kung sostiene** que *"el Islam es una verdadera religión y el profeta Mahoma un auténtico mensajero de Dios, que nos ha traído un mensaje confirmador de los profetas anteriores".*

Es de esos teólogos originalmente católicos que, envenenados por el postmodernismo, caen en la herejía. Pero, además, no es que se instalen definitivamente en la herejía, sino que en una caída imparable reniega radicalmente de cualquier fe cristiana, y acaba como altavoz del Anticristo; acaba en una satánica subyugación en manos del Padre de la Mentiras.

Hans acaba de publicar en *"Web-Islam"* una reseña de un reciente libro de Küng que se titula *"El Islam, Historia, Presente, Futuro"* –edición en castellano, Editorial Trotta, 2006. Una obra naturalmente presentada de forma entusiasta por esta web de islamistas con careta de demócratas. Y no es para menos si tenemos en cuenta el desarrollo y la conclusión de la obra que claramente puede ser calificada como obra al servicio del Anticristo. La tesis de la obra es que Mahoma es un verdadero profeta del Dios verdadero. Y para demostrarlo lleva a cabo una larguísima disertación sobre los paralelos que existen entre Mahoma y los profetas de la Biblia. Por ejemplo:

> *"Al igual que los profetas de Israel, Mahoma anuncia incesablemente al Dios Uno, quien no tolera a ningún otro Dios junto a sí y es Creador bondadoso a la vez que Juez clemente".* Y cuando no son parecidos formales solo encubren una petición de principios:
> *"Al igual que los profetas de Israel, Mahoma no ejercía su tarea profética en virtud de un cargo conferido por la comunidad (o sus autoridades), sino de una relación personal con Dios".*

Naturalmente bajo una argumentación así de falaz también se podría demostrar que una misa negra satánica es tan válida como una verdadera y Santa Misa. Más racionalmente, y de forma inversa, sería fácil demostrar que en lo satánico siempre hay un elemento de imitación y parodia de lo verdaderamente sagrado, pues el Diablo es el mono imitador de Dios. Sobre todo, resulta que los profetas de Israel venían avalados por los milagros y profecías cumplidas. Y de esto no habla en absoluto el renegado Küng. Pero lo más grave es el error íntimo de Küng, que se manifiesta al tratar a Jesucristo al modo musulmán, como si fuera sólo un profeta más. Dice:

"Quien niegue que Mahoma fue un profeta no debe olvidar que, en la Biblia hebrea, hay profetas muy diferentes entre sí y que quizás no todos fueron grandes modelos de humanidad. Quien niegue que después de Cristo puede venir algún profeta, ha de tener en cuenta que, según el Nuevo Testamento, también después de Cristo hay auténticos profetas: hombres y mujeres que confirman su persona y su mensaje, interpretándolo y proclamándolo en una época y situación nuevas. Así, por ejemplo, en las comunidades paulinas, los profetas ocupan el segundo lugar, detrás sólo del apóstol. Sin embargo, el profetismo –un fenómeno de origen fundamentalmente judío– desapareció del perfil de la mayoría de las comunidades cristianas poco después de llegar a su fin la misión paulina y consumarse la postergación del judeocristianismo. Tras la crisis montanista de los siglos II y III los profetas, y sobre todo, las profetisas cayeron generalizadamente en desgracia. Pero desde la perspectiva del Nuevo Testamento no es necesario impugnar dogmáticamente de antemano que Mahoma se viera a sí mismo como un profeta verdadero después de Jesús y afirmara representar en esencia lo mismo que éste. Es cierto que todavía queda por aclarar en detalle la relación entre Jesús el Cristo y Mahoma el Profeta. Pero ya sólo este reconocimiento de Mahoma como profeta ¿no tendría consecuencias enormemente positivas para el entendimiento entre cristianos y musulmanes, y sobre todo, para el mensaje que él proclamó y luego quedó recogido en el Corán?".

Küng realiza la misma jugada que hace el Islam: negar a Cristo, afirmando que es sólo un profeta. Pero Jesucristo completa la Revelación porque nos comunica no lo que le ha comunicado Dios previamente, como ocurre con los profetas de Israel. Jesucristo completa la Revelación porque él es Dios y nos comunica la intimidad de su ser.

Por eso, tras Jesucristo ya no hay nada que revelar sobre Dios. "Todo está consumado". Y esa es la creencia de la comunidad cristiana desde un principio. El carisma de la profecía continuará pero su misión no será revelar nada porque todo está revelado tras Jesucristo. El profeta podrá anunciar, edificar y exhortar y consolar, pero no añadirá ni una coma a lo ya revelado.

Sabemos que Mahoma es un falso profeta porque su revelación es contraria a la de Jesucristo. Jesucristo nos reveló que Él es Dios y que sólo por Él nos salvaríamos. Eso es negado por "El Corán" que reduce a Jesucristo al papel de un profeta. Por eso sabemos que es una falsa revelación.

Küng el renegado, hace lo mismo, reduce la figura de Jesucristo al papel de un profeta y así lo hace compatible y comparable a Mahoma. Con ello

Küng reniega definitivamente de cualquier rastro de cristianismo, y con ello nos evoca que el Señor ya anunció que el pecado contra el Espíritu Santo no será perdonado ni en esta vida ni en la otra. Por San Juan en su I Carta sabemos quién es el Anticristo: *"En esto se conoce el Espíritu de Dios: todo espíritu, que confiesa que Jesucristo vino al mundo en carne verdadera, es de Dios: y todo espíritu que desune a Jesucristo, no es de Dios: antes este es espíritu del Anticristo, de quien tenéis oído que viene, y ya desde ahora está en el mundo".* **(Juan I, 4:2 y 3).** El que rechaza a Jesucristo es el que niega que es Dios hecho hombre –venido de Dios al mundo en carne verdadera. Por consiguiente, que tanto Mahoma como Küng desarrollan el discurso del Anticristo es algo que está más allá de la duda razonable. Judas vendió al Señor por un puñado de monedas y Küng por una cuenta bancaria bien llena de euros. Uno y otro, habiendo comido de Su Mano vendieron a su Señor. En el uno y el otro el enigma del mal es el mismo.

B) Otro caso es el del "teólogo" holandés Edward Schillebeeckx. En 1934 ingresa en la orden de los dominicos y se gradúa como doctor en teología en 1951. Durante su dilatada vida ejerce en las universidades de Lovaina y posteriormente en 1956, en la Universidad Católica de Nimega, donde es nombrado profesor titular. Destaca como asesor del episcopado neerlandés durante la celebración del Concilio Vaticano II. Actualmente es consultor del episcopado neerlandés. *Y se la pasa diciendo "Así habla el Señor", cuando el Señor no ha dicho nada parecido.*

Se une a otros heterodoxos: Van den Boogaard, Brand, Yves Congar, Hans Küng, Metz y Karl Rahner para fundar la revista "Concilium", algo así como "Satanás en la Cátedra de Teología", haciéndose pasar por la voz de Dios. Así es fácil entender por qué en 1966 sería uno de los principales inspiradores del herético "Catecismo Holandés", la voz de dios, pero el de los infiernos.

Dentro de lo que podemos llamar el "debate teológico" promovido por los espíritus adictos al "Non Serviam" luciferino, Schillebeeckx es un gran especialista en los campos que van desde la "Teología de la Muerte de Dios", promovida y divulgada principalmente por el anglicano John A. T. Robinson en su libro "Honesto para con Dios" –"Honest to God"– hasta la denominada "Teología Política Alemana", pasando por profundas pero heréticas aportaciones en el campo de la hermenéutica, la historia de la Iglesia, así como una "gran amor por la ciencia", lo que le ha llevado a obtener un gran respeto por parte de la comunidad atea, pero causando un gran escándalo entre los fieles. En el año 1968 tiene el primer enfrentamiento con la ortodoxia del ex Santo Oficio, que no llegará a mayores consecuencias gracias a la intervención mafiosa, así como a los buenos oficios manipulatorios del teólogo alemán Karl Rahner, otro hereje.

Schillebeeckx, soberbio al fin, no se dejará amilanar, y responde con un artículo de unas treinta páginas, así como con un libro escrito en alemán. No logró convencer al tribunal, que en marzo de 1981 le convocará a una confrontación con Roma. Tras negarse a aportar nuevas clarificaciones, convoca una rueda de prensa en la que ejerce una dura crítica contra los contundentes métodos usados por el Vaticano, y que llegará a identificar con la propia inquisición de la *"Congregación para la Doctrina de la Fe"*, así como el estilo del Papa de entonces, Juan Pablo II. Su principal crítico era nada menos que el actual Papa, Benedicto XVI.

En 1981 los rebeldes y heterodoxos le otorgan el *"Premio Erasmus"* en Holanda, donde se dice en una nota difundida por la propia "Fundación Erasmus" que *"sus trabajos vienen a confirmar los valores clásicos de la cultura europea, al tiempo que contribuyen al examen crítico de esta cultura"*. Tan crítica que finalmente cae en el más patético relativismo en ética, Revelación y hasta costumbres personales, ya que al referirse a los dogmas esenciales del catolicismo incurre en insolencias y majaderías, incluyendo la persona de la Virgen María, "una simple mujer como todas". Aparentemente, la revolución que encabezaron **Schillebeeckx** y sus compinches se ha visto coronada con éxito, ya que Europa, prácticamente, ha dejado de ser católica, al grado de rechazar en su propia constitución sus raíces cristianas, de manera explícita.

Dijo: *"hemos empleado frases ambiguas en el Concilio. Sabemos cómo las interpretaremos posteriormente."* El *"New York Times"* reconoció estas ambigüedades: *"Los documentos del Concilio, elaborados por los obispos y sus asesores teológicos durante cuatro sesiones de dos meses cada una, llevadas a cabo durante cada otoño de 1962 a 1965, ofrecen más que suficientes compromisos y ambigüedades para las interpretaciones conflictivas"*. Mi padre dijo en **"La Hoja de Combate":** *"...existen graves ambigüedades intencionales en los dieciséis documentos del Concilio. Se pueden citar equivocadamente sus numerosos párrafos para demostrar o desaprobar muchas ideas, y esto se hace frecuentemente para respaldar esquemas liberales y engañosos."*

3.7) Los contornos generales del Postmodernismo. Se desdibujan éstos fácilmente sobre la complejidad camaleónica de las subculturas y contraculturas actuales, proyectadas todas ellas, impunemente, sobre las pantallas que invaden nuestros hogares y los destruyen. El torrente contracultural desborda todo límite y ribera. Fluye e inunda sin diques ni barreras por la llanura aplanada y deprimida de la mentalidad común, al atizo de pseudopensadores y "opinion/makers" de la ambigua sociedad en la que apenas sobrevivimos.

Capaz de realizar mágicas metamorfosis, el postmodernismo se adapta al relieve del suelo por donde pasa y adopta su fisonomía y sus accidentes transitorios. Convierte en postmoderno todo lo que toca, metamorfosea la superficie de las cosas sin mejorarlas ni hacerlas fecundas. Convive alegremente con otros "ismos" de talante similar suicida y autodestructivo: postcristianismo, postmarxismo, post-racionalismo. Es como una aceitosa anguila: cuando creemos tenerla bien atrapada, se nos escurre de entre las manos, y cuando volvemos a encontrarla, nos cuesta mucho trabajo reconocerla en las múltiples mutaciones que, tramposamente, ha efectuado.

El postmodernismo desbroza y facilita el camino hacia lo falsamente religioso y lo pseudosagrado; en nombre de la libertad y de la salud destruye el cuadro tradicional de la vida en la familia y en la sociedad, y cuestiona en su más honda raíz los fundamentos de los dogmas, el culto y la ética del cristianismo. Me imagino, estremecido, el contradictorio proceso de los "diálogos internos" que deben haber desarrollado los ángeles en sus prodigiosas mentes, antes de caer, cuando deliberaban acerca de su posible rebeldía contra su Creador. Pero más aterrador aún es darnos cuenta de que esto mismo ocurre hoy con los hombres.

Mientras que a lo largo de modernidad comenzaron a morir la religión y la fe –porque abandonó el "Regnum Dei" para entronizar el "Regnum Hominis", que obviamente suplantaba a Dios–, en la postmodernidad los pecados son mucho más hondos. Ya no basta con comer de nuevo del "Árbol de la Ciencia del Bien y del Mal". Ahora surge, vibrante, escurridizo y pérfido, el arcaico anhelo de corregirle la plana al Creador para emprender una existencia en la que nos consideramos autónomos y autosuficientes, pero muy sofisticados. Digamos que la rebeldía primigenia de los ángeles y los primeros hombres fue muy clara: "¡Non Serviam!". **Pero ahora, en el postmodernismo, esa rebeldía se disfraza, incluso, de amor, lealtad y hasta de "profundo humanismo".**

Anteriormente, digamos que cuando yo era adolescente, los marcos de referencia, incluso dentro de la modernidad, eran sólidos e incuestionables: primero, la sacralidad de la vida en cuanto revelada por Dios; segundo, la institución familiar como célula natural indisoluble –base necesaria de toda sociedad y custodia de la vida–; y tercero, los descubrimientos y avances científicos, que parecían estar cumpliendo el anhelo de un progreso ilimitado. Pero desde los años setenta, poco a poco, hasta llegar a un ritmo de caída libre, se han deformado y aun borrado todos esos marcos de referencia, creando en la mayoría de nosotros una profunda confusión y un interminable y angustioso desconcierto, cuya salida más humanista consiste en no tomarse nada en serio: *"No te azotes, gózala"* –es la consigna universalizada.

Hemos descubierto que el espacio es "infinito" y que puede explorarse a fondo, y que el mundo cuenta en su haber con miles de millones de años. La antigua convicción cede ante la nueva idea de que "exista o no el hombre, todo funciona", y de que éste tiene el derecho de explorar sin ningún "a priori" cultural ni religioso las fuerzas que nos circundan y que gobiernan el universo. En cuanto a la vida, se descubren las leyes biológicas, con la esperanza de llegar a dominar totalmente sus mismas fuentes creadoras. En la familia, el fragmentarismo disgregador se impone, desligando a la sexualidad respecto del amor y a la familia respecto de la infancia y la sociedad del futuro. Se habla de "familia monoparental" o de "matrimonio homosexual", porque ha triunfado el delicioso libertinaje cortoplacista encima de la libertad con responsabilidad, fragmentando el todo de la existencia humana. La crisis provocada por la pérdida de referentes absolutos nos impide llegar a la madurez de la edad, y multiplica al infinito el número de personas que viven con la idea de una especie de inmortalidad física, a la vez que con la seguridad de su fin último: la aniquilación en la nada. La ambigüedad de este paso reside en que tales paradigmas se están convirtiendo en la ruina del Hombre y en el comienzo de una catástrofe general.

Tengo la impresión, al escuchar los alegatos irracionales y las lúbricas carcajadas cínicas de las mujeres postmodernas, uno de cuyos símbolos es la inmerecidamente célebre "Ale" Guzmán **y sus glúteos infectados, pero expuestos al aire en las teles caseras.** Ella es todo un prototipo de cirquera existencial, porque pretende hacernos creer que el Hombre, con su ciencia soberbia y su cínico libertinaje al hombro, puede cruzar sobre una cuerda de un rascacielos a otro, a un kilómetro de altura, como en el Burg Dubai, y sostenerse en equilibrio con sus solas fuerzas.

Estas piruetas suicidas de la postmodernidad desprecian la fe y la ética como opuestas al progreso y a la libertad. Pero, paradójicamente, replantean la urgencia del "Regnum Dei" diseñado por el Hombre, supuestamente porque sin Dios como referente absoluto, el Hombre mismo se desvanece, sucumbe y se aniquila. Hemos llegado al absurdo irracional de pensar que si queremos salvar al Género Humano habrá primero que desconocer al Dios de siempre y sustituirlo por uno nuevecito, a la medida de nuestras pasiones más luciferinas pero apellidadas "humanistas":

"¡Pobrecitas mujeres que se mueren al abortar y no tener los cuidados para asesinar a sus hijos en quirófano seguro!" Hay que salvar y rediseñar a Dios... ¡a no ser que un nihilismo absoluto y destructor invada la faz de la tierra! ¿Cómo ve todo este asunto el sujeto postmoderno concreto? No le interesa nada el camino para "llegar al Cielo", sino sólo cómo pasarla bien y mejor sobre esta Tierra. No le interesa el "Proyecto Genoma Humano", porque su intención es lograr divertirse y estar contento en el actual instante fugaz. Prefiere un fragmento de euforia pasajera ahora a una felicidad plena, pero futura. Es individualista e insolidario, busca satisfactores inmediatos, y siente un rechazo visceral por los grandes proyectos con visión de largo alcance. El *"futuro feliz"* ya está presente en el hoy de la historia gracias a la omnipotencia alcanzada por el hombre contra sí mismo.

La destrucción de los grandes dogmas –tradicionales y muy bien aceptados durante milenios–, socavados y demolidos hoy por el rayo láser del postmodernismo, comenzó con *"la Modernidad"*, ya que ella pudo efectuar un giro de 180 grados, al pasar de la *"visión Teocéntrica"* –propia de la cultura medieval– a la *"Antropocéntrica"*. Apareció entonces el hombre autosuficiente, ese creador de sí mismo y del futuro, cuyo destino no trasciende el horizonte de la historia ni de la sociedad política y económica. Ese que pensaba que **"la tierra es mi residencia única y la vida no es una peregrinación hacia Dios, sino un aterrizaje sin retorno y una circunscripción al 'aquí y ahora'."**

En el modernismo desaparece el "Homo Viator" y emerge el "Homo Economicus", aherrojado a la tierra y destinado a alimentar el polvo del planeta por los siglos de los siglos. Se apaga la moral política y se alumbra la política sin moral, por obra y gracia de miles de mentes infestadas por el *"Síndrome de Maquiavelo"*. El hombre arrebata a Dios el título de Ser Supremo e instaura una especie de eufórico "antropoteísmo". El humanismo trascendente cede el paso al humanismo inmanentista. La esperanza en la historia descansa sobre la fe en la humanidad. Una fe acreditada por las conquistas logradas hasta ahora, que funcionan como credencial de las que se alcanzarán en adelante. Todo esto fue sabia y fieramente combatido por el Papa San Pío X. Pero el hombre actual —incubado y "bautizado" en el Modernismo y confirmado en el postmodernismo— encuentra muy deficiente el modelo económico moderno, aunque el "homo Viator" tampoco le gusta. Advierte que en siglos pasados se han realizado imponentes estructuras económicas, técnicas y sociales, pero que el hombre sigue siendo muy infeliz, en una tierra cada vez más devastada.

El hombre de hoy es más instruido, pero también más marginado y solitario; hay más libertad y democracia, pero también más guerras destructoras, más estructuras de muerte, más mentira, más injusticia. Aterrorizado por el primado del desencanto, el ***"Hombre Postmoderno"*** circula por la vida como un ciego sin lazarillo, que espera en cualquier momento ser víctima de un atropello y pasar de "la vida sin sentido" al "sentido de la nada". O, cuando mucho, llegar a ser una partícula perdida y anónima en el cosmos impersonal, infinito y no divino.

¿Acaso no está señalando todo esto que el hombre prometeico postmoderno no puede ser el centro de la historia? ¿Que hay que reafirmar de nuevo el primado de Dios, porque la "muerte de Dios" trae consigo inexorablemente la muerte del hombre? Pienso que los cristianos en general y los católicos en particular —a pesar de las voces poderosas de nuestro Pastor— no estamos hoy a la altura de las circunstancias para que la nueva oportunidad del primado de Dios no caiga en el vacío de nuestras mentes desencantadas y de nuestros corazones ansiosos por lograr la posesión de un Bien Absoluto del que nos hemos prácticamente desligado.

3.8) Del "Primado de la Razón" al triunfo de la Frivolidad. La caída de la Razón y de sus grandes mitos, en el movimiento postmodernista, se suma a la labor del cristianismo que luchó contra tal endiosamiento, aunque no siempre quizá de la forma más adecuada y pertinente. Al ceder, ante el peso de la historia y de la nueva cultura postmoderna, las estructuras levantadas por la Razón, aparece un vacío por llenar. Esta oquedad no la llena el postmodernismo, porque carece de peso y sustancia. En todo caso, la llenará de frivolidad e intrascendencia, con lo que el vacío en lugar de disminuir aumentará. La alianza parcial del postmodernismo con el cristianismo en la demolición de la Razón, nos da la posibilidad inestimable de que Alguien llame al corazón de los hombres para llenar un vacío que jamás debería estar o haber estado vacío.

Con el Iluminismo la Razón humana constituye la norma única y suprema de la verdad y de la rectitud. No hay alternativa: o se está con la Razón o se está contra ella. Nada existe por encima de la Razón, y el misterio es signo de ignorancia y oscurantismo. El tiempo, con el progreso que comporta, se encargará de que la humanidad madura se libre definitivamente del sarampión del misterio. Por tanto, todo, hasta la misma religión, debe quedar dentro de los límites de la pura Razón. El fundamento de la existencia y de la moral no hay que buscarlo ni 'fuera' ni 'arriba', sino 'dentro' de la misma Razón. Esta Razón suprema ha alimentado las ideologías más diversas, desde el absolutismo ilustrado hasta los totalitarismos de nuestra historia reciente. Con el postmodernismo llega a su cima el proceso secular de desconfianza en la Razón, en el que han desempeñado el importante papel de iniciadores hombres como Kierkegaard, Schleiermacher y Nietzsche. Este último, por ejemplo, afirma que *"las verdades del hombre son los irrefutables errores del hombre"* y que *"los valores supremos se degradan. No existe el fin, ni la respuesta a la pregunta sobre para qué..."*.

La Razón yace destronada y rota en el ángulo de los recuerdos, como un resto arqueológico con el que ilustrar las 'imbecilidades' del pasado. Las certezas absolutas de la razón humana se han deshecho, como un monumento de nieve, ante el calor de la evidencia de las 'verdades relativas' en el ámbito intrahistórico. Las grandes ideologías totalitarias se han derrumbado como un castillo de naipes, casi con un simple balanceo de la historia. Ha venido a menos la bondad de la Razón que ha creado los 'monstruos' de las armas y de las guerras. Se ha desmoronado la confianza iluminística en la capacidad de la razón de eliminar el mal de la historia con la ampliación de la cultura, en la suposición de que los hombres eran malos por ser ignorantes; pues, en realidad, el aumento de conocimientos ha traído consigo, aunque no sólo, el aumento de los males del hombre.

3.9) De la Tríada Ciencia/Técnica/Progreso al Esoterismo y la Depresión. Hoy se sabe a ciencia cierta que *"la enfermedad del Tercer Milenio es la depresión"*. Esta "tríada sagrada" ha revelado al hombre su poder indefinido y le ha producido las mayores satisfacciones en su inmenso esfuerzo por hacer de sí mismo un ser feliz intramundano. La Ciencia es poder. Poder de conocimiento del universo, desde la partícula más ínfima a la mayor de las galaxias, mediante complejas teorías matemáticas inteligibles sólo para los 'sumos sacerdotes' de la Gran Diosa.

Poder de manipulación sobre la materia y sobre las fuentes de la vida, gracias a la tecnología superavanzada, que cada día nos sorprende con nuevas conquistas, hasta que se llegue a una era de bienestar y felicidad, en que desaparezcan los males que todavía afligen al mundo:

Pobreza, enfermedad, ignorancia, opresión. Poder ilimitado del Progreso, que la gente común formula en estos términos: *"No existe lo desconocido ni el misterio; es cuestión de tiempo".* De todo esto se deduce la absoluta confianza en la *"racionalidad científica",* verdadera cornucopia de la humanidad en la era moderna. La modernidad era por esencia optimista, fundándose en las inmensas posibilidades del progreso ofrecidas por la racionalidad científica. Se sostenían axiomas incontrovertibles como que: ***"sólo lo científico es racional, pues sólo la ciencia produce verdad". "La sola realidad genuina es la realidad física y, por tanto, todo lo cognoscible puede y debe ser explicado por las leyes físicas".*** El hombre postmoderno mira la ciencia y la técnica desde otro ángulo, sin la euforia idealista del pasado, con la experiencia terrificante de los últimos decenios.

3.10) Desde la aspiración a la Libertad y la Democracia al Libertinaje y la Indiferencia. Al grito masónico de *"¡Libertad, Fraternidad, Igualdad!",* a finales del siglo XVIII se armó la Revolución Francesa, y todas las revoluciones posteriores hasta el presente han gritado el mismo eslogan, con el deseo aparente de aterrizar definitivamente en el anhelado país de la utopía. Después de dos siglos de revolución moderna, ese país soñado todavía no se divisa en el horizonte, y más bien parece que se aleja demasiado. En lugar de utópicas, esas palabrejas se han reducido a simples palabras "tópicas". Parece que el destino de todas las ideologías y de todos los mitos, incluidos el de la libertad y la democracia, es el de que sean arrojados desde el pedestal al basurero de la historia, para que sirvan de cascajo para las nuevas construcciones.

El mundo es hoy menos libre, mucho menos tolerante. Un médico católico que se niegue a practicar un aborto puede ser defenestrado e incluso impedido para ejercer su profesión. Un alcalde italiano que coloque un crucifijo en la vía pública, –o un profesor que haga lo mismo en un salón de clase– pueden ser multados por el Tribunal de Estrasburgo, sito en la capital de la Unión Europea.

Un periodista que se atreva a denunciar a los Narcopolíticos, pagará con su vida. Como tantos sólo en México. Teóricamente el mundo está en posibilidades reales de librarse de la esclavitud del hambre y de la ignorancia, pero el hambre y la ignorancia crecen, incontenibles, ante la presencia contumaz del pecado, en lo colectivo y en lo individual.

Nos invaden parrafadas sobre las libertades fundamentales, como la libertad política, cultural, económica, religiosa, pero en la realidad tales libertades se están restringiendo. Existe la figura del *"ombudsman"* de los derechos humanos de los delincuentes, que se olvida casi siempre de los derechos más esenciales de las víctimas. Porque el Mal tiene ya hoy sus *"derechos inalienables",* al igual que los criminales. Los derechos de las víctimas disminuyen hasta disolverse en la desesperanza y en la injusticia. La libertad y la democracia están preñadas de ambigüedad, porque *"libertad es libertinaje"* y *"democracia es partidocracia".* El imperialismo de los *"Mass Media"* no ha dejado de infestar todos los rincones del planeta, y ha invadido no sólo las recámaras de los hogares, sino la consciencia misma del hombre común. Sólo intelectuales de altos vuelos, datados con mentes poderosas parecen librarse de este azote, y no siempre.

No es democrática una sociedad en la cual la corrupción, en beneficio de unos cuantos y en perjuicio de la mayoría, extermina el estado de derecho. Los cobardes dicen que *"México no es un estado fallido"*, sino un estado con fallas. Sí cómo no: preguntemos a cualquier transeúnte si confía en sus políticos, en sus policías, en sus jueces o ministerios públicos. Casi el cien por ciento gritarán: *"¡no confiamos!"* Es esclava una sociedad en la que el Estado se siente y es realmente impotente ante el crimen, dejando desprotegida a una buena parte de los ciudadanos, mientras que las cabezas del crimen organizado son precisamente los gobernantes. O cuando menos sus cómplices y aun protectores. No existe la libertad en una sociedad en la que unos cuantos se hacen más ricos y la gran mayoría se desploma cada vez más en la pobreza extrema. La democracia se esfuma en un mundo estrecho donde las superpotencias se imponen a las demás naciones, o condicionan sus *"favores"* para sostener sus privilegios geopolíticos o económicos, incluyendo líneas claras de pensamiento a favor de la ***"Cultura de la Muerte.*** Ejemplo: ***"si no apoyas el aborto, no hay dinero"***.

Los votos de los ciudadanos son comprados con tortas, camisetas y cervezas, y el apoyo político de los sindicatos con tajadas astronómicas del producto interno bruto, como los sindicatos de *"maestros"*, electricistas, petroleros, mineros, etc... La intimidad de las personas es fácilmente violada y vendida como artículo de consumo sexual, al ramplón e insoportable estilo del show *"Me quiero Enamorar"* de Televisa, en México, donde vemos hermosas chicas en cueros lo mismo fornicar con dos o tres chavos, que bañarse mientras muestran su cuerpo desnudo en un himno báquico al impudor. El nihilismo postmoderno es una reacción equivocada ante una libertad prostituida y una democracia cada vez más lustrosa y de cortedad sexenal. Los postmodernos no cuentan con una oferta vital valiosa para satisfacer las demandas de la sociedad, pero poseen un fascinante poder de demolición de los grandes valores universales. Porque entre más se divinizan los logros humanos, más fuerte es el descalabro que sufren las multitudes en la marcha de la historia, y más evidentes las terribles manipulaciones de los poderosos de todos los centros de mando: político, financiero, militar, educativo, mediático, religioso.

Dado que el postmodernismo no nació ni pudo nacer cristiano –porque su padre inmediato es el modernismo–, y su árbol genealógico está plagado de sólo herejías, es necesariamente anticatólico, porque ***"el que no está conmigo está contra mí"***, y este producto del Tercer Milenio polariza cada día con mayor claridad a las pocas ovejas y a los muchos machos cabríos.

3.11) Oposición irreductible entre católicos y postmodernos.
Observo una bipolaridad entre el amor auténtico y la dimensión afectiva y sensible de la persona. Hoy se presta demasiada atención a la dimensión díscola, intrahistórica de la existencia personal e irrepetible. Sucede algo

así como aquella canción de Charles Aznavour que dice: *"tú me has dejado la Tierra entera, pero la Tierra sin ti es pequeña"*. Porque sólo importa el fragmento, a pesar del volumen y grandiosidad de lo esencial. Advierto el riesgo profundo de una tendencia casi suicida que quiere exaltar el irracionalismo y el instintivismo, pero incluso al servicio de la muerte. Como ocurre con un ícono cinematográfico de esta tendencia: *"Crash"* es un filme que exalta el erotismo orgiástico que viven unos sujetos desquiciados. Ellos acostumbran chocar sus autos para provocarse heridas graves, –aunque no la muerte inmediata– y en medio de la sangre y el dolor, con los miembros fracturados y con hemorragias graves... fornicar hasta el éxtasis sexual más *"sublime"*.

El subjetivismo sacrifica la objetividad, el heroísmo y los ideales no sólo cristianos, sino aquellos que los mismos paganos hubieran exaltado sin jamás pensar en degenerarse como ahora lo hacen nuestros clásicos postmodernos. Podría haber algún rasgo aceptable para la visión realista en el abandono de la *"certeza absoluta"* que se funda en la ideología o en la sola *"verdad científica"*.

Puede ser que el valor dado al diálogo y al consenso sea un signo de que no todo está podrido. Veo con cierta simpatía la urgencia por crear una filosofía más popular y cercana a la gente común; una filosofía más para andar por la calle y la casa. Sin embargo, no se necesita ser postmoderno para lograr convertir en realidad esa hermosa aspiración. Porque so pretexto de acercarse al hombre de la calle, el filósofo postmoderno sufre de relativismo intelectual, de democratismo epistemológico y de abandono de los grandes y eternos temas del pensamiento. *El dios Baco –beódicamente abrazado con Afrodita y Marte–, quiere dirigir la academia postmoderna.*

Y qué decir del amplio sentido del respeto y de la tolerancia que, como vimos en el caso de Hans Kung, se convierte en una especie de falso pluralismo que en vez de ser enriquecedor cae en la simple herejía. Es inadmisible para el realismo vivir dentro de una especie de *"eclecticismo religioso",* donde Dios es el *"cuate que tú te imaginas".* Es como una olla de potajes revueltos que sólo busca el "placer religioso y estético", pero degenera en un grave nihilismo escatológico, ya que el futuro ha perdido consistencia y su sustancia real. Considero que la afirmación de la centralidad individual, el sentido intenso de la diferencia, el valor dado al micro grupo, la fuerza de la imagen –"homo mediaticus"– y la valoración de los símbolos en la comunicación social podrían ofrecer algunos aspectos creativos, *pero los riesgos son excesivos: caer en un exacerbado individualismo insolidario, el racismo creciente y poliédrico, y la pasividad intelectual ante los retos sociales del mundo decadente y desencantado.*

Se concede un excesivo valor al hoy, al presente, al *"aquí y ahora"* que se convierte en una ansia de felicidad instantánea. Así explota el irrefrenable deseo de exprimir al máximo el tiempo que con tanta rapidez se escapa de las manos engarrotadas por la angustia. La enorme "voluntad de placer" se desata en el consumismo tan voraz que ha llevado a perder el sentido ético de la existencia. La fe cristiana, fundada en la revelación de Dios en la persona y obra de Jesucristo, tiene el carácter de certeza absoluta. El espíritu postmoderno es radicalmente escéptico y poco dispuesto a aceptar que la fe cristiana pretenda tener una certeza absoluta. La fe cristiana es objetiva, al estar fundada sobre la revelación de Dios, y porque trae consigo la salvación realizada por medio de Jesucristo. Esto está en irreductible contradicción con el subjetivismo postmoderno y con el libertinaje propugnado por él.

De ningún modo es posible negar el carácter global y orgánico de la fe y de la moral católicas, y por ello "catolicidad" y postmodernismo son términos antitéticos. La fe cristiana es razonable, en cuanto tiene motivos racionales para ser libremente acogida, busca la regia ruta de la razón para ser aceptada, y no se pone en contra de la razón, sino sobre la razón. En el espíritu postmoderno, en cambio, hay muy escasa confianza en la razón y en su capacidad natural para llegar a la Verdad. Sin embargo, siendo razonable, la fe cristiana no deja de ser también cordial y afectiva, pues se expresa en toda la persona y con toda la persona. Es todo el hombre quien vive y expresa la fe, no sólo el *"ens rationale"*. La fe cristiana es eclesial y comunitaria, en cuanto fe de la Iglesia y vivida en la Iglesia, pero el espíritu postmoderno impone el individualismo, la elección libertina y la indisciplinada "espontaneidad creativa" en las congregaciones religiosas y las parroquias.

* * *   * * *   * * *

CAPÍTULO VII.

Colección de Procesos Postmodernos Contra la Virtud.

"Tienen una pulsión secreta que los lleva a salir a buscar la diversión y la ocupación, que deriva del resentimiento por sus continuas miserias; pero tienen otro impulso secreto, que es un residuo de la grandeza de nuestra primitiva naturaleza, el cual los lleva a reconocer que la felicidad se encuentra, efectivamente, en el reposo y no ya en el tumulto; y de estos dos impulsos contrarios se forma dentro de ellos un proyecto confuso, que se esconde a su vista, en el fondo de su alma, y que los lleva a tender hacia el reposo mediante la agitación. A imaginar siempre que la satisfacción, de la que ahora están privados, llegará una buena vez, si, venciendo algunas dificultades que se presentan, pueden abrirse así un camino hacia el reposo". Autor: Blaise Pascal. Siglo XVII.

1) Introducción: ¿es posible el diálogo con el Postmodernismo? Con esa corriente como tal, no. Sin embargo, tal vez puedan lograrse algunas aproximaciones con filósofos postmodernos de buena fe –debe de haberlos, por simple probabilidad matemática. Concedo que el Dios cristiano no se define principalmente por la Razón, sino por el Amor: *"Dios es Amor"*. Concedo también que la afectividad, incluida su dimensión sensible, es un componente imprescindible de la visión cristiana del hombre. Jesús vivió treinta años la intrahistoria de un pequeño pueblo de Galilea, sin figurar en las grandes gestas de la historia universal. Él se dedicó a socavar ciertas *"verdades absolutas"* de los escribas y fariseos para que brillara el carácter absoluto único de Dios y de su Mesías. Él –tanto en su predicación como en sus actos– se mostró respetuoso y empático con sus interlocutores, apelando a su libertad y responsabilidad, sin que esto fuera obstáculo, en alguna ocasión, para lanzar fulminantes expresiones audaces y vehementes, por demás justas; e incluso echar mano del látigo:

"Raza de víboras". Sepulcros blanqueados". "Vosotros sois hijos de Satanás". "Id, malditos, al fuego eterno". "Hizo un látigo de cuerdas y arrojó a los mercaderes del Templo, junto con sus ovejas y sus bueyes; desparramó las monedas de los cambistas, derribó sus mesas y dijo a los vendedores...: 'habéis convertido la

casa de mi Padre en una cueva de ladrones...' 'Saquen esto de aquí y no hagan de este lugar santo una casa de comercio'."

Concedo que la Iglesia, desde el primer siglo, aceptó la presentación *"pluralista"* de la persona de Jesús en cuatro evangelios, o quizá mejor en un Evangelio cuadriforme y no único. Junto a la universalidad de la salvación: **"Dios quiere que todos se salven",** nunca ha cesado la Iglesia de afirmar la responsabilidad individual: **"Me amó y se entregó por mí".** Si bien la Iglesia es Católica y por ello debe llegar a todos los rincones de la tierra, no sólo en los inicios sino a lo largo de veinte siglos ha valorado a los minigrupos: iglesias domésticas, cenobios, conventos y parroquias; movimientos eclesiales, comunidades de base, y relaciones interpersonales intensas. La valoración del *"hoy en día"* aparece con frecuencia en la Biblia, con matices de actualización.

El ansia de felicidad no sólo pertenece a la naturaleza humana, sino que es profundamente cristiana y sobrepasa las fronteras del tiempo. Pero no es menos cierto que San Pablo nos exhorta a redimir el tiempo porque es breve y, por tanto, a aprovecharlo con celoso ahínco, para crecer en la fe y las obras de caridad. Acepto que la Sagrada Escritura es una galería de imágenes y símbolos que forman parte de nuestra cultura y de nuestra fe, y que poseen una riqueza doctrinal extraordinaria.

Pero el sentido de la diferencia, para definir la propia identidad, es fuertemente señalado por el cristianismo, no para perderse en la mediocridad de la masa al estilo postmoderno, sino para diferenciarse plenamente: **"Estáis en el mundo, pero no sois del mundo. El que no está conmigo, está contra mí. No seáis como los gentiles. ¡Cuidado con los falsos profetas!"** Los valores son valores siempre –porque ellos son los seres, y todo lo que existe vale– aunque se puedan devaluar, sobrevalorar, mal jerarquizar o desconocer subjetivamente por el modo como se usan, o por conjugarlos con extremismos que los convierten en moneda sin valor o devaluable.

El postmodernismo tiene sus valores, que podrían ser valores entrañablemente cristianos si se les enfocara intencionalmente a la conquista del Fin Último, y no al placer momentáneo. La cuestión no está en negar los valores en los que podríamos coincidir. Lo que sería reprobable y perjudicial para el cristianismo es perder de vista que no existen propiamente **"errores puros y absolutos",** ya que casi en todo error intelectual existe, al menos, un anhelo de lograr verdad, bondad, belleza y unidad.

Pero en un mundo bestialmente hostil con las personas que nos reconocemos como católicas, tenemos que ingeniárnoslas para utilizar los posibles valores modernos y postmodernos de modo tal que beneficie al Hombre y que configure la vivencia concreta de la Fe y de la Ética cristianas ante la feroz invasión y depredación de las almas, los cuerpos y las personas en su totalidad.

Una serie de eventos y procesos de extraordinaria capacidad corrosiva, que lo son precisamente por su nivel de genialidad, recorren subrepticiamente desde arriba hasta abajo las capas sociales de todas las naciones. Nada ni nadie escapa a su viento sutil, envenenado, suicida y autodestructivo, que poco a poco, pero seguramente, va creando la sensación de caos y desesperanza que el Mal necesita para lograr los fines que le son propios a partir de su rechazo formal al Ser. Expongo algunos: aquellos que alcanzo a captar desde mi reducida tronera, en lo alto de asediada torre medieval. Estoy seguro de que no son todos, y que existen otros que, incluso, pueden ser más eficaces que estos que denuncio y expongo brevemente.

Ahora el Hombre ha renunciado a la posibilidad real de obtener un conocimiento absoluto respecto de cualquier cosa. Nunca se despreciado tanto el atender a la Realidad y asumirla como ella es. Se cree que tener certezas perfectas es empresa imposible. La única certeza, el único consenso, son: *"no existen certezas, y en eso estamos de acuerdo"*. Como si no fuese una certeza el cuando menos tener esa que se dice tener. El Postmodernismo dice que la pretensión moderna –anterior a la actual– de encontrar el refugio absoluto en el saber científico, era correr tras un ideal irrealizable.

Que lo irrefutable, certero, indudable, demostrable, son meras utopías o ideales imposibles y absurdos. Esa ambición de certezas llevó al Hombre al avance espectacular que hoy conocemos y que se ve reflejado en la tecnología. Ahora, al mismo tiempo que se niega la realidad de la finitud y la limitación humanas, en un acto pudo de soberbia, se crea un devastador desgaste psicocultural, una especie de desesperanza deprimente respecto del conocimiento de la Verdad. ***Buscando y aferrándose a lo que no puede, el Hombre Postmoderno se ha olvidado de lo que sí puede.***

La reacción lógica que ha germinado en la Postmodernidad es la de inventar la ***"verdad"***. Pero inventar la verdad, puede hacerlo cualquiera que tenga voluntad, intelecto e imaginación: cualquier persona. El hombre postmoderno, por tanto, vive los síntomas de ese enconchamiento personal que implicó en cierta medida el Modernismo, en la desorientación existencial del conocimiento de la Verdad. La desesperanzada actitud de la Postmodernidad, junto al sentimiento creciente de dominio de la Naturaleza, y la expansión de las fronteras en la internacionalización de las culturas, se juntan en el hombre actual, para crearle ese sentimiento tan particular y no antes vivido en la historia: el vacío y la decepción de no encontrar un asidero cierto que lo había ilusionado en la pretensión cientificista. Quiere determinar un ***"fundamento"***, pero al haber perdido el fundamento espiritual trascendente y su referencia intencional con el Absoluto, no le queda más que aferrarse a sí mismo... Como al hombre, que ahogándose desgarradoramente, intentando salvarse, arrastra al fondo a quien intenta salvarlo, en este caso a sí mismo.

Dice: ***"Yo tengo mi verdad, porque necesito tenerla, no tengo más a que aferrarme, no puedo soportar la aterradora experiencia de la*** *incertidumbre existencial. ¿Qué está bien? Y ¿qué mal? ¿cuál es mi destino? No puedo ahora saberlo..."*

Si no puede conocerse de manera objetiva, por su escepticismo filosófico exagerado, no puede conocer la Verdad en sí. Entonces inventará la verdad, que no es sino su cortísima y subjetivísima opinión. Pero en esta desesperada lucha de la existencia y el destino ha de aferrarse por lo menos a sí mismo... Si no tiene certezas, porque no se puede vivir una vida sin alguna certeza, al menos tendrá la certeza de su querer y de su propio egoísmo, de los que no puede dudar, y a ello se aferrará.

El hombre postmoderno es Hombre de la Soledad. Y en la soledad se absolutiza el momento y se relativiza la Eternidad, porque más allá está la tentación de la *"nada",* de la angustiosa aniquilación de la persona. La Postmodernidad representa la viva imagen del hombre que pretende autofundarse a sí mismo, ser su propia causa y valor de existir, no porque no sea una tentación humana constante durante toda la historia, sino porque nunca antes se le había querido con tanto convencimiento y cultivo, y como un fenómeno cultural globalizado.

Además, produce la destrucción de lo sobrenatural y aniquila la inteligibilidad del sentido, del origen, de la identidad y del fin último, inventando un *"sin sentido"* que ha enfermado al mundo. Un mundo infernal en el cual, como dice Nietzsche: *"Lo que realmente rebela contra el dolor no es el dolor en sí, sino el sin sentido del dolor".*

Vivir en el presente, sólo en el presente y sin relación con el pasado y del futuro, es una *"pérdida de sentido de la continuidad histórica".* Es esa erosión del sentimiento de pertenencia a una sucesión de generaciones enraizadas en el pasado y que se prolonga en el futuro trascendente. Es la que caracteriza y engendra a una sociedad que apesta a sujetos narcisistas, incapaces de amar.

El común denominador o propósito final de todos ellos es el de crear una atmósfera de desencanto, tristeza, depresión y desesperanza sin salida. Hacernos vivir en las densas tinieblas de una *"noche oscura del alma",* en cuya aurora no espera Dios –como en la oscura noche que algunos santos han sufrido–, sino Luzbel, con su promesa falsa de luz y descanso eternos. Dentro de diversos grados de hipocresía y camuflaje –algunos indetectables a primera vista–, estos procesos no se ofrecen a la gente como algo maligno y perverso, porque probablemente las personas comunes los rechazarían al instante, sin duda alguna. Los estrategas de las tinieblas no proponen claramente: "vamos a destruir a la Familia", sino más bien: *"luchemos por la equidad de género".* No proponen: "enseñemos a los niños a prostituirse", sino que exclaman: *"pelea por tu derecho al placer".* Nadie dice a las claras: "destruyamos a la Iglesia Católica", sino algo opuesto: *"pongamos a la Iglesia al día, para que no pierda tantos fieles".* Los ejemplos podrían multiplicarse.

La Ciudad de México no es *"la Ciudad del Aborto",* sino *"la Ciudad de la Esperanza".* Las pobrecitas mujeres embarazadas contra su voluntad –en una noche de locura– deben gozar de la protección del Sistema para salvar sus valiosas vidas, sin los riesgos de un aborto realizado en condiciones de alto riesgo. Muchos de los procesos que aquí se analizan están hábilmente enmarcados en programas cómicos, deportivos y culturales. Los noticieros los presentan como "lo que debe ser", o cuando menos como algo fáctico que no puede ni debe ser modificado. Por estos días, de una manera muy "ética y concienzuda" –así lo dicen los diputados rojillos del PRD–, se está lanzando la iniciativa de ley para que el matrimonio ya no sea la unión entre "un hombre y una mujer", sino sólo "entre dos personas", y todo esto, desde luego, con apoyo en la Constitución – "**Destructora de la Nación**", según la bautizó mi padre, Salvador Abascal Infante, en su libro del mismo nombre.

2) Procesos Postmodernos. Veamos algunos de estos **exitosos procesos** que Satanás conduce personalmente y sin ser notado, lo cual constituye su máxima potencia: hacernos creer que no existe, y que estos procesos forman parte intrínseca de la evolución hacia una *"Nueva Era de Acuario"* –llena de amor y paz– o hacia una inevitable y caótica aniquilación final. Lo peligroso es que se presentan bajo los diversos y seductores ropajes del Bien Honesto –incluso Absoluto y Divino– en tanto se ocultan o se disfrazan los elementos fútiles, transitorios y deleznables: parecen "la pura Verdad", al gozar de amplia popularidad; y, desde luego, tienen el respaldo de muy poderosas personalidades provenientes de todos los ámbitos de mayor influencia social. Lo peor es que ignoran –aunque a veces lo intuyen– quién es el *General en Jefe* de todos ellos. Muchos de esos líderes visibles que encabezan estos procesos fueron bautizados como católicos o cristianos, por lo que sus padrinos renunciaron en su nombre a Satanás y sus pompas. La mayor parte, después, ya no fueron confirmados, por lo que la renuncia no fue consciente ni consentida.

Dentro de plazos más o menos largos, más o menos cortos, estos procesos tan atractivos culminan en infinita tristeza, vacío y agobio insoportables, por lo que millones y millones de personas recurren lo mismo a los tranquilizantes psiquiátricos que a las drogas heroicas o a cualquiera otro satisfactor material aparente y momentáneo. Son "caldos flacos", largas flautas de pan sin contenido proteínico que no alimentan el alma, pero que proporcionan deliciosas ganancias falsas, que por su precaria transitoriedad siguen ahondando el abismo entre Dios y su criatura. La posibilidad de predicción es una de las razones principales del prestigio de las ciencias experimentales en la era postmoderna. El método científico ha dado a las ciencias la capacidad de prever los fenómenos, estudiar su desarrollo, y controlar así el ambiente en que vivimos.

Sin embargo, es lamentable y dramático que el creciente "avance" de las ciencias experimentales y su capacidad para controlar la Naturaleza por medio de la tecnología, hoy se acompañe con una inaceptable e irracional retirada de la Filosofía, de la Religión y, sobre todo, de la Fe

Cristiana. Los científicos –con nombres y apellidos famosos– claman con megalómano espíritu:

"¿Por qué o para qué invocar a Dios sobre los fenómenos que estudiamos, cuando nuestra Ciencia ha demostrado ya su propia capacidad para explicar cualquier cosa?"

En esta apostasía –herética y soberbia– de la inteligencia y de la voluntad, radica la principal causa de los fenómenos que me propongo estudiar en este capítulo: Desacralización de lo Religioso, Trivialización de la Vida Humana, Descristianización de la Sociedad o Apostasía General de las Naciones, Deshumanización de lo Intrínsecamente Humano, y otros muchos. Es verdad que gracias a la ciencia y a la técnica hemos ampliado y continuamente ensanchamos nuestro dominio sobre casi toda la Naturaleza, de manera que muchos de los bienes que en épocas pasadas esperábamos recibir de las fuerzas sobrenaturales –divinas y demoníacas–, hoy los obtenemos con nuestras propias habilidades y genialidades científicas.

2.1) Desacralización de lo Religioso: lo intrínsecamente sagrado se convierte intencionalmente en cosa profana. Una de tantas formas de desacralización: burlas al santoral cristiano, mediante mecanismos verbales blasfemos, eponímicos, paranomásicos y sinecdocales.[62] No parece ser exclusiva de la postmodernidad, pero hay que reconocer que hoy se ha acentuado de manera habitual y extremosa.

Ejemplos: Jesucristo es *"Chuchín"*, la Santa Misa es *"el rollo ese"*; el sermón del sacerdote es un *"Prozac"*. *"Posada"* no es abrir las puertas del hogar y del alma a la Sagrada Familia, sino una pachanga con borrachera, bailongo y comilona; casarse no es celebrar un sacramento, sino *"suicidarse"*;

---

[62] **Paronomasia.** Semejanza fonética entre dos vocablos muy parecidos pero de significado distinto. P.ej. adoptar y adaptar voces que sólo se distinguen por la vocal acentuada: lago y lego, jícara y jácara. Efecto literario conseguido mediante paronimias. Un epónimo es un nombre que designa a un pueblo, lugar, concepto u objeto de cualquier clase que se deriva, a su vez, del nombre de una persona. La eponimia es una costumbre ya presente en épocas arcaicas, en que no era infrecuente llamar a un período por el gobernante que ocupase el cargo; así, en la Atenas clásica los años llevaban el nombre del arconte epónimo y, en la Roma republicana los años se nombraban por los cónsules elegidos. Hoy es frecuente en las ciencias. La sinécdoque es un tropo en el cual una parte de algo es usada para representar el todo, el todo es usado por una parte, la especie es usada por el género, el género es usado por la especie, o el material de que algo está hecho es usado por la cosa. La sinécdoque es una licencia retórica mediante la cual se expresa la parte por el todo. La sinécdoque es una de las maneras más comunes de caracterizar un personaje ficticio. Frecuentemente, alguien es constantemente descrito por una sola parte o característica del cuerpo, como los ojos, que representan a la persona.

las "niñas" de colegios confesionales se carcajean con chistes irreverentes, de diversos grados de ingenio, pero sucios.

La muerte no es el paso más importante de la vida, sino "La Santa Muerte", es decir, una diosa pagana postmoderna. El colmo es el "Halloween" yanqui: una celebración satánica, en vez de los Fieles Difuntos y Todos los Santos. Todo lo sagrado –la muerte, Dios, la Virgen, el amor, el matrimonio, la familia, la vida misma, la dignidad de las personas– está sujeto a la ironía, la irreverencia y el sarcasmo.

El fenómeno desacralizador constituye un testimonio flagrante de la tradicional vena contestataria y subversiva del sujeto hedonista frente a las presiones de las normas universales y religiosas.

Desacralizar lo que de suyo es santo es una de las muchas herramientas exitosamente corrosivas del postmodernismo. Como una perla negra, leemos en el blog del masón Jesús Silva Herzog. Dice este señor:

> "Con velocidad inaudita, prácticamente en silencio se han reformado un buen número de constituciones de los estados. Una curiosa sintonía ha puesto de acuerdo a las más diversas legislaturas. El matrimonio del PRI y del PAN ha acelerado los cambios. No se trata de reformas constitucionales para que los estados hagan frente a la crisis económica; no son transformaciones institucionales para rendir cuentas a la ciudadanía; no son cambios para agilizar los procesos penales, para transparentar el uso de recursos públicos o para profesionalizar los órganos representativos. **Son cambios que dan forma de ley al dogma religioso.** PAN y PRI están aliados en la demolición del Estado laico".

Y si así fuese, sin concederlo, recordemos que el dogma católico no sólo no admite la supresión del adversario por ser diferente u opuesto a la fe revelada, sino que es la única cultura que garantiza plenamente el respeto a la dignidad del señor Silva Herzog, con independencia absoluta de sus viles convicciones masónicas, sionistas o cualquiera otro tipo. Sólo un católico congruente daría su vida en la defensa de su derecho a disentir. Pero él continúa quejándose:

> "Diecisiete constituciones locales han seguido el tiránico y arcaico dictado de la Iglesia Católica para incorporar a su texto la consigna eclesiástica de que la vida humana empieza desde el instante mismo de la concepción y considerar al cigoto –antes inclusive de su implantación en el endometrio– como un ser humano con plenos derechos".

La queja principal del Adversario de la Vida es que haya vida antes del implante en el endometrio. Suprimirla después es más complicado y riesgoso. Hay que ahogarla de raíz, antes de que sea viable, cuando apenas es un cigoto. Circula por la red un chiste que pinta de cuerpo entero el espíritu desacralizador y trivializante de nuestra contracultura postmoderna, y dice así:

"Derecho Penal. Pertinentes Cuestiones de Ámbito Jurídico. Para la Iglesia, la píldora del día siguiente ya es un aborto. Entonces, surgen algunas dudas: ¿La masturbación masculina es homicidio prematuro o premeditado? ¿El sexo oral: ¿será canibalismo? ¿Podemos considerar el "coito interruptus" como abandono de menor? ¿Y qué decir del preservativo? ¿Será homicidio por sofocamiento? ¿Qué dice la jurisprudencia? ¿Alguien sabe?"

Concedamos que para unos cuantos individuos pensantes se trate de sólo un chiste. Pero la realidad es otra: en estas *"pertinentes cuestiones"* se refleja el afán desacralizador de nuestra época. Acerca de los pecados en el abuso o mal uso de la sexualidad humana, decía San Pablo: *"Nec nominetur in vobis"*: **"ni se mencionen entre vosotros".** Estos chistes hacen de la mujer ligera –esa que sólo se ríe estruendosamente a costillas de su propia dignidad– **"una carga pesada".** Es esta, también, una de las reacciones de impotencia ante los procesos desacralizadores, como los que están corroyendo la mitad de los estados de la República Mexicana.

Hay que atizar el fuego antisagrado con toda clase de recursos irreverentes, como este "chiste" que implica, cuando menos, el desconocimiento de varios hechos: **Uno,** que la masturbación masculina es un pecado grave y un acto de profundo egocentrismo narcisista. **Dos,** que el sexo oral es contra natura y fuente de algunas enfermedades graves. **Tres,** que el *"coitus interruptus"*, si es por motivos antinatales, también es un grave error moral y un uso indebido de persona de la mujer, sin mencionar que se la rebaja en su dignidad y se la deja insatisfecha y frustrada. **Cuatro,** que el preservativo sólo lo usan los que están cerrados a la vida y prefieren *"bañarse con impermeable".* No es del todo eficaz usarlo contra los virus del Sida, por la sencilla razón de que en cada poro del condón mejor fabricado pueden alojarse hasta docena y media de los condenados virus.

No se pueden superar los problemas de la sexualidad con preservativos, ya que, al contrario, la experiencia ha demostrado que aumentan los problemas. La única vía eficaz para luchar contra la epidemia del VIH consiste en una renovación espiritual y humana de la sexualidad, unida a un comportamiento fundamentado en la Ética, en la única que existe. Continúa con sus quejumbres el señor Silva Herzog: *"Las apresuradas reformas tratan evidentemente de cerrarle al paso a la despenalización del aborto como se hizo en el Distrito Federal. Se trata de impedir que una simple mayoría pudiera eliminar el castigo a quien termina voluntariamente un embarazo. **Resguardar la vida desde el momento de la concepción hasta la muerte tiene también por efecto cancelar la posibilidad de legislar en materia de eutanasia, asunto igualmente herético para los clérigos".***

Nótense los términos: **"herético"** y **"clérigos".** En verdad –en vista de su ignorancia supina– valdría la pena que este señor tomase un curso mínimo de Teología Moral. En la Iglesia Católica no existen propiamente los *"clérigos"*, ya que este término es propio de las sectas protestantes.

JUAN BOSCO ABASCAL CARRANZA

Nosotros hablamos de *"sacerdotes"*. Y cuando se legisla a favor del aborto o materialmente se realiza uno, no se incurre en *"herejía"*, sino en un pecado gravísimo que clama al cielo, porque se trata del asesinato de alguien a quien –en lenguaje legal– se le quita su inalienable derecho al voto, entre otras muchas consideraciones.

Silva Herzog se queja precisamente de lo que en su opinión de santón masónico rebelde contra el orden natural llama *"sacralizar la vida"*. Su problema consiste en que la vida es sagrada, no tanto en que alguien la *"sacralice"*. Dice a las claras: **"Sacralizar la vida desde la fecundación hasta la muerte natural para arrancarles a los hombres y mujeres el derecho de disponer de su cuerpo".**

Soslaya que *"disponer de su cuerpo"* al antojo de cada cual es una postura tan ambigua y ambivalente que podría legitimar civil o penalmente cualquier abuso: suicidio abrupto o asistido, pena de muerte indiscriminada, genocidios, eutanasia, eugenesia, asesinatos selectivos, y cualquiera otra cosa que la galopante imaginación subjetiva pudiera inventar. Luego se refiere a la Iglesia Católica de una manera patética: **"No cuestiono que una agrupación religiosa considere que la vida no nos pertenece".**

Ignora que una *"agrupación religiosa"* es necesariamente una secta, ya que *"grupos religiosos"* en la actualidad se cuentan por millones, y todos dicen tener *"teléfono rojo"* con el Señor de los Cielos, así que cada cual inventa sus propios *"códigos de conducta"*. Da por hecho que la Iglesia no fue fundada por Cristo, sino por *"un grupo de clérigos"* que se abrogan el poder nefasto de declarar *"herejes"* a los que no piensen o actúen como ellos. Todo este alegato está infestado de una ignorancia asombrosa. Y luego concede, aparentemente: *"Los hombres de fe pueden creer que nuestra vida es un préstamo de Dios y que no somos nadie para abreviar nuestro paso por el mundo. Pero* **un estado laico no puede asumir esa interpretación del mundo para imponer a las mujeres el deber de aceptar los hijos** *que le caigan o para impedir que se auxilie a los sufrientes a bien morir".*

Él no es un hombre de fe: luego está descalificado para opinar válidamente sobre cuestiones de fe, ya que su pensamiento está sesgado de muchas formas. Se desvía cuando está sujeto a sus propios caprichos narcisistas. **Analicemos la lista de quejas que presentan los partidarios de la despenalización del aborto. *En la columna izquierda leemos la "queja" o "reproche irreverente".*** En la columna derecha, en versales normales, va mi réplica a cada queja:

1) El efecto de estas reformas sobre aborto es gravísimo. Impiden la despenalización e implican graves consecuencias.	1.1) Quieren decir que defender la vida es una "contrarreforma", lo cual significa que suprimir vidas es una reforma, es decir, un progreso.

2) En los estados que han aprobado estos cambios, una mujer violada que resulte embarazada por la violenta invasión de su cuerpo no tendrá la opción de elegir si continúa o termina con el embarazo.	**2.1)** No hay derecho a escoger entre la vida y la muerte de un hijo, sea de quien sea, y nazca como nazca. El alma inmortal no la proporcionan ni óvulo ni espermatozoide. Ellos sólo traen un código genético. El alma la da Dios y por ello tiene derecho a la vida.
3) Una mujer tampoco podrá decidir si sigue adelante con un embarazo que ponga en peligro su propia vida. El piadoso Estado le impone la obligación de parir.	**3.1)** La vida biológica de la mujer no es "el mejor bien posible". Es la vida del niño, cuyas potencialidades en la historia humana nadie tiene derecho a suprimir, aunque la madre pudiera morir.
4) La irreflexión con la que se legisló es tal, que vivimos en el país donde existen las penas más cruentas contra quienes practican el aborto. Diego Valadés ha detectado el absurdo jurídico que se desprende de la conversión automática de una prédica religiosa en regla de derecho.	**4.1)** Toda ley humana en el Derecho Positivo que se aparta de la Ley Natural, niega la Ley de Dios. Destruye los fundamentos relacionales del Hombre con Dios, y no es obligatoria. Lo "legal", si niega el referente Absoluto, es intrínsecamente ilegítimo. "**Si no hay Dios, todo está permitido". Dostoievski.**
5) Identificar la unión de dos células con la vida humana plena y equiparar el régimen de sus derechos es un absurdo monumental. Una mujer que por descuido ingiriera alimentos que provoquen la muerte del embrión deberá ser considerada homicida imprudencial.	**5.2)** Si una mujer ingiere alimentos tóxicos el "homicidio imprudencial" sería realizado contra sí misma. Muerta: ¿a quién castigarían las leyes? ***Se prohíbe al sistema digestivo dañar la salud de quienes ingieran alimentos que los puedan enfermar o matar".***

6) Si se provocara el aborto estaría cometiendo un homicidio con todos los agravantes imaginables para pasar 50 años en la cárcel. Pensemos, en los médicos que participan en procesos de fecundación in vitro. Si el manejo del material fecundado condujera a la muerte del cigoto, estaríamos en presencia de un asesinato, posiblemente de un asesinato múltiple. Se trata pues, de monstruosas reformas apresuradas e irreflexivas que tienen como propósito congraciar a la clase política con la jerarquía católica.	**6.1)** Estas "razones" son las que hacen de la manipulación genética técnicas prohibidas por la Ley Natural, aun cuando las leyes positivas las apoyen. Ni siquiera so pretexto de curar enfermedades. Ni la salud ni la vida pueden estar basadas en la muerte del nonato. La utilización de embriones humanos para usos científicos e incluso para la curación de otros seres humanos, atenta contra la dignidad del hombre y su derecho a la vida; sobre todo cuando se trata de la clonación, aunque se la disfrace de «terapéutica». Eso no es humanismo, sino «tecnolatría» y culto pagano a la ciencia.
7) Es entendible que las entidades de la república regulen de manera distinta el aborto. Esa es una de las bondades del régimen federal: legislaciones a tono con el clima de la opinión local. No sería por eso extraño que un país tan diverso existieran regulaciones distintas en esta materia tan polémica y tan compleja. Ese es el espacio que la Suprema Corte de Justicia abrió: sean los estados quienes normen asunto tan delicado.	**7.1)** Es decir: que las distintas legislaciones no se basan en el único referente Absoluto: excluyen a Dios; por eso son distintas. Una legislación basada en la Ley Natural sería la misma para todos los seres humanos, sin excepción de lengua, raza, religión cultura. La diversidad "legislativa" es una de las hijas favoritas del Pecado original, que ésta no sólo nubla la razón humana, sino que la desvincula respecto de su Creador y la lleva a establecer como obligatorias normas antinaturales.

8) *Pero lo que hemos visto no es el despliegue de la legítima autonomía local sino la imposición del dogma religioso sobre una clase política conservadora y oportunista. El conservadurismo religioso del PAN no es sorpresa. Lo es tal vez su incapacidad de vestir su fe con trajes seculares para redactar normas que no sean sólo compatibles con sus creencias sino propias de un Estado secular que no impone a todos el prejuicio de unos.*	**8.1)** A los estados del país que han optado por la defensa de la vida se les acusa de la imposición de un dogma religioso. Pero hablando de Leyes Naturales no podemos hablar de dogmas religiosos, sino sólo de leyes que son históricamente anteriores a cualquier religión. Los romanos paganos, atenidos a la Ley Natural, legislaban: **"Nasciturus pro natur..."**: **"Lo concebido téngase por nacido".** El Dogma de la Iglesia no se opone a la Ley Natural, sino que la incluye, aunque a veces la supere.
9) *Lo más aberrante es el oportunismo del PRI que difícilmente puede seguirse presentando como defensor del Estado laico después de esta abdicación. Con esta cascada de reformas, el PRI se ha convertido en la bisagra de la ultraderecha mexicana.*	**9.1)** Si alguien legisla a favor de la vida para congraciarse con la jerarquía católica, no pasa de ser un hipócrita oportunista, mentiroso y manipulador. Eso ha hecho el PRI, para ganar votos, aunque tenga que "aliarse" con la no menos heterodoxa ultraderecha.

2.2) Mitologización. Es un mecanismo paganizador y deletéreo que eleva a la categoría de *"diosas legendarias"* y *"mitos adorables"* a ciertas fiestas sagradas mundanizadas, a cínicas prostitutas famosas, lo mismo que a grandes deportistas. No faltan los personajes del mundo de la farándula –que más que llamarse *"artistas"* deberían en justicia ser denominados **"hartistas"**, por aquello de que se hartan de drogas y placeres contra natura.

Descripciones y ejemplos. Este proceso tan propio de la postmodernidad está más allá de la "Mitología" –entendida ésta como disciplina o compendio de mitos. Porque mientras que la mitología utilizaba criterios históricos y culturales en su acercamiento al estudio de los mitos: Zeus, Eros, Tánatos, Marte, Afrodita, Sísifo, Prometeo, tales criterios no son condiciones preestablecidas que se retoman para la creación del mito postmoderno.

La mitologización postmoderna eleva a la categoría de "culto" cualquier cosa o persona divertida, útil o placentera. Así, decimos hoy que tal o cual película o serie de televisión es *"de culto"*; que fulana o fulano de tal *"son verdaderos y grandiosos mitos"*; que tal o cual deportista es *"legendario y mitológico"*.

Mikael Jackson es un mito postmoderno fabricado para ser adorado. La lista sería interminable, puesto que en cuando algunos mitos mueren, ya tienen sus reemplazos. Y los muertos pasan a formar parte de los *"mitos de culto"* de coleccionistas nostálgicos de la fugacidad de la gloria de sus ídolos *"techno"*.

Los mitos postmodernos y el mercado. Estos mitos están pensados como creaciones sistemáticas y tramposas a favor dela usura, por lo que no se trata, ni de lejos, de una verdadera "mitología" en el sentido en el que sí lo son la griega o la romana, la china o la egipcia. Es sólo un poderoso mecanismo de ventas, al servicio de casi todas las empresas, artistas, productores, deportistas, etc., para sostenerse presentes en el ánimo de la gente, de esa gente que busca mitos en los cuales creer.

Decía mi abuela: ***"Quien no conoce a Dios a cualquier 'caca' se le hinca".*** Los mitos postmodernos se crean, se construyen, reconstruyen o se retoman con base en la oferta y la demanda. Se diseñan para generar nuevas dinámicas para la venta de tal o cual producto.

Existen consumidores decepcionados por alguna marca a la cual demandan por no haber cumplido con sus expectativas; por ejemplo, la de atraer chicas de manera irresistible con un perfume o desodorante *"míticamente atrayente"*.

Pese a que la mayoría impulsa la decadencia de las certezas y desecha la trilogía de la modernidad –Razón, Progreso, Revolución–, vivimos en etapa pródiga en producción de mitos reciclados que aparecen como apetecibles. Son el fruto de la tiranía de los Mass Media. Pero son sólo fantasías profundamente destructivas impuestas en forma de verdades incuestionables. En las sociedades primitivas los mitos eran personajes ejemplares y universales, cuyas historias sagradas y actos heroicos eran emulados por los seres humanos. Pero ahora, en nuestra absurda era postmoderna –paradójicamente caracterizada por furores "desmitificantes"– se renuevan los mitos: la eterna juventud, el retorno permanente, la aceleración en pos de vencer al tiempo.

Estos mitos aparecen vinculados con la cultura tecnológica. Un ejemplo contundente lo es ese aparatito llamado *"Blackberry"*, que toma su nombre de la pesadísima bola de hierro que se colocaba en los tobillos de los grandes criminales presos en cierto tipo de cárceles.

Ahora significa que así como aquellos delincuentes no podían librarse de la pesada bola, ahora tampoco los usuarios de ese adictivo aparato podrán librarse de él, ya que casi todo mundo se le esclaviza y le rinde un culto mitológico. Una vez probado, nadie puede ya vivir sin su *"Blackberry"* pegado a las manos y las orejas.

Y tampoco sin los *"iPods"*, los *"iPads"* y las computadoras portátiles. Para conservar su productividad, las empresas se ven obligadas a imponer severos controles sobre los sitios que sus empleados pueden visitar y los correos que pueden enviar y recibir. Programas completos que gozan de gran popularidad se suprimen.

¿Qué tenemos hoy? El hombre olvida su cuerpo, desecha las relaciones reales, y habita casi sólo en el espacio virtual. Se vuelve adicto a la maquinística en un anhelo de inmortalidad. Pero la persona deviene en herramienta de la tecnología. Los fundamentos del pensamiento hegemónico imperante en el *"Nuevo Orden Mundial"* crecen alimentados por los mitos postmodernos de la globalización, del fin de las ideologías, del progreso indefinido de la sociedad de la información y de la libertad irrestricta en un mundo de control social.

Los bellos mitos que han muerto. Antiguamente los mitos eran el fundamento de la vida social y de la cultura: constituían un modelo ejemplar y virtuoso del comportamiento humano. Ulises realiza el clásico viaje epopéyico impulsado por el amor a su esposa Penélope –otro mito sublime del amor conyugal– y por el terror a los misterios insondables del mar. Eneas, superviviente de Troya, de cuya ilustre estirpe nacerá Roma, proclamaba: *"alios ventos alias que procellas"* –**he visto otros vientos y otras tempestades**"–; Héctor, el héroe troyano que arenga a sus tropas así: *"Yo, desde niño, aprendí a amar a Dios, a luchar por mi patria y a amar a mi familia".* Dice esto mientras su esposa lo abraza y él carga a su hijo, entre el fragor de la inminente batalla por la vida y la libertad de su pueblo. Aquiles el inmortal con su talón hendible, Hércules y sus legendarios trabajos, Sansón y su hazaña al derribar el templo pagano para liberar a Israel. Estas y otras muchas historias, conservadas en vibrantes imágenes dentro del inconsciente colectivo de la Humanidad, han sido sin duda la puerta de acceso a los aspectos más profundos, nobles y complejos del espíritu humano: virtudes, temores, miedos, fantasías y esperanzas. Como vemos, en los mitos arcaicos abundaban los héroes sobrehumanos, investidos de un aura inmortal que los transformó en arquetipos históricos.

Yo mismo he vivido bajo el signo de Eneas, pues mi lema personal es: *"Fortuna Audaces Juvat": "La Fortuna Sonríe a los Audaces."* Porque soy mejor persona al introyectar a los héroes ejemplares y de valor universal. Pero hoy, en la sociedad postmoderna, desacralizada y laicizada, los mitos han perdido su aureola sagrada al ser mixtificados, actualizados y destemplados al fulgor luciferino de la *"Nueva Era",* plena de esoterismos brujeriles y seudocientíficos. Los nuevos mitos: laicos, degradantes, camuflados, se encuentran por todas partes. Pero las fiestas paganas del mundo postmoderno han conservado sus anhelos.

Los excesos del Año Nuevo y por el nacimiento de un niño, proyectan una gran nostalgia por la renovación, por la necesidad de un recomienzo absoluto, con la esperanza de que el mundo se renueve. La brecha que existe entre esos maníacos júbilos profanos y su arquetipo mítico –la renovación periódica de la Creación– hace evidente que el hombre postmoderno siente la nostalgia de Infinito, aunque ésta esté desacralizada.

Lo terrible, repito, es que en esa actualización postmoderna la persona se haya vuelto instrumento de la tecnología. Es *"una cosa ciega",* víctima utilizada por sus propios instrumentos. Algunos mitos dominantes son: la eterna juventud, el comer determinados alimentos que tienen la clave del bienestar, el angustioso deseo de no perderse nada, la cirugía plástica, los medicamentos milagrosos, los aparatos electrónicos y el frenético aceleramiento hacia el abismo consumidor. Las tecnologías están dando lugar a una variedad de *"neotecnomitos"*: así vemos a grupos de personas, todas con el *"chat"* en ristre, comunicándose a distancia y odiando al vecino que los interrumpe. Hemos elevado a la categoría de mito *"la Libertad"*, mientras sobrevivimos en un Planeta Tierra esclavizado a los controladores invisibles. De los millones que ya usan microchips para identificarse, comprar y acceder a toda clase de servicios, pronto pasaremos a una universalidad de esa forma de control total, apocalíptica en su concepción y aniquiladora en su aplicación. Desde el falso espiritualismo sincrético de la *"New Age"*, hemos llegado a la preponderancia absoluta del hedonista ***"todo se vale"*** y del esotérico o satánico enfoque tecnocrático del ***"todo se puede"***.

Es la antesala para recibir al Anticristo –que no es ni será un mito más, sino que marcará el final de la Historia. Hablo de la astronómica cauda de mitos pseudocientíficos que hoy se nos venden como panaceas para curar cualquier mal. Sobre este tema me extenderé en los siguientes tomos, en los que analizo el efecto letal de la ausencia de cada una de las Virtudes Teologales –Fe, Esperanza y Caridad–, ya que éstas han sido sustituidas por los **"neomitos"** pseudoteológicos y seudocientíficos: *"La Dianética"*, el *"New Age"* y la *"Ufología"*.

2.3) Trivialización. Es la merma de la importancia de los valores absolutos o menosprecio irónico y aun sarcástico de un asunto grave. Habitualmente los "debates televisivos" caen intencionalmente en la trivialización de cuestiones muy serias. Se trivializa el aborto, a pesar de que la ética médica –desde el juramento hipocrático hasta la "Declaración de Ginebra"– imponen el máximo respeto a la vida humana sin discriminación. Hoy se trivializa, sobre todo, la vida del nonato, y en particular se trivializa la vida con el uso de la *"píldora del día siguiente"* y otros recursos propios de la **Cultura de la Muerte**". Sin embargo, desde mi enfoque la peor trivialización es la del Amor como tal, virtud trivializada al grado de que le gente lo capta como un simple sentimiento apasionado que puede ir y venir. Nada más trivial que creer que *"el amor se acaba"*, *"cuando el amor se va"*, *"tengo derecho a volver a amar"*, etc...

Descripciones y ejemplos. La susodicha pildorita es otra honda forma de trivializar la vida misma. El acto mismo del aborto no es muy diferente a una menstruación algo más abundante y fastidiosa de lo normal. Desde el punto de vista emocional estamos ante una variante –más prosaica y vulgar– del aborto, carente del dramatismo y la tensión del aborto quirúrgico. Así se convierte este drama humano en algo irrelevante, trivial; en algo parecido a matar un parásito intestinal. Como proclaman las abortistas mexicanas, hay que luchar, ***"por un vientre libre"***.

El enemigo a vencer es un ser humano microscópico, pero que amenaza con alterar la vida de su madre. Todo consiste en ingerir una pócima y esperar sus *"maravillosos efectos liberadores"*. ***La píldora está diseñada justamente*** *para eso: para desdramatizar el aborto, para blanquearlo, trivializarlo; para que todos nos olvidemos de él,* para que nadie sienta remordimientos por la vida engendrada y selectivamente destruida. Lo demoledor consiste en desproblematizar afectiva y racionalmente el aborto, en extinguir lo poco de humano que le queda al inevitable trauma de sentir que la criatura está siendo aspirada o reducida a fragmentos. Hoy se trivializan las flaquezas humanas, las agonías de los nonatos y la angustia existencial, para instalarse confortablemente en el pantano de las mentiras pactadas. La sociedad elimina la conciencia del pecado, pero que duda en realizarlo. Y al bien honesto –que es el nonato– le llama "mal" y por ello lo ejecuta. Coloca a lo perverso una etiqueta de "bueno" y "avanzado", y a la perversidad se le califica como algo trivial, intrascendente. Como jalarle al agua del baño.

Trivialización de la Santa Misa. Ha invadido casi todas las iglesias y a la mayoría de los "feligreses". Mucha gente celebra "primeras comuniones" donde lo importante es un conjunto de banalidades: la ceremonia, la fiesta, los regalos, los recuerdos, las fotos, los videos, las bebidas, el lugar de la pachanga. Lo esencial: Cristo en la Hostia que se entrega al niño inocente y en estado de Gracia, es totalmente insubstancial. Si acaso un ritual carente de contenido. *"Yo no creo en eso de la comunión... yo organicé esta fiesta sólo como una tradición social"* –explica a sus amigas una ex alumna de los Legionarios. Todas vestidas como para un desfile de modas.

Eso es lo que importa. La Sagrada Forma es algo trivial. No existen ya disposiciones interiores de comunión con Cristo y reavivación de los hábitos de la Caridad, propios de la vida cristiana. Después de "celebrar" la Eucaristía casi nadie sale de la iglesia con un deseo sincero de mejorar sus vidas. No hay compromiso de ser mejores católicos en la vida diaria. Se niega el hecho de que cada cual pudo comunicarse con Jesús –presente en su Palabra y en el sacramento– pero prefirió el sacrilegio. Con todo y el banal alarde de elementos accesorios: guitarras, perfumes, minifaldas, saludos de paz, y besos. **Se han quedado en la cáscara, y han desperdiciado el fruto.** Los feligreses trivializantes conservan sus odios y rencores. Se ahogan en sus astronómicas distancias e infranqueables barreras. Mientras el sacerdote lanza su fervorín, atractivas jóvenes mujeres y varones metrosexuales dirimen sus problemas sentimentales desde sus imperdibles celulares. Lanzan palabrotas y amenazas. Chantajean y mienten. Se ríen, lloran, se deprimen, se alegran. Continúan perdidos en sus vicios y apegos excesivos a las cosas materiales. Ignoran que una sola misa sería suficiente para mejorarles toda una vida y poner sus almas en el camino de la santificación. Pero no: lo que hoy se obtiene con tantas celebraciones vacías de contenido en lo esencial y muy llenas del estruendo accidental, es convertir la Santa Misa en un simple *"show bussiness"*. En una fiesta mundana donde los jóvenes van a ligar. En un mero desayuno ritual y ceremonial. En un trivial acto de seducción *"con las chicas más atractivas"* y con *"los muchachos más guapos"*.

Las mujeres –sin importar la edad– se visten con sus mejores trapos a la última moda, pero no en señal de respeto y reverencia, sino para llamar la atención de las miradas lujuriosas. ***"Más tela y menos jalones, señorita..."*** –le dijo un anciano cura a una mujer que procuraba taparse las hermosas pantorrillas descubiertas por apretada minifalda, sentada ella muy modosita en la primera fila del templo. En no pocos lugares y por no pocos fieles y ministros, un tanto "innovadores", llevados por la corriente del arrollador secularismo trivializante, han dado lugar con su actitud postmoderna a una trivialización del misterio de la Eucaristía. La participación consciente, piadosa y activa es cosa el pasado. Lo postmoderno es acudir a *"misas bonitas"*.

Los asistentes a esta seudoliturgia comentan, emocionados hasta las lágrimas, *"lo padre que estuvo la misa"*. Todo porque hubo exceso de guitarras, bailes, folklore, procesión interminable de ofrendas a cual más pintorescas y hasta chuscas; abundaron los selectivos gestos sensuales en los exuberantes de *"saludos de la paz"*, *"textos sagrados"* y *"plegarias eucarísticas"*. Pero casi nadie introyectó La Palabra ni hizo de la Comunión en Gracia su propio vínculo salvador. Luzbel, al lado del cura *"buena onda"*, aplaude, entusiasmado, en primera fila. ***Así va preparando su intervención apocalíptica: la abominación desoladora, es decir, la suspensión del sacrificio del altar, porque ese acto es el que más odia*** –le recuerda su derrota en la resurrección de Cristo– ***y el que más teme*** –porque volverá a ser derrotado cuando Jesús regrese a juzgar a los vivos y muertos, y él y sus huestes sean por siempre encadenados.

2.4) Descristianización. Consiste en una serie de complejas y masivas formas de persecución contra Cristo y sus fieles, cuyo objetivo central consiste en arrancar al Hijo de Dios del corazón de los hombres, en todos los rincones del Planeta. De ahí el ansia descristianizante de las sectas masónicas, hoy armadas letalmente con la en apariencia dialogante postura postmoderna. El Cristianismo comenzó su arrolladora expansión por todo el Planeta Tierra sin recursos materiales.

Un puñado de apóstoles sin medios de comunicación. Hostilizados y echados a las fieras. Política y económicamente esclavizados. Pero contra todos los obstáculos posibles se abrió paso, hasta tomar en sus manos al Imperio Romano. Entonces, poco a poco, sobrevino la fatiga del espíritu, y la inclinación a dejarse arrastrar por la magia y el sortilegio de los bienes materiales.

En aquel momento, el Adversario no tenía en la Tierra huestes ricas ni poderosas. Su inferioridad visible era por sí misma anonadante. Pero ese Enemigo infundió en las almas de los gobernantes, sagazmente, su fuerza monstruosa metafísica –el odio a Dios, a Cristo– y comenzó a ganar terreno. Hasta que hoy se ha impuesto en lo visible con toda la fuerza de lo invisible demoníaco. Los hombres que maniobran y maniobran hoy los hilos de los procesos descristianizantes, son muy superiores en inteligencia y recursos a los tibios y cobardes cristianos de ahora. Disponen de una fuerza espiritual incontestable, negativa, destructora, antihumana, antinacional y ante religiosa. Satánica y luciferina, y por ello es precisamente una fuerza tal colosal. Y los cristianos que han abandonado el estado habitual de la Gracia Santificante, son fácilmente víctimas de tal Adversario. Así, la derrota está siendo avasalladora en todos los frentes.

Descripciones y ejemplos. El *"Tribunal Europeo de Derechos Humanos"* en la ciudad de Estrasburgo sentenció contra el estado italiano que...

> *"La presencia de crucifijos en las aulas escolares constituye una violación del derecho de los padres a educar a sus hijos según sus convicciones, y viola la libertad religiosa de los alumnos". Agrega el tribunal: "la Corte no puede entender cómo la exposición en las clases de la escuela estatal, de un símbolo que está asociado al catolicismo, puede servir al pluralismo educativo, esencial para la conservación de una sociedad democrática, tal como la concibe la Convención Europea de los Derechos Humanos, un pluralismo que reconoce el Tribunal Constitucional italiano".*

Este asunto, en su primitivismo brutal, es una consecuencia inevitable de la intencional descristianización que atraviesa al mundo católico desde hace varias décadas. Hoy las sectas masónicas nos han convencido de que la ocupación fundamental del ciudadano cristiano no consiste en conservar la identidad católica ni la amistad –Comunión con Cristo– sino en sostener **"el diálogo a toda costa"**, y el **"estar de acuerdo"** aun con las posiciones más destructivas y distantes. Este pretendido **"respeto de la diversidad de las posiciones culturales y religiosas"**, sostenido por la idea de una absurda equivalencia entre las diversas posturas ideológicas y las religiones, es el que hace perder al catolicismo su referente Absoluto específico: morir al Pecado, como Cristo, pero renacer a la Gracia con la penitencia, la oración y los sacramentos.

Se repite al infinito la escena en la que Pedro niega tres veces a su Maestro, con tal de no chocar con los ciudadanos que lo señalan como discípulo del Crucificado. Es un aperturismo buscado, aceptado y hasta impuesto a toda costa, que es recompensado por la habilísima Masonería como siempre lo ha hecho: con honores, fama, placeres, poder y riquezas. Nadie prevé que finalmente el pago masónico será desprecio, la violencia y aun la muerte, cuando el nuevo traidor, antiguo cristiano, ya no sea útil a los fines masónicos: borrar el rostro de Cristo de todos los cofines de la Tierra, hasta lograr la suspensión del Sacrificio de la Misa.

Aparte de la otrora católica España, el México de hoy –como sucede en casi toda Hispanoamérica– es la región más descristianizada. Hasta mediados del siglo pasado nuestro continente todavía era un conglomerado armónico de naciones católicas en su mayoría, y sobre todo con familias católicas, en toda la extensión de la palabra. ***En la vida cotidiana de los padres y los hijos de esas familias imperaba una gran fe en Dios, en Jesucristo, Dios y Hombre Verdadero, en su Santísima Madre la Virgen María y en todos los dogmas de la Santa Madre Iglesia Católica, fundada por Nuestro***

Señor Jesucristo. Esa gran fe producía el ferviente deseo de aceptar, con humilde y santa conformidad, la obediencia a la sabia voluntad de Dios.

Todas las acciones de los miembros de familias católicas eran llevadas a cabo para cumplir el fin último para el que fuimos creados: conocer, amar y servir a Dios, y así alcanzar la gloria de poseerlo. Ser en verdad felices con Él, en la Visión Beatífica y en el goce de la Creación entera –gracias a la resurrección del cuerpo– por toda la eternidad. De ser pueblos idólatras, colmados de antropofagia, diezmados por los sacrificios humanos, presos de ignorancia inconsciente y sujetos a una profunda maldad, la evangelización y el consecuente bautismo los hizo convertirse en hombres y mujeres católicos, hijos de Dios, con amor y devoción por las cosas de Cristo y su Iglesia. Cincuenta años después de las apariciones de la Virgen de Guadalupe, la Religión Católica se había extendido por los rincones de Latinoamérica. Las familias católicas formaban sociedades articuladas, vinculadas, integradas y armónicas, en torno a una religión y una cultura cristiana, particularmente en México. Salvador Abascal Infante –padre de quien esto escribe– rebautizó a nuestro continente con el hermoso y significativo nombre de "**Cristianoamérica**".

La Inquisición Española cumplió con su misión: durante tres siglos ayudó eficazmente a salvar España y a Cristianoamérica de la herejía y de las costumbres inmorales y depravadas, que destruyen la paz social y política. ***"Res ipsa loquitur...": "Las cosas hablan por sí mismas"***.[63] Si se analizan desapasionada y objetivamente los antecedentes y consecuentes de la evangelización de América Latina, veremos reflejada de manera incisiva y casi indeleble la grandeza hispánica cuando gobernaron los Austrias. Aquella epopeya no fue sólo una simple aventura marítima renacentista, ni su brújula fue ni sólo ni principalmente la ambición económica, sino la salvación de las almas.

El Descubrimiento y la Conquista, como la Evangelización, fueron presididos por el ideal cristiano medieval de las Cruzadas, con la concreta intención de frenar la expansión islámica. Con el ánimo levantado, tras la victoria castellana sobre los musulmanes de Granada, se logró el proyecto de vincularse por mar con los míticos reyes de Indias. Y caerle por la retaguardia al Islam y rescatar el Santo Sepulcro –meta comprensible sólo en el marco propio del cristianismo de aquella época. Luego, advertidos los iniciales errores, no se torció el signo fundacional cristiano, sino que la cruzada se tornó en misión evangelizadora. ¿Qué ha sucedido? ¿Qué o quiénes han modificado las cosas tan trágicamente? ¿Cómo se está descristianizando la sociedad de Hispanoamérica que fue tan católica? ¿Cómo se descristianizaron las familias católicas mexicanas?

Se dice por ahí que *"la historia siempre se repite"*... Entender los procesos de la descristianización de otras sociedades puede ser muy útil

---

[63]   Salvador Abascal Infante. La Inquisición en Hispanoamérica México, Tradición, 1998, 380 pp.

para defendernos, nosotros, las familias y las sociedades actuales, de los enemigos de la raza humana. Descubro el rostro y el ánimo del adversario al transcribir aquí lo que Obama dijo en Turquía: *"¡América ya no es un país Cristiano!"* Leamos el discurso de este precursor del Anticristo, quien además de declararse *"cristiano por elección"*, apoya de manera irrestricta todos los programas abortistas:[64]

> *"Dado el incremento en la diversidad de la población norteamericana los peligros del sectarismo son más grandes que nunca. Sin importar lo que hayamos sido, no somos más una nación cristiana, al menos no sólo cristiana. Somos también una nación judía, una nación musulmana, una nación budista, una nación hinduista y una nación de no creyentes. Y aun si sólo tuviéramos cristianos entre nosotros, si expulsáramos a cada no cristiano de los Estados Unidos de Norteamérica, ¿de quién sería la cristiandad enseñada en nuestras escuelas? ¿Sería la de James Dubbson o la de Al Sharpton? ¿Qué pasajes de las escrituras deberían guiar nuestra política pública? ¿Debemos acudir al levítico que sugiere que la esclavitud está bien y que el comer mariscos es una abominación? ¿O debemos ir al Deuteronomio el cual sugiere apedrear a tu hijo si él se aleja de la Fe? ¿O debemos adherirnos al pasaje del Sermón de la Montaña el cual es tan radical que es dudoso que nuestro Departamento de Defensa sobreviviera a su aplicación? Entonces: antes de dejarnos llevar... leamos ahora nuestras biblias. Amigos: no han estado leyendo sus biblias, lo cual me lleva a un segundo punto. La democracia demanda que los religiosamente motivados traduzcan sus preocupaciones en valores universales más que en valores religiosos específicos.*
>
> *"¿Qué quiero decir con esto? Que se requiere que sus propuestas sean sujeto de argumentaciones y susceptibles al razonamiento. Ahora podría estar en oposición al aborto por alguna razón religiosa, por poner un ejemplo, pero si busco sobrepasar una ley prohibiendo su práctica, no puedo simplemente señalar las enseñanzas de mi iglesia o evocar el designio de Dios. Tengo que explicar por qué el aborto viola un principio que está al alcance para la gente de todo tipo de fe, e incluyendo a los que no tienen ninguna fe. Va a ser difícil para aquellos que creen en la incuestionabilidad de la Biblia, como muchos evangélicos lo hacen, pero en una sociedad plural no tenemos elección. Las políticas dependen de nuestra habilidad de persuadir mutuamente de principios comunes basados en la realidad común. Esto involucra el compromiso y el arte de lograr lo que es posible. En un nivel fundamental la religión no permite ese compromiso, pues ella es el arte de lo imposible. Si "Dios ha hablado", los fieles esperan vivir bajo los decretos de Dios a pesar de las consecuencias. Basar la propia vida en mandamientos inflexibles podría ser sublime, pero basar nuestro qué hacer político en tales mandamientos es algo peligroso. Por si lo dudan, permítanme ponerles un ejemplo: todos conocemos la historia de Abraham e*

---

[64]   http://www.youtube.com/watch?v=QIVd7YT0oWA&feature=related. Obama In Turkey: *"We Do Not Consider Ourselves A Christian Nation".*

JUAN BOSCO ABASCAL CARRANZA

Isaac. Abraham recibe órdenes de Dios de ofrecer a su único hijo. Sin ningún argumento, toma a Isaac y corre a la cima de la montaña, lo ata al altar, toma su cuchillo y se prepara para actuar como Dios le encomendó. Ahora sabemos que las cosas salieron bien, pues Dios mandó descender un ángel para interceder en el último minuto. Abraham pasa la prueba de devoción a Dios, pero está claro que cualquiera de nosotros en su iglesia que viéramos a Abraham en el techo del edificio alzando su cuchillo, de menos llamaríamos a la policía y esperaríamos que los servicios del departamento de familia llevaran a Isaac lejos de Abraham. Lo haríamos porque nosotros no escuchamos lo que Abraham escucha ni vemos lo que Abraham ve. Entonces lo mejor que podemos hacer es actuar conforme a las cosas que todos podemos ver y todos podemos escuchar. En leyes comunes de razonamiento básico.

"Tenemos trabajo que hacer aquí, pero tengo la esperanza de que podremos tender un puente para pasar el hueco que existe y sobrellevar los prejuicios que todos llevamos en este debate. Tengo la fe de que millones de norteamericanos creyentes quieren que eso suceda. Sin importar qué tan religiosos sean o no, la gente está cansada de la fe usada como herramienta de ataque. No quieren la fe para menospreciar o para dividir, porque al final todos perderíamos".

Cinco procesos descristianizantes y destructivos. Revisemos, muy someramente, el tortuoso y sagaz camino destructivo que convirtió a la mayor parte de los países de la Europa de la Edad Media –que estaba formada por católicos fervientes– a la Europa actual llena de ateos prácticos: sin Dios o contra Dios, que es lo mismo, ya que... **"Quien no está conmigo está contra Mí..."** [65] Los procesos se imbrican en las circunstancias y los tiempos históricos. No existe una línea divisoria claramente marcada, pero todos ellos persisten hasta la actualidad en diversas formas y manifestaciones: siempre igualmente destructivos para nuestras sociedades y familias católicas. La sociedad católica de la Edad Media fue paulatina e intencionalmente desintegrada desde las profundidades de las logias masónicas, apoyadas por la codicia, la avaricia, la envidia y la desmedida ambición de los mismos católicos que ansiaban ser reconocidos como personas poderosas.

Pero esto no es solamente algo histórico, no es algo *"que ya pasó"*. No, no es así: este mismo proceso corruptor se repite cada día en todas las naciones y en las familias católicas. Uno de los ejemplos más patéticos sobre este hecho es la forma como los miembros del partido Acción Nacional en México *"ganaron el poder pero perdieron el partido"*. Nunca el PAN presentó una suficiente oposición frontal y valerosa –sin dejar de ser prudente– ante las leyes abiertamente antinaturales y anticristianas. Incluso, la aprobación de la expresión *"México es un país laico"*, surgió de la mente y la boca de los antiguos luchadores panistas –católicos confesos alguna vez– y ahora uncidos al carro de la Bestia Apocalíptica. Y ahora, a fines del sexenio actual, hay claros síntomas de cómo llegaron y cómo se afianzan en

---

[65] Evangelio de Lucas, 11-23.

el poder los *"panistas"*: mediante la protección a Narcocárteles selectos –el del *"Chapo"*, por ejemplo–, y con el dinero de las cadenas de corrupción que operan los casinos, y que de hecho han aportado centenares de millones de dólares a funcionarios del gobierno actual.

Así vemos cómo este proceso destructivo de la cristiandad es igual al que sufren nuestras familias más representativas, en forma diaria e inevitable, ya entrado el Tercer Milenio. Ese proceso presenta mil caras y usa del engaño sagaz como su arma preferida. Uno de esos rostros se llama *"humanismo"*, el cual, con todas sus manifestaciones –artísticas, lúdicas, científicas, seudocientíficas, filosóficas, políticas, mediáticas y aun religiosas– tratará de que los miembros de cada familia tengan, en la práctica, sus propias vidas narcisistas como el centro de la Creación. Así aflojarán en los ejercicios de piedad en casa y en el templo, y poco a poco estarán listos para el siguiente proceso descristianizante, tal como lo vimos en la Europa del Siglo XIII. Es obvio que en la actualidad las familias católicas fervorosas y con vida sobrenatural son muy escasas.

El "**Humanismo Antropocéntrico**" o "**primer proceso**", ha hecho bien su trabajo, con las armas proporcionadas por el movimiento New Age. Desde generaciones previas ha tenido éxito y ha estado preparando el terreno para el siguiente paso.

El "**segundo proceso**": el "**Espíritu de Protestantismo**", también ha hecho brutal mella en nuestras familias mediante miles de aviesas formas. Tiene que ver con la desconfianza y la pérdida de la obediencia a la Santa Iglesia Católica y a todo tipo de autoridades legítimas. Contra la autoridad paterna, por ejemplo. Al igual que con esos luciferinos grupos autodenominados "**Católicas por el Derecho a Disentir**". Este espíritu estimula la separación y el libertinaje de los hijos, la rebeldía herética y cismática contra la Iglesia, y deriva o da origen al liberalismo a ultranza y al supra-capitalismo neoliberal.

"**Time is money**". Nuestras familias están ya imbuidas de "**Liberalismo Ilimitado**", que es el "**tercer proceso**". Sus miembros aceptan a Cristo como Dios... pero sólo en el más allá: no lo aceptan como Rey en la Tierra. Es muy comprometedor. Puede llevar al martirio, y eso no va con el espíritu liberal y el afán hedonista. Numerosas familias juegan –como los liberales– con dos amos: Cristo y el Mundo, bajo la magnífica orquestación de Luzbel. El domingo a Misa, pero los viernes al cabaret o al "table dance".

O bien, el sábado por la mañana comulgan, pero por la tarde van y se visten con la moda más impúdica posible. No dejan de dar limosna a la Iglesia. Pero no pagan a sus empleados no digamos un salario remunerador, sino ni siquiera simplemente justo. Para rezar el Rosario hay que apagar la tele. Pero es mucho mejor la telebasura. Todos estos hábitos liberales no escandalizan a nadie, puesto que caen dentro *"de lo más natural"*.

Un "**cuarto proceso**" involutivo consiste en que también Hispanoamérica ha estado bajo el yugo de gobiernos comunistas: Cuba, Nicaragua, Venezuela y Ecuador. Su influencia corrosiva en nuestras familias: la sociedad y el trabajo como centros de la vida en el lugar de Dios. Por algo el Comunismo que corresponde al cuarto proceso ha sido condenado claramente por los últimos Papas: Pío IX, León XIII, Pío XI y Pío XII, Juan XIII, Juan Pablo II y el actual Benedicto XVI.

Así como los cuatro primeros procesos han actuado y siguen afectando a nuestras familias, la **"Quinta Involución"** o **"Irrealismo"**, también nos está afectando constante y profundamente. Tiene por objeto **ser siempre subjetivo,** ya que *"todo es virtual", "puede o puede no ser"*. Mezcla lo bueno con lo malo, lo verdadero con lo falso, lo bello con lo feo y hace que perdamos los límites de las cosas. Vale la pena que nos detengamos un poco más en este último proceso, que es el que más nos atañe por su alto pero casi insensible grado de letalidad.

Comienza con una "**Vida Acelerada**", para que nadie tenga tiempo de pensar en Dios. Para que no podamos meditar, ni orar o rezar, y mucho menos convivir con la familia. Para que no seamos personas reflexivas. La vida de las ciudades está intencionalmente diseñada para que los transportes sean lentos, caros e ineficientes, y los centros de trabajo queden situados a largas distancias respecto de los hogares. Hoy casi todas las familias están presas de esta vida acelerada, desquiciante, deshumanizante, desvertebradora y desvinculante respecto de los seres amados y los valores superiores de la vida humana.

A eso se suma la abismal "**Pérdida del Pensamiento Lógico**", aunado al empobrecimiento del lenguaje. Si hubiese un escáner satelital capaz de contar el número palabras más repetidas en la hermosa geografía mexicana, seguramente serían estas: ***"güey", "cabrón", "no manches", "me cae", "no jodas", "me vale",*** además de todas las groserías de tipo escatológico que son tan apreciadas por analfabetas laureados con algún título universitario. Cada vez cuesta más trabajo platicar y entenderse con ese tipo de gente.

La **quinta involución** continúa con las "**Sociedad de las Imágenes**" en las que todos se apellidan *"mirón"*. Sociedad a la cual Giovanni Sartori bautizó con el atinado epíteto de "**El Homo Videns**",[66] pues ahora la mayor parte de las cosas nos entra por los ojos. **Si no te ven en la tele, no existes.** Trataremos este tema como un verdadero Azote producido por la ausencia de la Virtud de la Prudencia, dentro del tomo y capítulo al efecto..

Por ahora sólo diré que casi nadie se da cuenta de que además del problema moral, los Mass Media fomentan la pereza física y sobre todo la intelectual que divide a la familia y aísla a sus miembros. Y no sólo la TV, sino todos los medios publicitarios. Es en esta *"revolución"* involutiva donde la Televisión juega el rol fundamental, puesto que es ella la que manipula al Hombre y hace que pierda su capacidad de abstracción.

Nos impide pensar, pues ella lo da todo mediante la imagen, la cual se considera como la verdad. Es ésta la que influye en nuestro actuar

---

[66] "**Homo Videns: La Sociedad Teledirigida**". Giovanni Sartori. Versión en Google.

diario. Nos "sugiere" como caminar, como vestir, qué decir, qué opinar. Ella transforma el *"Yo"* individual en un "Yo" dentro de una masa estúpida y homogeneizada. Desde que el Homo Sapiens se transformó en Homo Videns perdió su capacidad de conocimiento y saber, pues la televisión empobrece la información. Porque sólo muestra la realidad que "Alguien" quiere dar a conocer. La Televisión miente porque manipula a la opinión pública. Cambia la naturaleza misma de los acontecimientos. Reemplaza el contexto de la palabra y lo lleva a la imagen, la que es igual para todos.

La televisión empobrece el alma y hace que nuestra capacidad de abstracción se pierda y quede vagando por el ciberespacio, en tanto las neuronas se mueren. Ella lleva a las pantallas sólo a quien ataca y no al atacado; al agresor y no al agredido, dejándolos como protagonistas y pobres víctimas. Es decisiva en los procesos electorales, pues muestran la imagen del candidato por sobre el discurso. El guión telenovelero sobre el romance entre Enrique Peña Nieto y su "Gaviota" no es en absoluto casual: fue meticulosamente sincronizado con los tiempos del país. Se ajusta a un complejo engranaje de ambiciones que tienen nombre y apellido: Carlos Salinas de Gortari, Elba Esther Gordillo. Televisa se está embolsando cientos de millones de pesos.

El set televisivo desde el cual el gobernador mexiquense se lanzó por la Presidencia de la República en 2012, es el Estado de México. Las armas del priista son el dispendio, las contrarreformas electorales, la frivolidad y el exhibicionismo cínico al lado de actual su pareja sentimental. Este proyecto es la prueba fehaciente de la monstruosa manipulación. Su palabra no es importante. Sólo queda el impacto de su encopetada y seductora imagen. La contracultura de la imagen ha sustituido la racionalidad con la pasión química momentánea.

Aunado a todo lo anterior, como un resultado lógico, observamos la catástrofe de la pérdida de las buenas costumbres. Hay múltiples ejemplos. Se han perdido las reglas de la cortesía, que se traducen en respeto, una cultura de damas y caballeros cristianos. Lo de verdad elegante y bello se ha perdido, incluyendo las modas en la ropa, diversiones, trato con los padres y maestros.

Y continuamos: hoy triunfa **la aversión al esfuerzo.** Esa es –ya no digamos la forma de tratar de vivir–, sino el objetivo de vivir. Toda la tecnología del hombre dedicada al menor esfuerzo. ¿Sacrificios, mortificaciones? Mejor la "dolce vita". Sin detenernos en la pendiente, llagamos así a "**la habituación a lo horrible**", también llamado "**arte moderno**": pinturas surrealistas, manchones y borrones. Esculturas que tienen que tener un nombre para adivinar qué son. Un Punk o un Darketo. Para estar a la moda, para ir contra o parecerse a... La música sin ritmo y melodía es la mejor...

Las mejores películas, las de acción matando a muchos y en la forma más sangrienta y sádica, las cintas de degenerados o las de terror diabólico. Y así en todos los campos... el caso es que le digan a lo feo, bonito; a lo malo, bueno; y a lo irreal, real. Tal parece que la finalidad es acostumbrar a la gente a la presencia del Demonio, para que éste, por medio de sus seguidores, pueda continuar la última fase de la revolución.

Gran parte del mal que ahora azota a la humanidad –y que el Postmodernismo en marcha apunta a convertirlo todavía en algo peor– surge del odio al camino del esfuerzo, del sacrificio y del dolor. ¿Por qué ha de ser de dolor? ¿Qué misterio hay en ese fuego invisible que quema el alma? Cristo acepta el sufrimiento por un motivo que el yo humano puede comprender, porque también él puede verse movido por semejante motivo, que es el amor por el prójimo. Quien ama no vacila en sufrir y aun morir por quienes ama. Igualmente, Cristo resiste a la tentación. Deliberadamente elige el sufrimiento que es inseparable del yo. Y esta vez se trata del sufrimiento extremo al que está expuesto el yo, cuando la pasión que lo domina no es la codicia, sino el amor.

La pugna constante que acompaña inevitablemente a la vida humana en este mundo es una pugna por extinguir nuestros deseos egocéntricos y seguir la guía de nuestros deseos generosos, cualquiera sea el precio que haya que pagar por ellos. Pero ocurre que ese precio es el sufrimiento en un grado extremo. De acuerdo con el Cristianismo, aun el extremo último del sufrimiento no es un precio demasiado elevado para seguir la guía del amor; pues a su juicio el egoísmo y no el sufrimiento, es el mayor de los males.

Y el amor y no el liberarse del sufrimiento es el mayor de todos los bienes. Sin embargo, el Hombre postmoderno, manipulado desde las Cúpulas del Poder Planetario, de origen sionista e inspiración luciferina, prepara lo que le parece la victoria final:

El Triunfo Social del Satanismo. Las fuerzas diabólicas que llenan mundo el mundo de hoy poseen un tipo de inteligencia superior a la inteligencia normal: la inteligencia satánica. Los cristianos de ahora se han descristianizado, renunciando a la protección Divina. Pero los enemigos han logrado un éxito histórico en el mundo espiritual.

Espíritu perverso, destructivo, pero Lucifer no es menos que un espíritu. La conducción de su proyecto de descristianización no puede ser vencido mientras que perdure el desnivel de fuerza interior entre los cristianos y los amos de este mundo. Porque una vez interrumpido el lazo con Dios, también la inteligencia del hombre sufre una degradación.

La inteligencia Divina se apaga en él y el hombre queda sólo con la inteligencia psicológica de tipo natural, corriente, con la cual no se puede hacer frente a la inteligencia de quienes consciente o inconscientemente se dejan guiar por el Adversario. Es un error pensar que este problema se puede abordar con posibilidades de éxito utilizando las perspectivas económicas, sociales, políticas o filosóficas. Nos enfrentamos con una **guerra de religión**. Lucifer contra Cristo. Solamente la perspectiva religiosa nos permite evaluar justamente el peligro.

Las desgracias que ha sufrido últimamente el mundo, a pesar de las grandes realizaciones técnicas que podían haberle simplificado sus problemas, y las más grandes desgracias que lo conmueven ahora y que lo amenazan para un futuro inmediato, obligan a la persona honesta a buscar una explicación que descorra el velo de lo fortuito, de lo circunstancial, y que vaya a la raíz de donde fluye el desastre que ya toda la humanidad palpa, aunque procure desentenderse. Las fuerzas del mal se organizan eficaz y eficientemente en sociedades secretas cuya influencia es decisiva en casi todos los ámbitos de la vida humana.

Desgraciadamente ya hay en el mundo y también en México e Hispanoamérica evidencias claras de este hecho. Las clases gobernantes del más alto nivel dirige sociedades secretas de carácter satánico, como **"Skulls and Bones"**.[67] Una gran cantidad de faranduleros vive en círculos y sociedades cuyo "dios" es Satán. Prefieren abrazar cultos cuyo centro de adoración es precisamente el Adversario de la Humanidad, aunque no parezcan muy conscientes de lo que hacen. Excluyendo de la inconsciencia a nuestra clase política: es adicta a consultar brujos y ser guiados por ellos. La brujería por sí misma invoca al Demonio en tanto excluye a Dios de manera formal.

La música de Rock pesado ya tiene muchas canciones dedicadas al Diablo abiertamente. Hay grupos con su nombre. En San Francisco y en otras ciudades de los Estados Unidos hay una catedral o un templo para el culto del Diablo.

El "**Padre de la Mentira**", poco a poco, –para él no hay prisa– va buscando y logrando su objetivo: que los humanos reneguemos del fin Último, que no amemos a Cristo, que los hombres no adoremos a Dios, sino que lo odiemos desde el Infierno, como él mismo lo hace desde que, al principio de la Historia, decidió –con miríadas de fanáticos seguidores– crear su propio *"argumento vital"* de espaldas a su Creador.

Al percibir esa raíz, esa causa primera, surge una esperanza: porque Dios no ha abandonado a su criatura, sino que ha venido al mundo para salvarla. Así, está planteado un camino de lucha espiritual aunado al de

---

[67] Miembros de Skull & Bones: en la Orden, a cada "cohorte" de quince miembros se le hacía un retrato. Siempre posaban del mismo modo, con huesos humanos y un viejo reloj en el fondo marcando las 8 de la tarde. Mucha gente cree que la comunidad de miembros se ha mantenido totalmente secreta. Sin embargo la lista de cada año está registrada en los archivos de la universidad de Yale las cuales cubren los años 1833-1985, con algunos años adicionales. Los Bones abarcan un rango que va desde presidentes de los EE.UU, como George W. Bush, su padre George H. W. Bush, o William Howard Taft, hasta jueces de la Corte Suprema, pasando por hombres de negocios, y senadores como John Kerry; el cual se postuló a presidente en 2004. « It's so secret, we can't talk about it. », (es tan secreto que no podemos hablar de ello), George Walker Bush en una entrevista con el periodista de MSNBC Tim Russert en una cuestión sobre su pertenencia a los Skull & Bones, el 8 de febrero 2004. "Not much, because it's a secret. "No mucho, porque es secreto": John Kerry en una entrevista con el periodista de MSNBC.

la lucha física. La espada de la Fe, el escudo de la Esperanza, el vínculo de la Caridad. Pero también la espada del esfuerzo material dentro de esta sociedad concreta.

Porque las sectas satánicas no son sólo un elemento cinematográfico, sino una realidad explosiva. El mortífero "coctel" está ya preparado: violencia, sexo sin amor, drogas, "hard rock" y satanismo, todo ello cultivado desde los más encumbrados centros de poder real y desde las profundidades de las logias masónicas.

Y ese nuevo monigote que manipula –¿sólo para la clase inculta?– el Maligno: **"La Santa Muerte"**. Si bien la salvación es un reto personal, mucho ayuda a salvarse vivir y crecer dentro de una familia verdaderamente católica. La Virgen que aplastó ya una vez la cabeza de Satanás lo hará de nuevo, pero sólo por quien se lo pida con cristiana disciplina virtuosa y con acendrado fervor. La Humanidad, como tal, no tiene ya salvación masiva, pues eufórica y maníacamente se desploma hacia su total descristianización, pero cada cual, personalmente, puede decidir volver a Cristo, con la eficaz ayuda de su Gracia.[68]

Finalmente, desde noviembre del 2010 hasta la fecha leo una consigna realmente nauseabunda, pero que no puedo dejar de consignar y analizar en este espacio: ya no se dice **"¡Viva Cristo Rey!"**, sino **"¡Viva Cristo Gay!"**[69] Tómese en cuenta la gravedad de este paradigmático fenómeno postmoderno. Las fuerzas multicausales que lo explican y lo colocan como deseable y popular en la mente de miles de mexicanos son el producto final de un largo proceso de descristianización, que comienza tal vez con los chistes y los apelativos irreverentes y que termina enarbolando la antibandera del arcoíris como *"contrasímbolo"* del amor cristiano. Parece caricaturesco –pero no lo es, porque es trágico– lo que encontró *"Proceso"* sobre las desviaciones sexuales "cristianizadas" por un sector de la *"Comunidad Gay"*.

La homosexualidad/pederastia –suelen ir juntas–, el lesbianismo, la prostitución, y demás desviaciones contra natura pueden ser vistas sólo desde el ángulo psicológico, pero esto significa una absoluta miopía de criterio y ausencia de conocimientos humanistas. No basta con conocer y analizar las causas psicológicas que originan el fenómeno **"ESNNA"**: *"Explotación Sexual de Niños, Niñas y Adolescentes"*, donde los infantes son sometidos por un adulto –familiar o no– y viven en la pobreza

---

[68]   Obras recomendadas para este tema: 1. Ousset J. "Para que el Reine". "Catolicismo y Política". "Por un orden Social Cristiano". Ed: Gráficas Lebrija, Madrid, 1972. Segunda parte, p 63 a 285. Belloc Hillaire, Europa y la Fe. 3° edición. Ed: Sudamericana. Buenos Aires. 1967. 3. Bellloc Hillaire, La grandes herejías, 3° edición, ed: Sudamericana. Buenos Aires, 1966. 4. Alvear Acevedo C. Historia General. Ed: Jus, México, 1966 5. Tam D, G. Notas sobre la revolución en la Iglesia.

[69]   Revista PROCESO, Numero 1774: http://www.proceso.com.mx/rv/modHome/detalleExclusiva/85073

afectiva gracias al abandono y la indiferencia. También son víctimas de la violencia física extrema.

Son explotados sexual y pornográficamente. Por su corta edad y falta de madurez emocional creen que *"así son las cosas"*, y cuando llegan a la edad adulta, lamentablemente están tan severamente dañados, que su sometimiento físico y emocional es casi irreversible y fatal. Aceptemos que su homosexualidad/pederastia, lesbianismo o prostitución son patologías involuntarias vividas de tal manera que parecen estar *"integradas a la vida natural"*.

Sobre el estigma y el lastre psicológico de esa ignominia, la sociedad tiene muy poca información y nadie hace nada. El Gobierno sí tiene toda la información, pero sólo "suscribe convenios" internacionales contra el "ESNNA", pero sin conocer la verdadera causa última y profunda de estos males: la descristianización, como fenómeno inducido desde las Cúpulas del Poder Planetario desde hace siglos, por no decir milenios. El odio a la persona de Cristo brota, incontenible, desde la lúcida mente del Adversario, y logra, hoy, un éxito sin precedente: que el grito de los jóvenes comience a ser **"¡Viva Cristo Gay!"** Dice el reportaje, resumido. Intercalo comentarios míos en diversos párrafos:

> *"**México, D. F., a 4 de noviembre, 2010.** Tonaconté tenía la profunda convicción de que debía dejar de ser homosexual. Hijo de un pastor bautista y una misionera de esa misma creencia, le enseñaron que Dios no amaba a los gays, y en consecuencia, puso todo su empeño en mutar a heterosexual. Se sometió a una 'práctica de liberación' muy similar a las terroríficas escenas de la película "El Exorcista".*
>
> *"Contactó a un grupo de pastores y dirigentes cristianos que se dedicaban a "sacar el demonio" de la homosexualidad. En las iglesias de este corte es una práctica común; la diversidad sexual es vista como la última de las degeneraciones humanas, peor aún que el alcoholismo o la drogadicción. Un pastor confiaba en que Tonaconté dejaría de vivir en el pecado y le prometió con certeza: '**No te preocupes, si realmente tienes el deseo de buscar a Dios ponte en sus manos y esto (la homosexualidad) se te va a quitar, no hay problema'.** El dirigente 'cristiano' –**esto nunca lo hubiera hecho un sacerdote católico**– citó a un grupo de feligreses en su templo para "sanar la enfermedad" de Tonaconté. Un coro eufórico comenzó a implorar que saliera el demonio, que se manifestara, mientras que Tonaconté suplicaba: 'Dios: aquí estoy, quítame la homosexualidad'. **Como si Dios pudiese cancelar la libertad humana para optar o no por esa práctica contra natura, y no sólo, privar al sujeto de su capacidad para contenerse, a pesar de sus tendencias homosexuales.** Me sometí a dos prácticas más de liberación. Los demonios nunca se manifestaron. También probé con tener una novia, pues pensé que tal vez una de las razones de mi homosexualidad era que jamás había conocido mujer. Fracasé una vez más. Estuve tres años tratando de que se me quitara, pero no pasó, y entonces*

me dije: 'si Dios no me lo va a quitar y Él no me acepta como tal, me voy a ir al infierno. Así que viviré haciendo que mi condenación valga la pena!'.

"Y cambió a Cristo por media botella diaria de licor o una entera de vino, drogas y sexo promiscuo. Los jóvenes gays que han sido rechazados también lo rechazan a Él. Entonces interviene el pastor pentecostal Ricardo Averill, maestro en Teología por la Universidad Cristiana, ubicada a unos kilómetros de Boston, Estados Unidos: Explica: 'es cierto que muchos de los cristianos homosexuales, lesbianas y transexuales hacen todo lo posible por liberarse. Pero cuando fracasan en todos sus intentos por agradar a Dios y quitarse 'al demonio', algunos de ellos no ven más salida que el suicidio. Pedro Julio Serrano, portavoz del 'Grupo de Trabajo Nacional de Gays y Lesbianas', reportó el cuatro de octubre de 2010 el suicidio de cinco jóvenes homosexuales cristianos en Estados Unidos. Tal es la magnitud del fenómeno que Hillary Clinton, secretaria de Estado de los USA, se unió a la campaña "It gets better" —se pone mejor— para combatir los suicidios masivos de los adolescentes discriminados por su orientación sexual.

"–Así que ánimo, que hay esperanza, y por favor recuerda que tu vida es valiosa y que no estás solo. Muchas personas están ahí contigo y tienes sus pensamientos, sus oraciones y su fuerza. Cuéntenme entre ellos. Cuida de ti mismo', —alienta Clinton en un video de la campaña difundido por Youtube. El informe Tendencias Suicidas y Orientación Sexual elaborado por el grupo Pink Cross concluyó en 2009 que de los mil 400 suicidios cometidos anualmente en Suiza, hasta el 10 por ciento obedecía a población homosexual. La conclusión que se puede obtener de los casos estudiados de adolescentes homosexuales y bisexuales es que están expuestos a una tasa más elevada de riesgo de suicidio que los hombres y mujeres heterosexuales", evaluó el autor del informe, Christian Leu.

"La comunidad homosexual cristiana tendría sobradas razones para creer que Dios no los quiere. Amén de que tradicionalmente las iglesias se oponen a las prácticas sexuales no heterosexuales, la Biblia dice muy claramente en Levítico 18:22 y 20:14: **"La homosexualidad es una abominación (...) y no puede nunca ser consentida, bajo ninguna circunstancia".**

Tan aberrantes ideas bíblicas, típicas de los países protestantes, no se le ocurren al católico, porque él cuenta con el Magisterio de la Iglesia, vía el Papa, para evitar siempre el aplicar la Biblia tal como está escrita. Si la tomásemos literalmente, podríamos tener esclavos extranjeros (Levítico 25:44), o matar a alguien que trabaje en sábado (Éxodo 35:2). Un ciego o cualquier persona miope no podría acercarse a un templo (Levítico 21:20). El pastor retirado Ricardo Averill animó a un grupo de gays a fundar una 'iglesia', y hasta se ofreció como consejero. Así nació la 'Comunidad Cristiana de la Esperanza', la secta gay más numerosa, con 400 miembros activos y en proceso de registro ante la Secretaría de Gobernación.

"Esta secta propone que se puede ser gay y ser santo a la vez. Que hay una diferencia entre ser gay y vivir la vida loca, como enseña Ricky Martin. Uno puede ser gay sin vivir escandalosamente".

Lo más anticristiano de esta secta *"cristiana"* es que si bien parece oponerse a los escándalos, no predica ni practica la abstinencia ni la continencia. La mejor muestra de esto es que durante las ceremonias, que tienen lugar en un segundo piso de un viejo edificio ubicado en las cercanías de *"Televisa Chapultepec"*, llegan muy acaramelados toda clase de parejas y tríos sexuales. Desde su púlpito, en tono desenfadado, camisa de fuera y tenis "Nike", Tonaconté predica el "evangelio de Cristo".

Tiene 28 años, pero su verbo es tan popular que cada semana convoca a más de 200 creyentes. Como toda secta pentecostal, hace que las canciones, los bailes, las alabanzas, los saltos, los gritos, la euforia y la oración aullada a bocajarro sean prácticas comunes. Desde esta anticristiana y esquizoide visión del cristianismo, los sectarios sostienen que el Espíritu Santo se manifiesta a cada uno de los presentes, en persona, durante cada ceremonia.

> *"De repente alguien se tira al piso, otro se suelta a llorar histéricamente y aquel interrumpe el solemne sermón de Tonaconté con estrepitosos aplausos. Los hombres intercambian besos y nalgadas sensuales como sexy bienvenida. Las parejas de mujeres asisten a los servicios entrelazadas de los brazos mientras dicen orar a Cristo. Un transexual va acompañado de su pareja, y no deja de acariciarla. Los jóvenes sectarios ondean la bandera del arcoíris a manera de bienvenida antes de iniciar el ritual".*

Muy pocos católicos se dan cabal cuenta de que esta secta es un negocio, aunque sus dirigentes digan rechazar cobrar sueldo alguno. Presumen de ser profesionistas y de "donar" su tiempo a "la comunidad". Su absurda e ingenua creencia de que en algún momento la iglesia tendrá la capacidad de voltear hacia atrás y darse cuenta de que se equivocó en el asunto de la homosexualidad al condenar su práctica, está destinada a esperar que las Puertas del Infierno destruyan la obra de Cristo. Esta es la fe del iluso –¿o perverso?– señor Tonaconté. No vivirá para verlo, y mucho menos para contarlo. Concluye este fiero anticristo: *"Cristo adora a los gays, sí, lo creo profundamente, porque si tengo esa certeza es porque la he vivido en carne propia".*

2.5) Deshumanización. Es un proceso mediante el cual una persona o un grupo de personas pierden o son despojados de sus características humanas. El diccionario de la Real Academia Española define *"deshumanización"* como la acción de *"privar de caracteres humanos".* Por ello, nuestras crisis terminales son crisis de *"hombreidad".* La Tierra está dolida por la presencia del Hombre, y éste es el peor enemigo de sí mismo. Así lo afirma Gabriel Marcel en su libro **"Les Hommes Contre l'Humain".** [70] Estamos lanzados contra lo humano en

---

[70] Gabriel Marcel: "Les Hommes Contre l'Humain". Editorial La Colombe. París, 1951.

su sentido más integral, o mejor dicho, contra la integridad de lo humano. Nunca se ha hecho más por el hombre parcial y nunca se ha pecado tanto contra el hombre total, como en esta época de orgía tecnológica, que nos halaga y a la vez nos atrofia con sus crecientes y letales adicciones. Lo grave de esto es que la factura será impagable. Posiblemente con una o varias guerras terminales, por falta agua, por dominio nuclear o por cuestiones de carácter religioso. O por todo ello junto.

Noticia del 16 de Septiembre del 2011: *"Israel y Egipto anunciaron hoy que iniciarán en noviembre próximo la construcción de una barrera electrónica, para impedir el ingreso de refugiados y emigrantes africanos provenientes del Sinaí. Lo informó hoy el ministro de Seguridad Interna israelí, Yitzhak Aharonivic. Por ahora atravesar la frontera israelí-egipcia no representa ninguna dificultad. Así, cada mes ingresan ilegalmente a Israel –además de traficantes de drogas y contrabandistas de armas–, 1,200 africanos, que están creando problemas sociales en algunas ciudades del sur de Israel."* [71]

La deshumanizante rivalidad judeo-palestina es un asunto mucho más grave y profundo de lo que a primera vista puede parecerle al deshumanizado telespectador. Nos hemos aislado –hasta ahora, al parecer, impunemente– del cuadro de relaciones trascendentales inherentes a nuestro ser, y cuyo centro final voluntario debería ser Dios. Pero no sólo: vemos la deshumanización rampante plasmada en bestiales decisiones políticas que afectan a miles de millones de seres humanos. Difícilmente encontraremos un ejemplo más dramático que las crueles decisiones de los líderes sionistas.

Movidos por la obsesión mesiánica de fundar el *"Eretz Israel"*, cerraron a sus hermanos de raza y religión toda posibilidad de salvar la vida ante el vértigo aniquilador del nazismo.

Ciertamente las víctimas de los nazis no fueron seis millones, pero sí varios cientos de miles. La mayoría pudo haberse salvado. Existen decisiones sionistas psicopáticas e inhumanas, de cara tanto al exterminio de los árabes palestinos como al holocausto de sus propios hermanos. **David Ben Gurión** señaló claramente **su objetivo sionista final,** en su discurso del 13 de octubre de 1936, a la asamblea sionista:

"Me niego a renunciar a la gran visión, a la visión final, que es un componente orgánico, espiritual e ideológico de mis aspiraciones sionistas, porque las fronteras de tales aspiraciones sionistas son el interés del pueblo judío y ningún factor externo podrá limitarlas. Así, un Estado Judío parcial no es el final, sino sólo el principio. Estoy convencido de que nadie puede impedirnos que nos establezcamos en otras partes del país y de la región".

---

[71]   http://noticierodiario.com.ar/es/israel-y-egipto-empezaran-a-construir-el-muro-en-la-frontera/

Por otra parte, el Informe Koenig dice, crudamente: **"Debemos usar el terror, el asesinato, la intimidación, la confiscación de tierras y el corte de todos los servicios sociales para liberar a Galilea de su población árabe."** [72]

El Presidente Heilbrun del "Comité pro Reelección del General Shlomo Lahat", alcalde de Tel Aviv, proclamaba: **"Debemos matar a todos los palestinos a no ser que se resignen a vivir aquí como esclavos".** Y éstas son las palabras de Uri Lubrani, consejero especial para asuntos árabes del Primer Ministro Ben Gurion, en 1960: **"Vamos a reducir a la población árabe a una comunidad de leñadores y camareros".** Raphael Eitan, jefe de Estado Mayor de las Fuerzas Armadas israelíes, declaró: *"Manifestamos abiertamente que los árabes no tienen derecho alguno a ocupar ni un solo centímetro de Eretz Israel. Los de buen corazón, los moderados, debéis saber que las cámaras de gas de Adolf Hitler parecerían un palacio de recreo... Lo único que entienden y entenderán es la fuerza. Utilizaremos la fuerza más decisiva hasta que los palestinos se acerquen a nosotros a gatas, y cuando hayamos ocupado la tierra, los árabes no podrán hacer más que revolverse como cucarachas drogadas dentro de una botella".*

Las víctimas árabes a lo largo del proceso de depredación de los territorios palestinos por parte de las fuerzas sionistas, sin embargo, no son tan cuantiosas como las que cayeron gracias a las inhumanas decisiones de los propios jefes sionistas, a lo largo de la Segunda Guerra Mundial. [73]

Algo más aún deshumanizante, y de lo que casi nadie habla nunca, es **la muy extensa lista de actos de colaboración sionista con los nazis**. ¿Qué puede explicar esa increíble disposición de los dirigentes sionistas a traicionar a sus hermanos, los judíos de Europa? Toda la justificación del Estado de Israel por parte de sus apologistas se ha basado en que pretendía ser el refugio para los judíos perseguidos. Por el contrario, los sionistas veían cualquier esfuerzo por rescatar a los judíos europeos no como cumplimiento de su objetivo político, sino como amenaza para su movimiento. Si los judíos europeos se salvaban, querrían ir a cualquier otra parte, y la operación de rescate sería opuesta al proyecto sionista de conquistar Palestina. Así, los altos jefes sionistas decidieron sacrificar a los judíos arraigados en Europa.

Cuando hubo intentos de cambiar las leyes de inmigración a los USA y a Europa Occidental para ofrecer refugio simbólico a los judíos perseguidos de Europa, fueron los sionistas los que organizaron activamente el sabotaje de esos esfuerzos. Ben Gurion, por ejemplo, informó a una asamblea de sionistas laboristas de Gran Bretaña en 1938: **"Si yo supiese que era posible salvar a todos los niños de Alemania llevándoles a la Gran Bretaña y**

---

[72]   Joseph Weitz, "A Solution to the Refugee Proble", Davar, 29 Sept. 1967.

[73]   Todos estos datos espeluznantes están sacados del extraordinario pero perseguido libro intitulado: "Zionist Relations with Nazi Germany", Beirut, Centro de Investigaciones Palestinas, ene. 1978, p. 53.

sólo a la mitad de ellos transportándoles a Eretz Israel, optaría por la segunda alternativa".

Esta obsesión por colonizar Palestina y ser mucho más poderosos que los árabes, llevó al movimiento sionista a oponerse a cualquier rescate de los judíos amenazados de exterminio, para que no hubiese obstáculos a la desviación de una mano de obra selecta a Palestina. Entre 1933 y 1935, la *"Organización Sionista Mundial"* rechazó a las dos terceras partes de los judíos alemanes que pidieron un certificado de inmigración. Berel Katznelson, director del Davar sionista laborista, describía los *"criterios crueles del sionismo"*: había judíos alemanes demasiado viejos para procrear en Palestina, sin cualificación profesional para levantar una colonia sionista, que no hablaban hebreo y que no eran sionistas. En lugar de esos judíos amenazados de exterminio, la OSM llevó a Palestina a 6,000 jóvenes sionistas bien entrenados de los Estados Unidos, la Gran Bretaña y otros países en los que no había amenaza. Peor aún: no sólo la OSM fue incapaz de encontrar alternativas para los judíos enfrentados al Holocausto, sino que la dirección sionista se opuso a todos los esfuerzos para encontrar refugio a los judíos que huían. En fecha tan tardía como 1943, cuando los judíos de Europa estaban siendo exterminados por docenas de miles, el Congreso de los Estados Unidos propuso formar una comisión para "estudiar" el problema.

El rabino Stephen Wise, principal portavoz americano del Sionismo, acudió a Washington a declarar contra una ley de rescate porque distraería la atención de la colonización de Palestina. El mismo rabino, en 1938, actuando como líder del Congreso Judío Americano, escribió una carta oponiéndose a cualquier cambio en las leyes de inmigración americanas que permitiese a los judíos buscar refugio allí. Afirmaba: *"Puede que os interese saber que hace algunas semanas los representantes de las principales organizaciones judías se reunieron en conferencia... Se acordó que ninguna organización judía patrocinase ahora ninguna ley que de algún modo cambie las leyes de inmigración".*

El establishment sionista mantuvo una posición neta en respuesta a una moción de 227 miembros del parlamento británico que pedía al Gobierno que ofreciese asilo en territorios británicos a los judíos perseguidos. La deshumanizada medida preparada era la siguiente: ***"El Gobierno de Su Majestad extendió unos cientos de permisos de inmigración en favor de familias judías amenazadas. Pero nosotros, los dirigentes sionistas, nos oponemos incluso a esta medida simbólica porque no incluye preparativos para la colonización de Palestina".***

Fue una posición mantenida coherentemente por Haim Weizmann, primer presidente de Israel, el dirigente sionista que había conseguido la Declaración Balfour. Manifestó con total claridad la inhumana política sionista: *"Las esperanzas de los seis millones de judíos de Europa se centran en la emigración. Me preguntaron: '¿Puede usted llevar a seis millones de judíos europeos a Palestina?' Respondí: 'No... porque de los abismos de la tragedia quiero salvar sólo a la gente joven, para poblar Palestina. Los viejos* desaparecerán. Tendrán suerte o no. Son polvo, polvo económico y moral en un mundo cruel... Sólo sobrevivirá la rama de los jóvenes. Acéptenlo." Isaac Gruenbaum, presidente del comité formado por los sionistas, en teoría para investigar la situación de los judíos europeos, dijo: "Si nos vienen con dos planes, rescatar a las masas de judíos de Europa o rescatar la tierra... yo voto sin vacilar por el rescate de la tierra. Cuanto más se habla de la matanza de nuestro pueblo, más se minimizan nuestros esfuerzos por reforzar y promover la hebraización de la tierra. Si hubiese hoy alguna posibilidad de comprar víveres con el dinero de Karen Hayesod para enviarlos a través de Lisboa, ¿lo haríamos? No. Repito: No".

En julio de 1944 el rabino Dov Michael Weissmandel, en carta a los funcionarios sionistas encargados de "organizaciones de rescate", propuso medidas para salvar a los judíos condenados en Auschwitz. Ofreció mapas de los ferrocarriles y urgió el bombardeo de los ramales por donde transportaban a los crematorios a los judíos. Pidió que se bombardeasen los hornos de Auschwitz, que se lanzasen en paracaídas municiones para los presos. Que paracaídas zapadores volaran los medios de aniquilación y poner fin al sacrificio de cientos de judíos diarios. En caso de que los aliados rechazasen todo ello, Weissmandel proponía que los sionistas que disponían de fondos y organización, se agenciasen aviones, reclutasen a voluntarios judíos y realizasen el sabotaje. Weissmandel no era el único en pedir esto. A lo largo de la persecución nazi, docenas de notables portavoces judíos de Europa pidieron socorro, realizaron campañas públicas, organizaron resistencia, hicieron manifestaciones para obligar a los gobiernos aliados... chocando siempre no sólo con el silencio sionista sino con el sabotaje activo por los sionistas de los escasos esfuerzos propuestos o preparados en la Gran Bretaña y los Estados Unidos. Al rabino Weissmandel le salió un grito del alma. Escribiendo en julio de 1944: **"¿Por qué no habéis hecho nada hasta ahora? ¿Quién es culpable de esta terrible negligencia? ¿No sois culpables vosotros, hermanos judíos, que tenéis la mayor suerte del mundo, la libertad?"**

Isaac Gruenbaum fue presidente del Comité de Rescate de la Agencia Judía. Los siguientes párrafos están obtenidos de su discurso pronunciado en 1943:

"Os enviamos este mensaje especial: os informamos de que ayer los alemanes iniciaron la deportación de judíos de Hungría... A los deportados a Auschwitz les matarán con gas ciánido. Ese es el orden del día de Auschwitz desde ayer hasta el final: cada día serán asfixiados cientos de judíos sin importar si son hombres, mujeres y niños, ancianos, niños de pecho, sanos y enfermos. Y vosotros, hermanos nuestros de Palestina, de todos los países libres, y vosotros, ministros de todos los reinos, ¿cómo guardáis silencio ante este gran asesinato? ¿Silencio mientras asesinan a miles? ¿Silencio ahora, cuando están siendo asesinados y aguardan que les asesinen? Sus corazones destrozados os piden socorro, lloran vuestra crueldad. Sois brutales, vosotros sois también asesinos, *por la sangre fría del silencio con que miráis, porque estáis sentados con los brazos cruzados sin hacer nada, aunque en este mismo instante podríais detener o aplazar el asesinato de judíos. Vosotros, hermanos nuestros, hijos de Israel, ¿estáis locos?¿No sabéis el infierno que nos rodea?¿Para quién guardáis vuestro dinero? ¡Asesinos! ¡Locos! ¿Quién hace caridad aquí, vosotros que soltáis unos peniques desde vuestras casas seguras, o nosotros, que entregamos nuestra sangre en lo más hondo del infierno?"*

Ningún dirigente sionista apoyó esta petición, ni los regímenes capitalistas occidentales bombardearon un solo campo de concentración. Parece que estos hechos satánicos inauguran en el siglo XX la era de la deshumanización institucionalizada, ya que se puso de moda tratar asuntos similares con mentalidad sionista, aparte de que los mismos sionistas continúan, hasta la fecha, cometiendo crímenes de lesa humanidad: bombardeos, asesinatos en masa, tortura, muros de la vergüenza, franjas de encerrar a los palestinos en su propia tierra, derribo de casas, secuestros, y una larga lista nauseabunda.

Así pues, los procesos de deshumanización están íntimamente relacionados con el sistema global de dominación y poder que desde hace milenios pretende dotar a la raza humana de un mando único por medio del Sionismo, siguiendo al pie de la letra las promesas de Dios al pueblo de Israel.

¿Cuál es la base ideológica del Sionismo? Algo absolutamente inhumano. A continuación leemos lo que nos cuenta Uri Avnery, sobre la totalmente deshumanizada *"Agenda Oculta"* o *"Ruta Secreta del Sionismo":* [74] Aunque en junio del 2008 Israel celebró su sexagésimo aniversario y el gobierno israelí trabajó frenéticamente para hacer de ese día una ocasión de júbilo y celebración el país no estaba ni estará para festejos. Está sombrío. Los observadores objetivos dicen que Israel *"no tiene agenda y sólo se preocupa por su propia supervivencia".*

Se suponía que Israel renunciaría a una gran extensión de los territorios ocupados y desmantelaría los asentamientos al Este del muro de separación. Los negociadores se reúnen, se abrazan, sonríen, posan para los fotógrafos, convocan equipos conjuntos, conceden ruedas de prensa, realizan declaraciones... y no ocurre nada, absolutamente nada. ¿Para qué esta farsa? Por supuesto que hay una agenda, pero es una agenda oculta. Más exactamente: es inconsciente. La gente dice que las ideologías han muerto, pero no hay sociedad sin ideología, como no hay ser humano sin ideología.

Cuando no hay una ideología nueva simplemente sigue funcionando la vieja. Cuando no hay una ideología consciente, existe una inconsciente que puede ser mucho más potente –y mucho más peligrosa. Una ideología consciente puede ser analizada, criticada, confrontada. Es mucho más difícil

---

[74]   http://www.palestina.int.ar/noticias/mayo/134.html

combatir a una ideología inconsciente que dirige la agenda sin delatarse a sí misma. Por eso es tan importante localizarla, destaparla y analizarla. Israel lleva a cabo diariamente decenas de operativos militares y civiles que alejan la paz cada día más. La conclusión es inevitable: el gobierno israelí no está trabajando para obtener la paz. No quiere la paz. Esto significa que tras la agenda ficticia que aparece en los medios de comunicación, se esconde otra agenda que el ojo no ve.

Porque una verdadera paz representaría una declaración de guerra contra 250,000 colonos judíos, exceptuando a aquellos que aceptaran retirarse voluntariamente a cambio de una generosa compensación. El gobierno es demasiado débil para siquiera intentar semejante confrontación. Lo que en realidad está haciendo el gobierno –y la totalidad del sistema político israelí– contra la paz es algo más profundo: es la agenda oculta que parece inspirada por el mismo Luzbel.

La auténtica visión sionista no admite mapas, pues es la visión de un Estado sin fronteras, un Estado que se expande incesantemente en función de su poderío demográfico, militar y político. La estrategia sionista se asemeja a las aguas de un río que fluye hacia el mar. El río avanza por el paisaje trazando meandros y esquivando obstáculos, se desvía, regresa, discurre por la superficie y bajo tierra. Va captando el caudal de otras corrientes. Hasta que al final llega a su destino.

Ese proyecto no requiere decisiones, fórmulas o mapas, pues está grabada en el código genético del movimiento. Ello explica, entre otras cosas, la construcción de los asentamientos "ilegales". Cada uno de los millares de funcionarios y oficiales que se consagraron durante décadas a esa empresa sabían exactamente qué hacer, incluso sin recibir instrucciones expresas.

Esta es la razón de la negativa de David Ben-Gurion a incluir en la Declaración de Independencia del Estado de Israel alguna alusión a las fronteras. No tenía intención alguna de conformarse con las fronteras fijadas por la resolución de la Asamblea General de las Naciones Unidas del 29 de noviembre de 1947. Todos sus predecesores compartían idéntico punto de vista. Incluso en los acuerdos de Oslo se delineaban "zonas", pero no se fijaba ninguna frontera.

El cómplice presidente Bush padre dio por bueno este planteamiento cuando propuso *"un Estado Palestino con fronteras provisionales"*, todo un absurdo en el ámbito de la legislación internacional. Y Obama no ha demostrado interés en fijar dignas fronteras. Israel se parece a los USA, que se fundaron a lo largo de la Costa Este y que alcanzaron la Costa Oeste, en el extremo opuesto del continente, a base de exterminio y pillaje. Rompieron fronteras, violaron tratados, exterminaron a los indígenas americanos, invadieron México y se anexaron todos los estados fronterizos del sur. La consigna que los acicateaba y que justificaba todos sus crímenes la acuñó en 1845 John O'Sullivan: el "**Destino Manifiesto**". Es el mismo slogan de Moshe Dayan: "**Estamos predestinados**". Dijo:

"Ante sus propios ojos –los de los palestinos de Gaza– estamos transformando en nuestra patria las tierras y pueblos en los que moraron ellos y sus antepasados. Es el destino de nuestra generación, la opción de nuestra vida: estar preparados y armados, ser fuertes y recios, o de lo contrario la espada se deslizará de nuestras manos y nuestra vida se extinguirá".

Dayan lanzó un segundo discurso más importante. En agosto de 1948, tras la ocupación de los Altos del Golán, a una concentración de jóvenes kibbutzniks:

"Estamos condenados a vivir en un permanente estado de lucha con los árabes. Para los cien años del Regreso a Sión estamos trabajando en dos frentes: construir la tierra y construir el pueblo. Se trata de un proceso de expansión que requiere de más judíos y más asentamientos. Es un proceso que no ha llegado a su fin. Aquí hemos nacido y aquí encontramos a nuestros padres, que vivieron antes que nosotros. No es vuestro deber alcanzar el final. Vuestro deber es añadir vuestro grano de arena para expandir los asentamientos en la medida en que podáis a lo largo de toda vuestra vida... (y) no decir: este es el final, hasta aquí, hemos acabado".

Dayan, que conocía las antiguas escrituras, tenía en mente la frase de los Patriarcas que constituía la base del Talmud: "No te corresponde a ti acabar el trabajo, pero no eres libre de abandonarlo". Ese es el proyecto oculto más inhumano que pueda estar dando en la Historia Universal, porque se hará extensivo a todos los pueblos y naciones. Debemos desenterrarla ante el peligro de una guerra inhumana que puede acabar con el planeta entero en un Apocalipsis anticipado. No comprometamos la salvación de nuestra propia alma inmortal por ausencia de un estado de alerta eficaz y eficiente. **Porque Sión es ya el amo de nuestra Tierra, y con su agenda secreta está aplicando y aplicará a todos los pueblos el mismo rasero que a sus hermanos judíos y a sus adversarios árabes.**

Se han detectado, además, otros procesos de deshumanización metódica, como los organizados por algunas dictaduras sudamericanas, los gulags soviéticos, las fuerzas militares norteamericanas en Irak y en la prisión de Guantánamo.

Por otro lado, existe una amplia corriente de pensamiento que asocia el desarrollo de la tecnología con la deshumanización. Sostengo vigorosamente que a pesar de sus grandes ventajas, la tecnología se ha convertido en una poderosa herramienta de deshumanización. Porque tiene el efecto de entorpecer las relaciones humanas, aislando y alienando a las personas.

La modernas tecnologías de la información, propias de la era globalizadora y neoliberal, vienen siendo utilizada casi exclusivamente más bien para expandir, profundizar y consolidar bajo el predominio del mercado la dependencia externa respecto de los centros reales de poder, y la dominación interna de las sociedades a las que se les ha logrado engañar con el mito de la democracia.

Consorcios transnacionales, principalmente estadounidenses de genética sionista, tienen hoy un incontrastable dominio del flujo noticioso, del negocio publicitario y de los programas de televisión. Además de que la brecha digital entre los países desarrollados y los países en vías de desarrollo es abismal, puesto que las diferencias en el acceso a los recursos de la telemática son ahora inmensas, y eso coloca a grandes regiones en posición de esclavos deshumanizados.

2.6) Sincretización. Es el proceso a través del cual un culto no católico cualquiera cobra identidad propia a partir de la convergencia de ritos y creencias provenientes de diferentes tradiciones religiosas, incluyendo ideas cristianas. **Ejemplos.** Algunas religiones africanas llegadas a América a través de la esclavitud, han incorporado elementos del catolicismo y otros credos como los amerindios, dando lugar a diferentes cultos sincréticos: la ***"Santa Muerte", "San Malverde", "la Macumba",*** y miles más.

En un solo altar vemos más de una docena de ídolos paganos al lado de símbolos cristianos a los cuales se ha vaciado de su contenido para quedarse adorando sólo su ***"mágico poder".*** Vemos la mezcla del animismo africano que forman en Brasil –con treinta millones de frenéticos seguidores– el yoruba, el nagó, la egbá, el ketu y los mandingos; todo ello mezclado con el mal cristianismo de los conquistadores portugueses y las supersticiones de los "caboclos" o caciques autóctonos tupí-guaraníes.

Se produjo una verdadera amalgama de "religiones" que han dado como consecuencia la Umbanda, la Kimbanda, los grupos espíritas, los monjes tupyaras, y la aparente acendrada fe en las centenares de "iglesias católicas" de las ciudades del Brasil, en cuyos altares generalmente no se comunican con Cristo, sino incluso con los demonios, pues realizan toda clase de encantamientos y contra hechizos.

Cuando menos esto es lo que ellos creen. Desde otro punto de vista, por sincretismo religioso se entiende la presunción de conciliar doctrinas o religiones contradictorias, por ejemplo entre judíos, musulmanes y cristianos. Se confunde fácilmente con un falso ecumenismo, el cual tiende a la unidad entre todas las iglesias o confesiones cristianas: católicos, ortodoxos, protestantes y anglicanos etc.

Hoy no son pocas las personas que, en el más puro estilo postmoderno, piensan que *"todas las religiones son iguales"*, *"que es lo mismo una religión que otra"*, o que *"el catolicismo es una más de entre todas las confesiones cristianas"*.

Tales aseveraciones no son conformes a la Verdad Revelada. En efecto: el Credo afirma con certeza que quien libre y voluntariamente rechace a Cristo se expone a su propia perdición eterna. No es equiparable la persona divina de Jesús a Moisés, Mahoma o Buda. Jesucristo fundó una sola Iglesia sobre Pedro: "**Tú eres Pedro y sobre ti edificaré mi Iglesia**".

Esto suena ridículo e inadmisible en los delicados oídos postmodernos. **Con toda facilidad se rechaza que en la Iglesia Católica, presidida por Pedro y sus sucesores, los Papas, resida la plenitud de la Verdad.** Dicho de otra manera: la Religión Verdadera es obra de Dios, en tanto que "las religiones" son inventos humanos, tal vez honestos en algunos de sus fieles concretos, pero fallidas en su propio ADN.

Sobre tan delicado tópico debo decir que reconozco, sin objeción alguna, la existencia real del *"bautismo de deseo"*. Debe sostenerse como cierto que quienes están afectados por ignorancia invencible respecto de la verdadera religión no están sujetos a culpa alguna en esta cuestión ante los ojos del Señor, y por ello son inocentes, siempre y cuando ilustren su conciencia –dentro de sus límites factibles– y la sigan fielmente.

Pero creo que nadie puede presumir en sí mismo las Virtudes indispensables para establecer las fronteras de tal ignorancia, tomando en consideración las diferencias naturales de los pueblos, tierras, talentos nativos y muchos otros factores raciales y culturales.

Sólo cuando hayamos sido librados de los límites impuestos por este cuerpo que nos aprisiona y veamos a Dios como Él es en sí mismo, comprenderemos realmente qué tan íntimo y hermoso es el lazo que nos une con la misericordia y la justicia divinas.

Lo que sostengo es que las demás confesiones tienen una parte de la verdad, con todo y sus graves errores de origen. Y que pueden ser, remotamente, caminos subjetivos de salvación, precisamente por suponer, racionalmente, que si los sujetos concretos –con nombre y apellido– conocieran realmente la Religión Revelada no harían otra cosa que abrazarla con feliz entusiasmo, dadas la rectitud de su conciencia y la nobleza de las virtudes naturales cultivadas a lo largo de sus vidas. Sócrates, el filósofo, es uno de los mejores ejemplos de este *"cristianismo o bautismo por deseo"*. Incluso los primeros cristianos lo llamaron "San Sócrates", como ejemplo de mártir de la fe y la Verdad, bautizado en su propia sangre.

Todos podemos comprender que los afligidos por los azotes de la ignorancia invencible respecto a la Religión Revelada, si guardan cuidadosamente los preceptos de la ley natural, inscritos por Dios en el corazón de cada persona, están por ello preparados implícitamente para obedecer a Dios. Pero se requiere llevar una vida virtuosa para que puedan alcanzar la vida eterna por el poder de la luz y la gracia divinas. Cristo también murió por ellos, sin importar el nombre de su "religión" no revelada. Pero quienes conociéndola rechazan libremente a la Iglesia Católica –que está presidida por el Papa–, como medio de salvación querido por Cristo, se extravían en el camino y se hacen responsables de su trágica suerte eterna.

2.7) Irracionalización. Consiste en el empeño –ya sea intencional, inconsciente o ingenuo– de quitarle a la Psicoterapia y la Filosofía uno de sus rasgos esenciales: la racionalidad. El irracionalismo actual no es otra cosa que el desarrollo de la irracionalidad que lleva en sus entrañas todo racionalismo. El irracionalismo no es la simple irracionalidad, sino la tesis de que en el saber todo da lo mismo. ¡Y también las sectas! ***"Pues vendrá un tiempo en que no soportarán la sana doctrina, sino que de acuerdo con sus pasiones se rodearán de maestros que halaguen sus oídos, y apartarán, por una parte, el oído de la verdad, mientras que, por otra, se volverán a los mitos".***[75]

En estos últimos años ambas ciencias se han vuelto irracionales en su mesiánico empeño por curar al hombre en lo que no están llamadas ni capacitadas para curarlo. Los psicólogos no pueden absolver los pecados, y ni siquiera –por sí mismos– ayudan realmente a dejar de cometerlos. Los filósofos han pecado demasiado contra lo verdaderamente humano, y precisamente por querer ser demasiado humanistas, paradójicamente limitan la parte esencial del hombre: ser criatura para Dios.

Ejemplos: ¿Puede haber algo más irracional que declarar que alguna parte del hombre –sexo, poder, sueños, relaciones, arquetipos, economía– *"es todo el Hombre"*? Esa es la pretensión totalitaria de la mayoría de los psicólogos y filósofos postmodernos: ***"El hombre no es nada más que..."*** La causticidad de la postmoderna irracionalización actual tiene un origen filosófico poco conocido. Quienes encabezan este proceso –a veces inconscientemente, pero otras también de manera consciente– proclaman la racionalidad del irracionalismo, es decir, la "**incapacidad de la razón**" para darnos cuenta objetivamente del mundo que nos rodea y para guiarnos en la vida.

Lo más sorprendente de este ataque a la racionalidad estriba en el uso de la lógica para propugnar verdaderas simplezas como: "**todo es relativo**", "**no hay verdades absolutas**". Si *"todo es relativo"* habría que decir que ya hay algo que es absoluto: esa misma afirmación.

La conclusión es absurda, al igual que la de los que niegan la existencia de todo, porque se contradicen al afirmar algo como existente: la nada. Suponiendo que fueran ciertos esos argumentos ilógicos e irracionales, habría que plantearse las repercusiones de tales posturas en nuestras vidas. ***La primera impresión que nos brinda el irracionalismo es que nos hunde en una visión de la vida donde nunca puede uno saber si actúa bien o mal.***

La siguiente conclusión es más apesumbradora: si no puedo captar la realidad, ¿cómo voy a saber si cuando veo un árbol estoy ante un sueño o ante una imagen real? El hombre que piensa de este modo: o es un hipócrita que niega lo que sus ojos ven, o es un ciego que quiere culparnos a los demás por ver. Como incapaces de bastarse a sí mismos, los irracionalistas nos ofrecen una visión coja del conocimiento para que nos rebajemos ante ellos y así nos igualemos en el rasero de su tristísima desesperación.

---

[75] San Pablo que, con otros miembros de la Iglesia Católica, también escribió la Biblia.

JUAN BOSCO ABASCAL CARRANZA

Contribuir a los procesos de irracionalización es ponerse en las manos inciertas del azar, en las garras de un caudillo o en las fauces de ideologías salvajes y colectivistas, al estilo del PRD "mexicano". Si los irracionalistas –que pululan en la Secretaría de Educación Pública– les enseñan a los niños la noción de que, al ser incapaces de valerse por sí mismos sólo el grupo al que pertenecen los salvará de tal desgracia, tendríamos una buena explicación de la irracional pertinacia del sistema sindical que nos agobia.

De ese irracionalismo surge el odio satánico que *"los pobres"* –encabezados por un ***"MALO Mesías Tropical"*** no menos irracional que las masas que lo siguen– creen encontrar "en otro" el *"rayo de esperanza"* que los sacará de su indigencia, que es casi siempre el resultado de su propia irracionalidad. Esas masas piensan que la riqueza del otro es siempre mal habida, o que se debe a golpes de suerte, pero casi nadie en esos grupos de choque está de acuerdo en reconocer el afán de empresa y la inteligencia servicial propias del empresario que ha triunfado como producto de su propia capacidad racional.

La irracionalidad en México. Vemos la conexión entre el irracionalismo y la envidia social, con las nefastas consecuencias que de ahí se derivan. Al considerar el éxito ajeno como obra del azar y no como fruto del talento individual, o como resultado de haber sabido dar a los consumidores lo que éstos quieren, los triunfos se reputarán inmerecidos, con lo que se perderá el ánimo emulador, al tiempo que la envidia alcanza status y prestigio moral. Ser un rico empresario pasa a ser considerado como **"maldición social"**, pontifica **"El Peje"**.[76]

Es evidente que el malestar social –aparte de otras causas– se debe en gran medida a que las masas irracionales, dirigidas por "líderes" más irracionales aún, creen que no hay derecho a que unos ganen más que otros, o que sean más respetados por sus honestos logros. Movidos por la envidia, pugnarán que se impida la formación de riquezas.

La envidia se transforma en política partidista, porque hay mucha más gente dispuesta a creer que su destino no es resultado de sus propias acciones, sino del capricho del azar, o de la rapiña de los ricos. En manos de los demagogos –tanto intelectuales como políticos–, la sinrazón adquiere reputación, y el que se opone a ella es tachado de irracional o de reaccionario, pues no entiende que es natural proceder a la redistribución de las riquezas por medio de la fuerza.

Los irracionales sindicalistas del SME, por ejemplo, se creen merecedores a las subvenciones catastróficas que frenaron proyectos racionales para toda la nación. Pero después de contemplar, impotentes, y durante tantos años, el regalo de tales subsidios mega millonarios, llegamos a la convicción de que tal despilfarro se debe a otro tipo de irracionalismo, pero al fin igualmente irracional: la compra de votos para sostenerse en el poder, al precio que sea.

---

[76] "La mafia que se adueñó de México... y el 2012". Andrés Manuel López Obrador.

Los que defienden este tipo de *"sociedad subsidiada"* se visten de moralistas, evitan ser señalados como irracionales, y utilizan la violencia para perpetrar sus perniciosas políticas: por eso los simiescos guaruras del SME gritan **"restitución de la Compañía de Luz y Fuerza, o habrá revolución".** Así se robaron 21 millones, concedidos por Ebrard, para poder celebrar las *"fiestas patrias"* en el Zócalo. En realidad, este apocalíptico líder postmoderno sólo consiguió votos de una multitud de criminales.

Los políticos que fabricaron esos *"gremlins"* olvidaron que al incentivar las subvenciones, aniquilan las mentes productivas. Crean verdaderos parásitos sociales. El resultado es el receso y el retraso económico ininterrumpidos que hemos padecido durante décadas. Además se extiende un clima acremente inmoral, en el que trabajar y bastarse por uno mismo no vale la pena ni es posible.

Orígenes filosóficos. Platón y Kant de alguna manera son culpables del irracionalismo actual, porque plantearon teorías sobre el conocimiento tan erróneas que propiciaron resultados catastróficos. Platón, por ejemplo, formula la teoría de que todo lo que nos rodea –autos, edificios, personas, plantas, animales– y todo aquello que captamos mediante los sentidos, no es lo real, porque este mundo está en constante cambio, y lo que *"está en continuo cambio, nada es".*

Entonces existe otro mundo, donde *"está el orden perfecto y permanente"* y del que nuestro mundo no es más que un imperfecto reflejo. Para acceder al *"Mundo de las Ideas"* o de las *"Formas"*, de nada nos sirven nuestros sentidos. Esta es una idea constante en la historia de la filosofía que, entre otros, defienden Hume, Descartes y Kant, y afirman que sólo el alma puede guiarnos en esa búsqueda. Platón cree que el alma tiene que recordar su estancia en el mundo de las ideas de la que cayó al mundo de los sentidos en virtud de la reencarnación, hasta que por sus obras pueda retornar a aquel mundo de las formas. Verdaderamente parece el fundador del esoterismo.

Pero es Kant quien arroja la paletada final sobre la tumba del Hombre. Para él, la mente está aislada no sólo de algunos aspectos de las cosas en sí mismas, sino de todo lo real, porque los sentidos sólo pueden captar una pequeña parte de la realidad.

No se queda ahí, y **sostiene que nuestra visión de la realidad es siempre distinta a la realidad en sí misma,** al igual que una foto de una casa es diferente de la casa. **"Hay un mundo exterior inaccesible a nuestro conocimiento, trascendental",** afirma Kant. Los conceptos del Hombre y sobre el Hombre son un autoengaño.

El resultado es perturbador: la razón y la ciencia están absolutamente limitadas, porque tratan con este mundo siempre engañoso, y son impotentes ante lo esencial. El hombre sólo puede conocer su ego en sentido "fenouménico", su "sí mismo" en cuanto por introspección lo aprecia, pero no puede conocer el ego en sí mismo. El irracionalismo kantiano sostiene que no podemos conocer nuestra verdadera naturaleza. La ética de Kant consiste en la exaltación del deber como única medida de la virtud, pero la virtud no es su propia recompensa, porque en ese caso no sería virtud –afirma, irracionalmente. Y sostiene que *"el individuo actúa moralmente sólo si no tiene deseo de hacerlo y si su motivación procede de un sentido de la obligación, sin recibir ningún beneficio de la misma, porque el beneficio de una acción aniquila el carácter moral de la misma".* Desde un punto de vista cristiano, la filosofía kantiana niega, de golpe, que la Visión Beatífica sea el resultado lógico y justo de nuestras propias acciones. Así, la fidelidad voluntaria a la Gracia no tiene sentido. Tampoco lo tiene la afirmación de San Agustín: *"el que te creó sin ti no te salvará sin ti".* También suprime el libre albedrío, el cual logra su plena realización cuando se escoge el Bien Honesto de manera consciente, conociendo previamente, además, las bienaventuradas consecuencias de elegirlo.

Así, hay que reprimir nuestros deseos, ya que tenemos una obligación a la cual rendirnos: es el "imperativo categórico". Es el autosacrificio: ***"sacrifícate por amor del sacrificio como un fin en sí mismo".*** **Absolutamente irracional.** Como oxigenante racionalidad tenemos, por fortuna, al genio de Aristóteles. Sólo hay una realidad material: la que percibimos o que potencialmente podremos percibir. No sólo no niega la realidad trascendente, espiritual inmaterial, sino que deduce racionalmente la existencia de Dios y la naturaleza racional del alma humana, de sustancia espiritual.

El hombre no "crea la realidad" sino que puede percibirla muy frecuentemente como ella es, a pesar de las complejas circunstancias accidentales y personales, o de cualquier tipo de obstáculos. Conocemos con objetividad y mediante definiciones y conceptos que obtenemos de la abstracción de las características esenciales y distintivas de los objetos que captamos. Sin embargo, no es este el lugar para explicar las genialidades de Aristóteles. De este sabio, cuya sabiduría es tan profunda y trascendente que parece que se la sopló el Espíritu Santo, nos ocuparemos en otro lugar.

2.8) Infiltración. Es una perversa e ignominiosa táctica invasiva, tan antigua como la del Caballo de Troya, pero que se manifiesta de manera mucho más clara a partir de la Segunda Guerra Mundial. Funcionarios, políticos, empresarios, eclesiásticos, policías y militares parecen combatir a favor de una causa noble, pero su meta real es derrotarla desde adentro. Los soldados pelean y mueren en el frente, pero a sus espaldas son traicionados por los que buscan la derrota como botín político. Así se consolidó hasta hoy como una nueva arma –muy superior a la del antiguo espionaje– el movimiento secreto de infiltración. Por ejemplo, si el Marxismo puede seguir avanzando a pesar de su aparente derrota tras la caída del Muro de Berlín, es gracias a la infiltración. Esto parecería extemporáneo, pero no es así, porque el marxismo no está liquidado.

La Revolución Mundial Globalizante lo acoge maternalmente y lo sigue avalando como *"Ideología Respetable"*, ya que sigue conduciendo a la Humanidad hacia la descomposición total. Los infiltrados –que no parecen serlo, obviamente– engañan a la juventud con leyendas heroicas sobre el marxismo *–se acaba de estrenar "Che", filme donde sólo falta canonizarlo–* en las que se le absuelve de las infamias que sufrieron veintenas de pueblos, desde el ruso hasta el polaco, el húngaro, el checoslovaco, el cubano y otros muchos. Que la URSS se haya expedido a sí misma un certificado de defunción; que a la vez haya levantado un acta de nacimiento como CEI; que el Partido Comunista quedara pacíficamente autocancelado, y que ahora sea posible hacer manifestaciones de protesta en Moscú contra la carestía o los bajos salarios, es una gigantesca farsa.

Todo está consumado desde el alto mando del Kremlin. Sin que un adversario hubiera atacado a la URSS. Sin sublevaciones internas. El pueblo como pacífico y sorprendido espectador. Y todo de acuerdo con Occidente, gracias a la infiltración. Además, atizada y facilitada por las poses postmodernas –y la traición formal– de muchos sacerdotes, la masonería y el marxismo han llegado hasta el tuétano de millones de sedicentes católicos que ya se pasaron real o virtualmente al Adversario. Porque el Sionismo, con sus inaprensibles armas masónicas y marxistas, siembra confusión en torno al Evangelio.

Es un eficiente y eficaz "**Caballo de Troya**", desde cuya panza salen eficaces agentes a destruir al Cristianismo –lo que nunca podrán, por supuesto. Un ejemplo claro: el de los *"sacerdotes obreros"* fue un movimiento hecho con el fin aparente de evangelizar a los obreros. Pero los *"sacerdotes"*, lejos de evangelizar, se dedicaron a desparramar y colocar arteramente pura propaganda marxista, a tal grado que la acción decidida de varios Papas fue necesaria para suprimir a estos astutos e infiltrados agentes corrosivos.

La revista *"Mensaje"* en Chile, órgano de una de las órdenes religiosas más importantes, tuvo un papel activísimo en la infiltración marxista en Sudamérica. Ha habido órdenes enteras, como los *"Sacerdotes de Maryknoll"*, cuyas activas simpatías por el marxismo han sido expresadas claramente, y tibiamente combatidas, al menos por un tiempo. **Dos estructuras se tenían que destruir,** según la estrategia de Antonio Gramsci[77], para instalar el comunismo en los países latinos: la Familia Cristiana y la Iglesia Católica. Ya desde que estaba en la cárcel, Gramsci leía con gusto las noticias que aparecían en la *"Civilita Dei"*, en donde ya desde los años 30´s se veían pequeños brotes de disidencia: declaraciones de teólogos rebeldes criticando al Papa y a la jerarquía. Eso era justo lo que se necesitaba, además de ridiculizar a la Iglesia desde fuera: infiltrarse, para destruirla desde dentro. Hubo una importante infiltración de comunistas en la Iglesia, principalmente –aunque no solamente– a través de la Compañía de Jesús. *Jóvenes comunistas que entraron como novicios, se convirtieron en teólogos, luego sacerdotes y algunos llegaron a ser obispos y hasta cardenales.*

---

[77] Antonio Gramsci. (Ales, Cerdeña, 22 de enero de 1891; Roma, 27 de abril de 1937) fue un filósofo, teórico marxista, político y periodista italiano.

¿Por qué seleccionaron a la Compañía de Jesús para infiltrarse? Porque los jesuitas eran los hombres más fuertes del Papa, los mejor preparados, los más leales, los más santos, sabios e inteligentes, asesores espirituales y formadores de otras muchas órdenes y congregaciones. Maestros en las universidades católicas y en los seminarios, el ejército del Papa, indefectiblemente fiel a él por su cuarto voto. Si se quería influir dentro de la Iglesia, había que ser jesuita.

Pronto surgieron brotes comunistas dentro de la misma Iglesia: los sacerdotes obreros en Francia, las comunidades de base, la llamada *"Teología de la Liberación"*, la teología indigenista y muchos otros movimientos, que disfrazados de justicia social y modernismo, pretendían únicamente horizontalizar la fe, hacerla inmanente y no trascendente, sacar a Dios de la vida de la Iglesia y reventarla así desde dentro, para poder adueñarse de la mente del pueblo, de acuerdo con la estrategia de Gramsci.

En España, la ETA está apoyada por dos grandes fuerzas: el comunismo disimulado, y por la iglesia católica vasca. Además, y no sólo en esa nación, sino prácticamente en todo lo mundo occidental, la infiltración sionista/masónica es grandísima, tanto en la Iglesia Católica como en el mismo protestantismo.

El *"Consejo Nacional de Iglesias"*, dominado por el protestantismo, es un órgano masónico. Para captar el cínico desparpajo a que esto ha llegado transcribo aquí lo que escribe un ex sacerdote que se ha convertido al marxismo: Ángel García, en su libro *"Praxis Marxista y Fe Cristiana"*:

> *"Me parece que un cristiano que llega a liberarse por completo de toda carga ideológica, –en el sentido que dio Carlos Marx a la palabra "anticomunista" o "antimarxista"– llegará muy fácilmente a ver, como yo veo, y me parece que no estoy equivocado, que la pretendida incompatibilidad entre cristianismo y marxismo es un cuento".*

Se sigue la misma tesis de los *"Diálogos Marxistas Cristianos"*, que han tenido lugar por muchos años en París entre marxistas y cristianos, tomando como base la filosofía del jesuita Teilhard de Chardin, el teólogo más importante, para muchos, del *"catolicismo contestatario"* en los últimos cincuenta años del siglo XX. El diálogo entre cristianos, a los que llaman *"Cristianos por el Socialismo"*, no es algo que haya sucedido al azar. Está programado para hacer coincidir, de manera falsa, por supuesto, los principios cristianos con los principios marxistas. El catolicismo y el protestantismo están sometidos a los grandes asaltos masónico/marxistas con los que tienen que luchar denodadamente. Conviene enfrentar estos asaltos con una postura firme ante ellos, y nunca con un diálogo. Con Lucifer no se dialoga: se le combate. Porque éste se aprovecha de todo diálogo para destruir al cristianismo. Conviene entender que la masonería tiene dos brazos armados: el Marxismo y el Súpercapitalismo son dos caras de una misma moneda. *El Adversario dialoga como método, pero odia hasta sus últimas entrañas al cristianismo.*

Un perfecto ejemplo de infiltración –no puede explicarse de otra forma– es el papel de Judas del Cardenal Carlo María Martini, fallecido el 31 de agosto del 2012, a la edad de 85 años. Es famoso por haber demandado al Papa cambiar *"las arcaicas posturas sobre la sexualidad, el sacerdocio negado a las mujeres, el celibato, la ordenación de hombres casados y la reivindicación de los homosexuales"*. Exigió la autorización del preservativo, modificaciones favorables frente a la eutanasia y, sobre todo, cambiar el trato a los divorciados vueltos a casar, para que a pesar de su permanente adulterio puedan acceder a los Sacramentos. Benedicto XVI es su antípoda, al negarse a operar cambios heréticos con y en el mundo contemporáneo. Replicó el Papa: *"No hay Catolicismo a la Carta"*.

Martini criticó también a la Iglesia Católica por *"estar cansada y envejecida, con grandes iglesias y casas vacías. Ella debe reconocer sus errores y reconocer que la gente ya no escucha los mandamientos de la Iglesia en materia sexual"*. Lo verdaderamente herético de Martini radica en esta afirmación: *"sólo la persona que percibe en su corazón la Palabra de Cristo puede ser parte de la renovación de la Iglesia, porque ni la Jerarquía ni el derecho canónico podrán sustituir la interioridad del hombre"*. Dicho de otra forma: cada cual, subjetivamente, debe seguir su camino de espaldas al Magisterio, el Dogma, la Tradición y la Revelación objetivos. Es el mismo pecado de Lucifer, de Eva y de Adán: **cada cual a su manera.** Tajante, Martini sentencia que la Iglesia sufre un atraso de 200 años y que ahora está invadida por el miedo que suprime el arrojo y el coraje evangélicos. Claro: Lucifer debió de haber sido muy *"valiente, arrojado y corajudo"* para arrojar a Dios de su propia alma y colocarse a sí mismo en el altar que sólo a Dios le es debido.

2.9) Desvinculación. Es un privilegio de la criatura humana: poder desvincularse del Absoluto, para convertirse en insurgente contra el orden natural de las cosas. Es una ebriedad de soberanía ilusoria de tipo anarquista. Lo que consigue con declararse "dios" es derrumbarse a la categoría de simple cosa finita. Por algo dice la Iglesia en la oración del humilde San Francisco: **"Deus, cui servire regnare est"**: *"La verdadera soberanía del Hombre comienza con el 'serviam'."*

Ejemplos. Analicemos cómo se manifiesta la desvinculación y qué tanto daño nos está haciendo. En la *"cultura postmoderna"* y en el proyecto político que existe en casi todas las naciones de la tierra, el propósito consiste en desvincularnos a todos respecto de todos: al ciudadano respecto de sus hipotéticos y sedicentes *"representantes"*, ya que inmediatamente que éstos adquieren el poder la obsesión es conservarlo, ampliarlo y perpetuarlo.

Se desvincula a los hijos respecto de sus padres para acabar con *"el arcaico concepto de familia tradicional"*; las empresas depredadoras sólo contratan personal provisional, llamado *"eventual"*, para que cuando alguien termine el período convenido se le pueda volver a conceder, graciosamente, otro contrato igualmente eventual. Si alguien no está feliz con tamaña injusticia, queda despedido, y además *"boletinado"* a los colegas que contratan personal, con la finalidad de que *"no se echen un alacrán al seno"*, y tan osado individuo no sea contratado en ninguna otra empresa, ya que es una *"amenaza social"*. A partir del propósito desvinculador se explican prácticamente todas las disfunciones sociales, problemas y daños que aquejan a Occidente –en general– pero con demoledora intensidad a la sociedad mexicana, como a pocas en el planeta. En el ámbito político el estadio superior de la *"ideología de la desvinculación"* es la ideología de género, donde la persona es desvinculada de su propia realidad biológica.

Legislar y actuar como si existiera el equivalente de una lucha de clases entre hombres y mujeres, como si no estuviésemos vinculados por una natural complementariedad. Los Amos Globales sólo pueden ganar terreno en la medida en la cual logran destruir los vínculos entre Hombre y Mujer. Y los han destruido profundamente, en sus mismos fundamentos. Pero esto no es nuevo: en México, destruir al matrimonio fue la obsesión de Benito Juárez, primer presidente que instituyó el *"sacrosanto divorcio"*, al grado de que es uno de sus *"méritos infinitos"*. En todo momento obedeció los grandes designios de las logias masónicas a quienes se había sometido para conservar el Poder. Esta forma de manipular a la persona y a la sociedad surge del artero pero muy popular principio de que **"la única manera en la que el ser humano se realiza, es siguiendo el impulso de sus deseos en cada momento de su vida"**. Ningún compromiso personal, relación, tradición, regla, ley, norma o costumbre puede limitarlo.

La libertad no solamente consiste en la realización del deseo –el cual dispone de un astronómico número de opciones– sino que incluso tales deseos pueden ser impuestos a los demás, por inocentes o pequeños que sean. Tal es el caso de la adopción de niños por parejas homosexuales. No importa que el promedio mundial de duración de una relación homosexual sea de unos pocos meses. Leamos un resumen formado por docenas de cartas que me fueron escritas por pacientes homosexuales –a lo largo de medio siglo de ejercicio profesional–, cuyo drama principal fue, es y será siempre de índole afectiva, provocado a partir de su indescriptible volatilidad sentimental:

> *"Estimado Juan Bosco: debes saber que a las solemnidades litúrgicas heterosexuales nosotros les oponemos un ensamblaje más funcional, casi portátil, más a la medida de la realidad. Decimos: **'te amo para siempre, pero sólo por hoy, tal vez mañana, aunque esto dure mil años'**. Sin importar religión, raza o status social, dos tipos nos conocemos en un bar; nos enamoramos con la palabra que nos espejea en un chat y... ¡zas! Ya se formó la pareja. Casi siempre nuestras relaciones son muy complicadas, neuróticas, inestables y tambaleantes. Sin papeles, sin familias que nos controlen por arriba del hombro. Sin Dios, desde luego. Muchos de nosotros sabemos que nos desvinculamos del Creador*

al momento de aceptar gozosamente la práctica de nuestra homosexualidad, en lugar de vivir con las esquirlas de la represión. Unos pocos quieren estar bien con Dios, y entonces dicen que Jesucristo era homosexual. Así se justifican. Allá ellos. Toda pareja es, en sí misma, una fundación, una génesis. Sí, pero las parejas homosexuales lo somos más, **ya que refundamos continuamente el concepto mismo del estar con otro**. Este es un nuevo modelo que se invierte y empieza a ser seguido por los heterosexuales más esclarecidos: buscar la otra mitad es difícil para todos, y cada vez más dificultoso.

No hay mentira mayor que la que nos venden –y que nosotros compramos a manos llenas– de que somos los homosexuales quienes tenemos conflicto con eso. Porque también los héteros se desvinculan una y otra vez, para volver a comenzar, alegremente. Hablar de una 'pareja homosexual' carece hoy de sentido, ya que no hay nada más variable que una comunidad que carece de moldes y modelos. Lo sexual es la gran bandera que podemos enarbolar los gays. Somos tan sexuales como humanos, sin negarlo ni esconderlo, **y esas sexualidades que sudan cada noche en una disco son abiertas a infinitas.** El otro está ahí, esos dos que se conocen en un boliche, en la vereda o en el Metro, inauguran un nuevo modo de relación que tal vez comenzará solo por lo sexual, guiados por un deseo que, con el tiempo, sostenga la remota probabilidad de una vida en común con planes, proyectos y todas las fantasías de convivencia, integración de las economías, colisión-negociación-acuerdo de pautas estéticas, etc... ¡Y pensar que todo empezó por un par de camas excepcionales! Y si te preocupa que nuestra volatilidad afectiva afecte a los hijos, recuerda que no los podremos tener nunca, si sólo adaptados podrían estar con nosotros, y eso aún no es legal. Pero: con tantas cosas que disfrutar en nuestras relaciones... ¿qué homosexual cuerdo quiere tener hijos ajenos?

"Al término de nuestras volátiles relaciones psicosexuales, no sabríamos quién de los dos o tres debería quedarse con ellos, y pasarían de una pareja a otra, de una comuna sexual a otra, en interminable sucesión. Tengamos el valor de reconocer que la falta de vínculos estables podría afectar más a tales niños que a nosotros mismos, cuando en medio de nuestros dramas familiares fuimos descubriendo nuestra inclinación por personas del mismo sexo. Cordialmente... Tus amigos homosexuales, agradecidos por tu innegable y generosa hospitalidad..."

Es obvio que no debo escribir los nombres de las personas que así se expresaron, tanto por escrito como en sus estruendosas y gemebundas sesiones de terapia. Algunos, no más de diez, rectificaron la ruta al vacío y aprendieron a vincularse con personas del sexo complementario. Hoy son felices padres y madres de familia, quienes además expresan el terror de haber vivido una niñez, una adolescencia, y gran parte de su juventud **"desvinculados de modelos estables y naturales para guiar su conducta".** Sin embargo, para la mayoría de mis pacientes, sobre todo homosexuales, la libertad dejó de ser el camino para buscar la Verdad y liberarse de todo aquello que impide el desarrollo de nuestras dimensiones personales. Dejó de ser "**liberación**" para convertirse en su opuesto: servidora de la pulsión del **omnímodo "Deseo"**. Por ello, en el marco de nuestra sociedad desvinculada, la libertad se degrada y se comercializa. Porque es más fácil manipularla y vulnerarla, porque ha prescindido de toda exigencia de la Verdad, del Bien Honesto, de la Unidad y hasta de la verdadera Belleza, porque lo postmoderno, lo *"New Age"*, ha llegado a ser partidario de lo espantoso. Porque *"sólo el deseo importa: lo demás son paparruchas o injustas cadenas impuestas por la Iglesia para hacer grandes negocios"*.

Consecuencias de la desvinculación. Esta realización a través del pagano deseo deificado conlleva tres graves rupturas o desvinculaciones simultáneas:

Primera, la ruptura religiosa. Ya no existe norma que pueda regir u orientar la cultura: sólo hay vanguardias y transgresiones. Pero las vanguardias sin canon natural, sin referentes al Absoluto, son un puro artificio caprichoso, porque sólo pueden ser la antítesis de las tesis éticas universales. Si éstas no existen, las vanguardias resultan una caricatura de los múltiples delirios subjetivos. Y la transgresión como sistema no libera de nada, de ninguna Ley, sino que al contrario: nos esclaviza bajo el principio sistemático de que *"se debe transgredir"*. Es la moda: *"¡Soy antillano... y qué!"*

Para que la desvinculación pueda darse es indispensable que desaparezca el sentido de lo religioso en el sentido de *"estar vinculado, religado con Dios"*. Si la conciencia humana se mira y se reconoce a sí misma como dirigida hacia lo Trascendente como razón última de su ser, necesariamente se vincula con Él, tarde o temprano. Porque en la conciencia es donde se forja sólidamente el principio del vínculo más humano posible: el que religa al Hombre con su Creador. Esto explica que en nuestro tiempo, allí donde más crece la desvinculación, renazca una bestial oleada antirreligiosa con nuevos miasmas. Estamos, por consiguiente, ante una batalla de dimensiones cósmicas que disputa el corazón y la razón de los hombres: la batalla que han entablado el pensamiento desvinculado y el sentido religioso. Es una batalla por la extinción del otro, donde no pueden existir por su propia naturaleza los no alineados.

El laicismo que excluye lo religioso –en realidad no sólo lo separa– es un misil añadido contra la cultura cristiana. La voluntad masónica y sionista por excluir la religión de la conciencia y del qué hacer público, conlleva necesariamente una liquidación del pensamiento y del patrimonio cultural de los pueblos de Europa y de América Latina.

Segunda: la desvinculación en las relaciones obrero patronales. Muchos trabajadores se sienten totalmente desligados de la propia empresa y de los resultados de su trabajo. La injusticia social manifiesta hace posible la exhibición obscena del derroche económico celebrado por los *"Mass Media"*, sobre todo cuando quienes lo hacen son futbolistas, artistas y un largo etcétera, y al mismo tiempo acepta impávidamente el crecimiento desbordante de la injusticia social. Porque:

"Ha crecido astronómicamente la proporción de pobres. Los salarios han perdido participación en la renta. El desarrollo económico no se ha traducido en mejor distribución de la riqueza. Los poderes económicos y políticos aplauden la llegada masiva de inmigrantes, pero no adoptan las medidas para paliar el efecto destructivo contra la salud y la enseñanza. Las dimensiones del flujo de los inmigrantes son astronómicos. Contemplamos impasibles la inhumana situación de África, donde el tráfico de especies y minerales siembra de cadáveres tanto el fondo del mar como la superficie de los bosques y los territorios de aluvión. Los periódicos hablan de ello y todo mundo se siente conmovido. Pero esto no se traduce en acciones humanitarias concretas. Ningún partido político siente la necesidad de llevar en su programa electoral algo que vaya más allá de la conquista, ensanchamiento y sostenimiento del Poder".[78]

Tercera: la ruptura antropológica. Esta es la más grave, porque significa la liquidación del último vínculo, del más esencial: el vínculo con la condición natural, con la condición biológica del ser humano. Ser hombre y ser mujer, ser padre y madre, hijo o hija de un padre y una madre. Estas realidades antropológicas y naturales, de tono tan común y tan trivial, es el fundamento –no solo de la sociedad– sino de la **civilización tal y como la conocemos, y esto precisamente es lo que está siendo demolido.** La ideología de género es el arma exterminadora por excelencia para lograr la desvinculación. Está siendo lanzada por los principales actores políticos y casi todos los legisladores. El principio desvinculador es este: **"todo lo que yo deseo debe ser posible en una realidad que yo diseño a mi medida".** Casi todas las naciones cuentan ya con políticas públicas que favorecen el cambio de sexo, la maternidad y la paternidad atípicas, la adopción de niños por parejas homosexuales, la *"salud reproductiva"* –desde la cual se entiende que todo embarazo es una enfermedad que hay que prevenir– y otras de la misma calaña. También significa legislar y actuar políticamente como si existiera una brutal lucha de clases entre hombre y mujer, rompiendo así la unidad pentadimensional lógica –eco-bio-psico-social-trascendente– que existe entre las personas antes que la condición sexual natural, concepto éste desterrado por el tremendamente poderoso grupo ideológico de *"género".* De la ideología de género surge un fenómeno monstruoso, que es el proyecto político de la homosociedad. Busca transformar todo el marco legislativo y los instrumentos del estado a la medida de lo que los ideólogos de la *"homosociedad"* consideran que es necesario para sus intereses ocultos. El asalto formal al poder exige la destrucción de la Familia como tal. Y el avance de este proyecto es temible y formidable.

---

[78] Marcos Tulio Álvarez. Economista UCAB. marcostulio@economista.com, http://www.marcos-alvarez.com/ Este texto son las conclusiones elaboradas por el autor en marco del curso-taller sobre "Teorías del Desarrollo Económico" organizado por la Universidad de Málaga en junio de 2002.

Cuarta: la ruptura madres trabajadoras-hijos. La sobreexplotación laboral que padece la mayoría de los trabajadores de todo el mundo refuerza la desvinculación familiar y social. Propiciado intencionalmente por un sistema capitalista depredador, el creciente deterioro de la dignidad de las personas y de su calidad de vida crean las condiciones que aceleran la ruptura de los vínculos humanos más valiosos. A tal grado que el lugar de esos vínculos queda ocupado por una telaraña de maldad y rencor: los sicarios al servicio de los Narcocárteles y del Crimen Organizado. Un bestial ejemplo de esto lo tenemos en el caso de Ciudad Juárez, donde más de la mitad de sus pobladores no pueden integrarse con un tejido social en el que son extraños, porque han llegado de otras regiones de México. La siguiente nota periodística habla por sí sola, y está tomada de la primera plana de: **http://www.elnorte.com**:

"Ciudad Juárez reconoce que los Sicarios se forman en la Ausencia de la Madre en el Hogar. Por: Enrique Lomas. Admite autoridad que por años dejaron a los infantes a la deriva.

"Ciudad Juárez, México, a 22 febrero del 2010. El Gobierno de Ciudad Juárez admitió su responsabilidad por el abandono de cinco generaciones de niños que padecieron la incorporación de la mujer al ámbito económico y ahora se erigen en crueles sicarios al servicio del crimen organizado. Clara Torres, directora del programa '**Centros Municipales de Bienestar Infantil**' en Ciudad Juárez, señaló que el Ayuntamiento de esta frontera está decidido a revertir este círculo vicioso con el establecimiento de estancias infantiles que rescaten a poco más de 20 mil infantes de entre 4 a 12 años de edad que se encuentran en situación de grave riesgo. '**Con toda conciencia generamos un sistema económico en la maquila que se sostenía por la mano de obra femenina, en donde sacamos a la mujer del ámbito doméstico para meterla en el ámbito laboral y dejamos al niño a la deriva...**' –admitió la funcionaria.

"Por cinco generaciones, miles de niños sufrieron encierro, fueron amarrados, maltratados y violados, y ahora elevan su inconformidad como sicarios. Lo que la sociedad les da a los niños, los niños le dan a la sociedad: nosotros fuimos como sicarios hacia ellos, y ahora ellos son nuestros propios verdugos" –dijo Torres. Lo que tenemos que hacer es no solamente contener la problemática que tenemos de inseguridad por la falta de valores y desarrollo humanos que sufrimos en estas cinco generaciones que se perdieron, sino, además, prevenir que esto vuelva a suceder. Los centros de bienestar infantil atienden a niños de nivel preescolar y primaria, donde les proporcionan desayuno, comida y apoyo en tareas de lunes a viernes, de las 5:00 a las 17:00 horas, tiempo en el que sus madres se encuentran laborando".

Si bien el *"no tienes madre"* –mexicanísima expresión equivalente a la de *"eres un perverso psicópata"*–, el problema de la impunidad acostumbrada se constata no sólo por las violaciones y asesinatos, sino por las crecientes condiciones de desvinculación afectiva, social, religiosa, política, laboral y aun biológica en las que se ven obligadas a subsistir siete de cada diez *"nuevas fuentes de trabajo"*. Esto representa una interminable cadena de raíces venenosas que somete a millones de personas a la más cruel desvinculación explotadora, con una falta absoluta de respeto a su dignidad.

2.10) Desmoralización. Es el rasgo esencial de Postmodernismo o de la *"era del desencanto"*. Decía Frederick Nietzsche: ***"El temor es la madre de la moralidad"***. Podemos así entender por qué el hombre postmoderno, incapaz de enfrentar el miedo, destruye la moralidad; se desmoraliza, pero en realidad se aparta de la Ética en su intento frustrado de *"dejar de sentir el miedo"*. Ese *"miedo"* que imponen las frecuentes violaciones al código de ética universal, o incluso a los sistemas morales de tipo local. El ***"desencanto"*** ya es tan poderoso a la hora de influir en las decisiones, que por estos días México entero y el mundo se estremecieron al conocer una espeluznante noticia: un grupo de adolescentes mataban viejecitos *"por aburrimiento"*. No sólo estaban *"desmoralizados"* en un sentido emotivo, sino más propiamente en un sentido anti ético, amoral o inmoral.

El ***"fantasma de la desmoralización"*** recorre el mundo. Ella envenena la vida de cada individuo y de toda la humanidad. Hoy sí, mañana no, pasado mañana sí, pero en términos generales sí. Con independencia relativa de la condición social y de la coyuntura. La presión maléfica que ejercen los medios de comunicación para la instalación de tal sentimiento es tan fuerte, coherente y persistente, que todos nos precipitamos en la depresión, sin buscar ya nada, porque en este planeta se hizo el vacío, del cual el ser humano tiene horror.

Ejemplos: la Tierra está *"gobernada"* por sabios viejos que no han deseado ni decidido reunir la Sabiduría con la Ética. Con los *"Mass Media"* ellos difunden desde su miedo una angustia paralizante, o por lo menos un escepticismo en proceso de generalización. Aún muchos jóvenes son indiferentes a ese mensaje y viven la vida con ignorante euforia. Ya comprenderán. El escepticismo desmoralizante dice: ***"ya no hay nada en qué creer, nadie en quién confiar"***. Así, ladra y muerde rabioso, fanático, maldiciendo al culpable que convenga; desde los padres a los políticos, pasando por los sacerdotes, los soldados, la familia, y lo que se pueda denostar. La ***"democracia mercantil mundializada"*** no suscita personas apasionadas, sino mentes y corazones frustrados. La fragilísima paz –donde la hay– es *"una guerra interior"* que mata y se mata en el verbo, más que en la acción. La *"lengua de víbora"* es también activa, puerta de escape para el espíritu hueco y triste ante la realidad corrupta, cruel, delictiva, drogadicta, egoísta, incrédula, injusta, inmoral. El *"opio del pueblo"*, la religión, se ha transformado en un cafecito saboreado en *"Starbucks"*.

Para el sujeto desencantado y desmoralizado las distinciones entre extrema izquierda, izquierda, centroizquierda, centro, centroderecha, derecha, extrema derecha, extrema izquierda y abstencionismo, forman un arco de desencantos continuos, cuya forma es la parábola geométrica de la letra omega: Ω. La salida del final conduce al Abismo. En el actual estado de desmoralización mundial: ¿podríamos salir del marasmo? Sí: mediante una vigorosa nueva evangelización, que requeriría de santos y héroes más grandes que los que crearon Hispanoamérica, porque aquellos indios, aun siendo antropófagos, eran mejores personas que nuestros gobernantes de hoy. En México, ante una Iglesia dormida, con la panza henchida, las neuronas abotagadas y el alma casi muerta, la desmoralización es aún reversible. Sí, a condición de que los seglares hagamos nuestra parte. Nos toca, irremisiblemente, entrar a los obispados y cardenalatos para gritar: **"¡Despierten, cobardes!"** Se requiere una paciencia inagotable, pero Job nos dio el mejor ejemplo posible.

2.11) Desvertebración o Desarticulación. Se ha perdido la certeza de que todos los habitantes del planeta somos idénticos en lo esencial, y que nuestra columna vertebral por excelencia es La Familia, a la que estamos destruyendo alegremente aunque ella sea lo que la célula es al órgano: la unidad fundamental del funcionamiento de la vida y la salud. El Hombre, como fruto de la naturaleza y de la cultura, se ha desvertebrado. Aunque existan diversas culturas, lenguas, religiones, sistemas de derecho, costumbres, arte, historia, nos diferenciamos muy poco, excepto cuando nos desvencijamos y comenzamos a despedir el insoportable hedor de la corrupción, pestilencia propia de un molusco informe que se pudre. Entonces cada cadáver social tiene su propia deformidad.

Ejemplos: la desmembración de la sociedad opera a todas las escalas. No es muy distante en eso la mentalidad del nacionalista separatista de la de quien rompe con su propia familia por un quitarse ciertas cargas o *"infelicidades subjetivas"*. Hoy, la mayoría desvertebrada busca satisfacer los impulsos primarios que le dicta su bajo vientre. Busca un derecho sin deber, una *"felicidad sin penas"* que nunca llega porque de suyo es imposible.

El nacionalista acaba comprobando que en su mierda de terruño se repiten las mismas injusticias que en todo el Planeta, sólo que de forma más estúpida. Todos vuelven al mismo estado de insatisfacción después de haber probado toda suerte de "satisfacciones". Pero el Hombre desvertebrado o desarticulado piensa que aún no es el momento de mirar atrás. Así que, animado por el aumento de sueldo y la idea de progreso, prueba con otras cosas: se hace "Hare Krishna" o fan de la comida orgánica. Se tira de un avión, o sube peñascos. Y ese camino se queda cada vez más solo, porque los demás están también *"creciendo como personas"*, es decir, mirándose al ombligo, buscando rellenar el agujero de infelicidad que sigue ahí. Tristeza que incluso crece por la misma angustia de comprobar que ella está y que no debería estar, porque desde los púlpitos del progresismo le han dicho que tiene el derecho –y el deber– de extinguirla.

Este fenómeno repercute poderosamente en la absurda y aun estúpida manera de enfocar y resolver –enfermizamente– tanto los grandes como los pequeños problemas cotidianos de la vida que nos entristecen. Como ningún otro factor, la desarticulación y la desvertebración de la religión influye decisivamente, *ya que difícilmente encontraremos una etiología psicopatológica más poderosa que la del pecado, es decir, la voluntaria desobediencia a las normas éticas.* De la fidelidad a ellas se desprenden nuestros articulados pasos indispensables para alcanzar la posesión de Dios, como herencia gratuita.

El enfermo hispánico –y más que otros el mexicano en particular– es por lo general un enfermo "católico", más o menos profundo, casi siempre inconsecuente, desvertebrado y desarticulado, pero católico al fin. En el fondo se le queman algunos rescoldos de fe, prestos a reavivarse ante las crisis existenciales. Esto se constituye en inapreciables reservas de energía salvadora. Por ello, desde un punto de vista tanto natural como sobrenatural, quiero lanzar una poderosa invitación a vivir una *"explosión de conciencia"*. Si articulamos Fe y Razón, Ciencia y Trabajo, Familia y Caridad, Educación y Deporte, se verá la importancia de poseer una psicoterapia católica para quienes cultivamos esa especialidad en el área hispánica. Todo lo contrario de la falsa solución de desvincular cada uno de esos aspectos dentro de una verdadera esquizofrenia.

2.12) Emotivización o Depresión en la "Cultura de los *Emos*". Estos dos términos son equivalentes: "**Emos**" o "**Tribus Primitivas de Adolescentes Tristes**". Son de clase media; algunos se autoflagelan para mostrar su dolor; rechazan a sus padres y a la sociedad. Una anécdota: todos los sábados, caída la tarde, cientos de adolescentes vestidos de negro, con sus ojos maquillados, los flequillos en el ojo y la mirada melancólica, pueblan las inmediaciones de la plaza Rodríguez Peña, situada frente al Ministerio de Cultura y Educación, en México, Distrito Federal.

Se trata de una nueva e inquietante tribu urbana: los "emos" –abreviatura de "**emotional**", en inglés–, que cuenta con cultores en todo el mundo y que cada día gana nuevos adeptos en la capital mexicana. Debido a sus estrafalarios peinados y su andar afeminado, los "emos" son comparados con los *"metrosexuales"* –¿varones?– que cuidan mucho su estética corporal– y terminan invadiéndonos con un tufo de aspecto feminoide.

Ejemplos. Nahuel, un "emo" típico, me explicó: *"Todos los sábados hay peleas entre las distintas tribus. A nosotros siempre nos buscan para pegarnos por nuestro aspecto, un poco afeminado".* En general, los *"emos"* son muy delgados y se dejan el pelo largo para ocultar sus melancólicos y envejecidos rostros. Explican: *"Usamos los cabellos en el ojo para mostrar que una parte de la sociedad nos da vergüenza. No queremos que esa parte de la sociedad, que no nos gusta, nos vea".* *"No queremos cambiar el mundo; sabemos que* *eso no tiene sentido", me aclara otro "emo".* Ellos se definen como personas en extremo sensibles. El mundo que los rodea no los comprende y por eso tienden a victimizarse. Frases como *"la gente nos discrimina"* o *"¿Por qué me dejaste?",* son frecuentes entre los *"emos".* Creen que expresar un estado del alma, y hacerlo de manera compartida, azotándose, es menos peor que corroerse en la soledad y estallar en patologías más graves. Lo que se expresa, como en el caso de los grupos de jovencitos que juegan con rituales extraños, refleja una imagen de una gran desolación, rabia, o un gran miedo.

La mayoría de los *"emos"* consultados admitieron que se llevan muy mal con sus padres y que casi no tienen diálogo con ellos. *"Ellos no nos entienden"* –se quejan con amargura. Escuchan grupos musicales como *"My Chemical Romance", "Panic at the Disco"* y *"30 Seconds to Mars",* que centran sus canciones en sentimientos como el amor, el odio y la desilusión. Estos grupos son fuertemente impulsados por el depósito y expendedor de telebasura llamado *"MTV".*

Algunas parejas se cortan el cuerpo en los mismos sitios para llevar las mismas marcas, como símbolo de fraternidad, lo cual constituye, en tiempos del VIH/sida, un riesgo grave para su salud. Suben videos a la Internet, donde aparecen cortándose los brazos. En *"You Tube"* se cuentan por decenas los videoclips donde jóvenes *"emos"* se cortan los brazos para expresar el dolor que sufren. Usan piercings y tatuajes. Manifiestan con insistencia sospechosa que *"lo suyo"* es lo genuino. Pero también existen los que son tildados peyorativamente de *"posers"* –calificativo negativo que alude a los *"emos"* que son *"pura pose".* Sienten un aprecio especial por las películas de Tim Burton, sobre todo por *"El Extraño Mundo de Jack",* película que cuenta la historia de Jack Skellington, el Rey de *"Halloweenland",* que descubre la Navidad y de inmediato comienza a querer celebrar esta extraña festividad por sí mismo, sin ninguna referencia al Nacimiento de Cristo, por supuesto.

Dicen los *"emos": **"Amamos a Jack; tiene mucha pasión y energía, siempre está buscando vivir un poderoso sentimiento. Eso es lo que encontramos en Christmas Town. Nos sentimos excitados y emocionados. Los escenarios de esa película maravillosa son raros y desacostumbrados, pero no hay verdaderos villanos en la película. Es una celebración del Halloween y la Navidad –nuestros dos eventos favoritos".***

La discoteca predilecta es *"Alternativa".* Allí suelen bailar en círculo, turnándose para pasar al centro. Bailan moviendo sus brazos y piernas, como en una lucha cuerpo a cuerpo. Suelen irradiar, mientras bailan, un grito estremecedor, conocido como **"scream".** Es evidente que ese grito expresa un profundo dolor, una poderosa dolencia, un inexpresable padecimiento. Lloran, se quejan, se maquillan, toman fotos de su pelo, les gusta el color morado, se alisan las greñas, son más vanidosos que una prima dona. Cada semana sale un grupo nuevo. Hablan por *"Messenger"* como retrasados. Son suicidas, se pintan las uñas, les queda base de maquillaje en la servilleta, gritan mucho, se alborotan el pelo por detrás, adoran las calaveras, se cortan, su ideología no tiene historia, no pueden vivir sin los espejos, se depilan, usan delineador, se pintan el pelo, adoran a los gays, e idolatran a Michael Jackson. Todo *"emo"* se ha besuqueado con amigos del mismo sexo, usan lentes de contacto y son muy miedosos.

Odian a los *"punks"*, a los *"metachos"*, a los *"skins"*. Tienen por lo menos un *"iPod"* rosado, controlan el consumo de calorías, son bulímicos, tienen un hámster, un perro o un gato a quién *"amar"*. Dicen que lo mejor que les ha pasado es la existencia de *"MySpace"*. Tienen más cosméticos que su novia –si la tuvieran. Huelen a mujer, se cambian la ropa entre ellos, son una de las peores plagas humanas existentes, y se reproducen demasiado fácilmente. Estas tribus de jóvenes desechos sociales están colonizando los colegios, las calles, los centros comerciales y los lugares de moda en casi todos los países. Se trata de una generación troquelada por la infelicidad, la música sombría, desconsolada, y las letras depresivas, debido a la profunda necesidad de sentir y expresar emociones, de saltar del plano racional al submundo de las sensaciones puras.

Pero la realidad es que hacen un profundo culto a la tristeza, estado de ánimo favorito de Satanás. Lo más grave de este fenómeno postmoderno es que la mayoría de los psicólogos adultos afirman que: ***"los Emos tienen la razón, puesto que la vida actual es cada vez es más aburrida, para lo cual ellos quieren crecer como personas viviendo la vida intensamente, aunque esto implique enfermarse de Sida. Y porque la vida actual es cada vez menos emocionante, es cada vez más monótona, más aburrida, más plana, y más racional, debemos aprender de estos jóvenes, porque ellos están captando y manifestando que hay un gravísimo problema de fondo, por el cual sus padres, profesores y psicólogos no son los culpables de la maldad en el mundo"***.

¡Esto dicen los psicólogos relativistas y hedonistas *"dedicados al desarrollo humano"*! En un país como México es lógico suponer que un alto porcentaje de "emos" recibieron el Bautismo cuando eran niños. Pero dentro del ambiente desintegrado y radicalmente pagano y hedonista en el cual se han desarrollado, alejados de todos los sacramentos, confirmados en la vacuidad de la vida y sumergidos constantemente en las sensaciones más primitivas, aprendieron a chapotear con las tentaciones, a ponerse en peligro, a jugar con la vista y con la imaginación, a charlar de estupideces, pero jamás aprendieron a cultivar su fe.

Y luego se aterran y los asaltan angustias existenciales, dudas paralizantes, escrúpulos atormentadores, laberínticas confusiones, tristezas inexpresables y un desaliento incontrolable. Más que culpables en realidad son víctimas, pero no en la forma como ellos lo perciben y lo aseguran, sino de una manera mucho más profunda: viven, permanentemente, dentro de los estados de ánimo preferidos por Lucifer para seducir a sus adeptos: la tristeza y la melancolía.

Concluyo con un mensaje para los *"emos"*: les digo que no le es posible al hombre alcanzar la infinita alegría de la Resurrección sin pelear por su propia regeneración intencional, ya sea por la congruencia con el hecho de haber recibido el Bautismo Sacramental, o mediante el *"Bautismo por Deseo".* Cristo murió por todos, y por eso la vocación última del Hombre es realmente una sola, es decir, la vocación divina. En consecuencia, haré lo posible a mi alcance para que algunos de ellos conozcan y acepten esta terrible pero maravillosa verdad: que el Espíritu Santo ofrece a todos la posibilidad de que, de un modo conocido sólo por Él, se trepen al tren de la verdadera Salvación. Los propios *"emos"* no bautizados desearían explícitamente el Bautismo si conociesen su necesidad, para lograr la restauración del estado feliz, divino y alejado de toda tristeza.

Cada *"emo",* como decisión personal, tendría que sacudirse la tristeza y buscar intencionalmente la alegría que sólo tienen las personas virtuosas. Este *"milagro"* sería factible para cada uno de aquellos que, sin haberse voluntariamente cegado y caído en la ignorancia culpable, siguiera la voz de una conciencia recta, pero, ante todo, ilustrada dentro de sus propias limitaciones invencibles.

Ningún *"emo"* actual está intrínsecamente excluido de la posibilidad de aprender, de ilustrar su conciencia y de actuar en consecuencia, porque en este mundo informatizado, los conocimientos de todo tipo están al alcance de un teclazo. Pero aquellos, en cambio, a quienes la adicción a la tristeza —entre otras adicciones— los envileció, no aplicaron ningún remedio purificador de su inmundicia: ni el agua sacramental, ni el *"Bautismo por Deseo",* ni la invocación sincera y habitual al Poder Divino, ni la enmienda del arrepentimiento.

Ellos obtendrán fatalmente aquello de lo cual siempre se quejan: una tristeza infinita y sempiterna. Se quejarán, entonces, de no haber querido comprenderse a sí mismos cuando aún les era posible hacerlo. Y también está dicho por el profeta Isaías el modo como podían librarse de los pecados aquellos que se arrepintieran: **"Lavaos, volveos limpios, quitad las maldades de vuestras almas, aprended a hacer el bien..."**

2.13) Desconstrucción o "Deconstructivismo". Éste pretende demostrar que debido a los diversos estratos semánticos del lenguaje, *"es imposible determinar un sentido único de un texto o de una idea".* Así pues, *"ningún pensamiento se puede transmitir en forma pura y unívoca".* Si ponemos una atención inteligente y atenta al significado de esta absurda filosofía contemporánea, podremos explicarnos el porqué de ciertos políticos que toman muchas decisiones absurdas.

Porque el *"Deconstruccionismo"* se plantea intrínsecamente anti racional. Es sucesor de una línea que se origina en el materialismo filosófico de Bruno Bauer, Levy Strauss, Ludwig Feuerbach, Karl Marx, Antonio Gramsci y Louis Althusser. El judío francés Jacques Derrida da origen al nuevo concepto del *"Deconstruccionismo",* que hoy en día es aplicado malévolamente en la mayoría de los países europeos. La *"Deconstrucción"* es la generalización del método implícito de los análisis etimológicos del filósofo alemán Martín

Heidegger –"Ser y Tiempo"– sistematizado por Derrida, teorizando la práctica irracional de esa palabra. Es el trágico intento de querer deformar la Realidad misma para crear otra, a partir de los deseos y las pasiones personales, o de las ansias de poder de los políticos que fingen ser "desconstruccionistas" para poder manipular mejor a las Naciones.

Ejemplos. Vista más en detalle, es una teoría que sostiene la imposibilidad de fijar el significado de un texto o de cada una de sus partes, debido a que cada lectura implica una nueva interpretación de lo leído. Para el desconstruccionista, **toda comunicación es una lucha por el poder.** El lector/oyente debe, por lo tanto, entresacar lo que le parece subjetivamente ser el significado de la palabra escrita o hablada –desconstruir el mensaje– y luego reconstruirlo según su propio programa.

Se argumenta que, como el "lector/oyente" trae su propio marco de referencia, sus anhelos y sus intenciones, él sólo debe, puede y sabe determinar el significado del mensaje, y no el orador/escritor.

En consecuencia, ningún mensaje puede significar algo en forma cierta; la comunicación verdadera es imposible, la verdad objetiva, imaginaria. En cuanto a la Verdad, se degenera en lo que cada individuo le gustaría que fuera. **Evidentemente los distribuidores de esta filosofía creen que no se aplica a ellos, porque le explican a uno la imposibilidad de explicar nada.**

Las repercusiones, sin embargo, llegan aún más lejos. Una vez que los hombres de perfil postmoderno logren que la gente común se deshaga del verdadero significado de la "Palabra de Dios", podrán justificar cualquier cosa. Sin la confianza en la suficiencia revelatoria de las Escrituras, y sin el fundamento del Antiguo y Nuevo Testamentos, se volverá más fácil –aun para los propios cristianos– creer en cualquier mentira. Es ahí cuando Satanás irá a su caja de herramientas y una vez más sacará su bisturí más afilado para manipularnos cada circunstancia histórica, en cada ambiente, según sus objetivos, acerca de los cuales ya nos hemos explayado con amplitud y profundidad.

2.14) Relativización del Absoluto y **Absolutización** de lo relativo. **Es la mejor alternativa para no sentirse mal después de haber hecho algo incorrecto.** La relativización de los valores absolutos es una salida fácil, siempre disponible, porque algo que ha perjudicado a otros o a uno mismo puede justificarse fácilmente. Se practica sobre todo cuando se pretende seguir en la misma actitud de individualismo egocéntrico y narcisista, a pesar de todo. Necesita cómplices: el silencio y la oscuridad, la sociedad secreta y la conspiración. El debate abierto es su mayor enemigo.

Ejemplos. Los principios universales de la Ética tienen luz propia, y no necesitan defensores ni justificación. Valen por sí mismos, pues nacen de las características intrínsecas del ser. Por ello su peso es tal, que aumenta en la medida en la que alguien intenta aligerar su valor. Lo que no se entiende, aplicando un criterio práctico, es por qué ahora convivimos tan mal, conociendo desde siempre que es mucho más fácil hacer bien las cosas desde la primera vez.

Esto surge de la *"relativización de lo Absoluto"* y la *"absolutización de lo relativo"*. Durante milenios, desde Aristóteles, pero sobre todo durante *"la Cristiandad"* –desde el triunfo de Constantino sobre Magencio en la batalla del Puente Milvio, el 28 de octubre del año 312, hasta el inicio de la Revolución Francesa, el 14 de julio de 1792–, la visión del hombre, desde cualquier ángulo, estaba subordinada a la visión holística del universo. A una jerarquía objetiva en la cual Dios, el mundo, el hombre –con sus rasgos de carácter, pasiones, sentimientos y pensamientos, debilidades y fortalezas–, componían un todo, un conjunto prácticamente sin fisuras. Era el hombre voluntariamente subordinado al Absoluto, captándose a sí mismo como simple creatura. La formación de la cristiandad europea se debe a que Europa y Cristo eran prácticamente una dupla de identidad, oscilante, sí; ambivalente, desde luego, pero que culminó con la convicción –impuesta a mediados del siglo XV– de que el Evangelio ya había sido predicado en todo el mundo. Se había hecho todo lo necesario para que, si la gente quería, Humanidad y Cristiandad fueran idénticas.

En realidad, los navegantes portugueses estaban a punto de doblar el cabo Bojador y descubrir el otro lado y el tamaño real del África, y apenas faltaba media centuria para que el descubrimiento de América y los cismas –el inglés y el protestante– acabaran con ese ensueño de un mundo unificado en torno a la cristiandad y su Evangelio único. La historia universal se desarrolló, durante más o menos 1400 años, –no sin violencia y sangre inocente en ocasiones– en un ideal Cristocéntrico que iba a esfumarse bajo los embates de la Reforma, el *"Iluminismo"* y la Masonería. Pero lo que vino después –hasta el *"hoy mismo"* postmoderno– no se puede entender sin ese punto de partida: el mundo occidental era cristiano, desde el monarca hasta el pueblo llano.

De hecho, la oscilación entre Cristiandad y Europa y la ilusión de que ése era todo el universo, y lo demás sólo tierra de los que no querían ser cristianos, explicó los enfoques en filosofía, teología, historia, literatura, y en cierta forma en una naciente psicología. Es singular y revelador que casi dos milenios después, en la base de la cultura europea, estuviera vigente, con su enorme fuerza, la antropología de Aristóteles, en torno al año 1500. Europa nació a partir de Grecia, y se fue convirtiendo en una Grecia romana. *"Romana"* quería decir también *"Imperial"*.

La cohesión cultural y religiosa tenía una dimensión política, conflictiva, sinuosa, pero sin la cual no se entendía lo demás. Así, la ciencia humana, mirada como un acervo unitario, era accesible por diferentes caras, pero casi todas llegaban a la misma visión del mundo: un mundo Cristocéntrico.

La Metafísica era la consecuencia lógica y viva de la consideración de la naturaleza, en aquel conjunto de conocimientos sobre el alma humana, siempre sobre la base de que el hombre está esencialmente relacionado con el mundo, con sus prójimos y, sobre todo, con Dios. No se podía pensar en los humanos –por ejemplo, como un objeto de la Psicología– fuera de un sistema fijo, universal, de relaciones y valores, obligaciones y jerarquías. La disgregación de ese cuadro coherente y consistente inició al colocarse la criatura en el centro del orden del universo, tal como lo anunció Freud: *"Nada antes del hombre, nada por encima del hombre, nada después del hombre".*

El Humanismo antropocéntrico, desde el Renacimiento provocó que se descuidasen e ignorasen las relaciones del hombre con un orden superior objetivo y universal. Se desplazó el centro de gravedad de la valorización. *Y el hombre se quedó solitario.* Ya no estaba en el seno de una jerarquía de valores, sino que se imaginaba, con un falso optimismo prometeico, incorporar en sí los más altos valores por su cuenta y riesgo. Dando la espalda no sólo a Cristo, sino a Dios mismo en cuanto origen, semejanza y destino. Pero esto hizo que los valores antes considerados relativos, endebles y transitorios, en adelante se habían de absolutizar.

El advenimiento del Humanismo, de la Reforma y de la Era Liberal, significó: por un lado, *la absolutización de valores relativos*, y por otro, como consecuencia fatal, *la relativización de lo Absoluto, de la jerarquía de valores intrínseca a la especie humana.* No solamente el hombre se hizo *en su opinión libre y autónomo* al aflojar o aun romper los nexos de sus relaciones metafísicas, sino que también la libertad y el conocimiento, valores por desde entonces absolutizados, se hicieron independientes de él mismo, y autónomos. Se llegó así a un vertiginoso movimiento centrífugo; *la liberación del hombre respecto de su Creador fue el preludio de la absolutización de la criatura:* las teorías económicas y políticas así concebidas se constituyeron en fines en sí mismas. Según se propendiera a absolutizar al individuo abstracto o a la sociedad abstracta, caía el hombre en el nihilismo o en el totalitarismo.

Cuanto más se aferraba el hombre al puesto usurpado en la cúspide de la jerarquía de valores, tanto más inseguras se hacían sus relaciones con el mundo. La política, la economía, la técnica y el arte se hacían en cierto modo independientes y amenazaban esclavizar al hombre, que es ni más ni menos lo que sucedió en las grandes catástrofes de la primera mitad del siglo XX. Fue lo que se llamó *"el Modernismo"*. La Ciencia estaba viva y Dios estaba *"muerto"*. En su lugar se presentó el "hombre total", su razón, su ansia de ilustración. Pronto se convirtió en superhombre, pero esto llevó consigo la aparición del infrahombre. *El comienzo de esta separación se dio paradójicamente con la creencia en el progreso indefinido, uno de los mitos modernistas más adorados.*

El entusiasmo por el progreso fue capaz de realizar cierta liberación de los débiles, alguna atención a los pobres y los enfermos, e incluir a la mujer en la política. Algunos pueblos lograron su independencia, y grandes multitudes obtuvieron mayor justicia, más salubridad y más bienestar. Pero se manifestó en seguida la impotencia estéril del humanismo antropocéntrico, absolutizado: porque a fuerza de pretendidamente *"servir al hombre total"*, terminó por negarlo.

El Progreso, de tanto progresar sin buscar el centro natural de su objetivo –Dios, el Absoluto– trajo consigo una terrible decadencia: aunado a un progreso meramente exterior y formalista, se llegó a matar la libertad y hollar *"bajo las patas de los caballos"* la dignidad humana, hasta la extirpación de los desvalidos, al genocidio, el asesinato de pueblos, la guerra total, la nueva persecución de los católicos –como en México durante la *"Guerra Cristera"* o el mundo comunista– la contracultura de la muerte en los campos de concentración, la bomba atómica, la gran miseria y el gran miedo que invadió al siglo XX, que ahora culmina con el asfixiante caos de los desencantos.

Al apostatar de la jerarquía universal de los valores se relativizaron las relaciones con los valores; es decir, tales relaciones no se consideraban ya como objetivas, sino como dependientes de algún punto de vista subjetivo, personal y transitorio. Pero tras la relativización de las relaciones con los valores vino la relativización de los valores mismos, es decir, el hombre decidió *"libremente"* que ya no dependía él de los valores, sino que los valores dependían de él. Así, el hombre, de un ser **conocedor de valores** pasó a ser un ser **determinador de valores.** El orden del mundo se hizo dependiente de su determinación o de su conveniencia narcisista, y no de una verdad objetiva.

La relativización de los valores condujo naturalmente a la repulsa de la obediencia al orden natural, a un nuevo "Non Serviam". Porque ¿a quién iba a obedecer el hombre autónomo, sino a su ciencia, a su interés megalómano, o a su desmedida ambición? Por desgracia ese interés monstruoso y esa ambición sin límites son cosas demasiado relativas. Y a pesar de toda la buena voluntad puesta en ello, la Humanidad ha tenido que darse cuenta de que no ha alcanzado la suficiente madurez para crear, partiendo de sí, un orden valedero, estable y común para todos.

El hombre pudo proyectar diversos sistemas ordenadores, pero tales sistemas, en sí relativos, reclaman en seguida validez integral y absoluta. Porque ¿quién iba a afirmar la relatividad de esos sistemas no existiendo ningún sistema objetivo de valores a los cuales referirse? **También la Psicología ha experimentado esa misma evolución: relativización de lo absoluto y absolutización de lo relativo.** La Psicología es un buen barómetro indicador de las corrientes intelectuales, ya que ha de tomar como objeto precisamente a ese mismo hombre que derriba y transforma los sistemas de valores. La Psicología fue arrastrada por el movimiento centrífugo y se puso a investigar en el hombre rasgos menos esenciales independizados, como hizo la Psicología Experimental. Y se dedicó a inmanentizar las formas de valores que aparecían en el dominio de lo psíquico declarándolas superestructuras de la razón, del interés y de las pulsiones del hombre.

De esta manera cayó la Psicología, como habla caído todo el orden humano, en el escepticismo o en la exageración totalitaria de sus conclusiones. Proyecta en el Hombre un ejemplar siempre repetido del mismo modelo, o contempla el mundo con los ojos ciegos del sujeto concreto. **Y ya no mira al hombre vivo tal como es, integralmente.** El siglo XX fue *"el siglo de la Psicología".* Ésta experimentó un florecimiento nunca visto. Y de pronto degeneró en una sobrevaloración suicida: **relativizó lo absoluto y absolutizó lo relativo.** Esto nos ha llevado a un resultado paradójico: nunca hasta ahora se había considerado tanto el Hombre centro del Universo y nunca tampoco como ahora se había visto el *"hombre"* tan relativo, impotente y amenazado.

Por esto es comprensible que le corresponda hoy a la Psicología retomar el liderazgo dentro de las ciencias. Por esto no será posible mientras la Psicología actual sea de una pobreza y un relativismo tan enormes. Puede decirse que la investigación psicológica se escinde en dos direcciones que a veces corren separadas, a veces yuxtapuestas. La inmensa mayoría de las corrientes dedica sólo atención al distintivo de los individuos, en tanto que minúscula en número de aliados, la **Psicología Realista** –la mía, de la que soy creador en México– indaga lo común a todos los hombres, las leyes generales que nos rigen y lo propio de nuestra especie.

Así, el hombre concreto de las escuelas no realistas es un autómata, cuyas reacciones, comportamientos y conductas se estudian meticulosamente, pero cuya alma es menos conocida por el *"psicólogo profesional"* que, por ejemplo, el curandero de una tribu de negros. A este absurdo –la separación entre Psicología y Filosofía– se le unió otro: pasó a ser una filosofía larvada. **Se querían evitar los juicios de valor y esto vino a constituirse como un prejuicio de valor.**

2.15) Secularización. Consiste en tomar el creciente *"avance"* de la ciencia –y especialmente su capacidad de controlar la naturaleza a través de la tecnología– como el mejor pretexto para suprimir la filosofía, la religión e incluso la fe cristiana. De hecho, muchos científicos y jefes de estado –y desde luego infinidad de políticos comprometidos por el Sistema– han visto en el progreso de la ciencia y de la tecnología modernas el imperativo de secularizarse y abrazar una especie de *"credo materialista".* ¿Por qué o para qué invocar el dominio de Dios sobre esos fenómenos, cuando la ciencia ha mostrado su propia capacidad de hacer lo mismo?

Ejemplos. Como la marea negra del derrame en el pozo petrolero del Golfo de México –operado torpemente por *"British Petroleum"*–, que todo lo ha ido ensuciando y contaminando a su incontenible paso, acabando con la vida de miles de especies marinas, así está sucediendo con la ola del secularismo que ha venido invadiendo a la *"iglesia postconciliar"* en todo el mundo.

Se está contaminando y echando a perder la vida eclesial y espiritual, sin respetar lo más sagrado. Por ejemplo: el matrimonio es un simple y secular contrato. Ya no se le considera como lo que realmente es, es decir, un sacramento instituido por el mismo Cristo: *"No separe el hombre lo que Dios ha unido"*. La educación *"será laica y gratuita"*, pero se seculariza al arrancar a los padres el derecho inalienable de educar a sus hijos en la Fe Cristiana.

Después, como en México, los padres –maternidad y paternidad– también han sido secularizados, por lo que los progenitores han abdicado a favor del monstruoso "**Leviatán**" *–el Sistema Totalitario Global–* a quien le han entregado la autoridad moral sobre los hijos. La secularización es el proceso que experimentan las sociedades a partir del momento en que la religión y sus instituciones pierden influencia sobre ellas, de modo que otras esferas del saber van ocupando su lugar. Con la secularización, lo sagrado cede el paso a lo profano y lo religioso se convierte en secular. Un ejemplo claro de secularización es, en el caso del cristianismo, la Ilustración.

La secularización implica una *"mundanización"* de la religión y la sociedad, y sigue siendo también un tema de interés filosófico, sobre todo a la hora de plantear las relaciones que debe haber entre la religión, la política y la ética. *"Secularización"* proviene del latín *"seculare"*, que significa *"siglo"*, pero también *"mundo"*.

De ahí que *"secular"* se refiera a todo aquello que es mundano, por oposición a lo espiritual y divino. De "saeculum" también deriva la palabra «*seglar*», con la que se designa a los miembros de la Iglesia que no son clérigos. Así pues, «*secular*» se opone a «*religioso*», como «*profano*» se opone a «*sagrado*». El término ha servido para designar la pérdida de propiedades de la Iglesia y su paso a manos del Estado o de la sociedad civil, como se le llamó en México en la Ley Juárez: *"desamortización"*.

En teoría, el término *"secularización"* designó la *"progresiva independencia"* del poder político respecto al poder eclesiástico, pero en la práctica equivale a la total esclavización de la Iglesia a los fines del Estado, para que aquella no pueda ocuparse de la salud de las almas ni de su salvación eterna.

En este sentido, *"secular"* equivale a *"laico"*, es decir, a no-confesional. Con la secularización el Estado deja de ser confesional, se emancipa de cualquier tutela religiosa y se convierte en un Estado laico. Bueno: esto es teoría, porque en realidad no debería haber laicismo, sino una sana laicidad, de la que nos ocuparemos más adelante.

"Secularización" es una manera de hablar de la decadencia y aun la degeneración de las prácticas y creencias religiosas que se observan en las sociedades modernas. La secularización del Occidente europeo se remonta al inicio de la modernidad –siglos XV y XVI– cuando, por el avance de las ciencias naturales en la explicación global del mundo, la razón, en el colmo de la Soberbia, se autoafirmó como único instrumento de conocimiento, frente a la Religión Revelada y la Iglesia, como depositaria de dicha Revelación.

Por otra parte, los movimientos sociales, las sociedades secretas, el desarrollo de la política y de la cultura, hicieron creer en el espejismo de que los "asuntos terrenales" tenían una dinámica propia, explicable desde los propios condicionamientos humanos. Surgió, así, una especie de **"esquizofrenia existencial"**.

"Secularización" se refiere también a la pérdida de influencia de la religión en la cultura. Con la secularización, la ciencia, la moral, el arte y otras expresiones humanas recobran su papel al margen de lo religioso. Pero eso es también teoría: en la realidad, la ciencia, la moral, el arte y todas las expresiones humanas se vuelcan contra lo divino, so pretexto de respirar los aires de la libertad. La *"secularización"* designa la autonomía de la sociedad en general y de sus instituciones –enseñanza, sanidad y asistencia social– frente a las instituciones religiosas que, tradicionalmente, habían tenido mucho más peso. En México, el resultado fue la total destrucción de todos los hospitales de la Nueva España, que estaban en poder las órdenes mercedarias, es decir, de las órdenes religiosas que dispensaban *"mercedes"*, médicos, cuidados y medicinas de manera gratuita. Su lugar lo ocupan monstruos corruptos e ineficientes: el IMSS y el ISSSTE.

El siguiente paso en este proceso fue dado por la Ilustración francesa y alemana del siglo XVIII, que estableció clara, pero arbitrariamente, los límites entre la religiosidad y la vida civil, identificando esta última con la *"mayoría de edad"* o *"madurez"* del ser humano. Se pensaba, como la más clara repetición del Pecado Original, que frente a un mundo regido por las creencias y normas religiosas, era no sólo posible, sino mucho mejor, gozar de una sociedad de individuos racionales, guiados por principios laicos y supuestamente *"universales"*, sin querer percatarse que sólo la Religión Revelada goza de una verdadera universalidad, al provenir de Dios.

La Religión Revelada se ha visto progresivamente confinada. Hoy sobrevivimos dentro de una asfixiante ausencia de religiosidad. La secularización es el cumplimiento del pseudo ideal kantiano de la *"mayoría de edad"* del hombre, *"mayoría de edad"* que pretendieron alcanzar Adán y Eva al rebelarse contra orden establecido por Dios y decidir emprender solos su propio camino, de espaldas al Creador: el hombre *"ya no necesita"* la tutela de la Religión, sino que puede pensar y decidir por sí mismo.

Luzbel se salió así con la suya. La influencia de la Religión Revelada en las sociedades modernas sin duda ha disminuido dramáticamente, pero eso no significa su aniquilación, ya que el triunfo de la secularización es totalmente provisional y circunstancial. Una mentalidad desacralizada y racionalista, soberbia y autocomplaciente, se ha impuesto en la sociedad postmoderna, pero así es como se han agravado hasta el más brutal desencanto todas las inquietudes humanas.

Lo más grave es que, dado que las ciencias no dan explicaciones suficientes, las mal llamadas *"religiones"* pretenden ahora dar una respuesta *"holista"* para calmar la ansiedad de miles de millones de personas. Esta profunda inquietud espiritual, no ligada a la Religión Revelada, culmina durante los últimos años del siglo XX en la *"Nueva Era"*, que es sólo una fantasía autodestructiva.

JUAN BOSCO ABASCAL CARRANZA

2.16) Globalización versus Desglobalización. No conozco antecedentes sobre esta forma de enfocar ambos fenómenos: *"Globalización y Desglobalización"* en realidad son uno solo. Porque al analizar más de cerca y con mayores detalles el fenómeno conocido como *"Globalización"*, es imposible dejar de referirse a su simultánea antítesis: *"Desglobalización"*. Aunque no se trata de un campo que estudie la Física, ocurre lo mismo que con los cuerpos materiales que están sometidos a la *"Tercera Ley de Newton"*. Ley constante en el Universo y que explica las fuerzas de *"acción y reacción"*. Nunca en la Naturaleza las fuerzas se presentan solas: ocurren en pares opuestos. Son fuerzas iguales pero contrarias; es decir, tienen la misma intensidad, pero opuestas en dirección.

Se denomina *"fuerza de acción"* a la que es ejercida por el primer cuerpo que origina una fuerza sobre otro, y por lo tanto se denomina *"fuerza de reacción"* a la que es originada por el cuerpo que recibe y reacciona con esta otra fuerza sobre el primer cuerpo. Aplicando analógicamente este concepto de la Física a la Historia, vemos cómo, de manera invariable y fatal, ocurre de la misma manera. Si un suceso cualquiera tiende a globalizar las relaciones, los descubrimientos, la economía o cualquiera otra realidad de las que el Hombre produce o sobre las que tiene dominio o influencia, de manera simultánea se presenta el fenómeno contrario: **la Desglobalización**.

Este doble fenómeno transcurre en el hogar planetario y abarca a prácticamente todas las esferas de la actividad humana. Nunca deja de ofrecer cierto grado de mezcla confusa, pero de todas formas es innegable. Puede suceder que cualquier observador, por agudo que sea, pase por alto los evidentes extremos de la *"Globalización-Desglobalización"*, pero éstos –acción y reacción– nunca dejan de ocurrir.

Cuando los hombres necios deciden *"construir una torre tan alta que llegue al Cielo"*, *"La Torre de Babel"*, todo el mundo hablaba una misma lengua y empleaba las mismas palabras con un sentido universalmente aceptado. Es decir, el mundo era perfectamente global. Pero los hombres emigraron desde Oriente, encontraron una llanura en la región de Senaar y se establecieron allí. Fabricaron ladrillos y los usaron para construir una altísima torre, en vez de utilizar piedras.

El betún les sirvió de mezcla. Pretendían que la torre fuese tan alta que pudiera llegar hasta el Cielo, para perpetuar su nombre y no dispersarse por toda la Tierra. Pero sucedió que el Señor Dios vio la ciudad y la torre que los hombres estaban construyendo, y dijo: *"si esta es la primera obra que realizan, nada de lo que se propongan hacer les resultará imposible, mientras formen un solo pueblo y todos hablen la misma lengua, es decir, (mientras estén globalizados). Confundiré su lengua (los desglobalizaré), para que ya no se entiendan unos a otros, castigando así su soberbia"*.

Y sucedió que cuando algún obrero pedía ladrillos le daban chapopote. Cuando aquel otro pedía ayuda lo echaban al vacío. Entonces los hombres que habían vivido en un mundo globalizado se dispersaron de aquel lugar. Se diseminaron por toda la Tierra –se desglobalizaron–, y dejaron de construir la ciudad y la torre. Por eso se llamó *"Babel"* –confusión–, porque allí, en efecto, el Señor confundió la lengua de los hombres y los dispersó por toda la Tierra.

Desde los tiempos bíblicos volemos a la velocidad de la luz hasta el actual mercado automotriz globalizado/desglobalizado. Quien ha tenido un auto viejo sabe que muchas veces las fallas que se presentan no tienen un único origen. El problema *"global"* es que el auto no camina. Pero las causas de que no camine son locales, no globales: un problema en la marcha, o un sistema de combustible sucio, o unas bujías gastadas, o unos cables eléctricos deficientes –o todo eso simultáneamente– provocan una gran falla que convierte al auto en un cacharro inservible.

Así, la compañía *"General Motors"*, ese monstruo global que alguna vez fue la mayor corporación del planeta y el principal fabricante de autos, hoy está echada a la vera del camino y con las luces de emergencia en su máxima intensidad, debido a una serie de problemas locales acumulados a lo largo de la última década de su vida global.

Las malas decisiones gerenciales, los problemas en la falta de calidad de sus productos, la ausencia de innovación tecnológica, los altos costos del programa de salud y del sistema de jubilación de sus empleados, chocaron –*"acción-reacción"*– con la caída de las ventas por la crisis global económica y la restricción del crédito en varios sitios locales. Atrás quedó el manido y soberbio lema: *"lo que es bueno para General Motors –globalmente visto– es bueno para USA –localmente considerados"*. En el año 2008 *"General Motors"* cumplió cien años con su marca de la manera más trágica posible: con la pérdida de su reinado de casi ochenta años como la campeona mundial.

Perdió esa hegemonía ante la japonesa *"Toyota"*, cuyos autos más pequeños, más eficientes y ecológicamente más amigables, cuentan con la preferencia global, incluso dentro propio mercado local de los USA. El 2008 trajo un problema global: el aumento del precio del barril del petróleo a $150.00 dlls, por lo que de pronto los *"traga-combustibles"* favoritos de los conductores yanquis dejaron de ser una opción atractiva localmente.

La producción no ha dejado de desplomarse de manera creciente, a pesar de la inmensa ayuda del gobierno federal. Así, como reacción contra su gigantesca *"globalización"*, sólo un proceso de *"Desglobalización"* podría salvar a la *"General Motors"*, cuyas obligaciones financieras superan hoy los veinte mil millones de dólares al año. Para tratar de recuperar el terreno perdido localmente en un mercado global deprimido, la empresa puso en marcha un plan de incentivos de venta con fuertes descuentos.

Esto resultó contraproducente, porque en vez de reducir precios bajaron costos, abatiendo la capacidad de producción y la red de distribuidores. Se vendieron más autos con ganancias marginales, a veces por debajo de costos. Esto ayudó a reducir inventarios, pero no mejoró la rentabilidad de la compañía. Ahora, en bancarrota, la solución ***"acción reacción"*: *"Globalización-Desglobalización"*** consistirá, racionalmente, en reducir a la mitad su red de concesionarios y cerrar catorce plantas de ensamblaje en un proceso de redimensión desglobalizante que debió haberse hecho tiempo atrás.

Esto implica la Desglobalización de *"General Motors"*. Dejará así de ser el gigante planetario globalizado que fue para ser ahora sólo uno más de los jugadores importantes en la industria automotriz dentro de los USA. Sólo si logra salir saneada.

De nuevo la historia bíblica: los orígenes del pueblo de Dios desde la época patriarcal. En las narraciones sobre los Patriarcas se encuentran reunidos los recuerdos que conservó Israel acerca de sus antepasados más remotos. Estos relatos provienen en buena parte de la tradición oral, una tradición donde la historia se reviste de rasgos legendarios, y que antes de ser fijada por escrito se mantuvo viva en la memoria del pueblo a lo largo de los siglos.

Los principales protagonistas de estas historias son Abraham, Isaac y Jacob. La tradición los presenta como jefes locales de clanes, que se desplazan constantemente en busca de pastos y agua para sus rebaños. Todavía no forman un pueblo ni poseen una tierra: están desglobalizados. La tierra de Canaán no es para ellos una posesión estable, sino el lugar donde residen como extranjeros.

Pero Dios les promete una descendencia numerosa y les asegura que sus descendientes recibirán esa tierra en herencia. Sobre esta promesa divina gira toda la historia del pueblo de Israel hasta nuestros días. En virtud de esta promesa Dios señala a su *"Pueblo Escogido"* un camino que los primeros capítulos del Génesis nos presentan gravemente ensombrecido por el pecado.

Comienza la *"Historia de la Salvación"*, entendida por los hombres de corazón perverso y mente obcecada como el dominio –bajo un solo mando imperial– de todas las realidades materiales y humanas. Mientras, los *"hombres de buena voluntad"* captan la promesa divina como la salvación respecto de los Pecados Original y Personal.

La gesta patriarcal, tanto como la promesa de la cual ellos son depositarios, están totalmente orientadas hacia el futuro, desde el Éxodo de Egipto hasta la conquista de la total de la Tierra, como hoy casi ha ocurrido. Y digo *"casi"* porque a la acción globalizante y unificadora de los altos jefes sionistas –y no sionistas, pero de ánimo e intenciones *"imperiales"*, a lo largo de la Historia–, se opone rabiosamente la acción local desglobalizante de innumerables naciones, tribus y pueblos locales, *"globalifóbicos"* o antiglobalizantes.

Incluso tienen sus propios proyectos globalizadores, como son Rusia, China y en particular, fieramente, el mundo islámico sometido a la **"Sharia"**. Dentro de ésta existe un tipo específico de ofensas conocidas como las *"ofensas hadd"*. Son crímenes castigados con penas excesivamente severas: lapidación, azotes y aun la amputación de una mano. Sin embargo, no todas estas penas se adoptan universalmente aún en los países islámicos, pero la tendencia favorece el incremento de la cruel severidad, incluso entre parientes consanguíneos. Arabia Saudí afirma vivir bajo el imperio de la *"sharia"* en toda su pureza, y aplica las penas mencionadas ante las *"ofensas hadd"*.

En Pakistán, Jordania, Egipto, Líbano y Siria no ocurre lo mismo. Las ofensas *"hadd"* implican penas específicas: adulterio, calumnias, beber alcohol, robo y asalto. Las ofensas sexuales conllevan una pena de lapidación o azotes, mientras que el robo está penado con la amputación de una mano. Muchos países islámicos definen el adulterio y el consumo de alcohol como ofensas criminales, pero no como ofensas *"hadd"*, por cuanto que no conllevan penas tan terribles. Esos actos ilegales se castigan con penas de prisión.

La *"sharia"* incluye como graves faltas la homosexualidad, la desobediencia de las mujeres hacia la autoridad del padre o el esposo, las relaciones con infieles no islámicos y el incumplimiento de las normas de vestimenta de las mujeres, a las que se considera muy inmorales. Y culpables, en caso de ser violadas, por andar provocando.

Con la *"sharia"* en la mente, el corazón y la mano, cientos, por no decir miles, de movimientos islámicos terroristas, se oponen de manera por demás efectiva a los proyectos de unificación *"globalizadora unificadora"* de los Amos de Sión. Éstos, asentados en el estado de Israel y en los centros neurálgicos –financieros, políticos, religiosos, militares, intelectuales, mediáticos– de la *"Real Politik"* del Planeta Tierra, tienen su temible *"Némesis"* en el Islam. Lograr un proyecto de unidad planetaria, tan antiguo como la *"Torre de Babel"*, siempre ha provocado, como natural reacción, rabiosas rebeliones locales, que hasta el día hoy han retrasado, aplazado, vencido o abortado los proyectos *"mesiánico-proféticos"* mejor diseñados, incluyendo los de los sionistas. *"El Mundo siempre ha sido global"* –decía mi padre.

Alejandro Magno fue, en su época, el emperador global de todo el mundo conocido, al menos por los griegos. Pero a su muerte, el gigantesco imperio macedónico de desglobalizó, al tomar el mando de cuatro grandes regiones otros tantos generales. Resulta apasionante comprender por qué Alejandro fue realmente *"Magno"*: por su visión universalista, globalizadora.

Ordenó que a su muerte se construyeran mil barcos de guerra, más grandes que los trirremes, en Fenicia, Siria, Cilicia y Chipre para la campaña contra los cartagineses y aquellos que vivían por la costa de Libia e Iberia y las regiones costeras que se extienden hasta Sicilia; construir una carretera desde el norte de África hasta las columnas de Heracles, con puertos y astilleros alrededor; erigir grandes templos en Delos, Delfos, Dodona, Dión, Anfípolis, Cirno e Ilión; construir una tumba **monumental** "que rivalice con las pirámides de Egipto" **para su padre Filipo; establecer ciudades y... ¡atención!: "llevar poblaciones de Asia a Europa y también en la dirección opuesta de Europa a Asia, para traer unidad y amistad al continente más extenso a través de enlaces matrimoniales y la unión familiar"**.

Pero los conflictos entre sus generales sucesores hicieron inviables la mayor parte de tan magnos proyectos, provocándose una espontánea Desglobalización.

Marco Polo –siglos XIII y XIV– fue un mercader y explorador veneciano que, junto con su padre y su tío, estuvo entre los primeros personajes occidentales *"globalizadores"* que viajaron por la ruta de la seda a China. Hay que comprender el contexto histórico de la época de Marco Polo: el comercio en Europa seguía un sistema triangular, en el que los productos de lujo procedentes de Oriente –seda, especias y otros bienes exóticos– ocupaban un importante lugar.

Éstos, en la *"Ruta de la Seda"*, atravesaban Asia Central y las tierras controladas por los sarracenos, siendo comprados por comerciantes italianos, venecianos y genoveses –la mayor parte de ellos realmente judíos mesiánicos, anticristianos soterrados, que además crearon desde entonces lo que hoy es *"La Banca Mundial"*– que obtenían grandes beneficios al revenderlos luego por Europa.

Así, Venecia y otros puertos italianos manejados por banqueros de mentalidad sionista –*"a tu hermano no le prestarás con usura, pero al extranjero sí"*– ganaron en importancia y comenzaron una política comercial agresiva para explotar estas rutas comerciales. Durante la Baja Edad Media la República de Venecia se convirtió en una gran potencia mediterránea. Generó una extensa actividad mercantil con Oriente, que le llevó a establecer consulados y colonias de comerciantes por todo el Mediterráneo Oriental.

Apoyó a los cruzados como manera de contrarrestar al Islam y mantuvo un largo conflicto con Génova por el predominio comercial. Este es otro ejemplo de un *"mundo globalizado"* hace ya siete siglos, sin contar los ejemplos anteriores. Durante la Cuarta Cruzada, por sugerencia veneciana, los cruzados saquearon Constantinopla, decapitaron el Imperio bizantino y conquistaron numerosos territorios, en los cuales se ejercieron muy pronto poderes deglobalizadores locales, que se independizaron finalmente de toda influencia globalizadora veneciana.

Marco Polo y su tío Mateo, también veneciano, eran prósperos mercaderes dedicados al comercio con Oriente. Ambos partieron hacia Asia en 1255. Alcanzaron China en 1266, llegando hasta la actual Pekín. Volvieron de China como enviados del Kublai Khan con una carta para el Papa en la que pedía que enviase a gente ilustrada que enseñase en su imperio, para informar a los mongoles sobre su forma de vida. Imaginemos la ruta global de aquel primer viaje: salida de Venecia, rodeo de Grecia hasta llegar a Constantinopla, cruce del Mar Negro y el de Azov, tránsito por las estepas euroasiáticas cruzando el Volga y rodeando el Mar Caspio por el norte hasta llegar al Mar de Aral y la ciudad de Bujará.

Luego, cruzar de las montañas y los desiertos del Asia Central a través de la *"Ruta de la Seda"*, hasta alcanzar Pekín. Mateo y Nicolás Polo partieron en un segundo viaje, con la respuesta del Papa a Kublai Khan, en 1271. Esta vez Nicolás se llevó a su hijo Marco, quien pronto se ganó el favor de Kublai Khan, haciéndole su consejero.

Poco después Marco Polo pasó a ser emisario del Khan, quien le daría diversos destinos a lo largo de los años. En sus diecisiete años de servicio al Khan, Marco Polo llegó a conocer las vastas regiones de China y los numerosos logros de la civilización china, muchos de los cuales eran más avanzados que los contemporáneos europeos.

A su regreso de China en 1295 –escoltando a una princesa china llamada Kokacín– la familia de Marco Polo se estableció en Venecia donde se convirtió en una sensación tan grande que atrajo a una multitud de apasionados oyentes, que a duras penas creían sus formidables historias sobre la lejana China. En su lecho de muerte, su familia pidió a Marco Polo que confesase que había mentido en sus historias. Marco se negó, insistiendo: *"¡Sólo he contado la mitad de lo que vi!"* Describe variados aspectos de la vida en el Lejano Oriente con mucho detalle: el papel moneda, el Gran Canal, la estructura del ejército mongol, los tigres y el sistema postal imperial. También se refiere a Japón por su nombre chino: *"Zipang"* o *"Cipango"*. Gracias a él se introdujeron en Europa algunos productos e inventos procedentes de China:

El Papel: *para escribir, antes del papel chino, se usaban placas de barro, hojas de palmera o de papiro, piel de oveja o de carnero, madera, bambú, cáñamo. Los chinos inventaron el papel hace más dos mil años, mezclando lana o algodón, cáñamo, seda y madera. El papel es hoy de uso cotidiano.*

La Imprenta: *hace más de tres mil años en China se usaba un sello de hueso, piedra o madera de diferentes tamaños, aplicándose con tinta roja. En el año 1000 de nuestra era los chinos inventaron los "tipos móviles": dados con el carácter tallado para formar palabras, como en las imprentas de hoy.*

La Brújula: *el imán era conocido en China dos mil años atrás. La primera brújula fue hecha con piedra imán. A inicios del siglo X los barcos chinos navegaban por el mar del sur de China y el océano Indico, y algunos llegaron hasta Arabia. China abrió de esta manera rutas marítimas hacia los diversos países, cuyas rutas fueron llamadas "rutas de la aguja".*

La Pólvora: *numerosos alquimistas chinos mezclaban todo con la esperanza de obtener el "elixir de la inmortalidad", o convertir cualquier cosa en oro. Y descubrieron pólvora. El principal uso: los fuegos artificiales.*

La Porcelana: *es la más cotizada por sus finos diseños y maravillosos detalles, únicos en el mundo.*

La Seda: *los chinos mantuvieron en secreto el método de producción de la seda hasta el siglo V. Desde el siglo III de nuestra era las sedas llegaron al norte de la India en lomos animales. Los chinos exportaban la seda hasta llegar a Europa; estos caminos fueron llamados "la ruta de la seda".*

Las Cometas: *los chinos aprovecharon su ingenio para crear artefactos volantes de diversas formas, colores y tamaños hace más de tres mil años. Actualmente sirve como actividad recreativa. El cometa es el artefacto precursor de la actual "ala delta", pues sigue los mismos principios de aerodinámica.*

El Ábaco: *a principios del segundo siglo de nuestra era los chinos perfeccionaron un sencillo sistema egipcio usado para calcular, al cual le agregaron un soporte tipo bandeja, poniéndole por nombre "Suan-pan". El Ábaco permite realizar todas las operaciones aritméticas.*

La "Globalización/Deglobalización" en el Tercer Milenio. Mirar con objetividad los procesos actuales de globalización –tanto como las reacciones *"globalifóbicas"*– significa saber que en su base se encuentra este falso postulado: *"gracias a la facilidad para diseminar a la velocidad de la luz cualquier noticia o idea, los países pobres del mundo, los **'subdesarrollados del Sur'**, participarán del opíparo banquete en el que están instalados los voraces comensales del **'Norte desarrollado'**."* Los depredadores del Norte, más unos cuantos privilegiados del Sur, necesitan que se adhieran constantemente nuevos participantes en el banquete, aunque con platillos menos abundantes. Promueven vigorosamente la implantación, en todas partes, del libre mercado, libre comercio, libre movimiento de capitales y algunos otros *"libres"* más. Todo encapsulado así: **"Mundo Libre, Global y Democrático".** En nombre del bienestar universal. Así, es necesario que todos nos sometamos al *"Mercado Global".*

Pero tales promesas son falsas. Lo que en verdad buscan los promotores de este absorbente modelo es continuar aumentando su *"tajada del león"* en la inicua y desigual distribución de los frutos del trabajo humano en el Planeta Tierra. Esta es la finalidad intrínseca de las empresas transnacionales que controlan casi toda la actividad económica mundial. El avance tecnológico, herramienta indispensable de tales empresas, restringe los mercados nacionales e inclusive los regionales. Los obliga, paradójicamente, a desglobalizarse.

A los globalizadores les resulta indispensable conquistar nuevas víctimas dentro del mercado global, y mantenerlo en constante expansión. Para lograrlo disminuyen sus costos, a como dé lugar. Así compiten mejor, aunque entre sus fauces y sus garras se lleven a los seres humanos.

Las fusiones tienen ese objetivo: llevarse un pedazo cada vez mayor de la creciente torta económica mundial con la inmensa mayoría de las ganancias acumuladas. En nada se beneficia el resto del mundo. Sólo queda la reacción lógica: la Desglobalización, que en su esencia misma incuba ya los gérmenes y los detonadores de la última *"Gran Guerra Mundial".* Puede decirse que la economía globalizante funciona así:

1) Al quebrarse artificialmente el equilibrio en la "acción/reacción" se provoca una catástrofe antiglobalizadora y revolucionaria –necesariamente violenta– equivalente a la caída de un avión cuando sus alas se quiebran o sus motores se funden. Sólo que en este caso el "avión" es la Humanidad entera. Porque los propios megamillonarios no podrán seguir disfrutando de sus fortunas mal habidas. Y llegarán a ser tan miserables como los más miserables, sólo que su sufrimiento será mucho mayor.

2) La desigualdad se da tanto entre naciones como al interior de cada nación, aunque la madeja interna es muy difícil de desenredar, puesto que los intereses dominantes al interior de las naciones se encuentran íntimamente entrelazados con los de las grandes empresas transnacionales.

3) *Las fronteras y la soberanía de cada país están siendo sobrepasadas de sobra gracias a la apertura comercial y financiera, caballo de batalla del credo neoliberal; inclusive, muchos Estados nacionales han perdido para siempre su capacidad para controlar el excesivo y creciente poder de las transnacionales. Muchas de éstas ocupan los primeros lugares planetarios en producto interno bruto, muy encima de más de ciento cincuenta estados nacionales.*

4) *Los avances tecnológicos, especialmente en informática y biotecnología, han facilitado el proceso de disolución de las culturas y autonomías nacionales: esto es globalización. Vemos la aguda penetración de los modos de consumo y producción, cuyo fin último radica en la obtención de la máxima ganancia monetaria, a corto plazo, sin ningún riesgo, por parte del proveedor de los bienes y servicios que habrán de utilizar personas de todo el planeta. La energía que mueve la locomotora que arrastra la actividad económica es una mezcla de máximo lucro por transacción realizada, y de máxima rapidez para cada transacción. Así, tenemos ganancias usurarias, a muy corto plazo y sin riesgos. Pero eso genera furibundas reacciones, al grado que por doquier hay movimientos terroristas que pretenden poner fin a la usura imperialista de los USA y de "Israel". Tales movimientos no alcanzan a comprender la diferencia entre el* **"Pueblo de Israel"** *y los* **"Amos Sionistas"***, que vienen siendo una especie de infección viral en el* **"Pueblo Escogido de Dios"** *y en la Humidad entera. Y que también provoca reacciones locales desglobalizadoras en cientos de miles de honestos israelitas, tanto al interior de su propio territorio estatal como en las más de cien naciones donde viven importantes e influyentes núcleos de población judía.*

5) *Sin ambages, los resultados de los procesos de tiranía bajo un solo mando global son nefastos para la mayor parte de la población del planeta, por lo que en explosivo y amenazante desarrollo observamos docenas de procesos desglobalizantes. Pero antes de que se logre frenar la globalización, ocurren fenómenos funestos, debido a la gigantesca desigualdad transaccional, desigualdad que proviene de un reparto extraordinariamente inequitativo de los beneficios para las personas que generan los bienes y los servicios transados. La mayor parte de tales beneficios, expresados en términos monetarios, son capturados por muy pocas de las partes intervinientes: por un grupo de ricos y súper-ricos de distintas nacionalidades, que se hacen cada día más ricos, a millones de dólares por hora. Un dato increíble: tan solo en la Ciudad de Nueva York, más de setecientas mil personas rebasan una fortuna superior al millón de dólares. En el extremo opuesto los participantes más débiles soportan diversos grados de pobreza indigna e inhumana. En América Latina esta pobreza clama al cielo y ahoga a casi dos tercios de la población total. Sufrimos la destrucción progresiva de los recursos naturales y la contaminación agresiva del aire de las ciudades, aguas y suelo. Buena parte de lo que se considera "avance" o "progreso", y que se mide con las cuentas nacionales es una ficción. Estamos midiendo con signo positivo lo que debería restarse del Producto, puesto que es destrucción del patrimonio de cada nación.*

JUAN BOSCO ABASCAL CARRANZA

6) Las relaciones de intercambio se dan en un plano de total inequidad de las partes, ya que una de ellas siempre gana, porque tiene el poder para imponer sus propias condiciones. Para el que pierde, ello significa, literalmente, una condena a muerte. No es ético tener sólo la competitividad como criterio central del desarrollo económico. La competitividad hace que siempre haya alguien que gane y alguien que siempre pierda. Para quien pierde, equivale a sufrir una condena capital. La competencia es una guerra, con todas las consecuencias de una guerra caliente. Un desarrollo generalizado y equitativo sólo sería posible en una economía regida por la Ética cristiana en el orden de la Caridad y la Verdad. Si esta ética triunfase, el mundo sería perfectamente global, y difícilmente se producirían efectos antiglobalizantes.

Si quitamos al discurso neoliberal mundializante su retórica mercadotécnica, que tanto entusiasmo suscita en mucha gente, veremos que los *"beneficios"* de la globalización y de la *"libertad de emprender"* se afincan en un incremento notable de la explotación, tanto de personas como de la Naturaleza. En el fondo de estas bestiales injusticias se está gestando la revancha en procesos antiglobalizantes incontenibles, aunque por ahora aún soterrados, por más que el terrorismo siga ganado terreno. Observamos la clásica explotación laboral y la injustísima distribución del ingreso. Es obvio que los muy bajos salarios que se pagan a las grandes masas de trabajadores son miles de veces inferiores a los elevados ingresos de los dueños y de los operadores del gran capital. Así, unos cuantos miles de individuos incurren en gastos astronómicamente superfluos mientras a miles de millones, literalmente, les falta lo indispensable: agua, comida, aire, educación y salud.

Los beneficios de la globalización han caído de manera desproporcionada –desglobalizante– en los bolsillos de esa minoría privilegiada. De acuerdo con cálculos de la UNAM, la masa de población posee sólo el cinco por ciento de la riqueza mundial, y el cinco por ciento de los *"amos"* poseen el 95% de la riqueza. En América Latina, por ejemplo, más de la mitad de los habitantes no alcanzan ni siquiera la línea baja de la pobreza. Esta masa de población, desempleada en gran parte, es explotada cuando trabaja, porque los salarios no son remuneradores: no alcanzan para alimentación, salud, educación, vivienda, recreo y otros bienes indispensables. Es España, Francia e Inglaterra, cuando menos, ahora gran parte de los desposeídos y desempleados forman el movimiento de **"los Indignados"**. Tampoco son remuneradores los salarios de quienes superan la línea de pobreza, pues no alcanzan a satisfacer los requerimientos de una vida digna, sobre todo en vivienda y en educación. Basta con ver las perreras mexicanas –"¡casas de interés social!"– en las que viven, hacinadas, millones de personas.

También asistimos, impotentes, a la explotación de los consumidores. Los márgenes de ganancia de las empresas distribuidoras mayoristas y de las vendedoras al detalle son monstruosos. Los intereses cobrados por las ventas a crédito –tarea en la que se involucra el malévolo sistema bancario globalizante–, son siempre usurarios. El consumidor es expoliado al grado máximo posible. Más del 60% de los latinoamericanos está endeudado. El 20% más pobre debe el equivalente a tres cuartas partes de su ingreso. A la explotación por sobreprecio hay que sumar la gran cantidad de cosas inútiles que la propaganda comercial masiva incita y aun obliga a consumir.

Con la globalización y la liberalización de los mercados han llegado a nuestras tierras cantidades enormes de productos superfluos, además de otros ciertamente necesarios o menos inútiles. Han llegado, también –para quedarse– muchos hábitos indeseables de consumo: comida chatarra –rica en grasa y azúcar– que provocan diversas enfermedades, como la obesidad y otras. El 80% de la población mexicana sufre obesidad. Millones de hectáreas cultivables, que podrían alimentar a todos los hambrientos del mundo, se usan para criar y engordar animales, que luego engordan a las personas que terminan en hospitales y clínicas privadas: *Desglobalización*.

Con el imperativo artificial de la máxima *"libertad"* para comerciar, para mover al instante gigantescos capitales por el Planeta, y para persuadir a los habitantes de remotos confines a que consuman los bienes y servicios producidos y comercializados por grandes empresas transnacionales, tenemos hoy una nueva forma de esclavitud: **la esclavitud del mercado.**

Apoyados en una aviesa propaganda comercial científicamente estudiada, se han impuesto patrones de consumo globalizantes que obligan a la población a comprar determinados artículos, marcas, cosas, perfumes, artilugios, autos, casas; o a fomentar ciertos gustos por la comida, la ropa, el modo de vida en general del estilo yanqui. Con el objetivo de aumentar las ventas y las ganancias, los deseos de la gente común se transforman en necesidades, irremediablemente: drama que se agrava ante el vacío de al menos una ética de mínimos y de un sentido trascendente de la vida, ya que ahora las crisis existenciales se resuelven así: *"Soy Totalmente Palacio"*, *"La culpa de comprar se me quita cuando estreno"*, y *"compro, luego existo"*. *"Todo con Exceso, nada con Medida"*. Los consumidores cautivos somos considerados como desechables. Un brutal ejemplo es que la gente es tan desechable como cada uno de los modelos que antecedieron al iPhone-5, del cual se vendieron e un solo día más de dos millones de piezas, que muy pronto también serán tiradas a la basura. Y para no ser marginados debemos endeudarnos con los Amos Globales, a la vez que vivimos nuestro drama local aislados, desglobalizados e incomunicados.

Una tercera forma de explotación: **"Goliat derrota a David".** Las grandes empresas pagan cuando quieren, lo que quieren y como quieren a sus proveedores pequeños. Pagan precios muy bajos por sus artículos y servicios, y en condiciones financieras leoninas. Imponen condiciones amañadas. Esta explotación es desconocida para la mayoría de la gente. En el inframundo de los negocios los más poderosos constriñen a los más blandengues: a los proveedores de los bienes que esas empresas entregan al consumidor final. Este es un caso muy frecuente en las cadenas de supermercados o de farmacias. Pero no todos los proveedores son iguales en tamaño y poder de negociación. Encontramos empresas muy grandes, enormes, como la *"Compañía Nestlé"*, que puede negociar con las cadenas de supermercados condiciones de pago y precios. Pero las pequeñas y medianas –que son las que proporcionan la mayor cantidad de empleo en todo el mundo– están sujetas a la arbitrariedad del comprador, como lo son las caníbales: *"Walmart"*, *"Sams"* o *"Price Costco"*. Así, en las distintas fases del proceso económico se da un brutal enfrentamiento entre David y Goliat. Pero que, a diferencia del suceso bíblico, el triunfo –por ahora– se lo lleva Goliat. Por ello a la globalización hay que rebautizarla con un nombre más apropiado: ***"Goliatización"***.

La lucha por la conquista de una mayor tajada en los mercados mundiales obliga a las empresas a disminuir costos, u ofrecer nuevos *"mágicos"* productos –como por ejemplo los *"iPhone"* de cuarta generación que en varias regiones resultaron un fiasco, o los no menos inútiles y carísimos *"iPads"*. Éstos, por cierto, de inmediato provocaron una reacción desglobalizadora en la India, que comenzó a fabricar y comercializar esos mismos aparatos a costos cinco veces menores, con calidad semejante. Abundan también las empresas que se funden con otras, o las compran para crear nuevas entidades de mayor tamaño, con fauces más grandes, voraces y poderosas. Es un proceso que se va acelerando. Todos los días leemos en los periódicos acerca de nuevas fusiones en USA, Europa, Asia, América Latina y otras zonas de menor tamaño. Este fenómeno globalizador empresarial también se da entre regiones provincianas y al interior de pequeños países.

En pocos años serán unas cuantas empresas las que dominarán los mercados. Con cada fusión se despiden miles de trabajadores de distintas edades, antigüedades laborales y especialidades. Hoy ya no importa la calificación del trabajador –aunque sigue siendo un factor relevante– puesto que vemos cómo emerge una especie de *"cesantía ilustrada"*, mientras las calles se llenan de taxis manejados por estudiantes que terminaron con relevante brillantez académica sus diversas licenciaturas o especialidades técnicas. Peor es la situación de los trabajadores de menor rango, cuyas posibilidades de *"reciclarse"* son ínfimas. Los promotores de la globalización son acérrimos partidarios de la reconversión laboral, así como de la *"microempresarización"* –Desglobalización– de los trabajadores cesantes. Es el *"do it yourself"* en USA o *"los changarros foxistas"* en México, que muestran un iluso camino de liberación del yugo que ahoga al asalariado y desempleado. Es la forma de *"dorarnos la píldora"*, para que no nos resulte tan intragable. Porque, como la experiencia lo demuestra, no son muchos los microempresarios, urbanos o rurales, que logran alcanzar una posición de adecuada y verdadera solvencia económica. Para la gran mayoría, la trágica condición de miseria no se resuelve, y a veces, incluso, empeora: cuando los asalariados –además *"cautivos"* de Hacienda– pierden sus fuentes seguras de ingreso. Por todo ello, la valerosa y audaz periodista francesa Vivianne Forrester, en su libro *"El Horror Económico"*, dice:[79]

> *"...ha comenzado la era del liberalismo extremo... su dominio impone un sistema imperioso, totalitario, pero por el momento incluido en la democracia y por lo tanto atemperado, limitado, acallado, disimulado, sin ostentaciones ni proclamas. En verdad vivimos la violencia de la calma. Los efectos de este sistema... suelen ser criminales y hasta mortíferos...*
>
> *"Se deja decaer y morir a la gente; se atribuye la responsabilidad a los que caen, a las multitudes discretas de desempleados que supuestamente deberían tener trabajo o esforzarse para conseguirlo, a los que se ordena buscarlo aun cuando es de conocimiento público que la fuente se ha agotado...*
>
> *"Las angustias del trabajo perdido se viven en todos los niveles de la escala social... Todo se vuelve frágil, incluso la vivienda. La calle se aproxima... ¿qué correlación razonable puede haber, por ejemplo, entre perder el trabajo y hacerse echar a la calle?*
>
> *"Ser arrojado a la calle por no poder seguir pagando un alquiler debido a que no se tiene más trabajo, es un castigo propio de la locura, de la perversidad deliberada..."*

Vivianne se refiere a la *"civilizada"* Europa, que tiene una red de protección social razonable. ¿Qué diría ella sobre México o Argentina, locuras del neoliberalismo globalizante/desglobalizador? Las pinceladas del macabro cuadro social serían todavía mucho más horrorosas.

Una cuarta forma de explotación. La que atenta contra la Naturaleza, base de sustentación de la vida humana en la Tierra. La que contamina y destruye los recursos naturales y cambia al clima al grado de estarlo volviendo inhabitable. Más de setecientos incendios incontrolables azotan los bosques en el corazón de Rusia, en medio de las temperaturas veraniegas más altas de la historia. Los incendios que se propagan sin control se acercan peligrosamente a un centro de investigación nuclear situado a unos 400 kilómetros de Moscú. Tanto en los ámbitos nacionales como regionales y mundiales, el crecimiento económico registrado al año 2011 se ha basado fundamentalmente en la explotación irrestricta de los recursos naturales: minerales, pesqueros, forestales, agrícolas, ganaderos, etc.

En los años anteriores al 2000 las materias primas de origen natural, con un bajo grado de procesamiento, impulsaron al crecimiento de varias naciones latinas. El empuje exportador era indispensable para que nuestra economía y la calidad de vida en nuestra sociedad pudieran mejorar sustantivamente. Pero hoy no sólo no ha mejorado la calidad de vida de buena parte de la población latina, dado que los beneficios cayeron en las fauces insaciables de una minoría privilegiada –nacional y extranjera– sino que en el curso de

---

[79] El horror económico o la crueldad del empleo. Viviane Forrester. México, Fondo de Cultura Económica, 1998.

este proceso nos fuimos comiendo buena parte del patrimonio natural –en México, el petróleo, que ahora ya es botín de narcos y mafias, además de que se está acabando– irrecuperable en un alto porcentaje por tratarse de recursos no renovables, como son los de la minería y la petroquímica. ¡Ah, pero eso sí: los hemos contabilizado como un incremento de los ingresos para nuestros bolsillos! Esta aberración paradójica constituye uno de los peores abusos y engaños que el modelo globalizante nos ha impuesto. Alrededor de dos tercios de los territorios agrícolas de Latinoamérica se encuentran en irreversible proceso de erosión y desertificación. La tierra de cultivo está condenada a desaparecer, cubierta por tres lápidas:

Lápida gris: la explosiva expansión de las ciudades y su entorno urbano –incluyendo más vías *"rápidas"* para los feroces automóviles–; lápida que ha pavimentado el campo y ha degradado tierras agrícolas productivas en estériles parcelas que tarde o temprano se urbanizarán. **Lápida amarilla:** la erosión, la desertificación y la salinización de los suelos; **Lápida verde:** la mancha de territorios ganados por el Narco Global, particularmente en México, Colombia y Afganistán, que ha ocupado los mejores suelos agrícolas, utilizando a las poblaciones campesinas.

El Estado de México es una muestra bestial de estas tres lastimosas lápidas. Podemos añadir una cuarta, constituida por las absurdas políticas económicas que condenan al abandono de la producción nacional, por no poder competir contra importaciones baratas, merced a subsidios en el exterior y al bajo tipo de cambio impuesto por nuestras autoridades monetarias por largo tiempo. ¿Qué color le ponemos a esta lápida? Creo que el negro le vendría muy bien. Al mismo tiempo, hemos presenciado la continuada destrucción del bosque nativo, debido a la sobreexplotación de las maderas finas para fabricar muebles caros, por la fabricación de astillas como materia prima para la fabricación de papeles especiales o por la extracción desmedida de leña por parte de campesinos paupérrimos que no disponen de otros elementos para cocinar o para calentar sus viviendas, o simplemente por falta de una política racional de conservación de ese valioso recurso natural. Junto con el bosque nativo, se va destruyendo la rica diversidad de especies que cohabita con los árboles. ¿Para qué hablar de la minería, que sufre la pérdida de millones de toneladas anuales de recursos que nunca se repondrán, y cuyas reservas, obviamente, son limitadas? Peor aún: ¿del petróleo que se está extinguiendo, a pesar de que es una de las dos columnas vertebrales de la economía mexicana?

El Mito de la "Democracia Neoliberal". La *"libertad de empresa"*, unida a la *"libertad para escoger"* fue inventada por un falso y delirante gurú del neoliberalismo: Milton Friedmann; todo ello disfrazado de *"democracia"*. ¿Cómo sostener el mito de que vivimos en una *"democracia económica"*, si más de la mitad de la población trabaja para apenas mal sobrevivir y en beneficio del cinco o diez por ciento más rico? Sin hablar de otros aspectos de naturaleza política: la falta de participación ciudadana atizada por la no credibilidad de los inexistentes *"representantes populares"* que sólo cobran sueldos astronómicos y provocan el alto vacío de la ausencia de representatividad, con el impune pisoteo de los más elementales derechos humanos –derechos de los que, cuando menos en México, sólo disfrutan los grandes criminales.

Nuestros centenares de sebosos diputados y soberbios senadores, frente a estos hechos contundentes –pero también los periodistas y los comunicadores– nos incitan a no quedarnos sólo en la denuncia y el análisis. Proclaman que es necesario que el ciudadano avance en la búsqueda de soluciones concretas. Sólo que cuando la gente común traspasa esa línea –reacción desglobalizante– quienes se la han sugerido la bloquean. Esta tarea de reacción –que por otra parte, según veremos más adelante, ya está en marcha–, compete a todos los estratos de la sociedad, incluyendo tanto a los débiles como a los poderosos, a los de baja calificación técnica o intelectual como a los pensadores más ilustres. Es necesario encontrar las vías para una participación efectiva de los muy numerosos y muy diversos grupos sociales, y para ello es indispensable tener como brújulas al menos dos elementos: el de la humildad y el de la ética solidaria comprendida en la *"Doctrina Social de la Iglesia"*. Pero: ¿quién será el valiente que la haga retumbar en los ámbitos indispensables, cuando la misma Iglesia parece dormir, a despecho de los valientes y aun audaces réclames de su Pastor?

No podemos seguir engañándonos con imágenes idílicas de nación, –dizque *"la crisis ya pasó"*– basados en datos falseados que engloban situaciones muy disímiles y que ocultan las injusticias prevalecientes. No podemos continuar aceptando la muy sesgada noción de que *"la democracia"* y *"el neoliberalismo"* son compatibles. No lo son por la esencia misma del capitalismo neoliberal: antidemocrático, totalizador y antropófago.

¿Qué es lo que se podría hacer, pero que intencionalmente los líderes ocultos de la Globalización no hacen, precisamente para dominarnos y manipularnos por medio del miedo, la ignorancia, el circo, los medios masivos, la superstición, el fanatismo y el hambre? Difícil saberlo. Obstaculizan el mejoramiento de la equidad en el intercambio entre consumidores y productores/distribuidores, a la vez que entre productores grandes y proveedores pequeños.

Frenan y sabotean el mejor aprovechamiento de los recursos naturales, pues en muchos países no se dan a conocer las técnicas que permiten producir más con la misma cantidad de materia prima, o usar menos para producir la misma cantidad de bienes. Impiden el crecimiento de los salarios con mayor rapidez que las ganancias del capital y de los sueldos de los altos ejecutivos. La cúpula del poder planetario globalizador mantiene a las masas sujetas a una férrea desinformación permanente y a una especie de *"contraeducación"* institucionalizada –desglobalizante–, destinadas a resolver los problemas de ingobernabilidad que darían pueblos más lúcidos. Esa misma cúpula ha logrado mantener ciega, desde su más temprana edad, la mirada de los ciudadanos comunes –potencialmente mucho más inteligentes y *"peligrosos"* de lo que se piensa– en todas estas materias.

Los vendedores mantienen a los consumidores cautivos en las prácticas más engañosas. Se evita que las personas quieran consumir solamente lo necesario. Se impide que la gente aprenda a distinguir entre los productos y los servicios según el grado de daño ambiental que su elaboración ocasione.

Así, la presión consumista y la sobreexplotación *"productivista"* continuarán aumentando hasta que las calderas terrestre y humana exploten. Los globalizadores logran evitar que se transfiera a los salarios una parte justa de las utilidades excesivas de las grandes empresas. Los Estados sólo se preocupan por absorber los mayores recursos financieros posibles para mantenerse en el Poder, mientras que nadie se ocupa seriamente por mejorar la inhumana situación de la gran mayoría. Visto todo esto, creo que no habrá acuerdos, ni local ni internacionalmente, promovidos desde las cúpulas para abandonar las formas de explotación propias de la Globalización. Por ello, los procesos opuestos, reactivos, globalifóbicos y antiglobalizantes, son de suyo incalculablemente *"peligrosos"*.

Eso hace que el Apocalipsis esté cerca, aunque no conozcamos ni el día ni la hora. Esta gigantesca tarea que me he impuesto para diseminar la verdad –en el orden de la Caridad, sin odio, con amor–, para eliminar el engaño en el que estamos sometidos, seguramente no tendrá éxito en el mundo globalizado, pero sí en pequeños grupos antiglobalizados: en familias, en algunas empresas, y, desde luego, en unas cuantas personas responsables con mentalidad de salmones, que deseen y decidan nadar contra corriente –reaccionando de manera desglobalizadora– para ir a colocar sus huevecillos salvadores de la especie humana allá donde nacen las aguas de la Verdad y la Vida.

La Desglobalización como reacción simultánea. Sin embargo, es innegable que al mismo tiempo, por las razones naturales ya expuestas, están ocurriendo fenómenos espontáneos –muy explosivos y peligrosos– a favor de la Desglobalización. Ésta no consiste en desconfiar paranoicamente de los sistemas globales –sólo por ser *"globales"*– ni en tender estrictamente a la exaltación de los localismos, por absurdos que éstos sean. Esa una especie de estúpida *"globalifobia"*.

En materia de religión, por ejemplo, consiste en el regreso al sincretismo de las culturas paganas, locales y *"tradicionales"*, al estilo de ese primitivísimo y salvaje personaje inculto y supersticioso que es el presidente de Bolivia: Evo Morales, que fue entronizado en su investidura presidencial con ritos paganos de la antigüedad indígena. Por cierto, el *"sacerdote"* o *"brujo"* que lo ungió resultó ser todo un pillo dedicado al narcotráfico, cosa que causó un verdadero escándalo y una terrible decepción en la mayoría de los habitantes de esa nación andina.[80]

---

[80] CNN reportó en julio 31 del 2010 que el amauta Valentín Mejillones Acarapi, de 55 años –quien le entregó el bastón de mando en la posesión simbólica del presidente Evo Morales en Tiwanaku el 21 de enero de 2006– fue detenido

Mientras que la fe cristiana es global –en cuanto presenta un conjunto orgánico de verdades doctrinales, de comportamientos morales y de prácticas religiosas en verdad universales y que forman un *"todo único"* indivisible–, en la actualidad cualquier *"fe"* se ha vuelto profundamente *"provinciana"*, localista y antiglobal, y por lo mismo anticatólica, no *"universal"*. Esta forma de *"antiglobalización"* es, pues, una de las mejores formas de combatir a la única religión revelada y verdadera, que por serlo podría por sí misma generar la Justicia internacional indispensable para garantizar una paz duradera y ordenada a la Caridad. Por otro lado, la Desglobalización, vista con toda seriedad, no es un simple ataque de paranoia ni tampoco es sólo un hábil combate contra la Iglesia Católica. Es una reacción lógica, equilibradora y racional –si bien no siempre consciente– dirigido contra las tendencias globalizantes arriba expuestas. En los campos económico, político y militar, si utilizamos un enfoque multidisciplinario y multidimensional a partir de la realidad objetiva, vemos que los USA impusieron el modelo de la globalización financiera al ganar la guerra fría, pero entraron en problemas a partir del año 2000, cuando se derrumbó el índice *"Nasdaq"*.

Buscando resarcir sus pérdidas, decidieron apoderarse del petróleo de Irak, pero no lo han logrado aún. Y no sólo en Irak, sino también en Afganistán, según lo revelan los más de noventa mil documentos secretos filtrados por ese ariete de combate antiglobalizante que es un nuevo portal informático denominado *"WikiLeaks"*.

Desde diciembre de 2006, las mordazas de los poderes públicos y económicos cuentan con un incómodo altavoz en la Red. Con el ánimo de hacer públicos comprometedores documentos que los Gobiernos o las empresas intentan en vano silenciar, el portal *"WikiLeaks"* se erige en la era de Internet como una alternativa real que puede servir de contrapeso al silencio impuesto por los regímenes opresivos globalizantes. A menos que se trate de una trampa.

La derrota yanqui en las naciones islámicas se debe a la mística que prevalece en las guerrillas iraquíes, en la cultura de los *"talibanes"* y los *"mujaidines"* afganos, así como al desconocimiento que sufre el gobierno yanqui –con todo y sus asesores y jefes sionistas– acerca de la historia de esos dos países. Lo más paradójico es que los talibanes y los mujaidines, tradicionalmente enemigos seculares, se aliaron contra el invasor –adversario común– como claro ejemplo de acción/reacción.

Las derrotas norteamericanas en el Medio Oriente y en los confines afganos son mucho mayores que la ocurrida en Vietnam, y tendrán consecuencias inexorables que trastocarán los equilibrios financiero, político, militar y económico globales, por causas locales. Este es un proceso inevitable que ya está en marcha. La pérdida del liderazgo de los USA en el terreno económico se observa en el hecho de que su lugar

---

en su domicilio con 350 kilos de cocaína líquida, valuada en más de 300,000 dólares. Otro caso es la resurrección druida en UK.

JUAN BOSCO ABASCAL CARRANZA

está siendo ocupado por otros países, como China, India y Rusia, cosa que resulta altamente amenazadora para todo el Planeta, pero particularmente para Occidente.

El poder de la globalización financiera, controlada por el *"Eje Sionista"* de máscara anglosajona –pero de esencia sionista– realizado desde **"Wall Street"** y la **"City"**, se desbarata a pasos acelerados. En su seno será más dramático el fenómeno reactivo desglobalizante que tendrá que deshacerse de todos sus tan variados como exóticos instrumentos especulativos –en su mayoría de existencia *"virtual"*–, si es que no estallan antes los oprimidos *"mercados"*.

Parece imposible que Washington pueda revertir su deterioro en el liderazgo de la globalización financiera. Su poderío militar unipolar, sostenido por la tecnología ha sido frenado en forma inesperada e increíble por la *"guerra asimétrica"* de dos insurgencias neomedievales antiglobalizantes. Los líderes de la globalización financiera, militar, política mediática, educativo y religiosa: USA e Israel, acaban de sufrir dos severas derrotas a manos de la guerrilla sunita de Irak y del Hezbollah chiíta libanés, en sus respectivos territorios locales. Pero no perdamos de vista que esta derrota puede ser intencional, para acelerar los proyectos de Globalización absoluta en términos de gobierno y finanzas.

A menos que el *Sión Mesiánico* se imponga al **Fanático Islam** por la fuerza del terror nuclear. Intelectuales del mayor nivel –pocos, pero muy sólidos– como Sir John Ralston Saul, se han atrevido a confrontar a la hidra de la Globalización, a pesar de que ello es una herejía imperdonable en el mundo occidental. El filósofo canadiense Ralston, exitoso emprendedor –montó la empresa estatal *"Petro-Canadá"*–, oriundo de un país de la anglosfera, beneficiado por la globalización en sus variantes financiera, económica y petrolera, en su reciente libro: *"El Colapso de la Globalización y la Reinvención del Mundo"*,[81] dice que está operando la *"autopsia de la desregulación"* mediante una nueva visión luminosa desglobalizante y libertadora.

Refiere que, lejos de ser una fuerza inevitable, la globalización se encuentra ya bajo el feroz ataque de las fuerzas nacionalistas locales, globalifóbicas. Contempla la globalización como una *"la ideología monolítica de la idolatría por el mercado"*, que se da ínfulas tecnocráticas y está imbuida por el determinismo tecnológico. Este proceso inicuo pretendió suplantar a los Estados-Nación e impuso la paralizante acumulación de deuda en el Tercer Mundo.

Pero esta enorme región ha reaccionado con la expansión de los movimientos contestatarios y globalifóbicos en casi todo el planeta. La Globalización, que acabó en la desilusión de su utopía, se está pulverizando en numerosas piezas ya no ensamblables, mientras que los ciudadanos comunes reafirman sus intereses nacionales. Ralston fustiga la pretensión

---

[81] http://www.johnralstonsaul.com/about_SP.html

de las empresas trasnacionales de intentar sustituir la infraestructura de los gobiernos al confundir el manejo gerencial con el liderazgo carismático. Nos invita al retorno del nacionalismo antiglobal, tanto en lo económico como en lo político –y todas las demás esferas estratégicas– frente a las trasnacionales, a pesar de que en gran medida lograron ya socavar los cimientos del Estado-Nación.

En el epicentro mismo de la globalización, los USA, se ha generado un paulatino ajuste de cuentas contra el neoproteccionismo, el neoaislacionismo y la silenciosa súper regulación que las fuerzas sionistas intentaron para paliar la crisis reciente. El declive *"yanqui/sionista/sajón"* es más pronunciado por un subtipo de la globalización económica que es más bien Desglobalización.

El *"Eje del Mal": "New York/Londres/Tel Aviv",* está siendo desplazado por sus competidores geoeconómicos de la Unión Europea y del noreste asiático, donde despuntan como nadie China, Hong Kong, Taiwán y Singapur, que incluso han dejado atrás a Japón en todos los subtipos de la Desglobalización. En el ámbito de la *"globalización económica",* mucho menos nociva que la *"globalización financiera"* enloquecida por la especulación, existe una especie de empate entre los tres polos de poder regional del planeta: los USA, la UE y el Noreste Asiático: China, Japón y Sudcorea, a los que habría que agregar como nuevos actores a las *"potencias emergentes":* Rusia, India y Brasil.

La tendencia en el mediano plazo favorece al *"BRIC"* –Brasil, Rusia, India y China–, en detrimento de los USA y la UE, ante la desesperación de la *"pandilla sionista",* asentada principalmente en Londres, Tel Aviv y Nueva York. Desde el punto de vista ideológico, el daño que asestó la globalización es terrible: por una parte, troqueló una forma de pensamiento único, y castró, cuando no descerebró e inutilizó a sus endebles intelectuales.

El caso de México resalta dramáticamente con Carlos Salinas de Gortari, el firmante del Tratado de Libre Comercio con *"Daddy"* Bush. Estos dos "Amos" paralizaron y compraron a los pocos intelectuales independientes.

"La Civilización Occidental", de esencia humanista y cristiana –porque no puede haber un verdadero humanismo que no sea cristiano– perdió la virtud de la autocrítica que lo había impulsado a su constante autocorrección. Los intelectuales, por antonomasia críticos, simbolizan las neuronas del cerebro que preside las actividades del género humano, que indaga los asuntos planetarios y crea las mejores opciones, en esa misión de *"completar la Obra de la Creación".* Pero un seudointelectual, apadrinado o cobijado por el Poder –Octavio paz, por ejemplo, con todo y su Premio Nobel–, no pasa de ser un impotente escribano estéril o un primitivo y servil lacayo.

¿Cómo puede funcionar un cerebro sin neuronas? Esta fue la mayor perdición del modelo globalizante: haber pretendido automatizar robóticamente a sus hombres, imponiéndoles los *"dogmas neoliberales"* mediante supuestas ecuaciones econométricas falibles. Como tales ecuaciones no se encuentran de manera intrínseca en la Naturaleza

Humana, les faltó siempre una *"constante natural"*. Pretendió trasmutar en una vulgar variable materialista y *"económica/depredadora"* al propio Ser Humano, olvidando que la única base fija de todos los anhelos y potencias humanas habidas y por haber, es la búsqueda y la conquista del Perfecto Absoluto: Dios.

Bajo el modelo de la globalización, en todos sus subtipos –financiera, económica, militar, educativa, mediática y religiosa–, la entelequia del *"Mercader de Venecia"*, creada arbitrariamente a imagen y semejanza de la rebelión de Luzbel, sólo pudo fabricar la aparatosa desigualdad distributiva de la riqueza en el planeta, controlado éste por una plutocracia oligopólica de ideología sionista, que pretende avasallar por completo al género humano.

Mediante la Desglobalización, la Humanidad tiene ahora la oportunidad dorada de volver a controlar y regular el mercado de la neofeudal plutocracia oligopólica de máscara anglosajona y de esencia sionista. A menos que estas fuerzas, diabólicas en su esencia –impulsadas por el Adversario, **"Homicida desde el Principio"**, decidan hacer estallar pronto el último conflicto armado global.

2.19) Falsificación Sectaria. Consiste, básicamente, en un profundo y luciferino *"afán de mentir"* para finalmente convencer a millones de incautos acerca de la verdad de *"hechos"* casi totalmente falsos. La secta de *"Los Testigos de Jehová"* es uno de los mejores ejemplos. Su fundador, Charles Taze Russell, quien originalmente vivía con los *"principios"* adventistas, empezó a negar la doctrina del infierno –¡oh, terror!– y de la Santísima Trinidad, y a los 18 años empezó a organizar sus propias *"clases bíblicas"*, tal y como otros cientos de miles de soberbios lo han hecho.

Pese a su fracaso acerca del cumplimiento de sus profecías sobre el fin del mundo, su organización creció hasta formar la *"Sociedad Atalaya"*, y bajo la presidencia de Rutherford y Knorr se *llamaron "Testigos de Jehová"* y fundaron la *"Escuela Bíblica Galaad"*. Así, la secta surgió del adventismo, que a su vez nació del metodismo y el evangelismo común. Sectas que salen de sectas y engendran, a su vez, sectas procreadoras de nuevas sectas dedicadas a esparcir falsificaciones. La empresa *"Watch Tower"*, tiene solamente fines de lucro. Es una organización comercial *"jehovista"* y peligrosa, porque se dedica, orquestada invisiblemente por Luzbel, a la falsificación y la caricaturización de lo realmente divino.

Las sectas mixtificantes: un fenómeno antiguo y siempre nuevo que hoy agrupa, tan sólo en los USA, más de 250,000 denominaciones de *"inspiración cristiana"*. ¿Quiénes componen las sectas? Hay de todo, sin dudas. Pero particularmente las sectas se fundan por personas destrozadas, psicológicamente y espiritualmente muertas. Cada una de ellas tiene una historia distinta, sobre todo de violencia, abusos, desconfianza, poca autoestima, miedo y falta de oportunidades. Cada una de ellas ha recibido profundas heridas que necesitan ser curadas.

¿Qué buscan ellas? Relaciones, amor, seguridad, afecto, la propia afirmación, y un mejor futuro para sí mismas y para sus familias. Hay quienes quieren huir de la pobreza y de la falta de oportunidades y construir un futuro mejor. La aparición vertiginosa de nuevos movimientos religiosos y sectas en el marco social y religioso contemporáneo llama la atención de todos: de los pastores y del pueblo en general, de los periodistas y especialistas en el tema.

El avance de las sectas está a la vista y se ha vuelto un tema común. Sin embargo, es tan complejo y vasto, tan amplio y tan difícil de encerrar en cuadros precisos, que se presenta siempre como actual y susceptible de nuevas investigaciones; es un fenómeno que siempre es noticia.

Más aún, y de un modo particular en el campo práctico, los medios para subsanar esta situación permanecen siempre a la espera de una ulterior reflexión, un mayor enriquecimiento y toma de posición. La pastoral católica tiene por delante en este nuevo desafío todo un campo de trabajo. Adentrándonos en las páginas del Nuevo Testamento, veremos que los interrogantes bíblico-pastorales encierran en sí una fuerza y un interés muy particular. La Iglesia Católica no se vio ajena al fenómeno de las sectas y tuvo que hacer frente a estos grupos desde los primeros años de su vida.

¿Qué actitud tomaron los apóstoles? ¿Qué enseñanzas nos legaron aquellos que son fundamento y columnas de la Verdad Revelada ante la aparición de doctrinas y líderes extraños, contrarios al Evangelio? ¿De qué modo reaccionaron los fieles que convivieron con el mismo Maestro? Ellos escucharon de labios del mismo Jesús la advertencia: *"Mirad que nadie os engañe. Porque vendrán otros usurpando mi nombre y diciendo: 'Yo soy el Cristo', y engañarán a muchos. Surgirán muchos falsos profetas que engañarán a muchos. El Maligno sembrará la cizaña para confundir y dividir, para alejar al hombre de Dios y de su misma vida, incluso en el nombre de lo divino"*. El "**Príncipe de las Tinieblas**" y "**Padre de la Mentira**", "**Homicida desde el Principio**", está detrás del espíritu anticristiano, combatiendo frenética, astuta y ferozmente el Evangelio de Jesucristo. El Señor llamó a los falsos profetas «**lobos rapaces con disfraces de ovejas**» y nos alertó acerca del engaño y de los prodigios que obrarían usurpando su divino Nombre.

El divino Maestro oró por la unidad cuando exclamó: «**Que todos sean uno**» y para que hubiese un solo Rebaño y un solo Pastor, nos unió en su propio Cuerpo, la Iglesia Católica, Apostólica y Romana, a la que concedió la riqueza insondable de su sacerdocio. Los evangelistas nos relatan aquellas solemnes escenas: «***Me ha sido dado todo poder en el cielo y en la tierra. Id, pues, y haced discípulos a todas las gentes, bautizándolas en el nombre del Padre, y del Hijo y del Espíritu Santo, y enseñándoles a guardar todo lo que yo os he mandado. Y sabed que yo estoy con vosotros hasta el fin del mundo***».

Jesucristo edificó su Iglesia sobre san Pedro, los apóstoles y sus sucesores, fundamento de unidad y punto de referencia: «**Tú eres Pedro,**

y sobre esta piedra edificaré mi Iglesia... Yo te daré las llaves del Reino de los Cielos», **«apacienta mis ovejas»**, **«Quien a vosotros escucha, a mí me escucha; quien a vosotros rechaza, a mí me rechaza**". Los Apóstoles vieron inmediatamente la aparición de movimientos que se oponían a la "Ekklesia" de Cristo.

Estas *"hairesis"* o *"sectas herética y cismáticas"* se presentaron como opositoras al Evangelio del Señor y a su Iglesia: cambiaban el mensaje evangélico deformando la realidad del misterio de Jesucristo y erigían a la vez comunidades separadas y al margen de la comunidad apostólica.

Estos grupos que se escindían del tronco eclesial –*"secta"*, del latín *"seco"* que significa cortar y *"sequor"* que quiere decir *"ir en pos de"*, o *"seguir"*– no solamente sustentaban doctrinas contrarias a la Verdad enseñada por el Maestro, sino que seguían autoridades extrañas a la jerarquía dejada por el mismo Jesús; los sectarios iban detrás de nuevos líderes que no respondían al magisterio instituido por el Salvador. San Pedro menciona en su segunda epístola la aparición de sectas que niegan al Señor y perjudican el camino de la verdad:

«Hubo también en el pueblo falsos profetas, como habrá entre vosotros falsos maestros que introducirán herejías –sectas– perniciosas que, negando al Señor que los redimió, atraerán sobre sí una rápida destrucción. Muchos seguirán su libertinaje y, por causa de ellos, el Camino de la Verdad será difamado».

El Apóstol San Pablo, al despedirse de sus fieles de Éfeso, deja traslucir el drama de las divisiones y de los falsos líderes que arrastrarían a los creyentes al margen de la verdad apostólica:

«Yo sé que, después de mi partida, se introducirán entre vosotros lobos crueles que no perdonarán al rebaño; y también que de entre vosotros mismos se levantarán hombres que hablarán cosas perversas, para arrastrar a los discípulos detrás de sí».

La naciente Iglesia debió afrontar las más diversas ideologías que intentaban interpretar y vivir el cristianismo escindidos de la ortodoxia y autoridad apostólica. Estas tendencias provenían de ambientes tanto judío como pagano. Las principales *"hairesis"* –herejías– de los primeros siglos son casi idénticas a las actuales y se enmarcaban dentro de la corriente judaizante y del mundo del gnosticismo.

Las comunidades cristianas sufrieron la insoportable tensión y la violenta división de estos grupos heterodoxos que pretendían incorporar elementos incompatibles con la doctrina divina y su institución, la Iglesia. Por otra parte, el Imperio Romano experimentaba en aquella época una silenciosa y progresiva invasión de sectas, originarias del oriente y de otras regiones conquistadas por las legiones. Las *"hairesis"* asumen sincréticamente algunas de estas creencias y desfiguran el Evangelio.

Cabe destacar entre ellas: la idolatría del escatologismo, la magia y el esoterismo; el gnosticismo helénico, la heterodoxia judaizante y el maniqueísmo, entre otros.

Se trataba entonces, al igual que en nuestros días, de sectas con tinte religioso, en las cuales el misterio o lo sobrenatural **no se niega directamente sino que viene falsificado**. No estamos ante la indiferencia y el ateísmo sino ante la manipulación y la caricatura de lo divino. He aquí la paradoja del drama sectario: se despoja al hombre de lo divino en el nombre del mismo Dios que le llama a esta vocación sublime de comunicación con el mundo sobrenatural. Se niega la Realidad, deformándola.

Estas ideologías sectarias se ubican entre aquellos que perturban a los fieles y *«quieren transformar el Evangelio de Cristo»*, usurpan su nombre y se autoproclaman Mesías. Se trata de *"falsos profetas"*, *"doctores falaces"* y *"seductores"* que se *"introducen solapadamente"* negando en definitiva el misterio de Jesucristo. De ahí la proclamación paulina: **«Ayer como hoy, Jesucristo es el mismo y lo será siempre. No os dejéis seducir por doctrinas varias y extrañas».**

Y el apóstol San Juan, al concluir su primera epístola: **«Nosotros estamos en el Verdadero, en su Hijo Jesucristo. Éste es el Dios verdadero y la vida eterna. Hijos míos, guardaos de los ídolos».** La verdad de la palabra de Dios nos vuelve libres, mientras que las sectas, con apariencia de sabiduría y piedad afectada, imponen a sus seguidores un yugo esclavizante ajeno a la vida de Cristo. **«Mirad —dice san Pablo— que nadie os esclavice mediante la falacia de una filosofía, fundada en tradiciones humanas, según los elementos del mundo y no según Cristo».**

Los líderes sectarios: **«hombres de mente corrompida»,** y **«descalificados en la fe»**, se arrogan una autoridad que no les pertenece, irrumpiendo en el mundo de lo sagrado fuera de los designios providenciales señalados por Dios en la historia de la Salvación. Las sectas, capitaneadas por Lucifer, pretenden sustituir la Iglesia de Jesucristo con su propia secta. Las herejías constituyen así una ideología contradictoria a la palabra de Dios.

La gnosis se coloca por encima del misterio, o, dicho de otro modo, se trastoca a la Fe en una forma privilegiada de gnosis. La creencia en el seno de las sectas se convierte en una cuestión fundamentalmente humana y en una especialidad de una élite selecta. Ésta, en el decir de San Pablo, aunque **«están siempre aprendiendo, no son capaces de llegar al pleno conocimiento de la Verdad».**

He aquí la mutación sectaria: se convierten los carismas en fuerzas mágicas, lo sobrenatural en fuerzas preternaturales, lo soteriológico en esoterismo y el misterio en ocultismo. Los Apóstoles tuvieron que hacer frente a los cultores de fuerzas ocultas y paranormales y a los fabricantes de ídolos, rivalizando con la magia, la superstición, el ocultismo y la idolatría. San Pablo alerta desde hace dos milenios sobre las *"doctrinas extrañas"*, con palabras duras para los que tergiversan y deforman el Evangelio y la Gracia de Cristo:

«Si alguno enseña otra cosa, y no se atiene a las sanas palabras de nuestro Señor Jesucristo y a la doctrina que es conforme a la piedad, está cegado por el orgullo y no sabe nada; sino que padece la enfermedad de

las disputas y contiendas de palabras, de donde proceden las envidias, discordias, maledicencias, sospechas malignas, discusiones sin fin propias de personas que tienen la inteligencia corrompida, que están privadas de la verdad y que piensan que la piedad es un negocio».

Los escritos apostólicos llaman a la vigilancia, para no dejarse seducir, y a la fortaleza, para no caer ante las intimidaciones de los adversarios del Evangelio. Este es el anhelo de San Pablo: «**que** permanezcáis sólidamente cimentados en la fe, firmes e inconmovibles en la esperanza del **Evangelio**». El Apóstol busca que sus fieles *«alcancen en toda su riqueza la plena inteligencia y perfecto conocimiento del Misterio de Dios, en el cual están ocultos todos los tesoros de la sabiduría y de la ciencia»* Y su solicitud permanente para con ellos *«para que nadie les seduzca con discursos capciosos».* Las alertas se repiten: *«Que nadie os engañe con vanas razones, pues por eso viene la cólera de Dios sobre los rebeldes».* El desorden y exceso de especulación aleja de la sana doctrina: *«todo el que se excede y no permanece en la doctrina de Cristo, no posee a Dios».*

El espíritu anticristiano, el espíritu del Anticristo, reinaría y reina en medio de las sectas: *«prodigios engañosos», «todo tipo de maldad que seducirán»,* presencia de *«un poder seductor que les hace creer en la mentira».* "*El Espíritu dice claramente que en los últimos tiempos algunos apostatarán de la fe entregándose a espíritus engañadores y a doctrinas diabólicas, por la hipocresía de embaucadores".*

El sobreaviso sobre los falsos apóstoles y los operarios engañosos se hace tanto más necesario cuanto que se disfrazan de apóstoles de Cristo al modo como Satanás se disfraza de Ángel de Luz. El engaño de las herejías encierra en sí mismo el fraude, la falsificación y la confusión: manifestaciones preternaturales, palabras y escritos presentados como auténticamente divinos.

En la epístola a los Tesalonicenses leemos: *«no os dejéis alterar tan fácilmente en vuestros ánimos, ni os alarméis por alguna manifestación profética, por algunas palabras o por alguna carta presentada como nuestra, que os haga suponer que está inminente el Día del Señor. Que nadie os engañe de ninguna manera».*

Los sectarios, al igual que los falsos profetas, utilizan los oráculos, se valen igualmente de los textos sagrados reinterpretándolos de acuerdo con sus ideologías.

San Pedro nota, refiriéndose a las epístolas paulinas: *«en ellas hay cosas difíciles de entender, que los ignorantes y los débiles interpretan torcidamente* –como también las demás Escrituras– *para su propia perdición».* Y el mismo Apóstol advierte que la divina palabra no puede caer bajo la libre interpretación individualista: *«ante todo tened presente que ninguna profecía de la Escritura puede interpretarse por cuenta propia; porque nunca profecía alguna ha venido por voluntad humana, sino que hombres movidos por el Espíritu Santo, han hablado de parte de Dios».*

El carácter sagrado y la altísima dignidad de la Palabra y Revelación divinas han de inspirar el máximo respeto; y, aunque misteriosas, no deben caer bajo las maniobras tergiversantes. San Juan advierte duramente en el Apocalipsis: *«Si alguno añade algo sobre esto, Dios echará sobre él las plagas que se describen en este libro. Y si alguno quita algo a las palabras de este libro profético, Dios le quitará su parte en el árbol de la Vida y en la Ciudad Santa, que se describen en este libro»*. El más poderoso baluarte para refugiarnos frente al error y la confusión es la tradición apostólica y la Iglesia de Dios, *«columna y fundamento de la Verdad»*.

Ante el espectáculo de las ideologías de moda, San Pablo nos anima: *«combate el buen combate de la fe, conquista la vida eterna... guarda el depósito. Evita las palabrerías profanas, y también las objeciones de la falsa ciencia; algunos que la profesaban se han apartado de la fe»*. *«No te avergüences... Ten por norma las palabras sanas que oíste de mí en la fe y en la caridad de Cristo Jesús. Conserva el buen depósito mediante el Espíritu Santo que habita en nosotros»*.

Las palabras son gráficas: *«Rechaza las fábulas profanas y los cuentos de viejas»*. *«Evita las palabrerías profanas, pues los que a ellas se dan crecerán cada vez más en impiedad, y su palabra irá cundiendo como gangrena»*. La intensa vida espiritual de los creyentes les mantendrá inmune de las asechanzas y la fascinación de las sectas. El estudio y profundización de nuestra fe, así como la vida interior y el ejemplo de vida hasta el padecimiento, son las mejores armas para hacer frente a los contradictores del Evangelio.

San Pedro escribe: *"dad culto al Señor, Cristo, en vuestros corazones, siempre dispuestos a dar respuesta a todo el que os pida razón de vuestra esperanza. Pero hacedlo con dulzura y respeto. Mantened una buena conciencia, para que aquello mismo que os echen en cara, sirva de confusión a quienes critiquen vuestra buena conducta en Cristo"*.

Pues más vale padecer por obrar el bien –sí, esa es la voluntad de Dios–, que gozar obrando el mal. El apóstol San Judas confía a sus queridos discípulos esta misión frente a las divisiones gestadas por las herejías *«edificándoos sobre vuestra santísima fe y orando en el Espíritu Santo, manteneos en la caridad de Dios, aguardando la misericordia de nuestro Señor Jesucristo para vida eterna. A unos, a los que vacilan, tratad de convencerles; a otros tratad de salvarles arrancándoles del fuego; y a otros mostradles misericordia con cautela, odiando incluso la túnica manchada por su carne"*.

Las estrategias sectarias que buscan acercarse a los fieles y conquistarlos para sus ideologías y grupos no eran desconocidas a los Apóstoles. En los textos antes citados te habla de la *«acción solapada»* de los sectarios, de *«discursos capciosos»* y *«argumentos embaucadores»*, así como de *«vana palabrería»* y *«objeciones de la falsa ciencia»*. Éstos visitan las casas y perturban a los fieles, fomentan las disensiones y disputas, procurando arrastrar a la gente contra la verdad del Evangelio. Las acciones de reclutamiento que promueven los líderes de las herejías van desde las palabras dulces y falaces basta la persecución directa. En este marco se deben ubicar las advertencias apostólicas. *"Al sectario, después de una y otra amonestación, rehúyele"*. *"Si alguno viene a vosotros y no es portador de esta doctrina, no le recibáis en casa, ni le saludéis, pues el que le saluda se hace solidario de sus malas obras"*.

El apóstol san Pablo Insiste: *«Esto has de enseñar; y conjura en presencia de Dios que se eviten las discusiones de palabras, que no sirven para nada, si no es para perdición de los oyentes»*.

Y refiriéndose a las doctrinas y cultos paganos, les dice a los corintios: *«No os juntéis con los infieles. Pues ¿qué relación hay entre la justicia y la iniquidad? ¿Qué unión entre la luz y las tinieblas? ¿Qué armonía entre Cristo y Belial? ¿Qué participación entre el fiel y el infiel? ¿Qué conformidad entre el santuario de Dios y el de los ídolos?»*

San Pablo elogia el conocimiento de los Libros Sagrados de su discípulo Timoteo y le encomienda vivamente la familiaridad con la palabra de Dios para no verse arrastrado por el error y el desaliento. He aquí el texto:

«Tú, en cambio, persevera en lo que aprendiste y en lo que creíste, teniendo presente de quiénes lo aprendiste, y que desde niño conoces las Sagradas Letras, que pueden darte la sabiduría que lleva a la salvación mediante la fe en Cristo Jesús. Toda Escritura es inspirada por Dios y útil para enseñar, para argüir, para corregir y educar en la justicia, así el hombre de Dios se encuentra perfecto y preparado para toda obra buena».

La Palabra de Dios lleva a la Eucaristía: el Verbo al Verbo que se hizo Carne por nosotros. El corazón de la espiritualidad bíblica radica en la Santísima Eucaristía, Sacrificio y Comunión del Cuerpo y Sangre de Cristo. Los Apóstoles lo habían aprendido del mismo Maestro y lo vivieron con notable fervor. La Eucaristía, Sacramento de la Fe y de la unidad –tal como nos describe los Hechos de los Apóstoles– constituía y edificaba la Comunidad de los creyentes.

Sin embargo, no deja de ser muy inquietante el que ese mismo argumento sea el que utilicen los protestantes, en general: *"que mi interpretación de la Biblia sea conforme con el Espíritu de Dios"*. Y así, cada cual se cree lleno de tal *"espíritu"* y se convierte en un hereje más y hasta en un *"fundador de la verdadera Iglesia de los Santos de los últimos días"*, –por citar una de tantas.

¿Cuál sería entonces la única forma contra el veneno de la falsificación sectaria? La respuesta es muy simple: lo verdadero, lo no falsificado, lo original y auténtico, está fundado en la promesa de Infalibilidad que Cristo hiciera a San Pedro en persona. ¿Cuántas Iglesias Hay? Acorde al Registro Federal, hay más de 1300 diferentes grandes grupos religiosos en USA, además de un cuarto de millón de pequeñas sectas. Esto simplemente significa que hay más de 1300 diferentes doctrinas enseñadas tan sólo en ese país. Pero Dios nos reveló únicamente una sola Biblia, la cual es Su Palabra para el hombre de siempre y de hoy en día.

¿Cuántas iglesias autoriza la Biblia, la palabra de Dios? Jesús dijo que Él edificaría sólo una. ***«Y yo también te digo, que tú eres Pedro, y sobre esta roca edificaré mi iglesia; y las puertas del Hades no prevalecerán contra ella»***[82]

Jesús no dijo «iglesias» sino «Iglesia.» El Cuerpo Místico y la Iglesia son una misma cosa. *«Y sometió todas las cosas bajo sus pies, y lo dio por cabeza sobre todas las cosas a la iglesia, la cual es su cuerpo, la plenitud de aquel que todo lo llena en todo»*[83]

«Y él es la cabeza del cuerpo que es la iglesia, él que es el principio, el primogénito de entre los muertos, para que en todo tenga la preeminencia»[84]

«Pero son muchos los miembros, pero el cuerpo es uno solo»[85]

«Un cuerpo, y un Espíritu, como fuisteis también llamados en una misma esperanza de vuestra vocación» [86]

Desde que haya «un cuerpo» y la iglesia y el cuerpo sean la misma cosa, entonces hay una sola Iglesia autorizada por Dios. Los hombres tienen muchas iglesias como es evidente en cualquier parte, pero Dios tiene solamente una. ¿Y cómo saber, sin temor a equivocarse, cuál es "la buena"? En el tomo dos veremos de frente y a fondo a esa Institución a la que ningún poder, terreno o espiritual, ha podido ni podrá arrancarle ni apagarle la luz de la palabra de Dios, ni destruirla, aunque haya enfrentado dos milenios de odio satánico. Ella es la Iglesia de los mártires y de los santos, ésa a la que Cristo prometió: ***«Yo estaré con vosotros hasta el fin del mundo».*** La Infalible, en la persona del Papa, quien por estos aciagos días se llama Benedicto XVI.

2.20) Laicización. Diferenciando *"Laicismo"* de *"Laicidad".*

El laicismo provoca, indefectiblemente, el falseamiento y la corrosión de una verdadera convivencia social. Como muy bien veía Robert Schuman, "el Padre de Europa", la salud del tejido social es de origen y "ADN" cristianos. Conviene dejar bien asentado que el "**laicismo**" –por ejemplo al estilo mexicano– supone, intrínsecamente, la opresión de la Iglesia en las garras del poder estatal. "**Laicidad**", en cambio, supone una sana separación entre los dos poderes –espiritual y temporal– pero de ninguna manera implica que alguno de ellos se sobreponga al otro en la esfera práctica, y mucho menos en la conciencia moral individual o colectiva.

Desenmascarando al Laicismo. Se admite hoy por todos los verdaderos demócratas que un estado democrático no debe ser confesional. Debe mantenerse neutral y respetuoso de todas las religiones de sus súbditos, excepto cuando de manera intrínseca alguna creencia contraviene la Ley

---

[82]   Mateo 16:18.
[83]   Efesios 1:22-23.
[84]   Colosenses 1:18.
[85]   1 Corintios. 12:20.
[86]   Efesios 4:4).

Natural, esa que es anterior a cualquier legislación y que es el fundamento del Estado de Derecho. Eso es laicidad, la cual tiene un origen no sólo cristiano en general, sino precisamente evangélico, cuando Jesucristo, ante la trampa que los fariseos le presentaban mostrándole una moneda romana, dijo: **"Dad al César lo que es del César, y a Dios lo que es de Dios".**

Esto es lo que otras confesiones no han entendido, que la confusión o mezcla de las dos autoridades, la civil y la religiosa, es siempre funesta. Pero también es funesto cuando un estado, un gobierno, bajo el disfraz de neutralidad en lo religioso, pretende imponer un obstáculo al desarrollo de las actividades públicas de la religión, llegando en ocasiones incluso a la persecución y los asesinatos. México, desde la época de Juárez, es el mejor ejemplo de esto. Porque incluso, en épocas donde no hay una persecución explícita, sí la hay de forma implícita, lo cual es mucho peor, porque entonces ya no se producen mártires, sino conciencias deformadas, acomodaticias y encallecidas.

¿Cuál es la realidad de los procesos de laicización en México? ¿Cuál ha sido y sigue siendo la verdadera intención –oculta en la doble agenda– de las sectas masónicas para destruir a la Iglesia y descristianizar a la sociedad mexicana? Sin temor a equivocarme, y basándome en las evidentes traiciones de los otrora *"panistas"* predicadores de los principios de *"Dignidad de la Persona", "Solidaridad", "Bien Común" y "Subsidiariedad",* puedo afirmar que los masones mexicanos, dueños ilegítimos de la Nación mexicana desde hace dos siglos y medio, han logrado cumplir el siguiente protocolo oculto, demasiado evidente ya en los hechos que marcan nuestra triste historia.

El Papa Benedicto XVI denuncia en Santiago el laicismo en España[87] y pide no arrinconar a Dios. Condena el aborto y la eutanasia durante la misa de la tarde. El dispositivo de seguridad despliega más de 6,000 agentes. La Plaza del Obradoiro se colapsa de fieles por la visita. Afirmó en Santiago de Compostela que España necesita una reevangelización, denunció el brutal enfrentamiento entre la fe y la postmodernidad europea y abogó por un encuentro entre fe y laicidad.

"...he pensado en el mundo entero pero, sobre todo, en Occidente con su secularismo laico, por lo que hay que renovar la fe..." –dijo el Papa, quien dio así un solemne *"tirón de orejas"* a los Gobiernos de España, la República Checa y el Reino Unido, sin excluir a todos los demás. Ha renacido, incontenible e intencionalmente atizado desde las cúpulas del Poder Planetario, un rabioso anticlericalismo como el que dio origen a la Guerra Civil Española, por lo que es urgente y necesario evitar un enfrentamiento.

Y aunque hubo nutridos aplausos, aunque la *"Plaza del Obradoiro"* se colapsó con miles de fieles y la visita papal fue seguida por otras decenas de miles de personas en las diferentes pantallas gigantes instaladas en varias plazas de la ciudad, de todas formas Benedicto XVI consideró como

---

[87]   EUROPA PRESS. 06.11.2010. http://www.20minutos.es/noticia/865753/0/

tragedia que en Europa exista la convicción de que Dios es el antagonista del Hombre y el enemigo de su libertad.

Denunció que los poderes de la Tierra, dirigidos por su Príncipe, pretenden arrinconar a Dios al ámbito de lo privado, para expulsarlo después, definitivamente, de todos los ámbitos posibles. Ratzinger condenó el aborto y la eutanasia, y advirtió también de las amenazas a la dignidad del hombre; condenó el aborto y la eutanasia y afirmó que la Europa de la ciencia y de las tecnologías, de la civilización y de la cultura ha de abrirse a la trascendencia y a la fraternidad con otros continentes.

Lo trágico es que muy pocas personas de entre los miles de asistentes al acto público, aceptan en su interior regir su vida por lineamientos tan precisos. Y de los 150 millones de personas que siguieron por televisión el evento, cuando mucho unos cuantos miles están dispuestos a dar testimonio de la fe al nivel de heroísmo que exige el pronunciamiento del Vicario de Cristo.

Todo queda reducido a lanzar estrepitosos aplausos, calurosas *"porras"* y alaridos estridentes, como si el Papa fuese una simple estrella mediática.

Puede repetirse la vigorosa queja de Juan Pablo II en México: ***"ustedes los mexicanos gritan mucho, pero no siguen la doctrina de Cristo"*** –palabras que escuché de boca del empático *"Papa Peregrino"* en su primera visita a Puebla de los *"Góber Preciosos",* que no *"De los Ángeles".*

Un buen termómetro para medir la calentura de este postmodernismo letal es el cinismo de algunos miles de sujetos reunidos contra la visita del Papa a Santiago de Compostela. Fueron convocados por la secta ***"Nós nom te esperamos",*** formada principalmente por mujeres gays, abortistas, transexuales, adictos y otras lacras que protestaron rodeados por unos agentes de la Policía Nacional. Las consignas fueron: ***"Compostela no te espera", "Visita papal, estado policial"*** y otras muchas, reclamado *"derecho de expresión"* y rechazado *"la represión",* mientras la turba ejecutaba una *"besada".* Esto es, comenzaron a darse besos sensuales en la boca unos a otros.

El mensaje del Papa insistió vigorosamente en que la política en España debe declararse incompetente en legislación religiosa y considerar la inclusión del hecho religioso como fundamental en la vida de los españoles y los europeos.

Transmitió a los españoles que es ineludible un diálogo permanente para que los laicos entiendan que el ideal es la ***"sana laicidad",*** –en vez del maléfico laicismo– y que para resolver el enfrentamiento entre la fe y el secularismo, el Estado no puede obligar a los católicos a que lo sean sólo dentro de su casa o de los templos. Sólo con las leyes neutrales los grupos confesionales y las personas podrían alcanzar el pleno desarrollo de su libertad de conciencia.

Sólo dentro de una sana laicidad podrían curarse las graves patologías que llevan a la religión a convertirse en fundamentalismo y a la razón aislada en sí misma a producir monstruos. Ni Fe si Razón ni Razón sin Fe.

O mejor dicho: Fe Racional, cultivada y sostenida por la Revelación y el Magisterio de la Iglesia.

El enfrentamiento entre ambas potencias se da también en el ámbito político y cultural, y más precisamente en la decadente y esquizofrenizada cultura española. Como que las fuerzas del Mal se han ensañado contra una nación que en otros siglos evangelizó al Planeta y fue capaz de proponer profundas síntesis humanistas a la vez que cristianocéntricas.

La Agenda Oculta de los Masones "Laicos".[88]

"Todos los humanos tenemos el derecho irrestricto a conducir nuestra vida según los dictados de la propia conciencia, sin ningún otro referente que nuestros sentimientos, deseos y emociones. Sólo el Estado aconfesional y ateo es capaz de garantizar el ejercicio pleno y en igualdad de condiciones de la libertad de conciencia, base común de las demás libertades, incluida la libertad religiosa o de culto, con la salvedad de la Iglesia Católica, a la cual hay que aplastar con la orden volteriana: **'Écrasez l'Infâme'.**

"Las instituciones mexicanas serán libres e independientes de cualquier tipo de condicionamiento proveniente de instituciones privadas, particularmente del llamado 'Decálogo Cristiano'. Ellas serán el espacio público, común a toda la ciudadanía, donde no deben estar presentes la ideología, los dogmas y la simbología de la Iglesia Católica. Las sectas protestantes, por el contrario, recibirán todo nuestro apoyo, por ser una razonable exigencia de nuestros hermanos allende el Bravo.

"Tendremos unos representantes públicos que ejerzan sus cargos desde los principios de libertad e igualdad para toda la ciudadanía, de tal forma que, cuando actúen en calidad de tales, lo hagan desde la universalidad y la neutralidad, y en ningún caso desde la confesionalidad católica. Queremos una escuela gratuita, pública y laica, pero no sólo realmente materialista y atea, que borre para siempre todas las huellas de cristianismo, particularmente en la niñez y la juventud mexicanas, pues de esa forma podremos perpetuarnos en el Poder, aunque cambien los nombres de los partidos que vayan alternándose como gobernantes. Impediremos la presencia de nuestros representantes políticos, en calidad de tales, en los actos pertenecientes al culto católico. Esta prohibición no aplica para las demás confesiones, debiéndose dar particular relevancia a las de carácter indígena y esotérico. Queremos una relación ficticia entre el estado Mexicano y el Vaticano, en tanto avanzamos en los procesos de descatolización del pueblo. Continuaremos realizando la expropiación del patrimonio artístico/cultural de origen eclesiástico. Apoyaremos una Judicatura, una Suprema Corte de Justicia de la Nación, que, sin dejarse llevar por sus ideologías, dicten sentencias acordes con el Estado aconfesional proclamado en la Constitución.

---

[88] Tomada como apuntes a mano de las clases de Historia de México impartidas en su casa, por mi padre, Don Salvador Abascal Infante. Enero del 2000.

"Ejemplos: que declare la constitucionalidad del matrimonio homosexual y el derecho de los gays a adoptar hijos, la legitimidad del aborto en todos los casos, el derecho al suicidio, al divorcio expedito, y a todas las libertades que desde su fundación ha impedido o condenado la Iglesia Católica. Queremos un Estado no sólo aconfesional, sino ateo, que no espante a las conciencias escrupulosas que aún sufren varios de los nuevos aspirantes al Poder, sino que los vaya seduciendo. Y que al final se dé en ellos la apostasía respecto de Cristo, apostasía que sea la garantía de nuestra capacidad para gobernar. Habremos de aniquilar a la Iglesia Católica porque es ella la enemiga natural no sólo de la libertad humana, sino de la propia vida humana".

Este protocolo, obtenido de los conocimientos de mi padre sobre la Historia de México –de la "**Otra Historia**", la *"Historia Oculta"*, la que está escrita con tinta invisible para el pueblo llano– es el fundamento del verdadero origen de la infinidad de males que nos han caído desde que el masónico santón Benito Juárez persiguió a la Iglesia y comenzó la demolición de la Familia. ¿Su herramienta neutrónica? El **laicismo ateo** que ha dirigido e inspirado los afanes de la masonería, incrustada en el Estado mexicano. Ese engendro de Lucifer –ser Dios, expulsando a Dios– nos ha acarreado una tragedia tras otra. Explica, ante todo, las docenas de miles de crímenes que recorren toda nuestra historia de los dos últimos siglos. Con énfasis especial en el origen psíquico y antropológico de la sanguinaria *"Narcoguerra"* que, cual feto perseguido por la legra del cirujano, realiza el Gobierno Federal, sin aplicar este principio indiscutible: que la victoria no se alcanzará con balas, sino, en todo caso, con la recuperación del sentido trascendente de la vida: la Religión Revelada. Cuando menos en México la solución capaz de detener la violencia del crimen organizado consistiría en una serie de procesos reevangelizadores obligatorios en todos los ámbitos y niveles educativos. A la par con el combate inteligente de los recursos financieros lavados, imbricados en el Narcosistema.

Crímenes del laicismo en el Ámbito Global. Los crímenes del laicismo se han dado en todas las naciones de esencia cristiana, pero también en otras no cristianas. Citaré unos cuentos ejemplos: el Terror de la Revolución Francesa, con su guillotina y sus genocidios. Los robos, persecuciones y asesinatos de católicos durante Revolución Mexicana y la Persecución Religiosa. Los incontables asesinatos de la República Española que culminó en la guerra civil. Las purgas estalinianas y maoístas –aunque China nunca haya sido propiamente un país cristiano. Ejemplos de la obstrucción solapada del influjo cristiano en la sociedad, abundan hasta el día de hoy. Así ocurre con el laicismo que se apodera de la República Francesa a lo largo del siglo XIX y en el comienzo del siglo XX. Durante ese período, ser católico bastaba para que se les negaran a insignes científicos entrar a la Academia o a las cátedras universitarias. Será precisamente un católico –el general Charles De Gaulle– quien salvará a Francia de los desmanes, abusos y decadencia de la laicista Tercera República, con lo cual Francia recupera algo de su pasada grandeza. Todavía a la mitad del siglo XX, Jérôme Lejeune, insigne genetista francés, descubridor del origen cromosómico de la enfermedad de Down, buen católico, perderá el Premio Nobel de Medicina por la defensa de una verdad científica que molesta, descobija y denuncia los turbios intereses antinatalistas: *que el ser humano lo es desde el momento en que la unión del óvulo y el espermatozoide conforman el cigoto.* Así juega siempre la mentalidad laicista en el ámbito global: con mentiras y con maniobras turbias para lograr imponer globalmente una mentalidad atea y amoral, y reducir al catolicismo al interior de las iglesias y de las conciencias, sin ninguna o mínima influencia en la sociedad.

Un ejemplo dramático y revelador es el de la Unión Europea. Fueron tres buenos católicos: el francés Robert Schuman, el alemán Konrad Adenauer y el italiano Alcides de Gasperi los que llevaron a cabo algo que parecía imposible: una Europa unida, comenzando precisamente a través del acuerdo entre los dos países, Francia y Alemania, que se habían enfrentado en tres cruelísimas guerras: la Franco-prusiana, la Guerra Europea y la Guerra Mundial. Ahora, cuando la Unión Europea es una realidad espléndida, de nuevo el espíritu laicista de Giscard y de otros masones belgas y holandeses, han conseguido negar en su Constitución la Historia de Europa, aniquilando en la conciencia colectiva europea el origen y el fundamento cristianos de su propia civilización, para ensalzar, en cambio, el espíritu laicista y ateo de la Ilustración pagana y antropocéntrica.

Efectos del Laicismo en México. Gracias al laicismo fuimos construyendo un esperpento de sociedad: desgarradora y profundamente injusta, dividida, derrotista, en la que crecen juntas la miseria y la opulencia obscena, en donde son simultáneos el desprecio y la sumisión, y en donde la corrupción de lo que era mejor –la Mujer y la Familia– suelen ser ahora lo peor. Aquélla por exhibicionista y ligera –una carga pesada– y ésta por desintegrada y violenta. Esta dramática dicotomía perenne de triunfadores y derrotados, postmodernos y tradicionalistas, sumisos y despreciativos, es el alma nacional a principios del Tercer Milenio. No es posible celebrar un auténtico debate con juicios ni con cartas marcadas. Por eso, hay que desenmascarar los prejuicios anticatólicos que encierra el laicismo. Se impone una idea inicial: *es falso que la religión en general, y particularmente la católica, sea propia de mentes primitivas, irracionales, anticientíficas y proclives a la intolerancia y el fundamentalismo.*

La religión no es una *«molestia pública»*, como el humo, que se tolera en privado, pero que en público debe someterse a estrechas limitaciones. El bien público y la ordenada paz que produce la justicia y por ende el Estado de Derecho, no son posibles sin las virtudes cristianas que la religión católica fomenta e inspira para obtener una convivencia pacífica y auténticamente humana. La Iglesia Católica respeta la sana laicidad del Estado y la autonomía de las realidades terrenas, pero no acepta la sumisión a los mandatarios de la sociedad civil. Porque la aportación del cristianismo no es solamente un hecho del pasado, sino que hoy en día encierra en sí mismo una fuerza generadora y motriz que se hace presente en cada momento histórico, suscitando los elementos que la auténtica democracia necesita. Ser buen católico no sólo no es impedimento para ser un ciudadano modelo y democrático, sino que además, el serlo, consiste en el elemento clave que sustenta la democracia moderna, pues ésta ancla su origen en la Revelación Cristiana. Porque el cristianismo ha colaborado de muchas maneras en la formación de la cultura humana, y por lo tanto no ha de sorprender que la sana laicidad, correctamente entendida, pueda y deba conjugarse con la cultura cristiana.

En cambio, en México los efectos del laicismo ateo se observan, incluso, en nuestro ramplón sincretismo pseudo religioso: los Narcos tienen su *"Virgen de los Sicarios"*, y los jóvenes perdidos ostentan grandes cantidades de *"piercing"* alrededor del tatuaje con la imagen de la Virgen de Guadalupe. Descatolizados desde el Narcosistema, por medio de la *"SEP"*, acabamos siendo ahora una sociedad en permanente conflicto esquizofrénico. Por eso nos imaginamos al mismo tiempo como una nación triunfadora pero como un país derrotado, como un *"estado fallido"*. Nuestros más caros sueños se reducen al anhelo de ser campeones mundiales de futbol, a pesar de las frecuentes derrotas, inesperadas victorias y gloriosos empates. Vamos arrastrando tradiciones sin sentido –de las que sólo queda el olor de lo religioso, sin su esencia– hacia una postmodernidad que también carece de él. El sentido, si lo encontramos, se da en la combinación de lo inaceptable que a la vez es insoportable pero al mismo tiempo insustituible. México es hoy la doliente, desesperanzada, descreída y destrozada Frida. Es el ateo irredento Octavio Paz –¡premio Nobel!–, la promiscua Gloria Trevi, las nauseabundas *"Televisa"* y *"Televisión Azteca"*, los irreverentes Carlos: Fuentes y Monsiváis.

Es la millonada de construcciones a medias con bloques espantosamente grises, con alma de varillas oxidadas **y** cubiertas con botellas de vidrios de colores. Es el montón de basura –también de colores– en cada esquina, en cada arroyo, al borde de la carretera, frente de la escuela y junto al ostentoso y ofensivo edificio inteligente o Narcomansión.

Eso es ya el *"México Laico"*: –otrora católico– pero hoy descastado, desvinculado, desintegrado, narcotizado, secuestrado por el *"Narcosistema Ateo"*, sin imaginación ni esperanza, sin proyectos ni planes, que nos causa una violenta emoción, a la vez atractiva y repulsiva. Al contemplar a mi patria cautiva en las garras del laicismo y sus consecuencias, me invade un sentimiento de hogar, sí, pero acompañado de una sensación de reclusión y tortura. Reclusión y tortura agravadas porque, para colmo, mi Iglesia duerme y se acomoda, cuando menos en México, porque a sus obispos y cardenales ya se les olvidó lo que significa el color de sus vestiduras: disposición a la penitencia y apertura al martirio por el testimonio de su Fe. Pero aspiro una lejana bocanada de aire fresco: *"El Crucifijo no contradice laicidad del Estado, dice el Presidente de Italia"*.[89]

*"Ante la próxima decisión de la Corte de Estrasburgo sobre el amparo presentado por el gobierno de Italia contra la decisión de prohibir los crucifijos en las aulas de las escuelas, el Presidente del Gobierno, Giorgio Napolitano, señaló que los símbolos religiosos no contradicen la laicidad del estado y son garantía de la libertad religiosa. En su intervención publicada en 'L'Osservatore Romano', el mandatario dijo que '**también el asunto, particularmente sensible, en la actitud que debe tenerse ante los símbolos religiosos puede ser oportunamente afrontado, por cada uno de los estados, que están en capacidad de percibir su valor en relación a los sentimientos difundidos en sus respectivas poblaciones'**. Sobre los valores cristianos, el mandatario resaltó la 'importancia de la misión común educativa a la que son llamadas las autoridades políticas y eclesiales, la importancia de sus responsabilidades, –ya sea en ámbitos y planos distintos y en absoluta independencia– para promover el respeto de los principios éticos fundamentales, en los que todos pueden reconocerse y sin los cuales se lacera la cohesión del tejido social'. "De allí, resaltó, surge la necesidad de salvaguardar y valorar el patrimonio tradicional de la identidad y los valores 'expresado en particular en los países europeos y en Italia, por la **milenaria presencia cristiana y católica'**.".*

Veamos ahora lo que dice mi padre, Salvador Abascal infante, acerca del laicismo en México:

*"Mi pensamiento sobre el gravísimo problema de la educación lo expuse con los siguientes párrafos de mi libro **La Revolución Antimexicana**. En todo error siempre hay una mezcla de verdad: '**Nulla porro falsa doctrina est quae non aliqua vera intermisceat'**. Los herejes no nos enseñan la verdad que ignoran, pero que excitan a los católicos espirituales a descubrirla. Dios permite que abunden los herejes, para que no permanezcamos nosotros en la infancia: "**ne in bruta infantia remaneamus"**.*

*"Pero el laicismo es la apostasía total y la violencia suprema contra la razón humana, porque la priva aun del conocimiento natural de Dios, y por lo tanto le cierra al hombre el camino de la fe, porque el conocimiento natural de Dios es un acto de inteligencia previo a la fe –**intellige ut credas**–, de modo que no puede tener fe el niño que crece dentro del dogma del laicismo, y como consecuencia ineludible se le arrebata también de manera violenta aun la posibilidad misma de adquirir la simple sabiduría humana, porque al mismo tiempo es necesario creer para entender lo que es el hombre y el universo: '**crede ut intelligas'**: cree para que entiendas. El laicismo aprisiona a la razón dentro de espesas tinieblas porque la priva de su única luz, que es Dios. El laicismo es la Caja de*

---

[89]   Esta noticia se produce en Roma, el 24 de Junio del 2010. Publicada por Acción Católica Internacional www.aciprensa.com a las 08:36 p. m.

Pandora, que encierra todos los males y todas las corrupciones, los vicios más degradantes, pues si Dios no existe, no hay por qué no sea el hombre el dueño absoluto de su cuerpo y de su vida.[90] Luego el laicismo es la más irracional, bárbara e injusta violencia para privar al hombre de la razón, de juicio propio, e imponerle en todo el juicio del "dios Estado".

*"La razón, hecha para conocer a Dios, y la voluntad, para amarlo y servirlo, son las estructuras profundas que se quiere destruir. He aquí la más grave de todas las injusticias, puesto que impide la posesión del bien supremo del hombre, la Verdad: "**La Salvación Eterna**". Jamás se había atentado tan criminalmente como ahora contra el derecho natural del Hombre de conocer a Dios y por lo tanto de tener el entendimiento para recibir la fe. La Roma pagana persiguió cruelmente a la Iglesia, pero respetó siempre el derecho de los padres de familia a enseñar libremente a sus hijos en escuelas particulares por sí mismos o mediante maestros, cosa que en el México de hoy no se hace, gracias al satánico odio a la Iglesia. Roma sabía que la enseñanza no es una actividad propia del Estado, y cuando tardíamente –¿por consejo judaico?– estableció escuelas oficiales, a fines ya del siglo II después de Cristo, no trató ni de suprimir ni de atrapar a la infinidad de escuelas particulares, que siempre siguieron siendo perfectamente libres y preferidas abiertamente por todos los pueblos del gran Imperio".*

El anterior escrito está extraído de "**Laicismo: la violencia más bárbara y criminal".** Es un homenaje pleno de admiración hacia mi padre, Don Salvador Abascal Infante, inserto aquí sus conclusiones sobre el tema, de su libro **"La Constitución de 1917, Destructora de la Nación".**

2.21) Sionización o Mundialización del Capital Especulativo.

Unas cuantas cifras sirvan de ejemplo para saber lo que está sucediendo: las cinco firmas más grandes del Globo tienen un ingreso anual de 526.1 mil millones de dólares, mientras que el Medio Oriente y el África del Norte alcanzan, juntas, bastante menos: 454.5.

Asia del Sur llega a los 297.4 y el África Sub-Sahariana logra 269.9. Es un hecho que todos los *"Estados Nación"* se encuentran hoy más o menos controlados *"oficialmente"* por gobernantes visibles –muchas veces representantes de una supuesta y bien orquestada elección popular– y verdaderamente por dirigentes invisibles *–**Amos del Poder Planetario**–* que manipulan un capital multidimensional.

---

[90] Cuando el Mariscal Pétain suprimió la Masonería en el pedazo de Francia que Hitler le dejara, se apoderó de los archivos del Gran Oriente de Francia, y allí se descubrieron multitud de pruebas de que uno de los requisitos indispensables para la admisión dentro de la secta es "no tener prejuicios contra la homosexualidad". (Ploncard, d´Assac, Les Francs-Macons. La Lettre Politique 77-78, pp. 32-37; "Los Franc Masones", traducción de Salvador Abascal Infante. p. 45. Ed. Tradición.)

Primero, el ámbito en apariencia legal: masas monetarias, monedas nacionales y trasnacionales, índices económicos, materias primas, territorios y países con petróleo y otros recursos naturales, bancos, casas de bolsa, hipotecarias, compañías de seguros, empresas de *"Mass Media"*. Y segundo, los capitales negros, que son mucho mayores: narcotráfico, tráfico de armas, redes de trata de personas y de órganos, prostitución –entre otros muchos negocios–, además de una multitud de *"flujos de inhibición"* para mantener a casi toda la gente fija en su sitio.

Es una especie de colectivización del capitalismo –esté o no circunscrita a un marco nacional. ¡Pero ello no significa que se esté degenerando en lo que no se quiere o no le conviene ser! Al contrario: las crisis repulsivas recurrentes brotan de su esencia misma.

A través del astronómico enriquecimiento continuo de sus poquísimos líderes, más allá del trabajo asalariado y de los bienes monetarizados, contemplamos una multitud de formas de poder que antaño no se conocían.

El dinero es sólo algo esencialmente virtual. Tiene por realidad una secuencia de **"0"** y de **"1"** en las computadoras. La mayoría del comercio mundial se desarrolla sin papel moneda. El 10% de las transacciones se realizan en el mundo tangible. Los mercados financieros constituyen ellos mismos un sistema de creación de dinero virtual, de lucro no basado en la generación de riqueza real.

Gracias al juego de los mercados financieros –que permiten transformar en utilidades las oscilaciones de las tasas de cambio–, los inversores ágiles y avezados pueden declararse más ricos, por una simple circulación masiva de electrones en el mundo de las redes y las computadoras. Esta *"creación de dinero"* sin creación de riquezas económicas tangibles, corresponde a la definición misma de la creación artificial del dinero.

La usura en su forma más feroz y despiadada. Lo que la ley prohíbe a los falsificadores de dinero, lo que la *"ortodoxia económica neoliberal"* prohíbe a los estados, es permitido y "legal" para un número muy restringido de voraces beneficiarios.

Para comprender lo que es hoy el dinero y para lo que sirve, invirtamos el viejo adagio de *"el tiempo es dinero"* por uno más realista: **"el dinero es tiempo."** Es lo que permite comprar el tiempo de otros, necesario para producir los productos o servicios que cada cual consume. Esta es la forma más eficiente y eficaz para producir verdaderos esclavos que cualquiera otra forma de esclavitud en el pasado.

Técnicamente, el dinero es una unidad de cálculo para intercambiar tiempo contra tiempo, sin que el tiempo de unos y de otros puedan ser comparado directamente.

Porque cada conversión entre dinero y el tiempo se hace sobre una base subjetiva, que varía según la relación de fuerza económica –y militar– o de información entre el comprador y el vendedor.

En la práctica, esta relación de fuerza –de información, militar, económica o política, es siempre desfavorable al consumidor-asalariado. Cuando un individuo compra un producto, él paga el tiempo que fue necesario para fabricarlo un precio mucho más elevado que el salario cobrado que corresponde a una fracción equivalente a su propio tiempo. Si un auto es producido en dos horas por veinte asalariados –incluido el tiempo de los obreros dedicados a su comercialización y el trabajo de los equipos utilizados–, el salario remunerador de cada obrero por las dos horas debería ser igual a 1/20 del precio del coche, es decir 500 euros si el vehículo vale 10,000 euros.

Esto daría un *"salario horario"* de 250 euros. La mayoría de los asalariados se encuentra a años luz de esa remuneración. Cuando un asalariado occidental da diez horas de su tiempo, él recibe solamente el equivalente de una hora. Para un asalariado del Tercer Mundo, la relación cae a mil horas contra una.

Este sistema es la versión postmoderna de la esclavitud. Los beneficiarios del tiempo robado a los asalariados son las empresas –particularmente sus accionistas– pero también los Estados, desde el momento en que deducen impuestos y tasas que no son utilizados en el interés general sino en el provecho particular para sostenerse en el Poder. Toda operación particular lucrativa –en dinero o en poder– involucra, cada vez más, al conjunto de las fuerzas de poder global.

Las nociones de *"empresa capitalista"* y de *"puesto de trabajo asalariado"* se han vuelto inseparables del tejido social. Éste se encuentra a su vez producido y reproducido bajo el control de un Supercapitalismo que tiene nombre y apellido:

> *David Rockefeller,*
> *Henry Kissinger,*
> *Bill Clinton,*
> *Zbigniew Brzezinski,*
> *George Bush,*
> *Madeleine Albright,*
> *George Soros,*
> *Condoleezza Rice* y otros doscientos individuos adictos al poder.

Ellos nos tiranizan con el eufemismo de ***"Geopolítica"***.

No hay jefe de estado que pueda ser realmente independiente. Un grupo de once a catorce banqueros son los gobernantes globales de un planeta virtualmente unificado bajo su férula monetaria:

> *Banca Rothschild de Londres y Paris,*
> *Lazard Brothers Bank de París,*
> *Israel Moisés Seif Bank, de Italia,*

JUAN BOSCO ABASCAL CARRANZA

Warburg Bank de Amsterdam y de Hamburgo,
Lehman Bank de Nueva York,
Khun Loeb Bank de Nueva York,
***Chase Manhattan Bank (de Rockefeller) de Nueva York,* y**
Goldman Sachs Bank de Nueva York son posiblemente los más poderosos, pero no lo únicos.

De estos ocho bancos y de acuerdo con *"The Power of the Rothschild"*,[91] el grupo Rothschild, representado por *"Nathan M. Rothschild & Sons of London"*, *controla* cinco bancos, lo cual representa un dominio del 53% de las acciones del Banco de la Reserva Federal de los USA.

La noción de *"empresa capitalista"* al servicio de los Amos del Planeta debería ser ampliada a los equipamientos colectivos de grandes empresas de todos tipos, mientras que por *"puesto de trabajo"* debería considerarse a la mayor parte de las actividades de cautivos no asalariados. Así, el ama de casa ocupa un puesto de trabajo, el niño ocupa un puesto de trabajo en la escuela, el consumidor en el supermercado, el telespectador delante de su pantalla...

Añadamos a esto una galaxia de acciones y títulos de propiedad, y veremos que el Gran Capital es una infección global que se manifiesta a través de operaciones mafiosas –aparentemente pulquérrimas– y de manipulaciones de poder de todo tipo, que involucran también a la informática y a los omnipresentes e invasivos *"Mass Media"*. Son procesos que se desarrollan en la mente del intérprete: se inician con la percepción del signo y finalizan con la presencia del objeto del signo en la mente del receptor.

Nada en el mundo real. El Supercapitalismo, en manos del Sionismo, explota al trabajador –incluyendo a los altos ejecutivos– más allá de su tiempo laboral: durante su tiempo de supuesto ocio. Se vale de él como relevo para explotar a aquellos que somete en las esferas de su acción propia: subalternos, allegados no asalariados, mujeres, viejos, niños, asistidos de toda índole y hasta amigos, vecinos y conocidos: el prójimo en general, pues.

Con el sistema del trabajo asalariado, el Supercapitalismo está logrando el control absoluto de la sociedad humana. Mecanismos como los de la inflación y la devaluación ilustran la intrusión de lo económico en lo social. Nunca habrá equilibrio de precios, ya que se trata de un medio de ajuste de las relaciones de poder en permanentes actividades depredatorias: poder de compra, de inversión, poderes de cambio internacionales de las diferentes formaciones sociales.

La composición técnica del trabajo no descansa ya en el trabajo vivo y el trabajo cristalizado con los medios de producción, sino en componentes

---

[91]   http://whisleblower.googlepages.com/therothschildbloodline.   By   Fritz Springmeier Excerpt deom "Bloodlines of the Illuminati".

irreductibles entre sí. Las unidades capitalistas de poder, que producen el mantenimiento del orden, garantizan la propiedad, las estratificaciones sociales, el reparto de los bienes materiales y sociales... El valor de un bien, sea cual sea, es de hecho inseparable de la credibilidad de los aparatos represivos del derecho y de la existencia de un cierto grado de consenso popular a favor del orden establecido.

Les pertenece todo: máquinas, fábricas, transportes, reservas de materias primas, capital de conocimiento técnico-científico, técnicas de servidumbre, instrumentos de formación, laboratorios, etc. La fuerza colectiva de trabajo y el conjunto de personas relacionadas entre están sometidas al poder capitalista. La fuerza colectiva de trabajo ya no es servidumbre, sino alienación social.

Está sometida a las burguesías y a las burocracias, junto con mujeres, niños, inmigrantes, minorías étnicas y otras personas comunes. Los aparatos estatales y los medios de comunicación de masas son suyos, no de quienes los trabajan. Esta red, ramificada tanto a escala micro como en el ámbito global, es una pieza esencial del capital. Ella permite extraer e integrar las capitalizaciones de poder que generan los tres medios precedentes. ¡La esclavitud perfecta!

El gran capital acumulado es manejado desde una especie de **"Gran Sanhedrín Sionista Supremo",** que despliega una superficie desterritorializada sobre la que juegan a placer los cuatro componentes enlistados arriba.

No es un escenario en el que se desarrollará una representación, ni una especie de teatro donde se confrontan los distintos puntos de vista en noble y caballerosa liza. Es una actividad directamente productiva, en la que el capital participa planificando y controlando todas las operaciones de compraventa y las acciones prospectivas que les convengan.

Bertrand Russell describía esto como la ruptura fundamental y una desvinculación humana absoluta entre la élite global dirigente y el resto de los seres humanos. Sin embargo: ¿con qué motivos? Una respuesta simple está en creer que todo es cuestión de usura. Pero no: es un asunto mucho más complejo, profundo y trascendental. Se trata de una verdadera rebatinga por las almas, por las inteligencias y las voluntades de todos y cada uno de los habitantes de la Tierra. El **Capital Mundial Integrado** ha emprendido una vertiginosa fuga hacia delante, buscando precipitar los tiempos apocalípticos.

Quiere meterlo todo en el mismo saco y ya no puede permitirse bajo ningún concepto el lujo de respetar las tradiciones nacionales, la religión de los diversos grupos étnicos, los textos legislativos o la independencia de cuerpos constituidos –como las magistraturas supremas de cada nación–, que pudieran limitar de alguna forma su bestial libertad de maniobra.

Así, el Estado, que en realidad ha dejado de ser el verdadero gobernante, sólo truena desde la cumbre de la pirámide social. Somete a distancia al pueblo, y se aunque se ve obligado a intervenir en la confección y recomposición del tejido social, le es imposible hacerlo. Sale un partido político que *"no sirvió para nada"*, y entra otro que *"es un rayito de esperanza".*

El *"Peje"* bravuconea contra la mafia global de la que Carlos Salinas es capo en México, pero ese mismo individuo sabe que él también forma parte de esa misma mafia, y que tampoco podrá hacer nada –aparte de sus monumentales y tartamudos berrinches– para librarnos del Poder Global de los grandes bancos sionistas.

Cualquier proyecto de jerarquización, segregación, industrialización y de cualificación –de las casas de bolsa o entidades financieras, por ejemplo– ya se hacen indefectiblemente bajo las directrices de los dueños del Gran Capital. Todos ellos de honda raigambre sionista, por raza y religión, y que sólo aspiran que en sus personas y en quien ellos elijan, se cumplan las promesas del Dios de Abraham.

A los sistemas tradicionales de coerción directa, el Poder Capitalista Global no cesa de agregar férreos dispositivos de control que no sólo requieren del consentimiento pasivo de cada persona, sino de la consciente sumisión individual.

Los más dúctiles no somos los ciudadanos comunes, sino los altos mandos oficiales de cada nación sobre la Tierra: presidentes, tiranos, dictadores, primeros ministros, etc... La infinita extensión de los tentáculos y medios de acción se deben a que éstos nacen de los enclaves más profundos de la vida y de la actividad humanas: desde el Poder.

La individuación de los medios de control total les permite a los Amos Sionistas alcanzar, impunemente, grandes regiones personales, mucho más íntimas que los mecanismos sólo técnicos. La maquinaria capitalista se aferra al funcionamiento natural de los comportamientos afectivos o emotivos, de las facultades cognitivas y sensitivas, de los mecanismos naturales de la percepción, de los medios y herramientas lingüísticas, cuyas características universales, intrínsecas a la raza humana, son invisibles.

Esta es el arma de dominación total más temible y eficaz. Las explicaciones teóricas del sometimiento de las masas son inexplicables si ese sometimiento no está imbricado en la naturaleza frágil, ambivalente, caída y concupiscente del género humano.

Esto es lo que explica la intervención directa, intencional y perversa del Príncipe de este Mundo. Nadie como él conoce los mecanismos naturales que nos llevan a guiarnos por el ansia de poder, la avaricia, la presunción, la vanidad, y los pecados capitales. El Supercapitalismo –diabólicamente dirigido con un nivel de eficiencia y eficacia inconcebible e inalcanzable para cualquier persona, por genial que sea– se apodera de los seres humanos desde el interior de cada alma, de cada inteligencia, de cada voluntad. Nuestra alienación, lograda por medio de imágenes e ideas de alto impacto, no es más que un aspecto de un sistema general de sometimiento tanto individual como colectivo.

En la más reciente reunión de las grandes firmas –en la Ciudad de México– en torno a estrategias de mercadotecnia, una de las conclusiones fue *"que cada persona es una fuerza de compra si se sabe llegar al centro de las emociones personales más íntimas"*.

Los seres humanos estamos naturalmente dotados con modos de apercepción sobre los objetos del deseo. Los grandes consorcios financieros e industriales saben explotarlos de modo infalible. Así se ha logrado ya la integración de todos los niveles sociales a las esclavizadas fuerzas productivas. El ideal propuesto por el Gran Capital ya no consiste en medirse con otros individuos ricos en pasiones, capaces de ambigüedad, duda, rechazo y también de entusiasmo, sino exclusivamente llegar a ser simples robots humanos.

El Supercapital quiere sólo dos categorías de explotados: los que dependen del trabajo asalariado y los que dependen de la asistencia. *Su objetivo consiste en borrar, neutralizar y suprimir todas las categorías de libertad humana que no estén fundadas en su axiomática de Poder Global y sus imperativos tecnológicos y espirituales.*

Cuando al final de la cadena se encuentran hombres, mujeres, niños, viejos, ricos, pobres, intelectuales, trabajadores y otras personas, los Amos del Gran Capital los recrean y los divierten, los diseñan y los redefinen con sus propios maquiavélicos criterios.

Se ha instalar en el corazón de los individuos la adicción endorfinizante por todas las pasiones innobles: soberbia, lujuria, avaricia, pereza, gula, envidia ira.

El destino de la clase obrera mundial, por ejemplo, no sólo depende de sus patronos directos, sino también de las pasiones y preferencias personales de los jefes de Estado de Europa, del Tercer Mundo, de las multinacionales y, por otra parte, de los trabajadores inmigrantes, del trabajo femenino, del trabajo precario, del trabajo temporal, de las luchas regionalistas, etc.

A su vez, la propia burguesía ha cambiado de naturaleza. Ya no está tan fervientemente comprometida, al menos en lo que respecta a su parte más modernista, en la defensa de una posesión personal de los medios de producción –tanto a título individual, como a título colectivo. Hoy en día, su problema consiste en controlar colectiva y globalmente la red de base de las máquinas y de los equipamientos sociales.

De esta red extrae todos sus poderes, no sólo monetarios, sino sociales, libidinales, culturales, etc.

Pienso que ya es imposible poner un alto a este proceso de devoramiento de lo íntima e intrínsecamente humano. En su vertiginosa fuga hacia el Apocalipsis, el Supercapitalismo ha emprendido un camino de control sistemático de todos los individuos del planeta.

Por supuesto, con la integración de China, el capitalismo ha logrado llegar a la cima de su Poder, pero está empezando a alcanzar, quizás al mismo tiempo, un punto de extrema fragilidad. Ha desarrollado hasta tal punto un sistema de dependencia generalizada, que el más pequeño obstáculo a su funcionamiento terminará tal vez generando efectos sobre los que perderá el control.

Y entonces sobrevendrá el inevitable Apocalipsis, precipitado por Luzbel, porque le urge ser adorado como Dios verdadero.

Una falsa integración social y política de las clases obreras y de los ejecutivos de todos los niveles se basa en el apego, muy profundo y adictivo, a sus profesiones, tecnologías, máquinas, herramientas y medios de trabajo.

Esto no sólo depende de las seducciones perversas de la publicidad, de la internalización de los objetos e ideales de la sociedad de consumo, sino que tiene que ver con la esencia misma del deseo más humano de todos: el *"Hambre de Absoluto"*, que ningún bien material puede saciar. Aunque lo más extendido ahora por toda la Tierra es la idea de que cualquier cosa, persona o situación, adquirida con sangre, sudor y lágrimas, en una interminable cadena de satisfactores insuficientes, sí puede saciar esa hambre de Absoluto.

Es la exitosa y gran mentira de Lucifer. Los banqueros se frotan las manos, esperando recibir su premio final: el Reino de Luzbel, quien les ha prometido una especie de divinidad que odia a Cristo con fuerza casi infinita.

No este primer tomo el adecuado para presentar las propuestas de solución. En los dos próximos volúmenes nos ocuparemos de desarrollar y aterrizar las diversas estrategias, tácticas y operaciones **para estar en el mundo sin pertenecer a él.** Por ahora sólo sostengo que la mejor actitud, el mejor comportamiento de un católico o de una persona que no quiere convertirse en un falsificador de la Verdad, es, ante todo, el aprendizaje intencional que conlleva la ilustración de la conciencia recta, y obrar consecuentemente y congruentemente con ésta, aun a costa de la libertad y la vida. La consecuencia inmediata de la auténtica vida humana es así la **nueva evangelización sustentada en una permanente e interminable labor de estudio y autosuperación en la práctica de todas las Virtudes.** Éstas serán detalladamente presentadas –por su ausencia y su presencia– en los dos siguientes volúmenes.